BEGEGNUNG

Kontextuell-dialogische Studien
zur Theologie der Kulturen und Religionen

herausgegeben von
Hans Waldenfels

1

Borengässer · Bonn

Hans Waldenfels

Begegnung der Religionen

Theologische Versuche I

Borengässer · Bonn

ISBN 3-923946-18-X

Umschlaggestaltung: Springlane

Gesamtherstellung: Druckerei R. Roth GmbH, Solingen

Printed in Germany 1990

INHALT

TAT
TVAM
ASI
WENN
DIE
WURZEL
HEILIG
IST
DANN
SIND ES
AUCH
DIE
ZWEIGE

P R O L O G

"Wenn die Wurzel heilig ist, sind es auch die Zweige."

Im August 1956 bin ich auf der Fahrt über das Rote Meer und den Indischen Ozean bis hin nach Japan erstmals in Länder gekommen, in denen das Christentum eine Minderheit darstellt. Seither hat mich die Frage nach den Religionen und der Bedeutung des Christentums im Kreis der Religionen nicht mehr losgelassen. In meinen ersten literarischen Versuchen beschäftigten mich Themen wie Karl Rahners Deutung des allgemeinen Heilswillens Gottes, die religiöse Musik in Japan, die Erfahrung in der Zen-Übung. Ich erlebte das Christentum in der Begegnung der Religionen neu. Die Einschätzung des Fremden, das Staunen über die unbekannten Reichtümer, auch im Spirituellen, und gegenüber allem Fremden die Einschätzung des Eigenen, des Christlichen, haben seither immer neu meine Beobachtung geschärft wie meine Reflexion bestimmt.

"Begegnung"

Aus den eigenen Erfahrungen wie aus der Situation unserer Zeit heraus ist BEGEGNUNG der Titel der wissenschaftlichen Reihe geworden, die mit diesem ersten Band "Begegnung der Religionen" eröffnet wird. "Begegnung" schließt den Dialog ein, doch nicht jede "Begegnung" ist und wird ein Dialog. Vielfach besteht "Begegnung" einfach in einer einseitigen Wahrnehmung. In der "Begegnung" kann es aber dann zu gegenseitiger Zuwendung, aber auch zur Abwendung kommen, zum Dialog und zur Kooperation, aber auch zum Protest und zur Verweigerung. Wir begegnen Menschen in der Gegenwart, aber auch den Zeugnissen einer gewaltigen Geschichte in Schrift und Stein, in Kunst und Musik, in Riten und Festen. "Begegnung" im Bereich der Religionen führt entsprechend dahin, daß diese im Leben der Menschen, aber auch der Völker und Kulturen gesucht und gesehen werden müssen. Denn Religionen haben immer einen Bezug zur menschlichen Lebenswelt und sind so auch stets zu einem prägenden Faktor der Kultur geworden.

"Begegnung" wird damit folglich auch gefordert im Hinblick auf die heutige Gegenwart. Für den abendländischen Menschen der Neuzeit war die Gegenwart freilich lange Zeit mehr und mehr geprägt vom Verlust der Religion zugunsten einer rein "weltlichen" Einstellung. Orientierungspunkte waren die Rationalität des Menschen, die Wissenschaft, die Säkularisierung, eine in sich schlüssig erscheinende und darum aus sich selbst erklärliche und verständliche "weltliche" Welt - ohne Gott. Es gehört zu den grundlegenden Erfahrungen der zweiten Hälfte dieses Jahrhunderts, daß an die Stelle der - scheinbar einen - verlorenen Religion die Begegnung mit vielfältigen Formen der Religion in den Religionen der Welt getreten ist. Was ich eingangs biographisch angedeutet habe, wird in wachsendem Maße zu einer Grunderfahrung in allen Teilen der Welt, somit auch in Europa, wobei es zunächst gleichgültig ist, ob die Menschen sich auf die Reise in fremde Länder begeben oder zu Hause dem Einzug der Fremden begegnen. Fremde Religionen und Kulturen, fremde Sprachen und Bräuche gehören jedenfalls immer mehr zum Inhalt unserer eigenen Lebenswelt, werden mehr und mehr zum "Kontext", der beim "Text" unseres Lebens mitbedacht sein will.

Gerade wenn eine "multikulturelle" Gesellschaft für viele in unserer Gesellschaft noch ein Schreckensbild ist, das man in Nervosität abzuwehren sucht, wird der heutige Zeitgenosse nicht umhin kommen, die Realität eines wachsenden religiösweltanschaulichen Pluralismus ernstzunehmen. Dann aber muß er in den Landsleuten des Nahen Ostens auch die Muslime, in den Indern auch Hindus, in vielen anderen Asiaten auch Buddhisten und Anhänger anderer Religionen wahrnehmen und die Konsequenzen für die eigene Gesellschaft, ihre Geschichte und Kultur ziehen. Wer das Nebeneinander der Kulturen in einer Multikulturalität vermeiden will, muß sich fragen, wie er mit der Pluralität weltanschaulichen Verhaltens und Denkens in der eigenen Kultur umzugehen und fertigzuwerden gedenkt.

"Heilige Wurzel"

Dem vorliegenden Band haben wir die Wiedergabe eines Bronzereliefs vorausgeschickt, das der Meerbuscher Bildhauer Karl Franke gestaltet hat. Das zentrale Motiv ist jenem Teil des Römerbriefes entnommen, in dem der Apostel Paulus sich in großer Eindringlichkeit mit dem Schicksal seines eigenen Volkes befaßt. Das Judentum bleibt der edle Ölbaum, in den das Heidenchristentum gleichsam als Zweig eines wilden Ölbaumes eingepfropft worden ist. In diesem Zusammenhang heißt es: "Ist die Wurzel heilig, so sind es auch die Zweige." (Röm 11,16)

Was aber der Römerbrief im Verhältnis von Juden und Heiden bedenkt, weist in den Religionen mit einem geschichtlichen Ausgangspunkt stets über sie hinaus in unauslotbare Weiten und Tiefen. Es gehört zu den Erfahrungen, die die Christen zunächst auf neue Weise das Schweigen lehrt, daß sie im jüdischen Volk bemerken, wie Jesus von Nazaret dort als bleibendes Mitglied des Volkes wiederentdeckt wird. Für Martin Buber und viele Juden nach ihm ist Jesus wieder der "Bruder", in gewissem Sinne der heimgekehrte Bruder und verlorene Sohn. Folgerichtig ist, daß das Christentum seinerseits seine Wurzeln im Judentum wiederfindet und daher das "Jüdische im Christentum" (N.Lohfink) zu einem eigentlichen Forschungsthema macht.

Doch auch das Judentum ist als verfaßte Religion nicht ohne Anfang und Wurzeln. Pascal lehrt in seinem bekannten Ausspruch, Gott nicht im Denken der Philosophen und Gelehrten zu erkennen, sondern im Lebensschicksal von Menschen. Der der Gott Jesu Christi ist, ist aber dann auch der Gott Abrahams, Isaaks und Jakobs. Die Forschung aber sagt, daß im Reden von Gott auch die Grenzen der jüdischen Religion zu übersteigen sind. Lange vor der heutigen aktuellen Begegnung mit den Religionen haben bereits die Forscher der jüdischen Bibel, christlich des Alten Testaments, die Religionsgeschichte in ihrer Bedeutung erkannt. Selbst wenn die Religionen dieser Geschichte und Geschichten nachträglich vielfach in Schranken gewiesen erscheinen, so darf doch nicht übersehen werden, daß Menschen in ihnen Wege zu gehen bemüht waren, auf die sie durch die Ahnungen von jenem geführt wurden, den sie dann in ihren Sprachen "Gott" nannten.

Es ist daher nur recht, wenn Karl Franke den Verweis auf die Wurzel dahingehend ausdeutet, daß er sie bereits in der Vielzahl der vergangenen wie auch in den immer noch bestehenden Religionen am Werke sieht. So wird das Relief selbst zu einer Karte, auf der sich die wichtigsten Momente der Geschichte der Religionen entdecken lassen: die Symbole der Schöpfungsmythen, des Lebens und der Fruchtbarkeit, die Verehrung der Sonne und des Lichtes, die Zeichen des Aufstiegs - Pyramiden, Gottesstühle -, des Überstiegs - Seelenschiffe -, der Versenkung - <u>Tat tvam asi</u>, <u>OM</u>, der Buddha -. Geographisch lassen sich die alten Kulturen der Naturvölker Ozeaniens, Afrikas und Asiens genauso wiederfinden wie die Hochkulturen der Vergangenheit und der Gegenwart, im Mittelmeerraum und in Amerika, in Indien, China und Japan, schließlich die Religionen, die ausdrücklich vom Anspruch der Offenbarung Gottes leben.

In seinen Symbolen weckt das Relief aber dann auch Erinnerungen. Erinnerungen aber führen zu Erzählungen. Wer von

Religion erzählt, spricht von Gott, wie er erscheint und im Leben der Menschenvölker wirksam geworden ist. Er muß aber umgekehrt auch von den Menschen sprechen und berichten, wie diese mit dem Göttlichen, mit Gott und Göttern, wie sie mit dem Heiligen und dem Unheiligen umgegangen sind und umgehen. Da fällt dann das Sonnenlicht auf den "Altarstein" im Zentrum der Steinkreisanlage in Stonehenge nördlich von Salisbury in England. Da soll der sog. Totempfahl nordamerikanischer Indianer an Stammestotemismus und Ahnenverehrung erinnern. Die Pyramide des Kukulkán in Chichén Itzá in Mexiko mit ihren vier Kalendertreppen spricht vom Verständnis von Zeit und Raum in der Maya-Kultur. Die Trommel der Schamanen läßt jene Rhythmen vernehmen, die im Tanz zur ekstatischen Begegnung von Gott und Mensch führen. Die Kunst der Wahrsagerei erschließt bei Chinesen und anderen Völkern die Zukunft und die Wege des Heils und der Heilung.

Wie tot die Religionen der Vergangenheit wirklich sind, ist eine Frage, die heute zu Recht gestellt wird. Immer noch leben Babylon und Assur, der Glaube der Ägypter und der Perser, selbst die Religionen der Germanen und der Kelten, Hellas und Rom, Altmexiko und die Inka Perus in den Zeugnissen der Archäologie, der Kunst, der Schrift und der Beschäftigung der Forscher, aber auch in bestimmten bleibenden Elementen, die von heute lebendigen Religionen rezipiert und fortentwickelt wurden, weiter.

Das Relief ist gleichsam eine Art Mandala, ein Meditationsbild, das sich dem erschließt, der sich mit auf den Weg nehmen läßt, um in der Geschichte die Spuren Gottes zu entdecken und von dorther befähigt zu werden, im eigenen Leben die Erfahrung Gottes zu machen. Der Verweis an das Äußere der Religionsgeschichte bewahrt vor der Einseitigkeit reiner Innerlichkeit und vor der Weltflüchtigkeit. Denn die Begegnung mit den Religionen ist wesentlich immer eine Begegnung im Raum von Geschichte und Gesellschaft, wo sie sich auch bewähren müssen.

Die wahre Wurzel der Religion, die als Grund des Menschen auch diesen trägt, ist aber nichts anderes als der unergründliche heilige Gott, der in vielen Namen und Gesichtern, aber auch in erschrecklichen Fratzen und hinter Masken erkannt und vermutet worden ist. Es ist kein Wunder, daß Menschen da, wo ihnen das Scheitern der Sprache und Bilder zum Bewußtsein kam, verstummten und Gott in der Bild- und Namenlosigkeit verehrten. Gefährlich wird die Namenlosigkeit Gottes erst, wo aus ihr die Nicht-Existenz Gottes abgeleitet wird, der Mensch auf sich und seine geschlossene Welt zurückgeworfen sieht und dann sich selbst zum Herrn und Gott dieser Welt ausruft.

Das Kreuz als Durchkreuzung

Wer aber ist der Mensch? Tief eingesenkt in die Geschichte der Religionen und dabei verbunden mit der Wurzel bleibt selbst in seiner Unauffälligkeit das Kreuz Jesu Christi als der Baum des Lebens die Mitte auch im Relief von Karl Franke.

Als Symbol besagt das Kreuz vielerlei: Es erstreckt sich in seinen vier Balken in die vier Richtungen des Weltenraumes. Das Kreuz durchkreuzt aber auch die Landschaft wie die Gedanken der Menschen. "Durchkreuzen" aber heißt dann selbst noch einmal zweierlei: Es bedeutet einerseits - etwa im Sinne von "Pläne durchkreuzen" - "tilgen, unmöglich machen, aufheben", andererseits - im Sinne von "kreuz und quer durch das Land ziehen" - auch "Wege finden, bereiten, eröffnen". Das Kreuz setzt in diesem Punkt ein Ende, aber auch einen neuen Anfang. Wer an der Kreuzung steht, hat Möglichkeiten der Wahl. Wahl aber bedeutet immer: Möglichkeiten aufgeben und Möglichkeiten ergreifen. Eine Kreuzung führt somit stets an einen Scheideweg. Im radikalsten Sinne steht der Mensch vor der Wahl zwischen Leben und Tod, Heil und Unheil. So heißt es beim Propheten Jeremia: "So spricht der Herr: Seht, den Weg des Lebens und den Weg des Todes stelle ich euch zur Wahl." (21,8)

Das Kreuz in der Mitte des Reliefs von Karl Franke aber trägt den Leib Jesu Christi. Damit ist es mehr als ein in der Wiederholung wirksames Symbol. Zur bleibenden Symbolik des Kreuzes tritt die Einmaligkeit des historischen Ereignisses. Zwar leben die Verwicklungen der Geschichte fort, und das menschliche Begreifen vermag sie nicht zu entflechten. Doch bleibt die zentrale christliche Botschaft: In der zerschlagenen Menschengestalt des Jesus von Nazaret am Kreuz offenbart sich Gott selbst: "<u>Ecce Homo! Seht, das ist der Mensch!</u>"

Auch wenn es zweifellos ein Blickfang im oberen Zentrum des Reliefs ist, drängt sich das Kreuz mit dem Leichnam des Gekreuzigten nicht wie ein Sieges- und Herrschaftszeichen auf. Eher schon wirkt es wie ein in die Erde und ihre Geschichte eingesenktes Weizenkorn. Als solches aber schlägt es bereits aus und wird es zu einem Zeichen des Lebens und des Überlebens. Christen bekennen vor dem Kreuz: "Im Kreuz ist Heil." Karl Franke schlägt auf seine Weise den Bogen zu dieser Wirklichkeit, indem er - wie bei der Taufe Jesu im

Jordan - auch über die Bluttaufe von Golgotha die Taube, das Sinnbild des gegenwärtigen Gottesgeistes, herabkommen läßt.

Damit könnte die Geschichte noch einmal von vorne befragt und dann vielleicht auch von vorne neu erzählt werden. Denn das Bekenntnis zum Kreuz als Zeichen des Heils wird zugleich zur Rückfrage an alle anderen Religionen, wie sie die Frage nach Leben und Tod beantworten und was sie von Heil und Unheil der Menschen und der Welt sagen. Daß die Frage von Anfang der Geschichte an, soweit sie sich zurückverfolgen läßt, lebendig ist, ist nicht zu überhören, wenn man nur aufmerksam in sie hineinlauscht. Daß die Verheißung des Heils und des glücklichen Ausgangs durch alle Katastrophen hindurch gleichfalls von Anfang an in der Geschichte durchschimmert, hat das Christentum unter Verweis auf Gen 3,15, wo Gott nach dem Sündenfall Feindschaft setzt zwischen der Schlange und der Frau und dem Nachwuchs von Schlange und Frau, selbst nachdrücklich verkündet. Kann man es aber dann den Religionen zum Vorwurf machen, daß auch sie von Heil und glücklichem Ausgang künden?

Unterwegs zur Theologie der Religionen

Was Karl Franke auf künstlerischem Wege zu bewältigen versucht hat, ist inzwischen eine der wichtigsten Aufgaben der zeitgenössischen christlichen Theologie. Der Theologie stehen vorrangig das Wort und die reflektierende Sprache zur Verfügung. Bei Karl Franke können wir lernen, daß auch der unmittelbare Umgang mit der Religion nicht ohne die Sprache auskommt. Das geht jedem auf, der weiß, daß die Religion wesentlich aus dem Sehen und dem Hören lebt und Bild und Wort somit zu den wesentlichen Momenten ihrer Vermittlung gehören. So nimmt es denn auch nicht wunder, daß das Wort selbst dort zu vernehmen ist, wo die Geschichte der Religionen ins Bild gebannt wird.

Es sind aber keineswegs die großen Religionen der Schrift und der Propheten allein, die im Wort einen Weg der Vermittlung besitzen. Im Religionenrelief erscheinen neben dem Wort des Zentralmotivs eine Fülle von anderen Worten und Schriftzeichen: aus dem Judentum der Hinweis auf den Dekalog, aber auch auf den Namen des Vaters aller Gläubigen Abraham, der sogleich zweimal - auf Hebräisch und Arabisch - eingetragen ist. Zu entdecken sind auch das berühmte "Tat tvam asi".- "Das bist du", die berühmte Identitätsformel aus der Chandogya-Upanishad, dann yin und yang, die chinesische Weltformel für die Polarität der Kräfte, in denen sich tao manifestiert, ferner i, das chinesische Schriftzeichen für "Wandel", schließlich OM, die tibetisch-buddhistische Formel des innersten Kerns meditativer Erleuchtung. All diese Worte, zu denen dann auch noch das Schriftamulett mit der hebräischen Gottesanrede "Allmächtiger" zu zählen ist, führen zur religiösen Erfahrung, sind Mystagogie.

Die Erfahrung mit Gott aber war stets auch der Ausgangspunkt christlicher Theologie, selbst wenn im Laufe der Geschichte die Fülle der Reflexionen und der Ballast der Worte und Wörter, die dabei gemacht und verloren wurden, den Zugang zu Gott selbst, den Umgang mit ihm und das Vernehmen seines Wortes häufig genug eher versperrt als erschlossen haben. Diese Tatsache aber macht es der Theologie heute schwer, wo sich die Fragestellung ändert und sich zu den eigenen Erfahrungen mit Gott im Ursprung des Christentums all die Erfahrungen gesellen, die die Anhänger anderer Religionen heute berichten und bezeugen, und die Theologen selbst weniger nach ihren Reflexionen über Gott als nach den Erfahrungen gefragt werden, die sie selbst mit Gott gemacht haben.

Wenn inzwischen in der christlichen Theologie von einer "Theologie der Religionen" gesprochen wird, so geht es nicht um einen neuen Zweig am großen Baum der theologischen Fächer und Fragebereiche. Vielmehr geht es darum, daß die Theologie als ganze dem Problem der Pluraliät der Religionen im Hinblick auf die christliche Selbsteinschätzung wie auch auf die christliche Einschätzung der anderen Religionen und den Umgang mit ihnen und ihren Anhängern nachgeht. Dieser Aufgabe kann sich die Theologie in unserer Zeit nicht länger entziehen. Freilich muß sie dann über allem Sprechen auch erneut das Zuhören und Zuschauen, das Schweigen und Offensein für Gottes Nähe heute einüben.

Gesichtspunkte

Was nun in diesem Band "Begegnung der Religionen" vorgelegt wird, ist eine Art Zwischenbericht und Quersumme dessen, was ich in den letzten Jahren in Richtung auf eine Theologie der Religionen vertreten habe. Der Band enthält so - fast überall überarbeitet, stellenweise gekürzt, an anderen Stellen erweitert - Aufsätze, die - zu verschiedenen Gelegenheiten entstanden - Annäherungsversuche an das zentrale Problem der Pluralität der Religionen darstellen. Dabei zeigen sich drei vorrangige Gesichtspunkte:

(1) Ansätze zur Theologie der Religionen: Für den deutschsprachigen Raum ist die Bedeutung Karl Rahners gerade auch

für die Gestaltung einer Theologie der Religionen unübersehbar. Ein wesentlicher Anknüpfungspunkt war bei ihm wie bei anderen zeitgenössischen Theologen zunächst die Frage nach dem Heil der Nichtchristen. Diese wurde anfangs eher ohne die Frage nach der Zugehörigkeit zu einer anderen Religion erörtert. Dabei wurde die Anonymität bzw. verborgene Realität des Christseins bzw. der Christuszugehörigkeit zu einem Schlüsselbegriff der Theologie. Erst im zweiten Anlauf wurde auch die Bedeutsamkeit der Zugehörigkeit zu einer anderen Religion und deren Bedeutung für die Vermittlung des Heils bedacht. Die Fragen nach dem Stellenwert von Offenbarung und Wahrheit traten dabei ihrerseits zunächst hinter die Fragen nach Heil und Gnade zurück. Zu einer deutlicheren Verknüpfung von Offenbarung und Heil, Wahrheit und Heil ist es eigentlich erst in den letzten Jahren wieder gekommen.

(2) <u>Die anderen Religionen</u>: Ein Mangel der Eingangsphase war es zweifellos, daß weithin ohne Beschäftigung mit den konkreten Religionen die Frage nach der möglichen Bedeutung dieser Religionen vorrangig auf der Basis binnentheologischer Prinzipien erörtert wurde. Nun war der Ruf nach einem Dialog der Religionen, besser: nach einem Dialog zwischen den Angehörigen der verschiedenen Religionen ein Postulat, das aus den Ergebnissen des II. Vatikanischen Konzils resultierte. Aus der bislang geübten theologischen Erörterung konnte aber schon deshalb kein Dialog entstehen, weil a) der Fremde weithin unbekannt, in gewissem Sinne für die theologische Reflexion auch unbedeutend blieb und b) - wo er dennoch in den Blick kam - höchstens Objekt der Erörterung, keineswegs jedoch Gesprächspartner war. Auf dem Weg zu einem veränderten Umgang mit den anderen Religionen und deren Angehörigen wird aber inzwischen ein intensiverer Prozeß des Kennenlernens unvermeidlich. Insofern als der hier gemeinte Umgang sich auf die in der heutigen Welt lebendigen Religionen bezieht und dann - der Anregung des Konzils folgend - zunächst den Religionen in der Nachbarschaft des Christentums - Judentum und Islam -, sodann den beiden einflußreichsten Religionen Asiens, Hinduismus und Buddhismus, Aufmerksamkeit geschenkt wurde, setzte der Prozeß des Kennenlernens vor allem bei den genannten vier Religionen ein. Inzwischen geht das Interesse für die Gegenwart weiter zu den vielen Formen der Stammes- und Naturreligionen, zu den Religionen Chinas und Koreas, aber auch zurück zu manchen vergangenen Religionen, die im Synkretismus unserer Zeit neue Wirksamkeit erlangen.

(3) Das Christentum: Gerade weil die Pluralität und der Formenreichtum der Religionen diese heute notwendigerweise zu einem verwirrenden, kaum noch zu überschauenden Markt von Angeboten werden läßt, hat das Christentum, wenn es nicht in Gleich-Gültigkeit untergehen will, sich selbst in seinem Anspruch den anderen gegenüber zu erklären und zu orten. Das gilt auch, wenn es dabei nicht um Rechthaberei geht, sondern nur darum, daß das Gesicht der eigenen Religion sich in seiner Eigenständigkeit von dem anderer Religionen abheben soll. Im übrigen bleibt aber nach innen wie nach außen der Ruf nach Rechenschaftsablage, weil jeder das Recht hat zu fragen, warum dieser und nicht ein anderer religiöser Weg gewählt werden soll. Diese Frage kann auch nicht durch den Ruf nach Frieden auf Erden verdrängt werden. Es bleiben die Frage der Wahrheit wie auch das Recht auf Wahrheit. Das führt zu dem Punkt, daß bei aller Offenheit für den heilschenkenden Gott die Frage nach der Begründung der einzelnen Religion, ihrem Anspruch und ihrer Wahrheit nicht gleichgültig wird. Was sich hinter dem Absolutheitsanspruch verbirgt, muß entsprechend jede Religion für sich und vor den anderen beantworten. Gerade weil der Begriff inzwischen längst nicht mehr als Ausdruck der Einzigartigkeit des Christentums taugt, sondern auch von anderen Religionen reklamiert wird, steht der Inhalt des christlichen - wie jeden anderen - Anspruchs immer neu zur Debatte. Dabei deutet sich nach dem Zusammenbruch der Hegemonie des abendländischen Denkens inzwischen - sowohl zwischen dem Christentum und anderen, zumal auch den asiatischen Religionen wie auch innerhalb der christlichen Theologie selbst- eine neue Diskussion um die Bedeutsamkeit der Jesusgestalt an. Ist er einer in der Reihe der vielen Religionsstifter, Propheten und Heilsvermittler, oder bleibt er "der Weg und die Wahrheit und das Leben" (Joh 14,6)? Die Frage, die sich hier stellt, lautet: Was gewinnt das Christentum, wenn es seine ursprüngliche Identität leugnet?

Die Theologie im Horizont der Religionen, die dabei selbst zu einer Theologie der Religionen wird, steht erst an ihrem Anfang. Das gilt auch für die Beiträge, die wir inzwischen von den Theologen Asiens und Afrikas erwarten können. Wenn man die Aufgeregtheit bedenkt, die bereits eine lateinamerikanisch inspirierte Theologie der Befreiung in der Kirche Europas erzeugt hat, obwohl sie doch von Anfang an in vieler Hinsicht mit der europäischen Theologie verknüpft war, gehen wir im Umgang mit den anderen Kontinenten, ihren Weltanschauungen und Religionen, aber auch ihren christlichen Kirchen und Theologien lebhaften und doch am Ende wohl lebendigen

Zeiten entgegen. Der große Fundamentaltheologe Gottlieb Söhngen hat zu Recht bereits 1958 die Vermutung ausgesprochen, daß uns Abendländern Hören und Sehen vergehen wird, wenn den Chinesen und anderen Ostasiaten wirklich ein eigener Weg der Theologie gelingt. Was uns in Zukunft nottut, sind dann in der Tat offene, lernbereite Augen und Ohren, eine tiefe Verankerung der eigenen Existenz in der Wurzel des Lebens und der Geist nüchterner und klarer Unterscheidung.

Bücher dieser Art entstehen nicht, ohne daß mancheiner über die Schulter schaut, mitdenkt und mitliest. Zu danken habe ich dieses Mal vor allem meinen Mitarbeitern im Fundamentaltheologischen Seminar, Herrn Dr. theol. Günter Riße, sodann Herrn Norbert M. Borengässer, der auch zu meinem Verleger geworden ist, Herrn Dipl. theol. Markus Roentgen und Herrn cand. theol. Burkhard Theß.

TEIL I: UNTERWEGS ZUR THEOLOGIE DER RELIGIONEN

Kap. 1: Theologie im Kontext der Weltgeschichte

Überlegungen zum Dialog
zwischen Christentum und Weltreligionen

1. Kontextuell-dialogische Theologie

Wenn nicht alles täuscht, wird die Theologie des ausgehenden 20. Jahrhunderts einmal als eine Theologie beschrieben werden, die sich immer stärker ihres konkreten geschichtlichen Kontextes bewußt wird und folglich von dem Bemühen gekennzeichnet ist, die christliche Glaubensbotschaft auf den jeweiligen geschichtlichen Kontext hin zu artikulieren. Nun ist die Theologie einerseits stets von Menschen artikulierte Wissenschaft und hat als solche an der Welthaftigkeit und Begrenztheit menschlicher Unterfangen Teil, andererseits jedoch Wissenschaft, die die für alle Zeiten und alle Räume gültige eine Botschaft von Gottes Heilswirken in und an der Welt vermitteln soll. Darum muß die Theologie einerseits sich ihrer Bindung an bzw. ihrer Hinordnung auf die in religiöser, kultureller, rassischer wie auch sozio-ökonomischer Hinsicht unterschiedlichsten menschlichen Verhältnisse bewußt sein; sie darf andererseits aber nicht der Aufgabe ausweichen, bei aller Verantwortlichkeit gegenüber der Pluralität geschichtlicher Kontexte der einen universalen Heilsbotschaft treu zu bleiben. Das Ringen um das rechte Verhältnis von Einheit und Pluralität der Theologie gehört so zu den Kennzeichen unserer Epoche[1].

Damit zeigt sich zugleich, daß die Theologie in ihrem Wesen dialogisch ist. Sie enthält in sich selbst einmal jenen Dialog, der aus dem Miteinander von Wort Gottes und Antwort der Menschen entsteht, sodann aber auch den noch grundlegenderen Dialog, der das Wort Gottes zur Antwort auf die Fragen und Zweifel, die Hoffnungen und Sehnsüchte der Menschen wer-

---

[1] Vgl. K. Rahner, Schriften zur Theologie VIII 11-33; XV 84-103.

den läßt. Hatte die Theologie lange Jahrhunderte hindurch eher im Schema "Wort Gottes - Antwort des Menschen" gedacht, so hat sich in der neueren Theologie immer stärker die Denkrichtung "Fragen der Menschen - Antwort Gottes" herausgebildet. In diesem Sinne kann die neuere Theologie deutlicher als kontextuell-dialogisch, d.h. als eine den jeweiligen geschichtlichen Kontext der Adressaten bedenkende und auf ihn hin dialogisch ausgerichtete Theologie angesprochen werden.

Die Vision einer solchen kontextuell-dialogischen Theologie ist im II. Vatikanischen Konzil vor allem in der Pastoralkonstitution *Gaudium et spes* über die Kirche in der Welt von heute zur Sprache gekommen. Die Konstitution beschreibt eingangs die Situation des Menschen in der heutigen Welt. Am Anfang von GS 4 aber stehen die seither vielzitierten Sätze:

> Zur Erfüllung dieses ihres Auftrags obliegt der Kirche allzeit die Pflicht, nach den Zeichen der Zeit zu forschen und sie im Lichte des Evangeliums zu deuten. So kann sie dann in einer jeweils einer Generation angemessenen Weise auf die bleibenden Fragen der Menschen nach dem Sinn des gegenwärtigen und des zukünftigen Lebens und nach dem Verhältnis beider zueinander Antwort geben. Es gilt also, die Welt, in der wir leben, ihre Erwartungen, Bestrebungen und ihren oft so dramatischen Charakter zu erfassen und zu verstehen.

Doch auch angesichts einer differenzierten Analyse unserer Zeit weiß das Konzil, daß die Zahl derer, die die Grundfragen stellen oder mit neuer Schärfe spüren, wächst:

> Was ist der Mensch? Was ist der Sinn des Schmerzes, des Bösen, des Todes - alles Dinge, die trotz solchen Fortschritts noch immer weiterbestehen? Wozu diese Siege, wenn sie so teuer erkauft werden mußten? Was kann der Mensch der Gesellschaft geben, was von ihr erwarten? Was kommt nach diesem irdischen Leben? (GS 10)

Fragen dieser Art waren in der Vergangenheit weithin Fragen des religiösen Bereichs. Erst in der Neuzeit suchen auch nichtreligiöse Ideologien nicht selten mit dem Anspruch von Wissenschaftlichkeit diese Fragen zu beantworten. In der Pastoralkonstitution wird unmittelbar nach der Aufzählung der Fragen Christus "der Schlüssel, der Mittelpunkt und das Ziel der ganzen Menschheitsgeschichte" genannt. In der Erklärung über das Verhältnis der Kirche zu den nichtchristlichen Religionen *Nostra aetate* 1 aber werden dieselben Fragen an die Religionen gestellt:

> Die Menschen erwarten von den verschiedenen Religionen Antwort auf die ungelösten Rätsel des menschlichen Daseins, die heute wie von je die Herzen der Menschen im tiefsten bewegen: Was ist der Mensch? Was ist Sinn und Ziel unseres Lebens? Was ist das Gute, was die Sünde?

> Woher kommt das Leid, und welchen Sinn hat es? Was ist der Weg zum wahren Glück? Was ist der Tod, das Gericht und die Vergeltung nach dem Tode? Und schließlich: Was ist jenes letzte und unsagbare Geheimnis unserer Existenz, aus dem wir kommen und wohin wir gehen?

Damit werden das Christentum wie die anderen Religionen im Horizont jenes kontextuell-dialogischen Denkens gesehen, von dem wir sprechen. Christentum wie Weltreligionen sind versuchte Antworten auf die Menschheitsfragen, Heilsangebote in unheiler Welt. Insofern aber in der heutigen Weltsituation Christentum wie Weltreligionen mehr und mehr zum gegenseitigen geschichtlichen Kontext werden, kann von hier aus auch näher nach den Bedingungen und Voraussetzungen des erforderlich gewordenen Dialogs zwischen Christentum und Weltreligionen, besser: zwischen Christen und Anhängern anderer Religionen gefragt werden.

2. Blick- und Zielrichtung des interreligiösen Dialogs

Eine kontextuell-dialogische Theologie ist angesichts der beschriebenen Situation verpflichtet, auch den konkreten Kontext des begonnenen Dialogs und damit die Blick- und Zielrichtung dieses Dialogs zu prüfen. Denn nur wo das geschieht, läßt sich die Gefahr eines wenig wirksamen Glasperlenspiels, aber auch einer großen euphorischen Illusion mit nachfolgender katastrophaler Desillusionierung der Beteiligten vermeiden.

Es besteht kein Zweifel, daß sich viele Vertreter der Religionen, die miteinander in Kontakt treten, der starken Herausforderungen bewußt sind, die in der heutigen Weltsituation ebenso zutage treten wie in der Bedrohung der Religionen durch wissenschaftlich sich gebärdende Ideologien und in der Kritik an den bestehenden Religionen, die oft wegen ihres unzeitgemäßen Auftretens und Verkündigungsstils wie auch wegen ihres den Status quo der Verhältnisse begünstigenden und stabilisierenden Effekts getadelt werden. Sie besinnen sich bei aller Sorge um das eigene Selbstverständnis daher auch sehr stark auf die ihnen in der heutigen Welt gestellten Aufgaben.

Die deutliche Weltzukehr, wie sie etwa exemplarisch an der 1970 gegründeten *Weltkonferenz der Religionen für den Frieden* sichtbar wird, hat dabei ihre unübersehbaren Konsequenzen. Im

Vordergrund steht weniger der theoretische Dialog im gegenseitigen Blick aufeinander; Inhalt des Dialogs werden vielmehr mögliche gemeinsame Aktionen, z.B. zugunsten eines wachsenden Friedens in der Welt[2]. Dabei sollte jeder Beteiligte bewußt vom Fundament seines religiösen Glaubens her die Grundlagen seines Friedenseinsatzes entdecken, diesen aber dann in der gleichzeitigen Entdeckung gleicher oder ähnlicher Gesinnungen in anderen Religionen zu einer gemeinsamen Aktion mit den Anhängern anderer Religionen werden lassen.

Eine solche, auf eine *communio in actione* abzielende Einstellung hat den Vorteil, zahlreiche, von Frustrationserscheinungen begleitete Dialoge über die einzelnen Religionen zumindest insofern zu vermeiden, als theoretische Dialoge nicht zugleich Anlaß für eine veränderte, tolerantere oder besser: friedfertigere Praxis im Umgang miteinander werden.

Allerdings kann mit einer weltzugewandten, auf Aktion und Praxis abzielenden Dialogeinstellung der interreligiöse Dialog insofern nicht erschöpft sein, als ein zu wenig auf den eigenen Vollzug reflektierender Dialog leicht in der Gefahr steht, genau jenen geschichtlichen Kontext aus dem Auge zu verlieren, aus dem heraus jene Theorie gemeinsamen Handelns erst erwächst. So machen sich etwa unter dem Stigma der Intoleranz leidende Anhänger der im palästinischen Raum entstandenen Prophetenreligionen, zumal Christen, in einem verkürzten Verfahren relativ schnell die These vom gemeinsamen, hinter allen religiösen Verschiedenheiten und Unterscheidungen anwesenden unsagbaren mystischen Urgrund zu eigen und überspringen bzw. relativieren zumindest damit zugleich die Not konkurrierender religiöser Lehraussagen. Es ist aber doch fraglich, ob die Unterschiede zwischen den Ansprüchen, die die einzelnen Religionen erheben, tatsächlich als grundsätzlich belanglos oder gleichgültig abgetan werden können.

Nicht selten findet man die Tendenz zu einer Relativierung des Historischen zugunsten einer mehr mystischen Sicht der Dinge, bei der dann überall mehr oder minder gleichwertige Symbole der verborgenen Gegenwart des einen unbegreiflichen und unaussprechlichen Divinum - dieses selbst transzendiert dann zugleich den Gegensatz von personal und impersonal - er-

---

[2] In diesem Zusammenhang ist die Einladung Johannes Pauls II. zum Gebetstag der Religionen in Assisi 1986 zu sehen. Vgl. dazu die Dokumentation: Die Friedensgebete von Assisi. Einleitung von F. König, Kommentar von H. Waldenfels. Freiburg u.a. 1987; zur Diskussion das Themenheft "Begegnung der Religionen": ThQ 169 (1989) Heft 1.

kannt werden. Das ist zumal bei abendländischen Christen zu beobachten, die im asiatischen Kulturraum zu einer Vertiefung ihrer eigenen christlichen Spiritualität gelangt sind, etwa bei Dom Le Saux, bei Thomas Merton, Bede Griffiths oder auch Yves Raguin[3]. Sie brauchen dabei keinen Verrat an ihrer christlichen Herkunft zu üben, sondern müssen nur in der theologischen Tradition stärker als die spät- und neuscholastische Theologie die Patristik des Ostens und deren Strang einer mystischen oder negativen Theologie ins Gedächtnis holen.

Hier aber darf dann nicht nur nach dem Kontext, *in den hinein* das Gespräch erfolgt, geforscht werden, sondern es muß auch der Kontext, *aus dem heraus* der jeweilige Gesprächspartner denkt, spricht und handelt, bedacht werden. Manches Mißgeschick ereignet sich im Dialog, wenn mit Selbstverständlichkeit der eigene Standpunkt zum Maßstab erhoben wird und die Relativität jedes Standpunktes nicht zur Vorsicht und Bescheidenheit mahnt.

Mit der mangelnden Beachtung der Relativität und Kontextualität aller Standpunkte geht dann oft der Fehler Hand in Hand, daß nicht geprüft wird, durch welche Brille der andere gesehen wird, die eigene oder eine fremde. Wer aber Erfahrung mit Brillen hat, weiß, daß nicht jede Brille jedem und für jedes paßt. Entsprechend sollten Dialogwillige zumindest ahnen, daß nicht jedes Begriffssystem und jedes Vokabular, aber auch nicht jeder Handlungsrahmen und jedes Verhaltensmuster ohne weiteres übertragbar bzw. in einen anderen bekannteren und verstehbareren Vergleichsrahmen überführbar ist.

---

[3] Vgl. von H. Le Saux: Indische Weisheit - Christliche Mystik. Von der Vedanta zur Dreifaltigkeit. Luzern/München 1968; Die Gegenwart Gottes erfahren. Erneuerung christlichen Betens in Begegnung mit dem Hinduismus. Mainz 1980; Der Weg zum Anderen Ufer. Die Spiritualität der Upanishaden. Düsseldorf/Köln 1980; La montée au fond du coeur. Le journal intime du moine chretien - sannyasi hindou 1948-1973. Paris 1986; von Th. Merton: Weisheit der Stille. Die Geistigkeit des Zen und ihre Bedeutung für die moderne Welt. Bern u.a. 1975; von B. Griffiths: The Marriage of East and West. London 1982 (dt.: Die Hochzeit von Ost und West. Salzburg 1983); Rückkehr zur Mitte. Das Gemeinsame östlicher und westlicher Spiritualität. München 1987; von Y. Raguin: Wege der Kontemplation in der Begegnung mit China. Einsiedeln [2]1976.

3. Christentum im Kontext Europa

Beginnen wir bei dem eigenen Standpunkt, so reicht es heute nicht mehr aus festzustellen: "Wir gehen als Christen in den interreligiösen Dialog hinein." Es muß vielmehr hinzugefügt werden: "Wir gehen als europäische bzw. von einem europäischen Christentum geprägte Christen in den Dialog hinein." Das muß um so deutlicher gesehen werden, als es keine andere Religion, auch das Judentum nicht, gibt, der auch nur annähernd eine ähnliche europäische Verankerung nachgesagt werden kann wie dem Christentum. Wiege und Ausbreitungsraum der anderen großen Religionen sind der vorderasiatische bzw. asiatische Raum, wobei bislang lediglich der Islam auch wirkungsvoll auf Afrika übergreifen konnte.

Angesichts dieser historischen Gegebenheit muß das Christentum in seiner ursprünglichen Zentriertheit auf den mediterranen Raum und die nachfolgende Ausbreitung auf Mitteleuropa gesehen werden, von wo aus dann zu Beginn der Neuzeit die geistige Eroberung und Prägung der Neuen Welt und dann der Kolonialvölker einsetzten[4]. Nun ist es nach wie vor nicht leicht zu bestimmen, in welchem Maße das Christentum selbst den Gang des Abendlandes geprägt hat und in welchem Maße umgekehrt die vorchristliche mediterrane Kulturwelt der Antike, Athen und Rom, aber auch Ägypten und Syrien, später dann die Germanen die Artikulierung, Dogmatisierung und Kodifizierung des Christentums wesentlich beeinflußt und gefördert haben.

Über diese Zusammenhänge gibt die Dogmen- und Theologiegeschichte Auskunft. Doch wird man Karl Rahner recht geben, wenn er ihr für den katholischen Bereich nachsagt, sie sei aufs ganze bisher zu retrospektiv gewesen und habe aus ihren geschichtlichen Beobachtungen heraus zu wenig methodische und hermeneutische Prinzipien entwickelt, "die bei offenen Fragen einer noch laufenden oder zukünftigen Dogmenentwicklung angewendet werden könnten und sollten"[5]. Geht man aber davon aus, daß die Heilsgeschichte in neuer Weltgeschichte weitergehen wird, so wird die Glaubens- und Dogmengeschichte als "die Geschichte der Neuaussage der alten Grundsubstanz des Glaubens in Konfrontation und Assimilation der künftigen Verstehenshorizonte" weitergehen:

---

[4] Vgl. W. Bühlmann, Wo der Glaube lebt. Einblicke in die Lage der Weltkirche. Freiburg u.a. [4]1976, 15-33.74-76.

[5] Vgl. K. Rahner, Schriften zur Theologie XIII 11-47; Zitat: 12.

> Daß dabei diese Geschichte nicht mehr bloß die Geschichte des abendländisch formulierten Dogmas und dessen Theologie (samt dem Export in andere Länder) sein wird, sondern Glaubens- und Dogmengeschichte einer Weltkirche, ist selbstverständlich, sowenig wir uns konkret heute schon vorstellen können, was material und formal damit gesagt ist[6].

Diese prospektiven Sätze Karl Rahners besagen zweierlei:

(1) Die Dogmengeschichte ebenso wie die Theologie der Dogmenentwicklung bekunden, was Johannes XXIII. in seiner Rede zur Konzilseröffnung betonte und dann Eingang in die Pastoralkonstitution *Gaudium et spes* 62 fand: "Die Glaubenshinterlage selbst, das heißt die Glaubenswahrheiten, darf nicht verwechselt werden mit ihrer Aussageweise, auch wenn diese immer denselben Sinn und Inhalt meint." Das hat zur Folge, daß sich die Theologen veranlaßt sehen, "immer unter Wahrung der der Theologie eigenen Methoden und Erfordernisse nach einer geeigneteren Weise zu suchen, die Lehre des Glaubens den Menschen zu vermitteln" (ebd.), zumal die Kirche von Beginn ihrer Geschichte an gelernt hat, "die Botschaft Christi in der Vorstellungswelt und Sprache der verschiedenen Völker auszusagen und darüber hinaus diese Botschaft mit Hilfe der Weisheit der Philosophen zu verdeutlichen, um so das Evangelium sowohl dem Verständnis aller als auch berechtigten Ansprüchen der Gebildeten angemessen zu verkünden" (GS 44). Eine solche "angepaßte Verkündigung des geoffenbarten Wortes muß ein Gesetz aller Evangelisation bleiben" (ebd.).

(2) Das europäische Christentum wird in einem schmerzhaften Ablösungsprozeß lernen müssen, daß ein eurozentrisches Christentum dem Wesen der Weltkirche widerstreitet und bei aller Beachtung der bleibenden geschichtlichen Rolle des Abendlandes im Werdeprozeß des Christentums das europäische Kleid des Christentums immer mehr zu einem Kleid unter anderen, die europäische Theologie (in ihren Ausfächerungen) zu einer Theologie unter anderen, die europäische Kirche zu einer Teilkirche unter anderen in der einen weltweiten Christenheit wird. Dieser Ablöseprozeß, von dem Pioniere des interreligiösen Dialogs vielleicht stärker als andere spüren, daß er bereits im Gang ist, trägt zweifellos nicht wenig zur Erschütterung und Verunsicherung des europäischen Christentums bei. Das, was als absolute, für alle Zeiten und Räume gültige Botschaft vorgetragen wird, erscheint so sehr relativiert, daß selbst

[6] Ebd. 47.

der absolute Kern sich in dieser Sonde aufzulösen droht. Dennoch kann dieser Prozeß nicht rückgängig gemacht werden. Freilich steht ein analoger Prozeß in der Sonde wissenschaftlicher Kritik auch den nichtchristlichen Religionen bevor, sofern er sie noch nicht ergriffen hat.

4. Auto- und Hetero-Interpretation

Wenn das Christentum sich aufgefordert sieht, den eigenen historischen Kontext seines Werdens und Wachsens in die Betrachtung einzubeziehen und dabei zu beachten, daß die Geschichte seines Dogmas und seiner Theologie stets auch die Geschichte des Bemühens um Übersetzung in neue Kontexte darstellt, ja daß schon im Ursprung der göttlichen Offenbarung und Selbstmitteilung Gottes "Übersetzungsfragen" bei der konkreten Inkarnation in eine konkrete, an eine bestimmte geschichtliche Raum-Zeit-Stelle gebundene menschliche Person eine Rolle spielten, dann muß man ähnliches auch im Blick auf das Werden und Wachsen der anderen Religionen erfragen.

Nun erfährt der Christ im Umgang mit Nichtchristen häufig, daß sie sich vom Christentum ein Bild machen, das dem Selbstverständnis der Christen gar nicht oder doch nur teilweise entspricht. Er entdeckt dabei zugleich, wie mühsam es ist, bestimmte Vorstellungen und gewachsene Vorurteile zu zerstreuen und zu widerlegen. Bei aller berechtigten Bemühung um die Korrektur falscher Sichtweisen über das Christentum darf aber dann nicht übersehen werden, daß gleiches häufig genug den Nichtchristen auch von seiten der Christen widerfährt. Auch im Sprechen über andere Religionen gibt es eingefleischte Urteile, Halbwissen, überholtes Wissen, manchmal gar böswillige Anschuldigungen, Vorurteile, Überheblichkeit.

Wo in unseren Tagen Anhänger verschiedener Religionen miteinander in Kontakt treten und das Gespräch über Gemeinsamkeiten und Unterschiede suchen, um von da aus - über eine eher additive Kooperation bei der Lösung heutiger Welt- und Gesellschaftsfragen hinaus - Ausmaß und Tiefengrade des Zusammengehens und des Einverständnisses ausloten zu können, ist deutlicher zu unterscheiden zwischen dem, was die Vertreter der einzelnen Religionen über sich selbst, und dem, was Vertreter anderer Religionen über dieselbe Religion sagen, zwischen Auto- und Hetero-Interpretation[7]. Dabei sollten jeder Hetero-Interpretation eine ausreichende Beschäftigung und ein hinreichendes Ringen um das Verständnis der Auto-Interpretation vorausgehen.

Das genannte Prinzip ist einleuchtend. Dennoch wird erst allmählich erkannt, daß oft schon in den philologischen Übersetzungsvorgang Fremdinterpretationen einfließen. Man braucht nur an asiatische Grundbegriffe zu denken wie *Nirvāṇa*, das pessimistisch-negativ mit dem nihilistischen Nichts gleichgesetzt wurde, *Ātman*, das je nach Blickrichtung mit "Selbst", "Ich", "Substanz", "Seele" o.ä. übersetzt wird, *Avatāra* und *Trimūrti*, zwei Begriffe, die voreilig mit den christlichen Termini Inkarnation und Trinität wiedergegeben wurden. Auch bei organisatorischen Begriffen werden häufig in der Übersetzung christliche Begriffe verwendet wie Kirche, Bischof, selbst Papst u.ä. Hier wird in der Zukunft größere Umsicht gefordert sein, selbst auf die Gefahr hin, daß manches begonnene Gespräch dadurch zunächst mühsamer und langsamer voranschreitet.

Es gehört aber dann zur menschlichen Größe, daß es dem Menschen allein möglich ist, sich aus dem eigenen Denkhorizont und der eigenen Sprachwelt zu lösen, diese zu transzendieren und sich in einen anderen kulturell-sprachlichen Kontext hineinzutasten und hineinzufinden. Es könnte gar die Bereitschaft zur Loslösung aus dem eigenen engeren Rahmen in der Öffnung auf einen größeren Rahmen hin zu einer neuen Transzendierungserfahrung und zur Einübung in Transzendenz überhaupt werden. Dennoch gibt es kein Gespräch, wo sich nicht das eigene Bemühen um das Verstehen des anderen zugleich mit dem Versuch einer engagierten Stellungnahme paart, weil es ohne diese keine wahre Begegnung und keine Gemeinschaft gibt.

Im Hinblick auf die Hetero-Interpretation hat Piet Schoonenberg gefordert, daß sie der Ehrlichkeit und der Liebe unterworfen ist:

> Der Ehrlichkeit: man muß immer Ideal mit Ideal und Verwirklichung mit Verwirklichung vergleichen, man muß so weit möglich *gut* verstehen - und dabei auch seine eigenen Normen aufs Spiel setzen -, man darf nicht das, was

---

[7] Die beiden Begriffe - Auto-Interpretation = Selbstinterpretation und Hetero-Interpretration = Fremdinterpretation - entlehne ich P. Schoonenberg, Versuche einer christlich-theologischen Sicht des Hinduismus: G. Oberhammer (Hg.), Offenbarung, geistige Realität des Menschen. Wien 1974, 171-187, bes. 171-174; dazu H. Waldenfels, KF 397f.

> man selbst als gut und wahr ansieht, in die andere Tradition hineininterpretieren, was eine Vergewaltigung wäre. Die Liebe fordert, daß wir bescheiden sind, daß wir die Gnade Gottes nicht monopolisieren, daß wir zuerst von andern lernen wollen, daß wir nicht aus einer vermeinten Kulturüberlegenheit heraus interpretieren.- eine wahre Kulturüberlegenheit ist überdies immer eine teilhafte -, sondern aus der Gnade heraus, die Gott uns unverschuldet in Christus geschenkt hat."[8]

Das alles vorausgesetzt, darf, ja muß der Christ, so wie er sich von Nichtchristen, religiös wie nichtreligiös orientierten, in Frage stellen läßt, auch seinerseits den Mut zur Anfrage, ja sogar zur Infragestellung des anderen Standpunktes haben. Es ist unlogisch, sich selbst in seinem eigenen religiösen Options- und Entscheidungsspielraum aufgrund der Einsprüche z.B. der historischen Textkritik immer stärker einschränken zu lassen und dann in naiver Gläubigkeit das entgegenzunehmen, was in anderen Religionen ohne eine gleiche historische Textkritik als Kanon heiliger Schriften oder als Heilige Schrift vorgetragen wird. Es ist auch nicht einzusehen, daß nicht in einer Zeit, in der selbst die Entstehung des Christentums auf ihre gesellschaftlich-kulturellen Einflußfaktoren hin überprüft wird, nicht gleiches für die anderen Religionen postuliert wird, es sei denn, man bestreitet für alle Religionen, das Christentum eingeschlossen, die Gültigkeit bestimmter Hypothesen. Dabei ist eine einseitig historisch erklärende, d.h. aus geistesgeschichtlichen oder aus sozio-ökonomischen Verhältnissen ableitende Religionstheorie in gleicher Weise zurückzuweisen wie eine die Historie geringschätzende, die Entstehung der Religion in einen rein transhistorischen, mystischen Bereich verlegende Religionstheorie. In einer Zeit, in der die Sonde wissenschaftlicher Rationalität und Kritik zusehends in aller Welt an alles und jedes angesetzt wird, kann sich keine Religion ihr einfachhin entziehen.

Das alles bedeutet: Der Dialog zwischen den Religionen darf nicht losgelöst von der (welt-)geschichtlichen Situation gesehen werden, in der er stattfindet. Auch der interreligiöse Dialog muß die nichtreligiösen Einflußfaktoren seiner Zeit berücksichtigen. Damit aber wird ein solcher Dialog zu einem multilateralen Komplex. Er erfordert:

- den Blick auf den anderen aus der Sicht der anderen Religion selbst,

---

[8] P. Schoonenberg, Versuche (Anm. 7) 173f.

- den Blick auf sich selbst,
- den Blick auf den anderen aus dem eigenen Sichtwinkel,
- den Blick auf das Urteil des anderen über die eigene Religion,
- den Blick auf den geschichtlichen Kontext des Dialogs,
- den Blick auf die Einschätzung der Religion(en) in der "Welt" (die ihrerseits in ihrer Universalität und ihren Differenziertheiten zu sehen ist),
- den Blick auf die Erwartungen der "Welt",
- den Blick auf die gemeinsamen und die je eigenen Möglichkeiten der Religionen angesichts der "Welt",
- den Blick auf die Aufgaben, die sich angesichts der inneren Dynamik der einzelnen Religionen im Hinblick auf die Welt ergeben.

Zudem muß beim Dialog neben der verbalen Seite auch stets die non-verbale, atmosphärische Seite in die Betrachtung einbezogen werden.

5. Dialog und Mission

Hier aber muß eine Frage aufgegriffen werden, die angesichts der wachsenden Bemühungen um den interreligiösen Dialog hinsichtlich des christlichen Sendungsauftrags gestellt wird: Ist der Dialog nicht ein Störenfried der Mission? Bei der Beantwortung dieser Frage darf sowohl in der Bestimmung dessen, was "Dialog", wie dessen, was "Mission" heißt, nicht von einer Karikatur bzw. einem defizienten Modus ihrer Verwirklichung her argumentiert werden.

Bei der Bestimmung dessen, was *Mission* ist, sollte heute niemand mehr hinter die Aussagen des Missionsdekrets *Ad gentes* 6 zurückgehen. Danach ist die Mission "überall und in jeder Lage ein und dieselbe, auch wenn sie, je nach Umständen, nicht in der gleichen Weise ausgeübt wird". Die Unterschiede aber sind kontextuell zu erklären:

> Folglich kommen die Unterschiede, die innerhalb dieser Tätigkeit der Kirche anzuerkennen sind, nicht aus dem inneren Wesen der Sendung selbst, sondern aus den Bedingungen, unter denen diese Sendung vollzogen wird. Diese Bedingungen hängen entweder von der Kirche oder von den Völkern, den Gemeinschaften und den Menschen ab, an die sich die Sendung richtet. Obgleich nämlich

> die Kirche von sich aus die Gesamtheit oder die Fülle der Heilsmittel umgreift, wirkt sie doch nicht immer und nicht sogleich im vollen Umfang und kann dies auch nicht. Vielmehr kennt sie Anfänge und Stufen in ihrer Tätigkeit, mit der sie den Plan Gottes zu verwirklichen sucht. Ja bisweilen ist sie genötigt, nach glücklich begonnenem Voranschreiten abermals einen Rückschritt zu beklagen, oder sie verbleibt doch wenigstens in einem gewissen Zustand der Unvollständigkeit und Unzulänglichkeit. Was aber die Menschen, Gemeinschaften und Völker anlangt, so berührt und durchdringt sie diese nur schrittweise und nimmt sie so in die katholische Fülle auf. Jeder der genannten Bedingungen bzw. Stadien müssen eigene Wirkformen und geeignete Mittel entsprechen.

Dieser ausführliche Text zeigt, daß die Verwirklichung der Sendung einen komplexen Vorgang mit unterschiedlichem Tiefgang und - bei Beachtung der verschiedenen kontextuellen "Bedingungen" - mit responsorischem und damit dialogischem Charakter darstellt. Auf dem Weg zu einer Konfrontierung des "Hörers des Wortes" mit dem authentischen Wort Gottes spielt somit auch die Frage nach dem Standpunkt des potentiellen "Hörers des Wortes", seine vorhandene oder nicht vorhandene Hörfähigkeit (*potentia oboedientialis*) eine entscheidende Rolle. Auf diese Situation des "Hörers" muß der Verkündiger des Wortes sich einstellen.

Wenn unter *Dialog* nicht ein unverbindliches Gespräch, ein theoretisches Geplänkel mit dem Ziel, am Ende doch recht zu behalten, verstanden wird, sondern jener vielschichtige Prozeß, der eine letzte Heraus-Forderung des anderen auf einen neuen, besseren, wirksameren Weg nicht aus-, sondern einschließt, dann liegen Dialog und Mission vielleicht doch näher beieinander, als es zunächst den Anschein hat.

Damit sind Dialog und Mission nicht einfachhin dasselbe. Doch der Unterschied ist keine Frage des Engagements. Ein Dialog, in dem sich die Gesprächspartner nicht engagieren, ist kein echter Dialog. Der Unterschied ist vielmehr eine Frage des Interesses. Dieses kann im interreligiösen Dialog verschiedenartig sein und zugleich mit unterschiedlichem Tiefgang verfolgt werden. Weder wird man ohne weiteres unterstellen, daß der interreligiöse Dialog auf gegenseitige Bekehrung abzielt - dann wäre er zu einem Mittel der Mission degradiert - noch daß er unbedingt ein heilsvermittelnder Dialog ist, obwohl in einem Weltgespräch bestimmte Seiten der Heilswirklichkeit wie Friede, Versöhnung und Gerechtigkeit den Inhalt der gemeinsamen Bemühungen abgeben können.

Das Interesse des interreligiösen Dialogs kann stärker das bessere gegenseitige Erkennen sein; es kann die gemeinsame Aktion sein; es kann auch die gegenseitige Herausforderung und Faszination sein. Der Dialog muß es dabei ertragen können, daß Grenzüberschreitungen in die eine oder andere Richtung - "Bekehrungen" - vorkommen, auch wenn er diese nicht zu seinem eigentlichen Ziel macht.

Die Mission hat ihrerseits als Ziel die Verwirklichung des je eigenen Heilsangebotes. Ein solches ist jeder Religion immanent, so daß heute mit größerer Unbefangenheit nicht nur vom Sendungsauftrag des Christentums, sondern auch der anderen Religionen gesprochen werden kann, wie es auch nicht nur einen Absolutheitsanspruch des Christentums, sondern jeder Weltreligion gibt. Erkennt man aber, daß auch die Verwirklichung des Sendungsauftrags niemals ohne Verwendung dialogischer Mittel erfolgt, so wird deutlich, daß sich Dialog und Mission in ihrer konkreten inhaltlich bestimmten Ausrichtung zumindest partiell überschneiden.

6. Herausforderung der Religionen

Dennoch hat sich das Verhältnis des Christentums zu den Religionen auch grundsätzlich geändert. Solange das christliche Abendland im Bewußtsein der Christen mehr oder minder das Ganze der Welt ausmachte und Abendland und Christenheit bewußtseinsmäßig deckungsgleich waren, lebten die Nichtchristen, vordringlich die Anhänger des Islam und die Juden, entweder in abzuschirmenden gefährlichen Randzonen oder in einzukapselnden Gettos; darüber hinaus gab es am Rande des Bewußtseins die "Heiden".

Selbst wo es zur Entdeckung fremder, neuer Welten zu Beginn der Neuzeit kam, konnten diese angesichts eines ungebrochenen Überlegenheitsgefühls der abendländischen Christenheit nur als Räume möglicher Expansion des eigenen Einflusses gesehen werden. Sie wurden folglich anfänglich päpstlicherseits zwischen spanischer und portugiesischer Krone abgegrenzt und fielen später auch unter den Einfluß der anderen großen Seemächte Europas, vor allem Englands und Frankreichs. Der politischen Kolonialisierung aber folgte die religiöse. Noch 1910 begründete die Katholisch-Theologische Fakultät in Münster ihre Bitte an den Minister, einen missionswissenschaftlichen

Lehrauftrag zu vergeben, damit, daß es dabei um eine Materie gehe, "deren theologisch-wissenschaftliche Behandlung an den Hochschulen in neuerer Zeit infolge der kolonialen Aufgaben und Bestrebungen des Deutschen Reiches immer mehr zum Bedürfnis" werde[9].

Dabei zeigte sich bereits zu dieser Zeit, daß es Völker gab, die sich biologisch und geistig als so stark erwiesen, daß sie sich dem europäischen Zugriff entziehen konnten, ja die - abgesehen von den geistesgeschichtlichen wie gesellschaftlich-politischen Entwicklungen in Europa selbst - eine weltgeschichtliche Entwicklung heraufbeschwören halfen, die nach dem II. Weltkrieg zum Zusammenbruch der europäischen Kolonisationspolitik führte. Seither treten die jungen Völker der Dritten Welt als Partner auf der Weltbühne auf und wollen auch als solche behandelt werden.

Die Konsequenzen zeigen sich auch im religiösen Bereich. In der Ökumenischen Bewegung, im Weltrat der Kirchen wie in der katholischen Kirche spielen die jungen Kirchen in ihren Aussagen, Anfragen und Forderungen eine zusehends größere Rolle. Die eine Kirche sieht sich immer mehr in vielen Teilkirchen verwirklicht als *communio ecclesiarum*, die bei aller Betonung des inneren Zusammenhalts und der Einheit doch zugleich auf ihren regionalen Eigenständigkeiten und Eigentümlichkeiten bestehen. Die Zeit, in der christliches Denken = europäisches Denken war, geht unwiderruflich zu Ende.

Zugleich erfährt das Christentum sich mehr und mehr als ein religiöses Angebot unter vielen. Die Hochreligionen treten als Gesprächspartner auf. Selbst die totgeglaubten Praktiken der afrikanischen Stammesreligionen erweisen sich als dynamischer und lebenskräftiger, als es zunächst den Anschein hatte, und entstehen selbst außerhalb Afrikas in den beiden Amerika neu. Nachdem lange Zeit Japan das Musterland "moderner" oder "neuer" Religionen war und dann auch in anderen Ländern der Erde solche "neuen Religionen" entdeckt wurden[10], ändert sich inzwischen auch in Europa die religiöse Szenerie. Zunächst war die Rede von "Jugendreligionen", vor allem asiatischen Gruppierungen, die entweder über die Vereinigten

---

[9] Vgl. E. Hegel, Der Lehrstuhl für Missionswissenschaft und die missionswissenschaftlichen Studieneinrichtungen in der Kath.-Theol. Fakultät Münster : J. Glazik (Hg.), 50 Jahre Katholische Missionswissenschaft in Münster 1911-1961. Münster 1961, 6.

[10] Vgl. dazu C. Colpe, Synkretismus, Renaissance, Säkularisation und Neubildung von Religionen in der Gegenwart : J.P. Asmussen u.a. (Hg.), Handbuch der Religionsgeschichte III. Göttingen 1975, 441-518.

Staaten oder auch direkt bei uns Eingang gefunden haben; heute spricht man von neuer Religiosität o.ä.[11].

Damit wird unsere Zeit zu einer Epoche, in der nicht mehr allein das Christentum eine Herausforderung für alle anderen Religionen darstellt, sondern alle Religionen zu einer gegenseitigen Herausforderung werden; gemeinsam stehen sie dann vor der Herausforderung durch die nichtreligiösen Ideologien.

Prüft man die Praxis des Miteinander/Gegeneinander der Religionen, so hat es im Laufe der Geschichte verschiedene Modelle gegeben:

- *Das Modell der Überwindung:* Es gibt genügend Beispiele, daß sich ein bestimmtes Heilsangebot letzten Endes aufgrund seiner immanenten religiösen Potenz derart gegen andere vorherrschende Angebote durchzusetzen vermochte, daß letztere am Ende untergingen. Daß dabei oft günstige gesellschaftlich-politische Konstellationen die Entwicklung förderten, braucht nicht verschwiegen zu werden, sollte aber als Sekundärphänomen eingestuft werden.
- *Das Modell der Bekämpfung:* Es gibt bis heute Formen eines aktiven Einsatzes religiöser und ideologisch bedingter nicht-religiöser Art, die das Ziel haben, eine bestimmte Religion oder bestimmte Religionen, alle Religionen außer einer bestimmten oder aber auch die Religion überhaupt zu unterdrücken und ihr bzw. ihnen jeden Freiheitsraum zur Selbstentfaltung zu rauben.
- *Das Modell der Konkurrenz und Bewährung:* Es gibt schließlich die Situation, in der alle Religionen und Ideologien einen solchen gesellschaftlichen Freiheitsspielraum besitzen, daß sie ihren je eigenen Weg - konkurrierend - als möglichen Heilsweg anbieten.

Erst das dritte Modell aber ist ein Modell des Dialogs und der Diapraxis, des Miteinander-Redens und -Handelns.

---

[11] Vgl. Kap. 6; sodann R. Hummel, Indische Mission und neue Frömmigkeit im Westen. Stuttgart u.a. 1980; J. Sudbrack, Neue Religiosität. Mainz 1987; H. Bürkle (Hg.), New Age. Kritische Anfragen an eine verlockende Bewegung. Düsseldorf 1988; M. Kehl, New Age oder Neuer Bund? Mainz 1988; H.-J. Ruppert, Durchbruch zur Innenwelt. Spirituelle Impulse aus New Age und Esoterik in kritischer Beleuchtung. Stuttgart 1988; Themenhefte "New Age und Christentum 1/2": Lebendige Seelsorge 39 (1988) Heft 5/6.

7. Dialog und Konkurrenz

Die Begegnung der Religionen kann nicht von dem jeweiligen Heilsanspruch der einzelnen Religion absehen. Selbst wenn gemeinsame Ziele gemeinsam verfolgt werden sollen, so ist das ohne Treue zum eigenen Anfang nicht möglich. Religionen sind Wegangebote. Niemand aber kann zur gleichen Zeit auf mehreren Wegen gehen. Folglich muß er wählen. Entsprechend stehen nicht nur die auf den verschiedenen Wegen Laufenden, sondern die Wege selbst miteinander in Konkurrenz. Damit enthält auch der Dialog zwischen den Religionen das Element der Konkurrenz.

In der Konkurrenz aber stellt jede Religion mit großem Ernst ihren eigenen Weg als Heilsweg vor, verschließt aber nicht in Eigenmächtigkeit die Tür allen anderen, sondern hält sie offen. Denn *Religion* bedeutet ja - von der Grundbedeutung des Wortes her - nicht In-sich-Ständigkeit, sondern stets - *negativ* - Nicht-in-sich-Ständigkeit bzw. - *positiv*, wo es wie im Christentum zur positiven Aussage kommt - Im-Herrn-Ständigkeit oder In-Gott-Ständigkeit. Darum aber kann eine Religion bei gleicher Betonung der Treue zur eigenen "Selbst-Losigkeit" bzw. zum eigenen Herrn die Offenheit üben und das Urteil über den Erfolg dieser Offenheit der Zukunft überlassen. Denn das Ende der Kon-kurrenz, des Miteinander-Laufens, sieht keiner der Läufer, die in der Zeit laufen, sondern nur der, der das wahre Ende auch der Zeit - im "Eschaton" - erreicht. Im Bild des Evangeliums gesagt, wird die Bewährung der Kon-kurrenz an den Früchten der Bäume, die miteinander wachsen und blühen, sichtbar (vgl. Mt 7,16ff. par. u.ö.). Von hier aus ist es genauso zu begrüßen, daß Anhänger verschiedener Religionen miteinander zu beten und zu meditieren und sich über die Wege ihrer Gott- und Transzendenzerfahrung auszutauschen versuchen, wie, daß sie miteinander versuchen, dem Menschen in seinen Nöten, seinen Bedürfnissen und Fragen gerecht zu werden. Christlich gesprochen, liegen auch hier die Akte der Gottes- und der Menschenliebe dicht beieinander. Entscheidend ist, daß in allem Miteinander-Reden und -Tun auch zwischen den Religionen etwas zugunsten der Menschen in Bewegung gerät und so die Religionen selbst an Glaubwürdigkeit in ihren Versprechungen und Verheißungen gewinnen.

8. ... und das Christentum?

Wir haben in diesen Überlegungen bewußt die Frage zurückgestellt: Wie schätzt das Christentum die anderen Religionen und sich selbst angesichts dieser Religionen ein? Über dieses Thema ist in den letzten Jahrzehnten engagiert diskutiert worden. Man denke im katholischen Raum nur an die Diskussionen über die "legitimen Religionen" und das "anonyme Christentum"[12], über die "Religionen als "ordentliche Heilswege", über die Religionen als "adventhafte Wege", über die Vermittlung des Heils Christi "durch, in oder trotz der Religionen"[13].

Alle diese Diskussionen waren weithin von der Selbsteinschätzung des Christentums bestimmt. Sie brauchten in diesem Sinn den historischen Kontext der anderen Religionen nicht zu kennen und konnten die Ergebnisse der religionswissenschaftlichen Forschung weithin außer acht lassen. Auch wenn die neueren Theorien im Grunde ältere Negativeinstellungen gegenüber den Religionen abbauen helfen wollten, so mußten sie am Ende doch wieder im Hinblick auf den konkreten Dialog eher vorurteilsbildend als -abbauend wirken. Um den Blick auf die Erfordernisse des konkreten interreligiösen Dialogs unverstellt freizubekommen, haben wir die verschiedenen Theorien in diesem Zusammenhang beiseite gelassen.

Es fragt sich denn auch: Was hat der gläubige Christ wirklich zu fürchten, wenn er unbewaffnet, d.h. ohne zu viele absichernde Theorien, allein im Vertrauen auf den, der verheißen hat, "Gott-mit-uns" zu sein, in den Dialog eintritt? Was hat er zu fürchten, wenn er glaubt, daß in Jesus Christus das Heil für alle in der Welt ist, und wenn er in der Praxis erfährt, daß "Gott Menschen ... auf Wegen, die er weiß, zum Glauben führen kann" (AG 9) und die Religionen "nicht selten einen Strahl jener Wahrheit erkennen lassen, die alle Menschen erleuchtet" (NA 2)?

---

12 Vgl. dazu Kap. 3.
13 Vgl. dazu Kap. 2.

Kap. 2: Christentum und Weltreligionen in katholischer Sicht

1. Vorüberlegungen

Das II. Vatikanische Konzil ist das erste Konzil der Kirchengeschichte, das ausdrücklich zu den Weltreligionen Stellung genommen hat. Zwar bestand ursprünglich auch dieses Mal nicht die Absicht zu einer solchen Aussage. Die Erklärung über das Verhältnis der Kirche zu den nichtchristlichen Religionen war zunächst nur als Stellungnahme zum Judentum geplant. Doch führten die Debatten auf dem Konzil wie auch die Bitten aus Kreisen außerhalb des Konzils schließlich dahin, daß das Dokument ausgeweitet und zu einem solchen über die nichtchristlichen Religionen als solche wurde, in das dann das Wort über das Judentum eingebettet wurde[1].

Außer der Deklaration über die nichtchristlichen Religionen sprechen aber auch das Missionsdekret *Ad gentes*, sodann indirekt die Konstitution *Gaudium et spes* über die Kirche in der Welt von heute, die Erklärung über die religiöse Freiheit *Dignitatis humanae*, schließlich die Kirchenkonstitution *Lumen gentium* von den Religionen. In diesem Sinne war das Konzil nicht nur der Existenz von Nichtchristen, sondern auch ihrer religiösen Gemeinschaften voll eingedenk. Das wird bereits deutlich, wenn man die Situation der kirchlichen Lehraussagen in der Zeit des I. Vatikanischen Konzils oder auch solche aus der Zeit unmittelbar vor dem II. Vaticanum mit denen des Konzils selbst vergleicht. Wir führen nur zwei Beispiele an, die bedeutsam und typisch sind.

Im Jahre 1854 erklärte Pius IX. in seiner Ansprache *Singulari quadam*:

> Im Glauben müssen wir festhalten, daß außerhalb der apostolischen, römischen Kirche niemand gerettet werden kann; sie ist die einzige Arche des Heils, und jeder, der nicht in sie eintritt, muß in der Flut untergehen.
> Aber ebenso müssen wir sicher daran festhalten, daß von dieser Schuld vor den Augen des Herrn niemand betroffen wird, der da lebt in unüberwindlicher Unkenntnis der wahren Religion. (NR 367)

In einem Schreiben des Heiligen Offiziums aus dem Jahre 1949 an Erzbischof Cushing von Boston (USA) wurde sodann die ex-

---

[1] Vgl. die Einführung in *Nostra aetate* von J. Oesterreicher: LThK.E II 406-478.

trem-exklusive Interpretation des "Extra Ecclesiam nulla salus", wie sie von dem damaligen Jesuiten L. Feeney verteidigt wurde, abgewiesen (vgl. DS 3866-3873). Das Heilige Offizium erklärte gegen Feeney, daß der Ausspruch "Außerhalb der Kirche kein Heil" so zu verstehen ist, wie die Kirche ihn versteht (DS 3866). Zwar bestehe das strenge Gebot Christi in dieser Sache, so daß niemand gerettet wird, der willentlich außerhalb der Kirche - gemeint ist die römische - bleibt, weil die Kirche "medium", Vermittlerin des Heils, ist (DS 3867f.). Es kann aber in bestimmten Umständen zur Erlangung der Heilswirkung hinreichend sein, daß das Verlangen nach ihr - "votum solummodo vel desiderium" - vorhanden ist (DS 3869). Die Umstände werden dann zwar nicht genauer genannt, doch wird ausdrücklich auf die tridentinischen Aussagen über die Begierdetaufe sowie das entsprechende Verlangen nach dem Bußsakrament verwiesen, sodann auf die Enzyklika *Mystici Corporis* von Pius XII. (DS 3869,3871). In all diesen Fällen hieß es, daß der vollkommene Liebesakt, verbunden mit übernatürlichem Glauben, ein eigentliches "Votum" für den Empfang des Sakramentes darstelle. Wichtig aber ist sodann, daß der Brief des Heiligen Offiziums sagt, dieses Votum könne in etwas anderem "impliziert" sein, mit anderen Worten, daß es nicht erforderlich ist, daß ein Mensch tatsächlich Mitglied der römischen Kirche ist, sondern daß es hinreicht, wenn er zum Beispiel den Willen hat, den Willen Gottes zu tun, soweit er ihn erkennt[2].

Von diesen Vorüberlegungen her wird deutlich, daß in den genannten Aussagen über die Nichtchristen, vielleicht müßte man für die vorkonziliare Zeit genauer sagen: Nichtkatholiken, vordringlich das Heil des einzelnen im Vordergrund stand. Weder die nichtchristlichen Gemeinschaften noch die anderen christlichen "Kirchen und Gemeinschaften" - wie das II. Vaticanum sagen wird (vgl. z.B. *Unitatis redintegratio* 3) - finden irgendwelche Beachtung. Die Hinkehr zu diesen geschieht, soweit es das kirchliche Lehramt betrifft, tatsächlich auf dem II. Vatikanischen Konzil.

Im folgenden geht es in der Hauptsache nicht um die Aussagen des Konzils. Vielmehr sollen jene Tendenzen im Raum der

---

[2] Der Brief des Heiligen Offiziums wird in LG 16 als Fußnote zu folgendem Satz erwähnt: "Wer nämlich das Evangelium Christi und seine Kirche ohne Schuld nicht kennt, Gott aber aus ehrlichem Herzen sucht, seinen im Anruf des Gewissens erkannten Willen unter dem Einfluß der Gnade in der Tat zu erfüllen trachtet, kann das ewige Heil erlangen."

katholischen Kirche und ihrer Theologie sichtbar gemacht werden, welche die Aussagen des Konzils über das Verhältnis zu den Religionen ermöglicht haben und schließlich die Gründung eines Sekretariates für das Verhältnis zu den nichtchristlichen Religionen sinnvoll erscheinen ließen. Ohne den Eindruck erwecken zu wollen, daß alle Nuancen der Begegnung und Beschäftigung mit den nichtchristlichen Religionen genannt werden, sollen einige typische Formen des Umgangs mit den nichtchristlichen Religionen vorgestellt und diese zugleich an einigen der markantesten Vertreter vor allem aus dem deutschsprachigen Raum illustriert werden[3]. Dabei lassen sich folgende Ansätze unterscheiden, die sich in der Praxis teilweise überschneiden:

(1) Die praktische Begegnung mit dem Nichtchristlichen und seinem religiösen Formenreichtum bei uns selbst.

(2) Der Anstoß religionswissenschaftlicher Forschung für die Theologie.

(3) Die vertiefte Stellungnahme zu den nichtchristlichen Religionen, die sich aus der religionsphilosophischen Reflexion auf das Religiöse ergibt. Eng verbunden ist diese mit der verstärkten Bewußtwerdung der inneren Verflochtenheit von individuell-existentiellem Lebensvollzug mit gesellschaftlich-kultureller Eingebundenheit, anders gesagt: mit der Wiederentdeckung der Gleichwesentlichkeit von sozialer Komponente und menschlicher Individualität, die eine rein innerliche, private Religiosität als unzureichend erweist.

(4) Eine eigentlich theologisch ansetzende Sichtweise, in der verschiedene theologische Gedankengänge zusammenlaufen: das Heilsgeschichtliche und die Christozentrik, der Stellvertretungsgedanke, die Kirche als Gemeinschaft der Gläubigen u.ä.

(5) Die bewußte Begegnung mit den nichtchristlichen Religionen und ihren Praktiken in deren Ursprungs- und Verbreitungsgebieten und ihre Auswirkungen auf die heimatliche Theologie.

---

[3] Für weitere Bestandsaufnahmen der Situation vgl. u.a. M. Seckler, Die schiefen Wände des Lehrhauses. Freiburg 1988, 50-70; H.R. Schlette, Zur Theologie der Religionen: Orientierung 51 (1987) 151-156. Bibliographische Zusammenfassungen der recht unübersichtlich gewordenen Szene bieten u.a. die Beihefte der Zeitschrift für Mission (Stuttgart), Bibliografia Missionaria (Rom), Theologie im Kontext (Aachen).

2. Der Beginn

Für unser Jahrhundert gehört Romano Guardini zu jenen, an denen das Ethos abgelesen werden kann, das all die beseelen sollte, die sich auf eine fremde Religion einlassen. J.-A. Cuttat hat in einem Aufsatz der Guardini-Festschrift des Jahres 1966 die Bedeutsamkeit Guardinis für die Begegnung mit den Religionen herausgearbeitet[4].

Begegnung von Christentum und Weltreligionen bedeutet zunächst immer Begegnung mit einer konkreten Religion, ihren Lehren und - wenn sie geschichtlich greifbar ist - der Gestalt ihres Gründers, wie alles in den Anhängern von heute lebendig ist. Guardini ist so dem Buddhismus begegnet, und zwar bereits in den zwanziger Jahren, als er in Berlin den Lehrstuhl für christliche Weltanschauung innehatte, Paul Dahlke in Berlin-Frohnau kennenlernte und in dieser Stadt ein damals hochgeschätztes, blühendes Zentrum orientalischer Studien erlebte.

Bei Guardini hat stets das Konkrete im Vordergrund gestanden. Doch obwohl das Konkret-Geschichtliche gerade im Christentum eine zentralere Stelle einnimmt als wohl in jeder anderen Religion, weil die Menschwerdung Gottes in Jesus von Nazaret nicht mehr erlaubt, die konkrete Geschichtlichkeit zugunsten abstrakter Spekulationen zu übersehen, wurde Guardini lange nicht verstanden, zumindest im Raum der offiziellen Theologie.

Daß aber der eminent christliche Ansatzpunkt, die Begegnung mit Jesus von Nazaret, für den Christen auch den Ausgangspunkt zu jeder echten Begegnung mit der nichtchristlichen religiösen Existenz bildet, hat Cuttat selbst immer wieder betont[5]. In einer Zeit, in der die durchschnittliche Theologie kaum begonnen hatte, den konkreten Religionen Beachtung zu schenken[6], war dieser bereits fähig, Sätze zu

---

[4] Vgl. J.-A. Cuttat, Buddhistische und christliche Innerlichkeit in Guardinis Schau: H. Kuhn u.a. (Hg.), Interpretation der Welt. Würzburg 1966, 445-471. Eine ähnliche Würdigung hat Cuttat auch für H. de Lubac geleistet; vgl. Fait bouddhique et fait chrétien selon l'oeuvre du Père de Lubac: L'Homme devant Dieu. Mélanges offerts au Père H. de Lubac III. Paris 1964, 15-41.

[5] Vgl. J.-A. Cuttat, Begegnung der Religionen. Einsiedeln 1956; ders., Asiatische Gottheit - Christlicher Gott. Die Spiritualität der beiden Hemisphären. Einsiedeln 1971.

[6] Es wäre eine dankenswerte Aufgabe, der Beschäftigung der katholischen Apologetik in der Aufklärungszeit nachzugehen und zu prüfen, aus welchen Gründen das Interesse zwischenzeitlich verlorengegangen ist. Vgl.

schreiben, die nicht nur in ihrer Positivität, sondern in ihrem wirklichen Verstehen noch heute ihresgleichen suchen. In Guardinis monumentalem Werk *Der Herr* finden sich einige kurze Abschnitte, zu denen Cuttat bemerkt:

> Hätte Guardini nichts anderes als diese drei Betrachtungen über Buddha geschrieben, es würde genügen, um ihm die Rolle eines Wendepunktes in der Geschichte der theologischen Begegnung zwischen dem Christentum und dem Buddhismus zuzuerkennen.[7]

In dem genannten Werk *Der Herr* schreibt Guardini:

> Was der Mensch wirken kann, sind nur Wirkungen innerhalb der Welt. Er kann gegebene Möglichkeiten entwickeln; Zustände des Seienden ändern und gestalten.- an die Welt als Ganzes rührt er nicht, denn er steht in ihr ... Ein einziger hat ernsthaft versucht, Hand ans Sein selbst zu legen: Buddha. Er hat mehr gewollt, als nur besser zu werden, oder, von der Welt ausgehend, den Frieden zu finden. Er hat das Unfaßliche unternommen, im Dasein stehend das Dasein als solches aus den Angeln zu heben. Was er mit dem Nirvana gemeint hat, mit dem letzten Erwachen, mit dem Aufhören des Wahns und des Seins, hat christlich wohl noch keiner verstanden und beurteilt. Der das wollte, müßte in der Liebe Christi vollkommen frei geworden, aber zugleich jenem Geheimnisvollen im sechsten Jahrhundert vor der Geburt des Herrn mit tiefer Ehrfurcht verbunden sein.
> Noch schwerer wird alles, wenn wir Ihn (Jesus) mit Buddha vergleichen, jenem unfaßlichen Geiste, der alles besaß, was zeitliche Herrlichkeit heißt, aber es ablegte und eine religiöse Existenz verwirklichte, die als solche von der gleichen, nein, wohl noch größeren Weltgröße war, als die des Sokrates und Platon im Philosophischen.[8]

Aus diesen kurzen Sätzen spricht das für jede Beschäftigung mit den Religionen zu fordernde Ethos christlicher Begegnungsfähigkeit und -bereitschaft gegenüber dem anderen Denken. Hier gibt es keine Spur von apologetischem Sich-Wehren-Müssen, sondern die innere Freiheit - christliche Freiheit -, die ihrer selbst so sicher ist, daß sie sich auf den anderen einlassen kann, ohne ängstlich um sich selbst bangen zu müssen. Hier ist auch nichts von jener Haltung zu spüren, die noch häufig Nichtchristen dem Christentum vorhalten, daß nämlich, um den Wert des Christentums herauszustellen, die Unwerte und Unzulänglichkeiten der nichtchristlichen Haltungen betont werden.

G. Heinz, Divinam christianae religionis originem probare. Mainz 1984.

[7] J.-A. Cuttat, Innerlichkeit (Anm. 4) 445.

[8] R. Guardini, Der Herr. Freiburg [3]1983, 361.425. Vgl. auch H. Waldenfels, Faszination des Buddhismus. Mainz 1982, 12f.

Neben Guardini ist hier vor allem Henri de Lubac zu nennen, der durch seine Haltung gegenüber dem modernen Denken wesentlich zur heutigen Öffnung der Kirche im II. Vatikanischen Konzil beigetragen hat[9].

Die Grundvoraussetzung für eine Begegnungsbereitschaft, wie sie hier zu beobachten ist, ist das persönliche Bekenntnis. Nicht je *gleich-gültiger* einem alle Religionen im Lessingschen Sinne sind, sondern je entschiedener jemand in seiner eigenen religiösen Bindung verankert ist, um so tiefer kann er sich auf andere religiöse Bindungen einlassen.

3. Religionswissenschaftliche Anstöße

Der Anstoß für die Haltung Guardinis geht aber auch auf die in das letzte Jahrhundert zurückreichende intensivere Beschäftigung mit den Religionen zurück. Denn erst dadurch, daß sich europäische Wissenschaftler auf die außerchristlichen Religionen einließen und Vertreter dieser Religionen im Abendland erschienen und sich in den Weltstädten wie London, Paris und Berlin kleine Strahlungszentren vor allem des Buddhismus bildeten[10], war den außerchristlichen Religionen die Möglichkeit gegeben, unmittelbar von ihrer Seite her mit dem Christentum in Berührung zu kommen.

Während in der christlichen Theologie von den Religionen vor allem im Kontext der Mission die Rede war und die Heimholung der Religionen dann gleichsam die letzte Stufe der Missionierung bildete[11], ist die Einstellung der Religionswissenschaft eine völlig andere. Schon vom Ursprung her steht sie *auch* gegen den Absolutheitsanspruch des Christentums. Kardinal Franz König sagt in dem von ihm herausgegebenen dreibändigen Werk *Christus und die Religionen der Erde* ausdrücklich, daß man in der geistesgeschichtlichen Situation des 19. Jahrhunderts geradezu der Ansicht war, die Religionswissenschaft als "Waffe gegen das Christentum" verwenden zu

---

[9] Vgl. zu den nichtchristlichen Religionen H. de Lubac, Aspects du Bouddhisme. Paris 1951; La Rencontre du Bouddhisme et de l'Orient. Paris 1952; Amida. Paris 1955; Geheimnis aus dem wir leben. Einsiedeln 1967, 131-154.

[10] Vgl. dazu den Art. Buddhismus (H. Dumoulin): Weltgeschichte der Gegenwart II 643ff.

[11] Vgl. dazu H.R. Schlette, Die Religionen als Thema der Theologie (= QD 22). Freiburg u.a. 1963, 11-42.

können[12]. Das Ideal, vom naturwissenschaftlichen Wissenschaftsideal geprägt, war denn auch zunächst, wertfrei und statistisch die Phänomene der Religionen zu erfassen und unter Umständen in einem weiteren Schritt aus der Quersumme der Phänomene den Begriff der Religion und die ideale Religion der Zukunft abzuleiten. Diesem Ideal kam das religiöse Toleranzideal der asiatischen Religiosität entgegen. Es war faszinierend zu hören, wie der Inder Ramakrishna am Ende des vorigen Jahrhunderts nicht nur die verschiedenen indischen Wege, sondern auch den islamischen und den christlichen Weg durchprobierte[13].

Die Problematik einer statistischen Religionswissenschaft ist hier nicht genauer zu besprechen; sie ist inzwischen auch von ihren Vertretern weithin anerkannt worden. So hat Kurt Goldammer die Bedeutung einer echten Hermeneutik auch für die Religionswissenschaft hervorgehoben und von den Religionswissenschaftlern "Preisgabe der Distanziertheit" und "innere Anteilnahme" gefordert, "selbst dann, wenn (sie ihre) eigene Existenz und Zielrichtung nicht (aufgeben), wenn (sie) sie sogar für absolut (halten)"[14].

Auch der statistische Vergleich bestimmter Formen, der den geschichtlichen Kontext, das Form- und Traditionsgeschichtliche oder auch das Vorstellungsgeschichtliche - Kategorien, die aus der Beschäftigung mit der modernen Exegese geläufig sind - außer acht läßt, hat sich zusehends als problematisch erwiesen. Entsprechendes folgte für den Begriff der Religion selbst, der vielfach lange Zeit auf naive Weise aufgrund eines extremen Fortschrittsoptimismus gewonnen wurde. Doch all diese Fragen betreffen die Prinzipienforschung der Religionswissenschaft selbst.

Für die katholische Theologie stellte sich die Aufgabe, die Frage nach den Religionen unabhängig von jeder missionstheologischen Konklusion in Angriff zu nehmen. Das war in der Art möglich, wie es Guardini auf seine konkrete Weise tat. Es war aber auch in der Weise und Methodik der Religionswissenschaften selbst möglich. So hat Kardinal Franz König, von Haus aus Religionswissenschaftler, nach dem II. Weltkrieg in Zusammenarbeit mit anderen Fachkollegen das zuvor genannte dreibändige Kompendium geschaffen. Zu seiner Zeit stellte es

---

[12] Vgl. F. König (Hg.), Christus und die Religionen der Erde III. Freiburg u.a. ³1964, 743.

[13] Vgl. J.-A. Cuttat, Begegnung (Anm. 5) 13.67ff.

[14] Vgl. K. Goldammer, Die Formenwelt des Religiösen. Grundriß der systematischen Religionswissenschaft. Stuttgart 1960, XXV.

im katholischen Raum die erste große Bestandsaufnahme der bedeutenderen Weltreligionen dar.

Dennoch kann man nicht behaupten, daß die Religionen im Aufbau der systematischen katholischen Theologie bereits einen Platz gefunden hätten und es dort zur Ausbildung einer Theologie der Religionen gekommen wäre[15]. Traditionellerweise gab es lediglich in der neuzeitlichen Fundamentaltheologie einen kleinen Traktat über die Religion im Singular. Dieser war schon deshalb nicht unproblematisch, weil nicht nur gleichsam vorausgesetzt wurde, daß man die christliche Offenbarung auf einen Genusbegriff von Offenbarung zurückführen könne, sondern weil man auch die Offenbarungs*religion* nochmals auf das Genus "Religion" zurückführte - eine Reduzierung, die es wesentlich mit dem nachkantianischen Wissenschaftsverständnis zu tun hatte[16].

4. Pastoraltheologische Erwägungen

Erst in dem Maße, als die außerchristlichen Religionen selbst in das Bewußtsein traten, konnten sie in der Theologie nicht mehr nur als Randphänomene behandelt werden, sondern mußte sich früher oder später die Frage nach ihrer theologischen Wertung stellen. Für die genauere Bestimmung dieser Wertung ist in der katholischen Theologie kaum etwas so bedeutsam geworden wie der Vortrag von Karl Rahner über das "Christentum und die nichtchristlichen Religionen", den er 1961 bei einer Tagung der abendländischen Akademie in Eichstätt hielt[17]. Dem Vortrag ist alles widerfahren, was ihm widerfahren konnte: Man hat ihm spontan zugestimmt; man hat ihn übertrieben und ist zu Konsequenzen weitergeschritten, die christlicherseits nicht zu ziehen waren; man hat ihm heftig widersprochen. Vor allem trat nach der Veröffentlichung dieses Vortrags ein, was auch unabhängig von Rahners Vortrag kommen mußte: Nicht wenige Missionare vor allem der älteren

---

[15] Vgl. etwa den theologischen Aufriß von K. Rahner: Schriften zur Theologie I 32f. Erste Versuche zu einer Theologie der Religionen finden sich - neben den Plädoyers von H.R. Schlette, Religionen als Thema (Anm. 11); ders., Thesen zum Selbstverständnis der Theologie angesichts der Religionen: J.B. Metz u.a. (Hg.), Gott in Welt. Freiburg 1964, II 306-316 - in J. Feiner/M. Löhrer (Hg.), Mysterium Salutis. Einsiedeln 1965ff., bes. II 1049-1075; III/2 604-638.

[16] Vgl. zu diesem fundamentaltheologischen Traktat die in Anm. 6 genannte Arbeit von G. Heinz.

[17] Vgl. Schriften zur Theologie V 136-158.

Generation fühlten sich irritiert und sahen in den "neuen" Ideen der heimatlichen Theologie eine Gefährdung ihrer missionarischen Arbeit, ihres eigenen Elans und auch der Einstellung zu den Außenmissionen in der Heimat.

Um die Aussagen Rahners gerecht zu beurteilen, ist folgendes zu beachten:

Rahner hatte sich ursprünglich nicht mit den Altheiden, sondern mit den Neuheiden befaßt. Hier ist zu verweisen auf seine Aufsätze über den "Christen und seine ungläubigen Verwandten" (1954), auf seine mehrfachen Ausführungen über die Konversion (1953; 1962), sodann über die Häresie und den Atheismus (1957)[18]. Bei all diesen Überlegungen ging es darum zu zeigen, wie in existentiell so entscheidenden Fragen ein differenzierteres Denken geboten ist. Dabei konkretisierte Rahner, was das kirchliche Lehramt in seinen Verlautbarungen, etwa im Weiterschreiten vom ausdrücklichen "Votum" zum "Votum implicitum", grundgelegt hatte.

Die einmal vorgenommene Öffnung auf eine positive Wertung der Situation der "anderen" hin mußte aber dann den Fragen der Zeit entsprechend zur Auseinandersetzung und zum Versuch eines positiven Verständnisses auch der Pluralität religiöser Formen und Gemeinschaften führen. Das theologische Bedenken der Situation der "anderen" war aber für Rahner zugleich ein eminent seelsorgerliches Anliegen. Dieses aber hat *es primär nicht* mit dem Heil der anderen zu tun, sondern zunächst mit der Bedrohung des eigenen Glaubens durch die Existenz der "anderen". Es ist wichtig, auf diesem Punkt zu bestehen, wenn man nicht von vornherein falsche Folgerungen ziehen will. Der Widerspruch, der in der Uneinigkeit der Christen genauso sichtbar wird, wie er im Antagonismus der Religionen zum Ausdruck kommt, muß für den Christen immer *auch* ein Skandal bleiben, den man nicht verschweigen darf. Um so dringlicher stellt sich *dann* die Frage, ob eine solche Sicht tatsächlich Gottes letztes Wort über die Pluralität der Wege der Gottbegegnung ist und ob es hier wirklich gar nichts Positives zu sagen und zu sehen gilt.

Die Antwort auf die verschiedenen Fragenkreise fällt dann unterschiedlich aus. Im Hinblick auf die Frage der Frage der Religionen lassen sich Rahners Grundprinzipien wie folgt zu-

---

[18] Vgl. die einschlägigen Artikel in: Schriften zur Theologie III 419-439 (Verwandte); 441-453; V 356-378 (Konversionen); 527-576 (Häresie); VIII 187-212; IX 177-196 (Atheismus).

sammenfassen[19]:

(1) Der Mensch ist nicht nur individuelle, innerliche Existenz, sondern durch seine Leiblichkeit zugleich immer hineingebunden in die Raumzeitlichkeit der Geschichte und durch seine Gesellschaftlichkeit, die ihm gleichwesentlich wie die Individualität zukommt, auf äußerlich greifbare Weisen seiner inneren Vollzüge notwendig angelegt. Der Mensch hat Um- und Mitwelt und in ihnen Geschichte. Daraus folgt für die Religion, "daß im konkreten Dasein des Menschen schlechthin eine gesellschaftliche Verfaßtheit der Religion zum Wesen der Religion selber gehört, daß man also Religion nur dann habe, wenn man sie in einer gesellschaftlichen Form hat, daß also somit der Mensch, dem geboten ist, Religion zu haben, angefordert ist, eine gesellschaftliche Form von Religion zu suchen und anzunehmen" (142).

(2) Auch das Christentum selbst ist wesentlich eine geschichtliche Größe, die, wie alles Geschichtliche, "einen zeitlich-räumlich punktförmigen Anfang" (140) hat, nämlich "in Jesus von Nazareth und in dem Heilsereignis des einmaligen Kreuzes und des leeren Grabes in Jerusalem" (ebd.). Damit ergibt sich, daß die absolute Religion, die das Christentum auch nach Rahner darstellt, nur auf geschichtlichem Wege zu den Menschen kommt, denen sie als deren legitime, sie anfordernde Religion gegenübertritt" (ebd.). Über den Zeitpunkt, wann der einzelne Mensch, eine einzelne Kultur oder auch ein Geschichtsraum sich existentiell und real von der Botschaft Christi angerufen sieht, läßt sich aber dann nur sagen, daß er uhrzeigermäßig nicht für alle gleichzeitig gewesen ist bzw. auch heute nicht ist (140ff.).

(3) Vorausgesetzt, daß das Christentum in geschichtlicher Weise an die Menschen herantritt und daß menschliche Religiosität sich stets notwendig gesellschaftlich äußern muß, kommt Rahner dann zum Ergebnis, daß "bis zu jenem Augenblick, in dem das Evangelium wirklich in die geschichtliche Situation eines bestimmten Menschen eintritt, ... eine nichtchristliche Religion ... nicht nur Elemente einer natürlichen Gotteserkenntnis, vermischt mit erbsündlicher und weiter darauf und daraus folgender menschlicher Depravation (enthält), sondern auch übernatürliche Momente aus der Gnade, die dem Menschen wegen Christus von Gott geschenkt wird, und sie ... von daher, ohne daß dadurch Irrtum und Depravation in ihr geleugnet

---

[19] Die Seitenzahlen im Text beziehen sich auf den in Anm. 17 genannten Beitrag.

werden, als, wenn auch in verschiedener Gestuftheit, *legitime* Religion anerkannt werden (kann)" (143).

Damit hat Rahner die eigentliche These seines Vortrags erreicht, aus dem zwei Ausdrücke zu theologischen Schlagworten geworden sind: anonymes Christentum, legitime Religion.

Wie das letzte Zitat zeigt, besagt die *Legitimität der Religionen* nichts anderes, als daß die einzelne Religion für den existentiellen Vollzug ihrer Gläubigen nicht notwendig Weg zum Verderben ist, sondern Weg zum Heil sein *kann*. Hinter dieser These steht *philosophisch* die Einsicht in die mit dem Sozialcharakter des Menschen notwendig gegebene Gesellschaftlichkeit seines Tuns, seiner Weltanschauung, seiner religiösen Äußerungen. *Theologisch-biblisch* aber geht es um das radikale Ernstnehmen von Schriftaussagen wie: "Gott will, daß alle Menschen gerettet werden und zur Erkenntnis der Wahrheit gelangen" (1 Tim 2,4), Aussagen zum allgemeinen Heilswillen Gottes und zum Sterben Christi für alle, aber auch um die theologische Einsicht, daß das Verfehlen des Heils nicht "Schuld" Gottes, sondern immer Schuld des Menschen ist. Hier bleiben gewiß Fragen offen, doch wird man den eindeutig gegebenen Komplex von Schriftaussagen, der in diese Richtung weist, ernstnehmen müssen.

Das Wort vom *"anonymen Christentum"*, das die stärkeren Reaktionen erzeugt hat, ist ursprünglich nicht hier, sondern in den früher genannten Themenkreisen beheimatet. Es ist ein Paradox, das als solches schockiert. Denn "anonymes Christentum" ist immer ein Widerspruch. Christ ist der, der den Namen Christi bekennt. Hier aber wird von solchen, die das nicht tun, ja auch gar nicht beabsichtigen, unter Umständen gar ausdrücklich verneinen, gesagt, sie seien trotzdem "Christen". Sie sind es nach Rahner, weil sie, obwohl das offene Bekenntnis anders klingt, doch den Intentionen Christi entsprechen und das - wenn sie es tun - nur in der Gnade können, die Gnade Christi ist, weil alle Gnade, die in der Welt ist, Gnade Christi ist. Das Wort geht also von einer radikalen Christozentrik aus[20]. Das sowohl in wie außerhalb der Kirche Schockierende besteht dann darin, daß auch die Zugehörigkeit zu einer anderen Religion Zeichen der Zugehörigkeit Christi sein *kann* (nicht: *muß* oder *ist*; doch das gilt selbst von der Zugehörigkeit des einzelnen zur sichtbaren Kirche!), solange der Anruf Christi nicht existentiell vernommen worden ist. Denn weil der Anruf der Gnade notwendig geschichtlich-mit-

---

[20] Vgl. dazu ausführlicher Kap. 3.

menschlich vermittelt ist und die Religionen in der langen Tradition der Weltgeschichte immer auch der Weg waren, auf dem der Anruf der Transzendenz, des Heiligen, oder noch klarer: Gottes, ergangen ist und weil auf jeden Fall der Anruf jener Macht, die das menschliche Leben durchwaltet und trägt, ihm den Sinn verleiht - deshalb wird man christlicherseits sagen müssen, daß für die Vielzahl der Menschen, die Christus nicht kennen, die Möglichkeit, der göttlichen Gnade zu entsprechen, ein Leben in ihren traditionellen Bindungen einschloß bzw. einschließt.

5. Theologische Einordnungsversuche

Bei aller Subtilität des Gedankens ist Karl Rahner stets vom Priesterlich-Seelsorgerlichen geprägt. So geht es auch in dem Vortrag über die Religionen im Grunde nicht um diese, sondern um die Menschen, um deren Heil der Christ sich - zu Recht oder zu Unrecht - sorgt. Theologische Einordnungen der Religionen erfolgen vorrangig unter zwei Rücksichten. Der erste Versuch steht deutlich unter dem Leitgedanken der Heilsgeschichte. Der zweite Versuch geht behutsamer voran, setzt weniger von Prinzipien, sondern mehr von der Analyse der Fakten, von den Religionen selbst, von der Heiligen Schrift her an. Er sucht im Grunde nach der rechten Weise des Ansatzes und des Umgangs.

a) Heilsgeschichtliche Einordnung

Die erste Richtung, für die am Anfang vor allem H.R. Schlette und J. Heislbetz[21] zu nennen sind, begründet das Verhältnis von Christentum und Religionen von der Verwirklichung des allgemeinen Heilswillens Gottes her. Prinzipiell kommt man dabei nicht über das von Rahner Gesagte hinaus. Letzteres wird aber zugleich dadurch gefährdet, daß nun gleichsam eine Metaphysik des allgemeinen Heilswillens vorgetragen wird, aus der sich dann, weil der Heilswille Gottes sich dem Menschen

---

[21] Vgl. außer den oben in Anm. 11 und 15 genannten Arbeiten H.R. Schlette, Colloquium salutis - Christen und Nichtchristen heute. Köln 1965; J. Heislbetz, Theologische Gründe der nichtchristlichen Religionen. Freiburg 1967 (Lit.); sodann die Grundlegung der heilsgeschichtlichen Dogmatik durch A. Darlap: MySal I 3-156.

geschichtlich mitteilen muß, der Begriff der allgemeinen Heilsgeschichte ergibt. Im Horizont der allgemeinen Heilsgeschichte wird dann die durch Jesus Christus initiierte Heilsgeschichte zur besonderen Heilsgeschichte. So heißt es bei H.R. Schlette:

> Daß die Religionen Heilswege sind, ist von Gott gewollt - unabhängig von dem speziellen Heilsweg Israels und der Kirche, unabhängig auch davon, daß vom Selbstverständnis der Kirche her gesagt werden muß, daß das auf dem Weg über die Religionen zu erlangende Heil im Grunde das Heil Christi als das durch die Kirche vermittelte Heil ist ... Wenn die Religionen die Heilswege der allgemeinen Heilsgeschichte sind, dann sind sie die allgemeinen Heilswege, und wenn gegenüber der allgemeinen Heilsgeschichte die Kirche ... auf der Seite der speziellen Heilsgeschichte steht, dann darf man den Weg der Religionen als den ordentlichen und den Weg der Kirche als den außerordentlichen Heilsweg bezeichnen (84f.)[22].

Ein Satz wie der letzte kommt den Anhängern anderer Religionen insofern entgegen, als er das unangenehme Gefühl, das theologische Wertungen der Religionen als adventhafte Vorstufen, ja selbst noch das "anonyme Christentum" hervorrufen, vermeidet. Dennoch bleibt er christlicherseits befremdlich. Denn hier wird der Unterschied von "ordentlich" und "außerordentlich" numerisch-quantitativ bestimmt. Das ist selbstverständlich möglich und kommt moderner Denk- und Sprechweise entgegen. Die Frage ist aber: Ist das "Ordentliche" von einer statistischen Feststellung her zu bestimmen oder nicht doch vielmehr von dem her, was die Norm abgibt und daher das "Normale" sein sollte? Dagegen läßt sich freilich zurückfragen: Ist aber von Gott der Eintritt in die Kirche wirklich so eindeutig als das "Normale" intendiert, zumal einmal die Geschichte ein ganz anderes Bild zeigt und es sodann auch praktisch unmöglich erscheint, das sogenannte "Normale" zu verwirklichen? Markus 16,16 beantwortet die Frage ebenfalls nicht so klar, wie es lange Zeit von Theologen vertreten wurde.

Doch selbst wenn die Fragen hier als gegenseitige Fragen stehenbleiben, ohne daß für eine der beiden Seiten Partei ergriffen wird, so bleibt die Deutung der Heilswege, wie sie hier vorgetragen wird, zweifelhaft. Zwar sagt Schlette ausdrücklich, daß die anderen Wege als Heilswege "nur im Lichte der speziellen Heilsgeschichte als solche erkannt werden und in diesem Lichte auch das auf ihnen erreichbare Heil gerade

---

[22] Diese und die nächsten Seitenangaben im Text beziehen sich auf H.R. Schlette, Religionen (Anm. 11).

als das Heil des einen Gottes, der in Jesus Christus gesprochen hat, verifiziert werden kann" (84; auch 100). Doch dann kommt es zu einem eigenartigen Zirkelschluß:

> Wenn es, wie zu Anfang gesagt, gemäß der definierten Gnadenlehre und Ekklesiologie erlaubt ist, jedem Menschen, also auch jedem Nichtchristen, eine reale Heilsmöglichkeit zuzusprechen, dann läßt sich die Frage nach dem Sinn der speziellen Heilsgeschichte nicht mehr zufriedenstellend beantworten durch den Hinweis auf das Unheil und die Gottesferne, aus der uns Gott durch den Sühnetod Christi befreit hat. Vielleicht wird man ... zunächst den Gedanken zulassen müssen, daß die Heilsgefährdung für die einzelnen unsterblichen Seelen nicht ein hinreichender Grund für die spezielle Heilsgeschichte und namentlich für die Menschwerdung des Wortes gewesen sein konnte, da doch ein allgemeiner Heilsweg der Religionen das Heil der einzelnen hätte vermitteln können (89f.).

Hier wird die spezielle Heilsgeschichte, die für Schlette noch die im Alten Testament grundgelegte und in Jesus Christus gründende Heilsgeschichte ist, Anlaß zur Deutung der anderen Religionen als Heilswege. Allerdings bleibt das Grundverständnis von Heil eher unklar. Entsprechend wird die Heilsbedeutsamkeit des Todes Jesu zur Frage. Wenn inzwischen Jesus Christus zu einem Heilsmittler unter anderen wird, so stellt sich die Frage, ob dieses Ergebnis nicht auch in Überlegungen wie den hier referierten vorbereitet worden ist[23].

Eine Schwäche dieses Ansatzes einer Theologie der Religionen besteht denn auch darin, daß die *ganze* Wirklichkeit durch Abstraktion verkürzt zu werden droht. Entweder werden die Religionen in ihrem Anspruch eingeebnet und in bestimmten Klischees zusammengefaßt. Oder man schafft theologische Begriffe wie den der allgemeinen Heilsgeschichte, der zwar auf den ersten Blick legitim zu sein scheint, aber dann, wenn man ihn in Konklusionen bedenkt, fragwürdig wird. Theologisch darf nicht übersehen werden, daß der Begriff der speziellen Heilsgeschichte christlicherseits nicht vom Begriff der allgemeinen Heilsgeschichte her gewonnen wird, sondern umgekehrt der zweite logisch und ontologisch vom ersten abhängt.

---

[23] Vgl. z.B. P. Knitter, Ein Gott - viele Religionen. Gegen den Absolutheitsanspruch des Christentums. München 1988; zur Diskussion auch meine Beiträge: Modelle christlicher Soteriologie in außereuropäischem Kontext: ZMR 71 (1987) 257-278; "Gleich-gültigkeit" oder Exklusivität des Christentums?: Pastoralblatt für die Diözesen Aachen u.a. 41 (1989) 69-79. Kritisch behandelt die Deutung der Religionen als Heilswege M. Seckler, Wände (Anm. 3) 63-66; Ders., Synodos der Religionen: ThQ 169 (1989) 5-24, bes. 18-20.

b) Auf der Suche nach dem Ansatzpunkt

Gegenüber diesen und ähnlichen Versuchen steht für einen anderen Ansatz der Versuch J. Ratzingers in seinem Beitrag zur Rahner-Festschrift 1964[24]. Für Ratzinger ist die Frage nach dem Verhältnis von christlichem Glauben und Weltreligionen eine theologische Grenzfrage, die an der typischen Schwierigkeit einer solchen teil hat: Einerseits ist sie "nicht ohne Kenntnis zahlreicher und verwickelter Sachverhalte zu beantworten"; andererseits vermag "die einzelwissenschaftliche Erkenntnis von sich aus (nicht) schon Theologie und theologische Antworten hervorzubringen" (288).

Von hier aus stellt sich Ratzinger das Problem, daß für den christlichen Glauben die ganze Frage eben doch immer schon als eine geschlossene Frage erscheinen muß. Denn alles Vorhergesagte, abgesehen vielleicht von dem, was sich bei Guardini zeigte, läßt sich doch in die Sätze Ratzingers zusammenfassen:

> (Der christliche Glaube) sieht in Christus das einzig wirkliche und damit endgültige Heil des Menschen. Hinsichtlich der anderen Religionen ist demgemäß eine doppelte Einstellung möglich (so scheint es): man kann sie als vor-läufig und insofern als vor-läuferisch zum Christentum ansprechen und damit in gewissem Sinne positiv werten, soweit sie sich nämlich in die Haltung des Vorläufers einordnen lassen. Man kann sie freilich auch als das Ungenügende, Christuswidrige, der Wahrheit Entgegengesetzte auffassen, das dem Menschen Heil vorgaukelt, ohne es jemals geben zu können (289).

Doch selbst wenn man sich im Christentum bemüht, die anderen Religionen positiv zu werten, so macht eine solche Wertung auf den durchschnittlichen Menschen von heute schon deshalb keinen großen Eindruck, weil die Anerkennung des Vorläufigen und Vorläuferischen von seiten des Christentums eher nach Überheblichkeit schmeckt. Das gilt um so mehr, als auch der durchschnittliche Religionsbegriff von heute eher statisch ist und weil er das Bekenntnis zu einem religiösen Weltbürgertum ähnlich mit der Zugehörigkeit zu einer "Religionsprovinz" verbindet, wie das Bewußtsein, der einen Welt zuzugehören, mit der Zugehörigkeit zu einer bestimmten Nationalität zusammengeht.

---

[24] Vgl. J. Ratzinger, Der christliche Glaube und die Weltreligionen: J.B. Metz u.a. (Hg.), Gott in Welt (Anm. 15) II 287-305. Die folgenden Seitenzahlen im Text beziehen sich auf diesen Beitrag.

Gerade gegenüber diesem allgemeinen Einheitsgefühl, das letztlich in einer unaussprechlichen Erfahrung begründet liegt, die sich in vielfältigen, aber jeweils unzureichenden Ausdrucksformen objektiviert und ausspricht, wirkt der Absolutheitsanspruch des Christentums als Störenfried. Ohne hier die von Ratzinger vorgetragene Schematisierung der religionswissenschaftlichen Data im einzelnen nachzuzeichnen, sei doch soviel festgehalten: Ratzinger versucht den Einwürfen gegen den Absolutheitsanspruch des Christentums vor allem dadurch zu begegnen, daß er den anderen Grundtypen religiöser Wege einen entsprechenden Absolutheitsanspruch nachweist. Darin ist ihm grundsätzlich zuzustimmen. Eine Durchführung des Gedankenganges setzt aber dann ein geduldiges Faktenstudium voraus, das über rein summarische Urteile über *die* Religionen hinausführt. Für eine Konfrontierung der Religionen, die der Gegenwart dienen soll, ist es zudem notwendig, sich nicht allein mit der Vergangenheit der Religionen und ihrer Geschichte zu beschäftigen, sondern vor allem auch mit der religiösen Situation der Menschen von heute. Dabei weitet sich der Blickwinkel dann auf eine Vielzahl von Formen aus, die vielleicht traditionell gar nicht unter das Religiöse zu fallen scheinen, inzwischen aber doch an die Stelle des im traditionellen Sinne Religiösen treten. Der Umgang des Christentums mit seiner eigenen Geschichte in Vergangenheit und Gegenwart bis hin zum kritischen Umgang mit den Quellen kann dabei als Anregung dienen.

Die Frage nach dem Anspruch der Religionen bleibt dann gerade auch angesichts der christlichen Schau der Dinge. Hier aber hat der Hinweis Ratzingers, daß es keine Religion ohne offenen oder verborgenen Absolutheitsanspruch gibt, seine unübersehbare Bedeutung[25]. Denn wird diese Tatsache anerkannt, dann erweist sich der Anspruch des Christentums als Kritik jeder anderen Religion, wie auch jede andere Religion in ihrem Anspruch das Christentum und alle anderen Religionen kritisiert. Vom Christentum her bedeutet das, daß es zur Krise und Kritik der Religionen führt, ohne diese sogleich in *jeder* Hinsicht abzulehnen. Es ist auch klar, daß diese Kritik nicht gleichsam vom Standpunkt eines unbeteiligten Dritten erfolgt, sondern in dem Maße des inneren Engagements an Kraft, Tiefe und Stärke zunimmt. Es ist aber die Überzeugung des Christentums, daß niemand sich so in und an dieser Welt engagiert hat wie Jesus von Nazaret.

---

[25] Vgl. dazu auch J. Ratzinger, Das neue Volk Gottes. Düsseldorf 1969, 362-375.

Aus all dem wird deutlich, daß die Theologie der Religionen einerseits in dem Augenblick, in dem sie zu einem Problem für die Theologie wurde, zwar eine Reihe vorläufiger Antworten vorgelegt hat - zumal Antworten, die das Christentum sich selbst schuldig zu sein glaubte, wenn es sich nicht selbst aufheben will -, daß aber Christentum und Religionen andererseits noch immer viel zu wenig voneinander wissen. In gewissem Sinne hängt aber die Ernsthaftigkeit der theologischen Reflexion an der gegenseitigen Kenntnis und Sympathie. Letztere wird heute mehr als je zuvor durch die unmittelbare Begegnung gefördert.

6. Praktische Begegnungen mit den Religionen

Fragen wir nach der unmittelbaren Begegnung mit nichtchristlichen Religionen, so nehmen die Möglichkeiten in unseren Tagen in ungeahnter Weise zu. Sie reichen von den flüchtigen Begegnungen auf Urlaubs- und Geschäftsreisen über die Einblendungen der Medien, die täglichen Begegnungen mit Menschen anderer Kulturen und Religionen am Arbeitsplatz und in der Umgebung unseres eigenen Alltagslebens bis zur gezielten Suche nach Verstehensmöglichkeiten und geistlichem Austausch mit Anhängern anderer Religionen. Dabei führt der Weg zu eigentlichem Verstehen zumeist über die Erfahrung des Nichtverstehens und Nichtverstanden-Werdens, über das mühsame Hinhorchen und Hinschauen, über das Mittun und Gemeinschafthaben. Dabei geht man auch den Versuch ein, die Sprache des anderen zu erlernen, sein Lebensgefühl, seine Sicht der Welt, der Dinge und des Menschen nachzuvollziehen.

Die große Frage ist hier: Wieweit ist der Nach- und Mitvollzug im fremden religiösen Bereich möglich? Was möglich ist, können wir an Menschen ablesen, die es versucht haben. Katholischerseits sind zu nennen: in Japan Hugo Enomiya-Lassalle, der sich seit den frühen Nachkriegsjahren auf die Übungen des Zazen eingelassen hat[26], in Indien P. Monchinin, H. Le Saux und B. Griffiths, H. Dechanet, auch R. Panikkar, Antoine und andere, die auf ihre Weise die Werte des Hinduismus, das asketische Leben seiner Weisen, die Übungen des Yoga

[26] Vgl. von H. Enomiya-Lassalle: Zen und die christliche Mystik. Freiburg ^{3}1986; Zen-Unterweisung. München 1987; Mein Weg zum Zen. München 1988; zur Auseinandersetzung auch die Festschriften: G. Stachel (Hg.), munen muso. Ungegenständliche Meditation. Mainz 1978; ders. (Hg.), Übung der Kontemplation. Mainz 1988.

teilen oder geteilt haben. Es gibt viele andere Namen, die weniger bekannt sind, auch Gemeinschaften, die bewußt die geistige und geistliche Gemeinschaft mit den anderen suchen. Bekannt geworden ist etwa der geistliche Austausch zwischen benediktinischen Gemeinschaften in Europa und buddhistischen in Japan. Dabei ist es in diesem Zusammenhang unbedeutsam, welche Motive die einzelnen bei ihrem Tun beseelt. Es gibt die pragmatische Überlegung, ausprobieren zu wollen, ob bestimmte Praktiken für die christliche Lebensgestaltung und Verkündigung "brauchbar" sind. Es gibt heute aber auch Versuche einer geistlichen Kommunion mit den "anderen".

Gewiß sind solche stets gefährlich. Sie erfordern jene Lauterkeit des Herzens und Verwurzeltheit in der Liebe, die allein es aber erlauben, sich "mit Petrus aus dem Schiff (zu) wagen auf die wogende Unendlichkeit des Gottesgeistes hinaus"[27]. Solche Menschen müssen zugleich etwas von der Narrheit Christi an sich haben. Oft werden sie selbst in der eigenen Gemeinde ob ihrer Kühnheit verdächtigt, mißtrauisch behandelt, auf jeden Fall stehen sie schräg zum Trend. Hier ist wohlgemerkt nicht die Rede von solchen, denen die eigene Herkunft gleichgültig geworden ist und die sich zum Buddhismus oder Hinduismus bekehrt haben, sondern von gläubigen Christen, die um Christi willen die Nähe der anderen suchen wie Charles de Foucauld in Afrika. R. Panikkar hat vor Jahren geschrieben:

> Es gibt nichts Gefährlicheres als lebendige Theologie, und will man sich einem so ernsten Thema wie dem der Aktion und Kontemplation im Hinduismus annähern, so kann dies nur in einer letzten Tiefe und in einem totalen Engagement der ganzen Existenz geschehen. Lebendige Theologie erfordert nicht nur Kenntnis, Einfühlung und Erfahrung, sondern auch ein Sich-Einlassen mit der ganzen Wirklichkeit, das Eingehen eines Wagnisses auch mit dem Risiko, sich dabei selbst zu verlieren.[28]

Vielleicht sind solche Begegnungen schon deshalb notwendig, damit eine Koexistenz der Religionen, auf die wir immer mehr auch existentiell, nicht nur durch die Verklammerung aller Kulturräume geographisch spürbar zugehen, erträglich gestaltet wird. Was dieses Leben miteinander dann theologisch impliziert, läßt sich heute noch kaum ahnen. Wir stehen erst am Anfang einer Entwicklung, deren Ende noch nicht abzusehen ist.

---

[27] Vgl. H.U. von Balthasar, Spiritus Creator. Einsiedeln 1967, 100.

[28] R. Panikkar, Aktion und Kontemplation im indischen Kultmysterium: Una Sancta 21 (1966) 145-150; Zitat: 145.

Auch das andere darf nicht vergessen werden: Weithin schauen wir immer noch von *unserer* Seite auf die Weltreligionen und fragen wir nach *unseren* Versuchen, sie zu verstehen. Gewollt oder ungewollt stehen aber die Religionen dem Christentum gegenüber vor demselben Problem. Daß die Weltreligionen sich dem Christentum konfrontiert sehen, nicht so sehr aufgrund der Missionstätigkeit christlicher Missionare, sondern vor allem deshalb, weil hinter den westlichen Lebensformen, der Technik und der Weltzivilisation immer auch der geistige Untergrund der westlichen Welt selbst und dessen legitime und illegitime Nachfahren am Werke sind, läßt sich überall in der Welt mit Händen greifen. So gibt es nicht wenige Stimmen, die darauf aufmerksam machen, daß die Konsolidierung der großen Weltreligionen und ihr Übergang zu eigener Missionstätigkeit indirekt Ergebnis der Begegnung mit dem missionarischen Christentum ist.

7. Das Konzil und die Weltreligionen

Die verschiedenen Weisen der Annäherung an das Problem der Religionen haben im II. Vatikanischen Konzil dahin geführt, daß die Religionen erstmals zum Thema eines Konzils geworden sind. Dabei ist einmal die Aussage zum Religionsbegriff, sodann der Text über die Religionen zu beachten.

a) Der Religionsbegriff

In der Einleitung zur Erklärung über das Verhältnis der Kirche zu den nichtchristlichen Religionen heißt es:

> Die Menschen erwarten von den verschiedenen Religionen Antwort auf die ungelösten Rätsel des menschlichen Daseins, die heute wie von je die Herzen der Menschen im tiefsten bewegen: Was ist der Mensch? Was ist Sinn und Ziel unseres Lebens? Was ist das Gute, was die Sünde? Woher kommt das Leid, und welchen Sinn hat es? Was ist der Weg zum wahren Glück? Was ist der Tod, das Gericht und die Vergeltung nach dem Tode? Und schließlich: Was ist jenes letzte und unsagbare Geheimnis unserer Existenz, aus dem wir kommen und wohin wir gehen? (NA 1)

Die einleitenden Sätze sind vorsichtig gewählt. Es wird nicht gesagt, daß die Religionen diese Antworten tatsächlich geben. Es wird auch nicht das Gegenteil behauptet. Vielleicht dürfen wir in einer Zwischenformel von den Religionen selbst her sagen: Religionen sind versuchte Antworten auf die ungelösten Rätsel der menschlichen Situation.

Eine solche Formel verträgt sich mit den nachfolgenden Aussagen über Hinduismus, Buddhismus und die anderen Religionen, die vom Christentum in etwa gleicher geistiger Entfernung leben wie die beiden genannten Hochreligionen. Die hat Formel hat zugleich den Vorteil, daß sie auf einer weiteren Reflexionsstufe einen dynamischeren Religionsbegriff zuläßt, der Religion nicht primär von den äußeren, soziologisch faßbaren Objektivationen innerer Religiosität und religiöser Stellungnahmen her faßt, sondern von dem - wie H.R. Schlette in allgemeinster Weise Religion bestimmt hat[29] - "Existieren aus einem absolut akzeptierten Sinngrund" her. Eine solche Existenz führt aufgrund der sozialen Veranlagung des Menschen notwendig zu religiösen Formen, Riten, Kulthandlungen und Gemeinschaften.

Das wiederum folgt auch aus den Aussagen, die das Konzil über die Sozialnatur des Menschen gemacht hat. So heißt es in der Pastoralkonstitution *Gaudium et spes*:

> Der Mensch ist aus seiner innersten Natur ein gesellschaftliches Wesen; ohne Beziehung zu den anderen kann er weder leben noch seine Gaben zur Entfaltung bringen. (GS 12)
> Aus der gesellschaftlichen Natur des Menschen geht hervor, daß der Fortschritt der menschlichen Person und das Wachsen der Gesellschaft als solcher sich gegenseitig bedingen. Wurzelgrund nämlich, Träger und Ziel der gesellschaftlichen Institutionen ist und muß sein die menschliche Person, die ja von ihrem Wesen selbst her des gesellschaftlichen Lebens durchaus bedarf. Da also das gesellschaftliche Leben für den Menschen nicht etwas äußerlich Hinzukommendes ist, wächst der Mensch nach allen seinen Anlagen und kann seiner Berufung entsprechen durch Begegnung mit anderen, durch gegenseitige Dienstbarkeit und durch den Dialog mit den Brüdern. (GS 25)

Daraus folgt hinsichtlich der religiösen Freiheit:

> Die Sozialnatur des Menschen erfordert, daß der Mensch innere Akte der Religion nach außen zum Ausdruck bringt, mit anderen in religiösen Dingen in Gemeinschaft steht und seine Religion gemeinschaftlich bekennt. (DH 3)

---

[29] Vgl. seinen Art. Religion: LThK² VIII 1165. Auf die Probleme eines so weitgreifenden Ansatzes hat Schlette selbst hingewiesen. Für eine umfassende Diskussion des Religionsverständnisses vgl. W. Kern u.a. (Hg.), Handbuch der Fundamentaltheologie I. Freiburg u.a. 1985, bes. 34-72.156-194; H. Waldenfels, KF 33-46.111-129.139-152 u.ö.

Mit dem im Konzil vorgelegten Religionsbegriff unterscheidet sich das katholische Verständnis deutlich von dem lange Zeit im Anschluß an die dialektische Theologie gewählten Zugang. Mit der Anerkennung der anderen Religionen als "versuchten Antworten auf die ungelösten Rätsel der menschlichen Situation" ist aber weder gesagt, daß diese aus eigener Kraft, also gleichsam pelagianisch-heilsvermittelnd wirken können, noch ist eine Einebnung des absolut Einmaligen, das das Christentum darstellt, in die Ebene des allgemeinen Religiösen beabsichtigt. Ersteres ist nicht der Fall, weil nach vorherrschendem katholischen Verständnis in den Religionen der in Christus voll sichtbar und offenbar werdende universale Heilswille Gottes bereits wirksam ist und somit jede Religion auf ihre Weise Ausdruck der Annahme dieses Heilsangebotes ist; wahre Annahme des Heilsangebotes ist nur möglich, wenn und wo Gott selbst die Annahme bewirkt. In diesem Punkte dürfte daher kein wirklicher Gegensatz zur klassischen evangelischen Theologie bestehen. Es geschieht aber auch keine Einebnung des Christlichen, weil das theologisch Gesagte nicht Ergebnis einzelwissenschaftlicher, religionsvergleichender Studien ist, sondern aus dem christlichen Glauben selbst resultiert. Anders gesagt: Die Prämissen für die Suche nach möglicher Heilsfindung außerhalb des Christentums liegen theologisch nochmals im Raum christlicher Glaubensüberzeugung.

b) Die Religionen

Das Religionsverständnis des II. Vatikanischen Konzils betrifft die historisch gewordenen Religionen. Ehe die Erklärung ausdrücklich auf Hinduismus und Buddhismus zu sprechen kommt, stellt sie fest:

> Von den ältesten Zeiten bis zu unseren Tagen findet sich bei den verschiedenen Völkern eine gewisse Wahrnehmung jener verborgenen Macht, ja auch nicht selten die Erkenntnis einer höchsten Gottheit und sogar eines Vaters. Diese Wahrnehmung und Erkenntnis durchtränkt ihr Leben mit einem tiefen religiösen Sinn. Im Zusammenhang mit dem Fortschreiten der Kultur suchen die Religionen mit genaueren Begriffen und in einer mehr durchgebildeten Sprache eine Antwort auf die gleichen Fragen. (NA 2)

All diese Aussagen schließen eine grundsätzlich positive Wertung der Religionen ein. Allerdings wird weder von der Offenbarung Gottes gesprochen noch vom Glauben. Es hat den Anschein, als ob das menschliche Bemühen den Vorrang habe; dieses wird aber nicht von vornherein als menschliche Anmaßung gewertet, sondern als Erfüllung eines von Gott selbst dem Menschen eingepflanzten Sehnens und Suchens, das gerade in den zuvor genannten Menschheitsfragen seinen ganz konkreten Ausdruck gefunden hat.

Eigens genannt werden in der Erklärung über das Verhältnis der Kirche zu den nichtchristlichen Religionen die beiden bedeutendsten asiatischen Hochreligionen, der Islam und das Judentum. Die Aussagen über Hinduismus und Buddhismus haben Fachleute wie J. Neuner und H. Dumoulin wesentlich gestaltet oder doch mitgestaltet. Eine gründliche Analyse der beiden Sätze läßt die bedeutendsten Richtungen sowohl des Hinduismus wie des Buddhismus erkennen. Angesichts der Tatsache, daß es die ersten offiziellen Aussagen der Kirche über diese Religionen sind, werden sie besonders lieb und teuer:

> So erforschen im Hinduismus die Menschen das göttliche Geheimnis in seinen Tiefen und bringen es in einem unerschöpflichen Reichtum von Mythen und in tiefdringenden philosophischen Versuchen zum Ausdruck. Sie suchen in der Weise des aszetischen Lebens oder durch tiefe Betrachtung oder auch, indem sie mit Liebe und Vertrauen Zuflucht zu Gott nehmen, Befreiung von der Enge und Beschränktheit unserer Situation. (NA 22)

Upanishaden und Vedanta, Yoga und Bhakti scheinen hier auf, wenn von Mythos und Philosophie, Aszese, Betrachtung und Liebe die Rede ist. Dann heißt es im selben Abschnitt über den Buddhismus:

> Der Buddhismus anerkennt in seinen verschiedenen Formen das radikale Ungenügen dieser veränderlichen Welt und lehrt einen Weg, auf dem die Menschen frommen und vertrauenden Herzens entweder den Zustand vollkommener Befreiung zu erreichen oder, sei es durch eigenes Tun, sei es durch eine Hilfe von oben, zur höchsten Stufe der Erleuchtung zu gelangen vermögen.

Hier lassen sich sofort die beiden großen Richtungen des Buddhismus, Hīnayāna, das kleine Fahrzeug, und Mahāyāna, das große Fahrzeug, erkennen; ersteres betont in einer mehr negativen Weise die Loslösung, letzteres die Erleuchtung. Diese kann dann erreicht werden, indem man mehr auf eigene Kräfte baut, wie es etwa im Zen-Buddhismus besonders ausgeprägt erscheint, oder auf die Kräfte eines anderen, wie wir es in den vertrauensvollen Anrufungen des Amida vorfinden. Diese Hinweise sind selbstverständlich verkürzte Formulierungen einer viel komplexeren Wirklichkeit. Dennoch liegt die Akzentuierung zweifellos richtig.

Was für diese beiden Religionen gilt, kann auch von allen anderen gesagt werden:

> So sind auch die übrigen in der Welt verbreiteten Religionen bemüht, der Unruhe des menschlichen Herzens auf verschiedene Weis zu begegnen, indem sie Wege weisen: Lehren und Lebensregeln sowie auch heilige Riten.

Es folgt schließlich noch eine vorsichtige Wertung:

> Nichts von alledem, was in diesen Religionen wahr und heilig ist, wird von der katholischen Kirche verworfen. Überall werden von ihr jene Handlungs- und Lebensweisen, jene Vorschriften und Lehren aufrichtig ernst genommen, die, wenngleich sie von dem, was sie selber für wahr hält und lehrt, in vielem abweichen, doch nicht selten einen Strahl jener Wahrheit widerspiegeln, die alle Menschen erleuchtet. Unablässig verkündet sie jedoch und muß sie verkündigen Christus, der ist 'der Weg, die Wahrheit und das Leben' (Joh 14,6), in dem die Menschen die Fülle des religiösen Lebens finden, in dem Gott alles mit sich versöhnt.

Der wichtige Text des zweiten Abschnittes schließt mit den Worten:

> Deshalb mahnt sie ihre Söhne, daß sie mit Klugheit und Liebe, durch Gespräch und Zusammenarbeit mit den Bekennern anderer Religionen sowie durch ihr Zeugnis des christlichen Glaubens und Lebens jene geistlichen und sittlichen Güter und auch die sozial-kulturellen Werte, die sich bei ihnen finden, anerkennen, wahren und fördern.

Was exemplarisch von den beiden großen Religionen Asiens gesagt wird, findet seine Fortsetzung in jenen beiden Religionen, die dem Christentum am nächsten stehen: Islam und Judentum. Die je größere Nähe der Religionen kommt in der Wiederaufnahme des Bildes von den konzentrischen Kreisen, die Papst Paul VI. in seiner Enzyklika *Ecclesiam suam* vom 10. August 1964 in der Kirchenkonstitution *Lumen gentium* 16 zur Sprache. Am nächsten stehen dem Christen die Juden. Dabei kann man fragen, ob es ein glücklicher Gedanke war, sie in *Nostra aetate* am Ende unter den fremden Religionen einzureihen. Doch in gewissem Sinne wiederholt sich im Konzil, was im Römerbrief 9-11 beschrieben ist: Die Verdrängung der Juden aus der Mitte der Erklärung über das Verhältnis der Kirche zu den nichtchristlichen Religionen an deren Ende schafft Platz für alle Religionen. Um so wichtiger aber ist, daß sich die Kirche zu ihrer jüdischen Wurzel bekennt, zumal das jüdische Volk immer noch das Volk des Bundes und der Verheißungen ist: Gaben Gottes, die "ohne Reue" sind (vgl. LG 16).

Wie ein Stachel im Fleisch derer, die sich zu den Verheißungen Gottes bekennen, wirken die Muslim. Sie werden wie die

Juden ausdrücklich in der Kirchenkonstitution und in der Religionenerklärung genannt. In beiden Fällen kommen die Gemeinsamkeiten zur Sprache: der Glaube an Gott den Schöpfer und Richter, der Glaube an sein Wort, die Verbundenheit über Abraham, den Stammvater, der Respekt vor Jesus den Propheten und seine jungfräuliche Mutter[30]. Eine Verbindung stellen auch das Bemühen um Sittlichkeit und das Leben in Frömmigkeit dar, das Gebet, die Almosen, das Fasten.

Judentum und Islam sind auch jene Religionen, mit denen das Christentum zu lange um der Religion willen gekämpft hat. Wenn irgendwo die "pax fidei" des Nikolaus von Kues den unbedingten Einsatz der Religionen erfordert, dann gilt es für diese drei Abrahamsreligionen. Die Bitte um Vergebung muß hier in ein überzeugendes Werk der Versöhnung übergehen.

Daß es Schuld der Christen gibt am Abfall von der Religion hat das II. Vatikanische Konzil nachdrücklich in der Pastoralkonstitution *Gaudium et spes* 19 betont. Dort heißt es:

> ... auch die Gläubigen selbst tragen ... eine gewisse Verantwortung. Denn der Atheismus, allseitig betrachtet, ist nicht eine ursprüngliche und eigenständige Erscheinung; er entsteht vielmehr aus verschiedenen Ursachen, zu denen auch die kritische Reaktion gegen die Religionen, und zwar in einigen Ländern vor allem gegen die christliche Religion, zählt. Deshalb können an dieser Entstehung des Atheismus die Gläubigen einen erheblichen Anteil haben, insofern man sagen muß, daß sie durch Vernachlässigung der Glaubenserziehung, durch mißverständliche Darstellung der Lehre oder auch durch die Mängel ihres religiösen, sittlichen und gesellschaftlichen Lebens das wahre Antlitz Gottes und der Religion eher verhüllen als offenbaren.

Hier zeigt sich ein Doppeltes: Einmal dürfte die kaum recht begonnene Theologie der Religionen auch dort, wo sie die anderen Religionen positiv-adventhaft einzuordnen sucht, den Gegebenheiten noch nicht gerecht werden. Denn Tatsache ist, daß die Religionen auch nach Christus weiterbestehen und zum Teil heute stärker sind als je zuvor. Ist es nur Blindheit der Menschen, daß sie nicht sehen, wo das wahre Heil ist? Sodann gibt es im eigentlichen Sinn Religionen von Christus her und nach ihm. Es gibt den Abfall von Christus. Es gibt Atheismus und profane Welt. Dazu sagt das Konzil: Es gibt eine Schuld auch der Christen. Die Einsicht in diese Schuld mag das Christentum vor allem falschen Fortschrittsoptimismus hinsichtlich der Ausbreitung des Christlichen bewahren.

---

[30] Vgl. dazu Kap. 9.

Doch selbst angesichts des Atheismus stellt das Konzil fest, daß die Fragen, auf die die Religionen eine Antwort suchen, bleiben, "die Rätsel von Leben und Tod, Schuld und Schmerz":

> Jeder Mensch bleibt vorläufig sich selbst eine ungelöste Frage, die er dunkel spürt. Denn niemand kann in gewissen Augenblicken, besonders in den bedeutenderen Ereignissen des Lebens, diese Frage gänzlich verdrängen. Auf diese Frage kann nur Gott die volle und ganz sichere Antwort geben; Gott, der den Menschen zu tieferem Nachdenken und demütigerem Suchen aufruft. (GS 21)

Was der Kirche selbst bleibt, ist dies:

> Gott den Vater und seinen menschgewordenen Sohn präsent und sozusagen sichtbar zu machen, indem sie sich selbst unter der Führung des Heiligen Geistes unaufhörlich erneuert und läutert; das wird vor allem erreicht durch das Zeugnis eines lebendigen und gereiften Glaubens, der so weit herangebildet ist, daß er die Schwierigkeiten klar zu durchschauen und sie zu überwinden vermag. Ein leuchtendes Zeugnis dieses Glaubens gaben und geben die vielen Märtyrer. Dieser Glaube muß seine Fruchtbarkeit bekunden, indem er das gesamte Leben der Gläubigen, auch das profane, durchdringt und sie zu Gerechtigkeit und Liebe, vor allem gegenüber den Armen, bewegt. Dazu, daß Gott in seiner Gegenwärtigkeit offenbar werde, trägt schließlich besonders die Bruderliebe der Gläubigen bei, wenn sie in einmütiger Gesinnung zusammenarbeiten für den Glauben an das Evangelium und sich als Zeichen der Einheit erweisen. (Ebd.)

Am Ende steht auch hier der Ausdruck der Bereitschaft, zusammenarbeiten zu wollen, der Ruf nach Dialog und Begegnung. Dieser Aufruf hat für nicht wenige auch in unserer Kirche etwas Beängstigendes an sich, doch muß sich nicht die Freiheit des Christenmenschen in seiner wehrlosen Offenheit bewähren? Das ist die Frage sowohl angesichts der Weltreligionen wie auch der nichtchristlichen profanen Welt.

Kap. 3: Die Diskussion um die "anonymen Christen" als Beitrag zur Religionstheologie

1. Quaestio disputata

Zu den am stärksten umstrittenen Wortbildungen der Rahnerschen Theologie gehört die Rede von den "*anonymen Christen*" bzw. dem "*anonymen Christentum*". Dabei kamen die Einsprüche gegen die Wortbildung aus ganz unterschiedlichen Richtungen. Missionare und Theologen aus den klassischen Missionsgebieten wandten ein, daß die Rede von "anonymen Christen" die Einsatzfreudigkeit der missionarischen Verkündiger lähmen müsse, wenn sich neben der "engen Pforte" (vgl. Lk 13,24) ein breiter, bequemer Weg zum Heil eröffne[1]. Doch auch aus Kreisen der europäischen Theologen erhob sich Widerspruch.

So verbindet Walter Kasper die Rahnersche Theorie von den anonymen Christen mit dessen christologischer Grundformel, nach der die Christologie als sich selbst transzendierende Anthropologie und diese als defiziente Christologie anzusehen ist. Kasper stellt von da aus fest:

> Mit seiner Theorie von den anonymen Christen kann Rahner ... die Universalität des Christusglaubens und des von Jesus Christus geschenkten Heils auf neue Weise theologisch verständlich machen, ohne dabei das geschichtliche Christentum entmythologisierend aus den Angeln zu heben. Dennoch brechen gerade an dieser für Rahners Theologie charakteristischen Stelle die kritischen Fragen am deutlichsten auf. Denn es ist die Frage, ob mit einer solchen anthropologisch gewendeten Theologie und Christologie das geschichtliche Christentum nicht einseitig metaphysiziert und das Ärgernis seiner Partikularität durch eine philosophische Spekulation beseitigt wird.[2]

Joseph Ratzinger gibt seinerseits zu bedenken, daß heute die Frage nicht mehr primär das Heil des anderen sei, "dessen prinzipielle Möglichkeit ungefragt sicher ist", sondern vielmehr, "wie angesichts dieser nicht abzuweisenden Gewißheit der unbedingte Anspruch der Kirche und ihres Glaubens noch zu

---

[1] Vgl. L. Elders, Die Taufe der Weltreligionen: ThGl 55 (1965) 124-131; H. van Straelen, Our Attitude towards Other Religions. Tokyo 1965, 77-114; H. Kruse, Die "Anonymen Christen" exegetisch gesehen: MThZ 18 (1967) 2-29.

[2] W. Kasper, Jesus der Christus. Mainz [7]1978, 58f.

begreifen ist"[3]. Hier aber meint er, bei Rahner selbst sei wohl zu Beginn der durch ihn ausgelösten Debatte durchaus ein umfassendes Problembewußtsein gegeben, das später freilich verflacht zu sein scheine; die Problematik des Begriffs "anonymer Christ" beruhe vor allem darauf, daß er in seiner abkürzenden Form die Frage in der falschen Richtung fixiere.

Als "je länger desto mehr grundsätzlich wie praktisch unbrauchbar" hat schließlich Hans Küng den Begriff des "anonymen Christen" bezeichnet[4], nachdem Heinz Robert Schlette in einem Aufsatz "Rahner, Küng und die anonymen Christen" Küngs Ablehnung des Begriffs in seinem Buch "Christ sein" in die Nähe des alten Nominalismusstreits gerückt hatte[5]. Küng, der sich in dem genannten Buch u.a. zum Anwalt der gegen ihren Willen "Vereinnahmten" macht[6], knüpfte seinerseits an Beobachtungen an, die der Hamburger Ökumeniker und Missionswissenschaftler Hans Jochen Margull anläßlich des interreligiösen Dialogs von Ajaltoun/Beirut im Jahre 1970 machte. Margull stellte damals fest,

---

[3] Vgl. J. Ratzinger, Das neue Volk Gottes. Düsseldorf 1969, 340. Weitere kritische Anmerkungen finden sich bei H. Schlier, Der Christ und die Welt: GuL 38 (1965) 416-428; H.U. von Balthasar, Cordula oder der Ernstfall. Einsiedeln 1966; H. de Lubac, Geheimnis, aus dem wir leben. Einsiedeln 1967, 149-154.

[4] Vgl. H. Küng, Anonyme Christen - wozu?: Orientierung 39 (1975) 214ff.; Zitat: 216.

[5] Vgl. ebd. 174ff.

[6] Vgl. H. Küng, Christ sein. München 1974, 89f. In diesem Zusammenhang verschärft Küng einmal die Problemstellung dadurch, daß er meint, statt "anonymer Christen" müsse es eigentlich "anonyme römische Katholiken" heißen. Sodann schreibt er: "Ist das Problem gelöst? Marschieren die Massen der nichtchristlichen Religionen nicht nur im Kopf des Theologen in die heilige römische Kirche ein? In Wirklichkeit jedenfalls bleiben sie, die Juden, Moslems, Hindus, Buddhisten und alle die anderen, die selber sehr wohl wissen, was sie, völlig 'unanonym', sind, draußen. Sie wollen auch gar nicht drinnen sein. Und kein methodischer Trick wird sie je zwingen können, gegen ihren Willen und gegen ihr 'Votum' Aktiv- oder Passivmitglied dieser Kirche zu werden, die ja noch immer eine freie Glaubensgemeinschaft sein möchte. Der Wille derer, die draußen sind, ist nicht nach eigenen Interessen zu 'interpretieren', sondern schlicht zu respektieren. Und rund um die Welt wird man keinen ernsthaften Juden, Moslem oder Atheisten finden, der die Behauptung, er sei ein 'anonymer Christ', nicht als Anmaßung empfände. Eine solche Vereinnahmung des Gesprächspartners beschließt den Dialog, bevor er überhaupt angefangen hat. Eine Scheinlösung, die nur ein schwacher Trost ist: Kann man einen Verein, der an Mitgliederschwund leidet, dadurch sanieren, daß man auch die Nichtmitglieder zu 'verborgenen' Mitgliedern erklärt? Und was würden die Christen sagen, wenn sie von den Buddhisten gnädig als 'anonyme Buddhisten' anerkannt würden?
Es durfte nicht verschwiegen werden: Mit scheinorthodoxer Zerdehnung christlicher Begriffe wie Kirche und Heil nimmt man die Herausforderung der Weltreligionen nicht an ...".

> daß kaum einer der Dialogpartner, am wenigsten manchmal die beiden buddhistischen Mönche, in eine Interpretation bestimmter Lehren, die als Relativierung ihrer Tradition befürchtet werden konnte, einwilligen wollten, selbst dort nicht, wo die Tradition es geradezu nahelegte. Diese praktische Absolutheit der 'anderen Seite' wirft ein wenig Licht auf die flache Möglichkeit, die die christliche Konzeption etwa vom 'unbekannten Christus im Hinduismus' (R. Panikkar) oder der ekklesiologischen Begründung des Heils der Nichtchristen (K. Rahner) oder der Lehren vom Handeln des in Jesus Christus offenbaren Gottes in bestimmten Geschehnissen inmitten der Religionen haben - und zwar eben jenseits der sie ermöglichenden, wesenhaften zentripetalen dogmatischen Sphäre, also in dem sie sicher unmittelbar verunmöglichenden Dialog[7].

Damit wären wir bereits in der Nähe der von uns gemeinten neueren Diskussion. H.R. Schlette hielte denn auch heute "eine präzisere Diskussion der möglicherweise zugrundeliegenden Divergenzen" zwischen Küng und Rahner für sinnvoll[8], wenngleich er dann im Anschluß an Küngs Rückäußerungen wieder wenig Lust zur Auseinandersetzung hat, "zumal Küng seine Auffassung ziemlich dezidiert vorbringt"[9].

Erneut aufgegriffen wurde die Frage schließlich in einer als Rahner-Festschrift geplanten, aber mit zweijähriger Verspätung erschienenen "Quaestio disputata" zum Thema "Christentum innerhalb und außerhalb der Kirche"[10]. Die Aufsatzsammlung stellte zu ihrer Zeit leider auch ein Zeugnis vom Zustand innertheologischer Auseinandersetzungen in der Bundesrepublik Deutschland dar. So bemerkte H. Küng, der im übrigen das Buch nachdrücklich begrüßte, vorweg, daß bestimmte entschiedene Gegner der These von den "anonymen Christen" nicht zur Mitarbeit an dem Buch eingeladen wurden und daß man auch von dieser "Quaestio" kaum eine Antwort auf die von Anfang bis Ende sich aufdrängende Frage 'Anonyme Christen - wo-

---

[7] Vgl. H.J. Margull/St.J. Samartha (Hg.), Dialog mit anderen Religionen. Material aus der ökumenischen Bewegung. Frankfurt 1972, 85.

[8] Vgl. Orientierung 39 (1975) 176.

[9] Vgl. ebd. 265.

[10] Vgl. E. Klinger (Hg.), Christentum innerhalb und außerhalb der Kirche (= QD 73). Freiburg u.a. 1976. Bemerkungen zur geplanten Rahner-Festschrift finden sich in Verbindung mit einem Artikel von H. Böll, Verzögerter Glückwunsch. Heinrich Böll für Karl Rahner: Publik-Forum 4,12 (1975) 3ff.; im Anschluß an den Artikel von H.R. Schlette als Redaktionsanmerkung: Orientierung 39 (1975) 176; in der Replik von H. Küng: ebd. 216. Klingers Band schweigt sich über die Vorgeschichte des Buches aus. Sie klingt dort lediglich in einer einleitenden Fußnote zum Beitrag von E. Jüngel an, die offensichtlich vom ursprünglichen Veröffentlichungsort übernommen ist; vgl. 122.

zu?' erwarten könne[11].

Es lohnt sich folglich, die Diskussion um die "anonymen Christen" neu zu bedenken[12]. Das aber soll bewußt im Hinblick auf die außerhalb des institutionell verfaßten, kirchlichen Christentums Lebenden, zumal die Angehörigen der nichtchristlichen Religionen geschehen[13], auch wenn damit die sekundäre Aussageintention Rahners gegenüber der primären vorrangige Beachtung erfährt. Denn gewiß erwächst die Rede von den "anonymen Christen" im Umkreis der Frage nach dem umfassenden Heilsanspruch des Christentums und damit nach dem christlichen Selbstverständnis, doch enthält die Aussage darüber notwendig eine Aussage über die "Anderen", die aber eben dann auch von diesen "Anderen" vernommen wird. Es gibt heute keine christlichen Selbstaussagen mehr, die gleichsam nur hinter verschlossenen Türen für die Christen selbst Gültigkeit hätten.

Unser Gedankengang soll in drei Schritten entfaltet werden:

(1) Es gilt, den Ort der Rahnerschen Rede von den "anonymen Christen" im Hinblick auf unsere Fragestellung zu bestimmen. Dabei wird sich zeigen, daß dieser Ort sich einmal innerhalb des Denkens von K. Rahner selbst festlegen läßt. Er ist aber sodann auch im Horizont des durch die neuzeitlichen Entwicklungen bedingten Ringens um die Stellung des Christentums in der Menschheitsgeschichte zu sehen.

(2) Es ist die von seiten der Nichtchristen denkbare bzw. auch die tatsächlich erfolgende Reaktion zu bedenken. Dabei reicht es nicht aus, auf emotional mögliche, jedoch vordergründige Reaktionen allein zu achten; es muß vielmehr der Blick auch auf die Konfrontation von Anspruch und Anspruch fallen. In diesem Zusammenhang ist z.B. das Miteinander von "anonymen Christen" und "anonymen Buddhisten" nüchtern zu prüfen, auch wenn H. Küng vieles "gegen die Bezeichnung seiner Person als eines 'anonymen Buddhisten' (durch einen

---

[11] Vgl. Orientierung 39 (1975) 216.

[12] Die ausführlichste neuere Diskussion der "anonymen Christen" von N. Schwerdtfeger, Gnade und Welt. Zum Grundgefüge von Karl Rahners Theorie der "anonymen Christen" (= Freiburger Theol. Studien 123). Freiburg 1982, lag bei Abfassung dieses Kapitels noch nicht vor. Vgl. dort auch die umfassende Bibliographie zur Sache.

[13] Vertreter nichtchristlicher Religionen sind leider an Klingers Disputation nicht beteiligt. Die Thematik der Religionen klingt an bei H. Fries (31f.), H.R. Schlette (69f.) und in entfernterem Sinne bei einigen anderen.

Buddhisten) einzuwenden" hätte[14]. Es gibt eben doch - entgegen den Erwartungen H. Küngs - von seiten "anonymer Christen" nicht nur die entrüstete Ablehnung der Bezeichnung, sondern durchaus die genannte, verständnisvoll lächelnd vorgetragene Replik.

(3) Es ist nach der Erstellung von These - "anonymer Christ" - und Antithese - "anonymer Buddhist", "anonymer Atheist" u.ä.m. - nach dem Ertrag zu fragen, der bleibt, wenn sich These und Antithese begegnen. Dieser dürfte einerseits geringer sein, als er insgeheim von manchem Vertreter der Theorie erwartet wird, weil der "anonyme Christ" durch den "anonymen Buddhisten" neutralisiert bzw. erst recht in den Prozeß der geheimen gegenseitigen Umarmungsversuche hineingeholt wird: Das Ringen miteinander geht weiter, und nur der Blinde gibt es auf. Er dürfte andererseits doch größer sein, als mancher Gegner der Theorie meint, weil die im Stichwort der "Anonymität" mitgemeinte "Implizität" ein Ausdruck hoffender Liebe von beiden Seiten sein kann: Der eröffnete Dialog darf vertieft werden, und doch bleibt die Konkurrenz, das Miteinanderlaufen auf ein vorgegebenes Ziel hin, das nur der erreicht, der sich selbst vergißt und verliert.

2. Der Ort der Rede vom "anonymen Christen"

a) In Karl Rahners Werk

Zu Recht vertritt J. Ratzinger die Ansicht, daß wohl der grundlegende Aufsatz von K. Rahner aus dem Jahre 1947, *"Die Gliedschaft in der Kirche nach der Lehre Pius' XII. 'Mystici Corporis'"*[15], den Ausgangspunkt für die Formel vom "anonymen Christen" bildet[16]. Zwar kommt in dem genannten Aufsatz das Stichwort noch nicht vor, doch bot die Enzyklika mit ihren Aussagen über die Zugehörigkeit zur sichtbaren Kirche und über das Heil der Menschen außerhalb der sichtbaren Kirche Anlaß, die Frage nach der Heilsnotwendigkeit der Zugehörigkeit zur Kirche bzw. nach der Gnaden- und Heilsmöglichkeit derer, die nicht Glied der sichtbaren Kirche sind, neu zu stellen.

---

[14] Vgl. Orientierung 39 (1975) 216.

[15] Vgl. Schriften zur Theologie II 7-94.

[16] Vgl. J. Ratzinger, Volk Gottes (Anm. 3) 340.

In diesem Zusammenhang bespricht Rahner auch die beiden in der Kirche seit alter Zeit vorhandenen Grundaussagen, in denen sich die fordernde Strenge und die Milde zuversichtlicher Hoffnung begegnen: das Axiom *"Extra Ecclesiam nulla salus"* und die Lehre vom *"votum baptismi"*[17]. Daß *beide* Aussagen, nicht nur die Lehre vom "votum baptismi", überzogen werden können, zeigte zwei Jahre nach Erscheinen des Aufsatzes die Verurteilung Leonard Feeneys am 8.8.1949. In dem an jenem Tag erlassenen Schreiben des Heiligen Offiziums an den Erzbischof von Boston wird nicht nur von einer Kirchenzugehörigkeit *"voto"*, sondern gar von einem *"votum implicitum"* gesprochen[18], einem "votum", das in einem Akt vollkommener Liebe oder Bekehrung einschlußweise mitgegeben ist.

Was Rahner selbst in dem genannten Aufsatz theologisch-systematisch überdenkt, durchzieht unter dem Stichwort "anonymes Christentum"/"anonyme Christen" wie ein roter Faden sein ganzes Werk. Man stößt auf dieses Wort in den *Schriften zur Theologie* erstmals im 4. Band, im Abschnitt *Christliches Leben* in einem Aufsatz *Das Wort der Dichtung und der Christ*:

> Es gibt ein anonymes Christentum, es gibt Menschen, die bloß meinen, keine Christen zu sein, aber es in der Gnade Gottes sind. Und so gibt es ein anonym begnadetes Humanes, das meint, reine Menschlichkeit zu sein. Wir Christen können es besser verstehen, als es sich selbst ...[19].

Es steht bereits im Hintergrund, wo das Heil der "ungläubigen Verwandten" beachtet wird, und tritt ausdrücklich zutage, wo Rahner "über die Möglichkeit des Glaubens heute" spricht:

> Ich sehe tausend und abertausend Menschen um mich, ich sehe ganze Kulturen, Geschichtsepochen um mich, vor mir und hinter mir, die ausdrücklich nicht christlich sind. Ich sehe Zeiten aufziehen, in denen das Christentum nicht mehr das Selbstverständliche in Europa und in der Welt ist. Ich weiß das. Aber es kann mich im allerletzten nicht anfechten. Warum nicht? Weil ich überall ein anonymes Christentum sehe, weil ich in meinem ausdrücklichen Christentum nicht eine Meinung n e b e n anderen, ihm widersprechenden, erkenne, sondern in meinem Christentum nichts erblicke als das Zusichselbergekommene dessen, was als Wahrheit und Liebe auch überall sonst lebt und leben kann. (V 17; vgl. V 31; VII 247)

---

[17] Vgl. Schriften zur Theologie II 44-48; dazu mit Lit. auch H. Waldenfels, KF 393-397.

[18] Vgl. DS 3866-3873. K. Rahner verweist darauf in Schriften zur Theologie II 44.46; IX 504; X 536.

[19] Schriften IV 452f.; vgl. auch VII 394.389-491. Zur Entwicklung des Gedankens im Gesamtwerk Rahners vgl. N. Schwerdtfeger, Gnade (Anm. 12) 67-95. - Wir zitieren im folgenden aus: Schriften zur Theologie mit Band- und Seitenzahl im Text.

In seinem vieldiskutierten Vortrag *Das Christentum und die nichtchristlichen Religionen* spricht Rahner nicht nur von "anonymem Christentum", sondern auch von "anonymen Christen" und einer "Christenheit anonymer Art" (V 136-158). Zugleich aber stehen diese Worte erstmals auch in voller Deutlichkeit im Kontext der nichtchristlichen Religionen, die Rahner in der bekannten These 2 unter bestimmten Bedingungen als "legitime Religionen" anspricht (V 143ff.). Unter Berücksichtigung der These 2 formuliert er dann in These 3:

> Wenn die zweite These richtig ist, dann tritt das Christentum dem Menschen außerchristlicher Religionen nicht einfach als dem bloßen und schlechthinnigen Nichtchristen gegenüber, sondern als einem, der durchaus schon als anonymer Christ in dieser oder jener Hinsicht betrachtet werden kann und muß. Es wäre falsch, den Heiden zu sehen als einen Menschen, der bisher in keiner Weise von der Gnade und Wahrheit Gottes berührt war ... wenn es wahr ist, daß der Mensch, der Objekt des missionarischen Bemühens der Kirche wird, schon im voraus dazu ein Mensch ist oder sein kann, der sich auf sein Heil zubewegt und es unter Umständen findet, ohne daß er von der Verkündigung der Kirche erreicht wird, wenn es gleichzeitig wahr ist, daß dieses Heil, das ihn so erreicht, das Heil Christi ist, weil es ein anderes Heil nicht gibt, dann muß man nicht nur ein anonymer Theist, sondern auch ein anonymer Christ sein können. Und dann ist eben wahr, daß die Verkündigung des Evangeliums im letzten Verstand nicht einen absolut von Gott und Christus Verlassenen zu einem Christen, sondern einen anonymen Christen zu einem Menschen macht, der um dieses sein Christentum in der Tiefe seines begnadeten Wesen nun auch gegenständlich reflex und in einem gesellschaftlich verfaßten Bekenntnis, in Kirche, weiß. (V 154f.)

In der These 4 sagt Rahner dann unter der Voraussetzung, daß "diese Nichtchristenheit vom Christen selbst dennoch durchaus als eine Christenheit anonymer Art aufgefaßt werden darf", von der Kirche, daß diese sich heute "nicht so sehr als die exklusive Gemeinschaft der Heilsanwärter betrachten (wird), sondern vielmehr als den geschichtlich greifbaren Vortrupp, als die geschichtlich und gesellschaftlich verfaßte Ausdrücklichkeit dessen, was der Christ als verborgene Wirklichkeit auch außerhalb der Sichtbarkeit der Kirche gegeben erhofft" (V 156; vgl. VI 484; VIII 341 u.ö.).

Damit ist die Grundthese umschrieben, die Rahner in der Folgezeit entweder einfach wiederholt oder gegen Einwände abzusichern sucht oder auch auf bestimmte Situationen anwendet[20]. Daß die Theorie dennoch nicht abgeschlossen ist, zeigen folgende Beobachtungen:

Zum einen meint er, daß von der Nr. 16 der Kirchenkonstitution *Lumen gentium* her "langsam eine ganz subtile Theologie der Möglichkeit und Existenz des anonymen Christen erst noch entwickelt werden" muß (VI 493). Zum anderen sagt er in einer ersten Replik auf Einwände zum "Ort" der Lehre:

> Theologisch darf man den 'Ort' einer solchen Lehre vom 'anonymen Christentum' nicht falsch ansetzen: diese ist nicht ein hermeneutisches *Prinzip*, um das ganze corpus der herkömmlichen Theologie und Dogmatik kritisch zu *reduzieren* ... und um dadurch das Christentum in dieser Gestalt annehmbarer zu machen; dogmatisch gesehen ist diese Lehre sogar vielleicht ein *Grenz*phänomen, dessen Notwendigkeit, Erlaubtheit und Stimmigkeit sich aus vielen anderen Einzeldaten kirchlicher Lehre ergeben (bzw. das dies wenigstens fordert). Gegenüber diesem dogmatisch-theoretischen Stellenwert kann freilich eine mehr geschichtlich-existentiell-praktisch arbeitende Theologie diese Aussagen über das 'anonyme Christentum' in der heutigen Situation viel zentraler in die Mitte stellen, ohne aber in Widerstreit zu kommen mit anderen dogmatischen Grundbestimmungen. (VI 552)

Zweierlei führt nach Rahner zum rechten Verständnis des Stichwortes: "ein wirkliches Durch*denken* verschiedener, oft nur steril nebeneinander liegender Grunddaten traditioneller Schultheologie *und* ein *unvoreingenommenes* Betrachten der *wirklichen* Situation der Menschheit, des Christentums und der Kirche von heute" (VI 553).

---

[20] Für den Gang der Auseinandersetzung vgl. Die anonymen Christen: Schriften zur Theologie VI 545-554; Atheismus und implizites Christentum: VIII 187-212; Anonymes Christentum und Missionsauftrag der Kirche: IX 498-515; Bemerkungen zum Problem des "anonymen Christen": X 531-546; auch Mission und "implizite Christlichkeit": SM III 547-551; schließlich Anonymer und expliziter Glaube: Schriften zur Theologie XII 76-84. - Rahner wendet dann das Stichwort an u.a. im Bereich der Ideologieproblematik: VI 73, in der Diskussion der Philosophie 100ff. ("anonyme Christlichkeit der nichtabendländischen Philosophie" ebd. 102), in der Besprechung der Einheit von Nächsten- und Gottesliebe: VI 285f.; VIII 683. Am Ende seines Aufsatzes Zur Theologie des ökumenischen Gesprächs: Schriften IX 34-78, heißt es gar: "Der Katholik wird von da aus den Lutheraner in der Mitte seiner Existenz verstehen als einen schon anonymen Katholiken, der Lutheraner wird den Katholiken als einen anonymen Lutheraner in der Mitte seiner Existenz betrachten. Wer von beiden recht hat, darüber sind wir uns uneinig, darüber denkt die ökumenische Theologie in einem echten Dialog zwischen den Christen nach ... ."

b) Im Horizont neuzeitlicher Bewährung des christlichen Anspruchs

Geht man nun von "der wirklichen Situation der Menschheit, des Christentums und der Kirche von heute" aus, so ist diese gekennzeichnet von einem zunehmenden Anwachsen der Diasporasituation des Christentums und der Kirche. Das Christentum sieht sich dabei einerseits einem stärkeren Anspruch anderer religiöser Sinn- und Heilsangebote gegenüber. Andererseits sehen sich Christentum und Religionen gemeinsam mit dem immer weiter um sich greifenden weltweiten Versuch konfrontiert, religionslos Sinn zu finden oder gar auf einen umfassenden Sinn für Leben, Welt und Menschheitsgeschichte zu verzichten.

Angesichts dieser in der Neuzeit zum Durchbruch gekommenen, aber planetarisch unabgeschlossenen Entwicklung stellt sich für das Christentum die Frage nach der Glaubwürdigkeit des eigenen Anspruchs. Der universale Heilsanspruch des Christentums, den Rahner durchaus biblisch begründet sieht[21]; die ihm zugrundliegende Lehre von der Selbstmitteilung Gottes in der historischen Einzigartigkeit der Gestalt Jesu von Nazaret; das christliche Verständnis von der Menschwerdung Gottes, wonach - wie Rahner definiert - der Mensch jenes ist, "was Gott wird, wenn er sich in der Region des Nichtgöttlichen zu zeigen unternimmt" und die Menschwerdung Gottes dann "der einmalig höchste Fall des Wesensvollzugs des Menschen überhaupt" ist (VI 548; vgl. IV 137-172; IX 237f.); die radikale Hinordnung auf Jesus Christus und die Forderung des übernatürlichen Offenbarungsglaubens; die Lehre von der möglichen Implizität solchen Heilsglaubens - all das sind theologische Daten, die zusammen mit Ergebnissen der Natur-Gnade-Diskussion[22] und der Diskussion philosophischer Vorfragen[23]

---

[21] Zur biblischen Begründung vgl. B. van der Heijden, Karl Rahner. Darstellung und Kritik seiner Grundpositionen. Einsiedeln 1973, 265-271. Das Buch enthält im Rahmen der Besprechung der Universalität der transzendentalen Offenbarung (249-296) eine der gründlichsten Übersichten über die Diskussion des "anonymen Christentums" mit Literaturangaben. Vgl. auch K. Rahner/W. Thüsing, Christologie - systematisch und exegetisch (= QD 55). Freiburg u.a. 1972.

[22] Vgl. dazu J. Heinrichs, Das ideologiekritische Gewicht der Lehre vom anonymen Christen: E. Klinger (Hg.), Christentum (Anm. 10) 42-64, hier 59-64; auch B. van der Heijden, Rahner (Anm. 21) 20-42; K.P. Fischer, Der Mensch als Geheimnis. Die Anthropologie Karl Rahners. Freiburg u.a. 1974, 235-268.

jenes theologische Feld bilden, in dem die Lehre vom "anonymen Christentum" und den "anonymen Christen" erwachsen konnte.

In diesem Zusammenhang sei angemerkt, daß Rahners Sprechen nicht so originell ist, wie es immer wieder dargestellt wird. Wie die evangelischen Autoren der Klinger-Disputation, zumal Friedrich Wilhelm Kantzenbach, nach Analogien zur These vom "anonymen Christentum" suchen[24], hat auch Henri Bouillard bereits in seinem Buch *Blondel und das Christentum* auf entsprechende Äußerungen von Maurice Blondel hingewiesen[25]. Dieser schrieb im Anschluß an Äußerungen von Kardinal Deschamps[26]:

> Deschamps spricht dafür, daß das Übernatürliche zunächst als Faktum des Bewußtseins in uns anwest, daß es zwar nicht in sich selbst, *ut est*, erfaßbar ist, wohl aber in seinen inneren Wirkungen, *ut agit*, und daß es nicht definiert, sondern angenommen sein will, sei es auch pseudonym.

Bei Deschamps begegnete Blondel auch dem Gedanken, daß bei der gegenwärtigen Verfassung der Menschheit jeder Mensch "die anonyme Gegenwart" eines ihm "immanenten Übernatürlichen" in sich trägt und dieses ihm durch ein Bedürfnis und Ungenügen bewußt werden kann[27].

Hier aber zeigen sich Parallelen. Denn wo Rahner fragt: "Wie wäre der 'anonyme Christ' möglich?" (X 538f.), setzt er an bei der

> Differenz und Einheit zwischen gegenständlichem Wissen und Gewußtem einerseits und einem ungegenständlichen, unthematischen Bewußtsein und Bewußtem anderseits, also auch zwischen kategorialem und transzendentalem Bewußtsein, zwischen begrifflich Ausgesagtem und dem unreflektierten Horizont einer Aussage, zwischen Materialobjekt und apriorisch mit der Erkenntnisfähigkeit mitgegebenem Formalobjekt, zwischen Erkenntnisgegenstand und Erkenntnishorizont.

---

[23] Zur Rezeption des transzendentalphilosophischen Ansatzes vgl. den zusammenfassenden Art. von K. Rahner: SM IV 986-992; die kritischen Erläuterungen in K. Lehmanns Rahner-Porträt: H. Vorgrimler/R. Vander Gucht (Hg.), Bilanz der Theologie im 20. Jahrhundert. Bahnbrechende Theologen. Freiburg u.a. 1970, 158-170.

[24] Vgl. F.W. Kantzenbach, Distanzierte Kirchlichkeit: E. Klinger (Hg.), Christentum (Anm. 10) 162-176.

[25] Vgl. H. Bouillard, Blondel und das Christentum. Mainz 1963, 139ff.; dazu H. Waldenfels, Offenbarung. Das Zweite Vatikanische Konzil auf dem Hintergrund der neueren Theologie. München 1969, 64; auch B. van der Heijden, Rahner (Anm. 21) 255.

[26] Annales de Philosophie chrétienne. Oktober 1905, 582; zitiert nach H. Bouillard, Blondel (Anm. 25) 140.

[27] Vgl. ebd. 585. Vgl. auch, was H. Bouillard, ebd. 103.123.130 über das Verständnis der Begierdetaufe bei Blondel sagt.

Dann aber stellt er fest:

> 1. ... Der in der Selbstmitteilung Gottes, Gnade genannt, sich objektiv immer und überall im Modus des Angebotes und der Ermöglichung heilshaften Handelns objektivierende universale Heilswille Gottes ist, obzwar ungeschuldet und 'übernatürlich', die innerste Entelechie und Dynamik der Welt als der Geschichte der geistigen Kreatur. Als solche Dynamik braucht sie nicht reflex und gegenständlich gewußt zu sein, sie ist doch vorhanden. 2. Diese dem Wesen und der Geschichte dauernd eingestiftete Gnade als Dynamik und Finalisierung der Geschichte des Menschen ist nun aber in der Weise *bewußt*, wie eine solche Bewußtheit, die nicht schon und nicht notwendig auch gegenständliche Gewußtheit bedeutet, bei den apriorischen Formalobjekten, bei den Horizonten der geistig intentionalen Fähigkeiten der Erkenntnis und Freiheit gegeben ist. (X 539f.)

Hier leistet Rahner - theologiegeschichtlich gesehen - wie M. Blondel, H. Bouillard und andere französische Freunde einen Beitrag zur Aufarbeitung der positiven Anliegen des Modernismus. Es geht ihm um die Frage der Gegenwart des sich offenbarenden Gottes im Innersten der menschlichen Geschichte, - eine Frage, die "in der heutigen Auseinander- und Ineinandersetzung von Christentum und modernem Geistesleben eine grundlegende Bedeutung hat"[28]. Denn:

> dem Menschen eines heutigen, antikirchlichen Humanismus, eines bekümmerten Atheismus, einer Haltung, für die Gott eine ewig unauflösliche Chiffre ist, eines Materialismus, für den die erhoffte Zukunft des Geistes die eigentlich bewegende Kraft der Welt ist, ist nicht eigentlich der Deus absconditus des Christentums, der im unzugänglichen Lichte wohnt, der Stein des Anstoßes und das Ärgernis, sondern die Lehre, daß es eine *Geschichte* der Offenbarung geben soll, in der Gott selbst einen einzigen Weg neben den vielen anderen der übrigen Religionsgeschichte bahnt und ihn selbst dann im Fleisch erschienen abschreitet.

Gerade dieses Zitat beweist seinerseits, daß Rahner als Umwelt seines theologischen Denkens zunächst die Situation des abendländischen Menschen vor Augen hat. Wo dann doch die Religionen ins Blickfeld fallen, geht es für ihn aus dem katholischen Selbstverständnis heraus um die Frage, wie sich der Glaube an die Absolutheit und Allgemeinverbindlichkeit des katholischen Christentums ohne einen religiösen Relativismus "in Einklang bringen lasse mit der Tatsache, daß auch nach

---

[28] Vgl. K. Rahner, Bemerkungen zum Begriff der Offenbarung: K. Rahner/J. Ratzinger, Offenbarung und Überlieferung (= QD 25). Freiburg u.a. 1965, 12; dort auch das Zitat. Zum Vergleich mit M. Blondel vgl. auch das Werk von Ch. Theobald, Maurice Blondel und das Problem der Modernität. Beitrag zu einer epistemologischen Standortbestimmung zeitgenössischer Fundamentaltheologie. Frankfurt 1988.

2000 Jahren Christentum und Kirche der größere Teil der Menschheit weder christlich noch katholisch ist, wobei auch diesem größeren Teil der Menschheit weder Intelligenz noch Treue zu ihrem Gewissen abgesprochen werden dürfen" (VIII 356)[29].

An dieser Stelle ist dann die Frage zuzulassen, ob eine entsprechende Stellungnahme, die in der Absicht, dem eigenen Selbstverständnis treu zu bleiben und doch den "Anderen" aus dem eigenen Selbstverständnis heraus ernstzunehmen, tatsächlich den Abbruch des Dialogs mit dem "Anderen" provoziert oder aber ihn in der Redlichkeit der Aussage erst recht ermöglicht. Dabei ist in die eigene Richtung zu fragen, ob die Aussage, der "Andere" könne aus christlichem Selbstverständnis heraus ein "anonymer Christ" sein, den "Anderen" als "Anderen" ganz ernstnimmt. Diese Frage wiederum ist verbunden mit der anderen nach den Reaktionen, die das Sprechen von "anonymen Christen" bei den "Anderen" selbst auslöst.

3. "Anonymität" als Chance des interreligiösen Dialogs

H. Küng hat in zehn Fragen seine Vorbehalte gegen das Stichwort "anonyme Christen" konkretisiert[30]. Diese betreffen die bekannten Punkte der Vereinbarkeit des Ausdrucks mit dem Verständnis des Christseins in der christlichen Tradition sowie die philosophischen Voraussetzungen, sodann aber auch das Verständnis von "Anonymität", die mögliche Reaktion der Nichtchristen, schließlich die vom Christen dem Nichtchristen gegenüber zu fordernde Einstellung. Von den genannten Fragekomplexen seien hier drei ausgesondert: (1) das Verständnis von "Anonymität", (2) die denkbare und - wir fügen hinzu:- tatsächlich gegebene Replik: "Wenn ich ein 'anonymer Christ' bin, bist du ein 'anonymer Buddhist'"[31] als Beispiel für eine Reaktion der nichtchristlichen Seite, (3) die Anerkennung des "Anderen" in seiner Fremdheit.

---

[29] Zum Thema "Christentum und Religionen" vgl. bei K. Rahner auch Schriften zur Theologie VIII 355-373; XII 370-383.

[30] Vgl. Orientierung 39 (1975) 216.

[31] Mir selbst wird genau diese lachend vorgetragene Antwort Sh. Uedas in Kyoto unvergessen bleiben, als ich ihm im Sommer 1965 erstmals die Rahnersche Ansicht von den "anonymen Christen" vortrug.

a) Die Kategorie der "Anonymität"

Es ist interessant, daß auch die Klinger-Disputation sich nicht bemüht, auf eine Grundfrage der Verständigung eine Antwort zu versuchen, nämlich: Was ist eigentlich mit "Anonymität" gemeint?[32]

Eine erste Beobachtung zeigt lediglich, daß Rahner selbst und andere nach ihm neben dem Stichwort "anonym" auch andere Begriffe verwenden wie "implizit", "verborgen", "pseudonym" u.a.[33]. Küng setzt seinerseits beim "üblichen Sprachgebrauch" voraus, daß "der Anonyme selber weiß, wer er ist, und nur die anderen es nicht wissen" und der Rahnersche Sprachgebrauch folglich dazu im Widerspruch steht[34].

Dazu ist jedoch zu bedenken, daß das Durchschnittlich-Übliche kein Hindernis für eine vertiefte Reflexion auf einen Sachverhalt darstellt und dieser hinsichtlich des "üblichen" Verständnisses u.U. auch korrigiert wird. Hinsichtlich der Anonymität aber ist zweierlei vorweg zu beachten:

Einmal ist zu unterscheiden zwischen dem, *wer* jemand ist und *was* jemand ist. Es *kann* zwar der Name unvertauschbar und vollkommen aussagen, wer jemand ist, weil die Bezeichnung des Wer und Was sich decken; es muß das aber nicht der Fall sein, und in der Regel ist es das auch nicht.

Sodann ist "Anonymität" eine Negativ- bzw. Privativbezeichnung. Folglich ist bei der Frage nach ihrem Wesen nicht nach der Konstitution der Anonymität, sondern der Namensgebung zu fragen. Die Besinnung auf die Namensgebung aber enthält ansatzhaft jene "phänomenologisch-hermeneutische Korrektur des transzendental-deduktiven Ansatzes von Rahner", die Karl Lehmann zur Vertiefung der Problematik gefordert hat[35].

In der phänomenologischen Reflexion E. Husserls aber verbindet sich die Anonymität mit dem transzendentalen Ego. Das Ur-Ich aber

> ist im strengen Sinne noch nicht das Ich der ersten Person unter anderen Personen, sondern ein p r ä - p e r s o n a l e r Lebens- und Weltgrund, den jeder

---

[32] Beiläufig verweist E. Klinger in einer Fußnote seines Aufrißartikels auf den Art. "Anonym" von K. Held: HWP I 334f.; vgl. Christentum (Anm. 10) 12.

[33] Das Stichwort des "Pseudonymen" findet sich bei E. Jüngel und M. Machovec; vgl. ebd. 123.140; auch oben Anm. 69.

[34] Vgl. Orientierung 39 (1975) 216.

[35] Vgl. K. Lehmann, Rahner-Porträt (Anm. 66) 169; zur Transzendentalphilosophie vgl. seinen gleichnamigen Art.: LThK² X 315f.

> ursprünglich in sich entdeckt und reflektierend 'Ich' nennt. In dieser unbestimmten Sphäre gibt es Niemanden, weder mich, noch die Andern. Das fungierende Lebenssubjekt ist a n o n y m, absolut anonym, solange es vorthematisch ist, zurücksinkend in Anonymität, wenn es außerthematisch wird, und in seiner Anonymität sich zeigend, während es thematisch ist, denn auch hier ist immer 'ein Rest, der unthematisch, der sozusagen in Anonymität bleibt', und dieser Rest ist nichts anderes als das Lebenszentrum selbst. Zu einer bestimmten, n a m h a f t e n Person wird das Ur-Ich erst in der 'Selbstdeklination', in der Andere sich in mir konstituieren und ich mich selbst als einer unter ihnen. Die Konsequenz: die bestimmt-namhafte Person ist durch die Einordnung in ein vorentworfenes Ganzes kein einzigartiges Selbst und so auch kein ursprüngliches; umgekehrt bleibt das Ur-Subjekt unbestimmt namenlos. Dabei geht es nicht um den Untergrund der Anonymität, sondern um eine Anonymität im K e r n des Selbst. Die Einzigkeit, die nicht ursprünglich im Plural steht, bleibt anonym, 'unsagbar'. Der Grund liegt auf der Hand: wie ich mich nicht selbst er-fassen kann in meiner Ursprünglichkeit, so kann ich mich nicht selbst um-fassen in meiner Ganzheit. Die Bestimmtheit, die ich direkt oder indirekt mir selbst verdanke, betrifft nur einen Teil meiner selbst und keineswegs das Zentrum. Gewiß ist für Husserl 'das in diesem Leben Werdende ... die Person selbst', aber kann sie je a l s sie selbst auftreten? Als Ur-Ich bleibt sie ein fragwürdiges Zwitterwesen, verwiesen in eine präpersonale Anonymität und dennoch aufgerufen zu personaler Selbstverantwortung.[36]

Eine von Husserl und Merleau-Ponty, aber auch von Gadamer[37] inspirierte Reflexion auf das Verhältnis von Benennung und Anonymität wird demnach die Küngsche Behauptung, der Anonyme selbst, nicht der andere wisse, wer er sei, nicht ohne weiteres bestätigen. Rahners eigene Überlegungen aber würden gewinnen, wenn deutlicher in Erscheinung träte, daß die Benennung und damit die Überführung des Namenlosen in das Namhafte es wesentlich mit der Begegnung und der Anrede des Ich durch das Du zu tun hat[38]. Entsprechend findet die Besinnung auf das Wort ihre Abrundung im Bedenken der Sprache und des Ge-

---

[36] Vgl. B. Waldenfels, Das Zwischenreich des Dialogs. Sozialphilosophische Untersuchungen in Anschluß an Edmund Husserl. Den Haag 1971, Reg.; das ausführliche Zitat: 281f.

[37] Vgl. H.-G. Gadamer, Wahrheit und Methode. Tübingen ²1965, 383ff. u.ö.

[38] Am deutlichsten spricht Rahner selbst über das Verhältnis von Name und Namenlosen in der 2. und zu Beginn der 3. Vorlesung über das Geheimnis: Schriften zur Theologie IV 67-85; vgl. auch 443.

spräches und damit der Intersubjektivität[39].

An dieser Stelle ist noch ein weiteres anzufügen. K. Rahner hat - zumindest gesprächsweise - darauf hingewiesen, daß es sehr wohl sein kann, daß ein anderer besser weiß, wer und was ich bin, als ich selbst, weil ich selbst eben nicht allein aufgrund metyphysischer Deduktion wissen kann, wer und was ich bin, sondern gerade dafür auf das Zeugnis anderer angewiesen bin. Ein klassisches Beispiel dafür ist die Feststellung der konkreten Abstammung, aus der sich die eigene Existenz und Identität herleitet. So ist der einzelne für seine Benennung als Sohn/Tochter dieser konkreten Eltern voll und ganz auf das Zeugnis anderer angewiesen, und es gibt Beispiele genug im Leben, wo jemandem seine wahre Identität für sein ganzes Leben verborgen bleibt, weil die wahrhaft Wissenden sie nicht offenbaren.

b) "Anonymer Christ" - "anonymer Buddhist"

Daraus ergibt sich, daß nun nicht so sehr über die vermeintliche Anmaßung der Christen - selbstkritisch - zu sprechen ist, sondern gefragt werden muß, was eine wechselseitige Benennung "anonymer Christ" und "anonymer Buddhist, Marxist, Atheist" bedeutet. In der schon mehrfach genannten, von E. Klinger initiierten Diskussion um die "anonymen Christen" hat M. Machovec ausdrücklich die Frage nach dem "anonymen Marxisten" ins Spiel gebracht und nach dem "allgemeinen Sinn der `Anonymität' in der abendländischen Geistesgeschichte" gefragt[40]. Er möchte in der großen Breite anonymer Phänomene vor allem "eine Art Kritik an den `ausdrücklichen' Phänomenen" erblicken, insofern als ein echtes Ja-Sagen "immer und überall nicht nur das `Ja' zum Gegebenen, zum Prinzip `Heute', sondern auch ein `Ja' zum Prinzip `Morgen', d.h. zum Überschreiten des Gegebenen sein (muß), also eine Art Selbstkritik, konstruktive Selbstnegation"[41]. An dieser Stelle aber entsteht dann eine neue Art von Kommunität.

---

[39] Vgl. miteinander die LThK^2-Art. "Wort Gottes II" (K. Rahner): X 1235-1238; "Sprache II" (F. Mayr): IX 982-986; "Gespräch" (J.B. Metz): IV 836f.

[40] Vgl. M. Machovec, Anonymität - christlich und anders: E. Klinger (Hg.), Christentum (Anm. 10) 139-144, vor allem 140.

[41] Vgl. ebd. 143.

Dieses "Ja zum Überschreiten des Gegebenen" aber berührt sich - zumindest in formaler Hinsicht - mit dem, was H. Ott die "Anthropologie des nicht-kompakten Menschseins" oder die "Anthropologie der Hohlräume" nennt[42]. Danach ist der Mensch das Wesen, das "ins Offene der Freiheit gewagt" (P. Schütz) ist, das "ausgesetzte" Wesen, "das Wesen, welches gerade in seiner verantwortlichen Selbstbestimmung seiner selbst nicht mächtig ist, sondern eben in der Realisierung dieser Selbstbestimmung noch einmal 'aus etwas' leben und handeln muß". Darin aber meldet sich die Offenheit für die Unverfügbarkeit des Menschen, im tiefsten die "Präsenz eines Andern" an.

Was hier in philosophisch-"weltlicher" Sprache zur Aussage kommt, sollte in der Begegnung religiös orientierter Menschen erst recht zum Durchbruch kommen. Zu Recht hat L. Bruno Puntel in seiner Stellungnahme zu Küngs Thesen gegen die "anonymen Christen" zu bedenken gegeben:

> Jede wirklich große Religion macht - explizit oder implizit - eine Aussage über das Ganze der Wirklichkeit und damit über alle Menschen und alle Religionen. D.h.: Jede große Religion behauptet so oder so ein Verhältnis zwischen sich und den a n d e r e n Religionen bzw. den a n d e r e n Menschen. ... Einen universalen Anspruch erhebt in jedem Fall jede große Religion, die wirklich weiß, was sie sagt, tut und will. Eine Religion nun, die das Verhältnis zu den anderen p o s i t i v auffaßt, die also in den anderen Religionen nicht nur Schlechtes, Negatives (was immer das sein mag) sieht, muß dann konsequenterweise das Positive der anderen Religionen als einen 'Teil' ihrer selbst betrachten, sonst hätte dieses Positive keinen Sinn. Da aber dieser 'Teil'-Charakter nicht dem Selbstverständnis der anderen Religion(en) entspricht, muß er als 'anonymer Teil' bezeichnet werden.[43]

Von hier aus kommt Puntel zum Ergebnis, daß ein Buddhist, der den Christen in das von ihm bejahte und formulierte Ganze einordnet, sagen muß, der Christ sei bzw. könne zumindest ein "anonymer Buddhist" sein[44].

Die Paradoxität der Formel schließt daher zweierlei ein: (1) die Gültigkeit des eigenen - wie immer im Selbstverständnis der eigenen Religion zu begründenden - Anspruchs, (2) die

---

[42] Vgl. <u>H. Ott</u>, Als protestantischer Theologe unterwegs mit dem Theologumenon von den "anonymen Christen": Ebd. 86-99, Zitat: 98.

[43] Vgl. <u>L.B. Puntel</u>, Hans Küng, die Logik und die theologische Redlichkeit. Bemerkungen zur Kritik des Tübinger Theologen am Begriff "anonymes Christentum": Orientierung 40 (1976) 3-6; Zitat: 5.

[44] Vgl. ebd. 6; dazu auch <u>L. Gutheinz</u>, "Offener Brief" aus Taiwan. Zur lästigen Frage der "anonymen Christen": Ebd. 6f.

universale Inklusivität desselben Anspruchs[45]. Die in der Anonymität gemeinte Inklusivität aber meint gerade nicht, was vielfach im Anschluß an H.Halbfass hinsichtlich der missionarischen Tätigkeit gefolgert wird:

> Die Menschen bedürfen der absichtslosen Solidarität aus der Kraft des Glaubens und der Liebe. Solche Mission wird die Achtung vor der fremden Religion vertiefen und keine andere Sorge haben, als daß der Hindu ein besserer Hindu, der Buddhist ein besserer Buddhist, der Moslem ein besserer Moslem werde.[46]

Eine Feststellung dieser Art ist nur scheinbar progressiv:

> ... in Wahrheit erheben (solche Thesen) den Konservatismus zur Weltanschauung: Jeder werde selig durch sein System. Aber nicht das System und das Einhalten eines Systems rettet den Menschen, sondern ihn rettet, was mehr ist als alle Systeme und was die Öffnung aller Systeme darstellt: die Liebe und der Glaube, die das eigentliche Ende des Egoismus und der selbstzerstörerischen Hybris sind. Die Religionen helfen so weit zum Heil, soweit sie in diese Haltung hineinführen; sie sind Heilshindernisse, soweit sie den Menschen an dieser Haltung hindern.[47]

Was J. Ratzinger aber dann über das Christentum gesagt hat, müßten alle Religionen für ihren eigenen Bereich bedenken:

> Das Christentum nimmt in seiner Theologie der Religionsgeschichte nicht einfach Partei f ü r den Religiösen, f ü r den Konservativen, der sich an die Spielregeln seiner ererbten Institutionen hält; das christliche Nein zu den Göttern bedeutet eher eine Option für den Rebellen, der den Ausbruch aus dem Gewohnten um des Gewissens willen wagt: Vielleicht ist dieser revolutionäre Zug des Christentums allzulang unter konservativen Leitbildern verdeckt worden.[48]

c) Die Fremde als Heimat

Wo alle Beteiligten im Dialog und Lebensvollzug die radikale Offenheit praktizieren, wird eine Begegnung im jeweils "Frem-

---

[45] Vgl. dazu die Überlegungen von J. Heinrichs, Gewicht (Anm. 22) 48-54.

[46] Vgl. H. Halbfass, Fundamentalkatechetik. Sprache und Erfahrung im Religionsunterricht. Düsseldorf 1968, 241. In späteren Ausgaben ist das "keine andere Sorge" durch "auch die Sorge" ersetzt; für die kritische Anmerkung ist diese Textänderung unerheblich.

[47] Vgl. J. Ratzinger, Volk Gottes (Anm. 3) 356.

[48] Ders., Der christliche Glaube und die Weltreligionen: J.B. Metz u.a. (Hg.), Gott in Welt. Freiburg u.a. 1964, II 287-305; Zitat: 290.

den" möglich und die Fremde als Heimat erfahren[49]. Wesentlich aber ist dann die Blickrichtung:

- Geht es darum - wie Küng es offensichtlich sieht -, daß die "Heiden" heimgeholt werden in die Kirche?
- Oder ist Christus mit denen, die zu ihm sich offen bekennen - wie Rahner es wohl meint -, immer auch schon dort, wo die sind, die ihn noch nicht kennen, so daß sie doch nicht an ihm vorbeikönnen? Ist Christus nicht derjenige, der "außerhalb des Tores gelitten hat, um das Volk durch sein Blut zu heiligen" (Hb 13,12)?

H. Küng hat selbst "die Religionen als Frage an die Theologie des Kreuzes" betrachtet[50]. Doch fällt dabei auf, daß er sich trotz des theologischen Stichwortes "Kreuzestheologie" überhaupt nicht die Frage stellt, ob nicht vielleicht auch in den nichtchristlichen Religionen das Element des Kenotischen, der Selbstverleugnung, der Armut, der "Reinheit des Geistes", der Fremde u.ä. eine Rolle spielt[51]. Wo das jedoch der Fall ist, hat die all- und gegenseitige Aufforderung zur Metanoia als einem Umdenken, einer Denkkehre und Bekehrung sowie einer Rückkehr zur Kenose die Folge, daß es den arroganten Versuch der einen Religion, über die andere(n) zu herrschen, sowie den dialogfeindlichen Zustand nicht mehr gibt. Vielmehr wird im Aufbruch aller erst ein wirklicher Dialog aller mit allen möglich, der sich selbst in seiner Identität genauso ernst nimmt wie die "Anderen" und bei dem doch keiner am Ende bleibt, was er vorher war.

Der Hinweis auf die Implikationen der christlichen Kreuzestheologie und der von dort geforderten Kreuzesnachfolge mag an dieser Stelle als Hinweis auf den Ausgangspunkt einer christlichen Theologie der "Fremde als Heimat" genügen. Für den Bereich des Buddhismus könnte eine nähere Beschäftigung mit dem Werk des japanischen Religionsphilosophen K. Nishitani *Was ist Religion?*[52] zeigen, wie fruchtbar dieser Ansatz ist. Nicht übersehen werden sollte auch, daß die Präsenz

---

[49] Vgl. dazu R. Friedli, Fremdheit als Heimat. Auf der Suche nach einem Kriterium für den Dialog zwischen den Religionen. Freiburg/CH 1974.

[50] Vgl. den gleichnamigen Art.: EvTh 33 (1973) 401-423. Das Mittelstück ist ein Vorabdruck des Kap. A. III. (Die Herausforderung der Weltreligionen) aus dem späteren Buch: Christ sein.

[51] Vgl. dazu H. Waldenfels, Der Gekreuzigte und die Weltreligionen (= Theol. Med. 61). Zürich u.a. 1983.

[52] Frankfurt 1982; dazu H. Waldenfels, Absolutes Nichts. Zur Grundlegung des Dialogs zwischen Buddhismus und Christentum. Freiburg ³1980; ders., An der Grenze des Denkbaren. München 1988.

Christi in der Fremde sowohl des Hinduismus wie auch des Islam schon seit einiger Zeit bedacht wird[53].

Wo die christliche Theologie sich entsprechend von ihrem Standpunkt her in die Fremde hinein öffnet, muß sie es sich allerdings gefallen lassen, daß dasselbe umgekehrt auch vom Standpunkt des Hinduismus und Buddhismus, des Judentums und des Islam oder auch des religionslosen Humanismus aus geschieht. Wo das in Freimut zugestanden ist, bricht der Dialog nicht ab, sondern setzt er in voller Redlichkeit und Verbindlichkeit erst recht ein.

4. Begegnung und Konkurrenz der Religionen

Für die Religionstheologie ergibt sich eine doppelte Konsequenz:
(1) Das Stichwort "anonymes Christentum" schafft eine neue Nähe zwischen denen "drinnen" und "draußen", sofern von der Kirche als sichtbarer Gemeinschaft die Rede ist. (2) Es hebt aber die Distanz und Konkurrenz nicht auf, weil in der Antithese - z.B. "anonymer Buddhismus" - die Inklusivität des Christentums mit der Inklusivität des Buddhismus beantwortet wird und sich damit zwei Umarmungsversuche begegnen. Die Rede vom "anonymen Christentum" schafft also keine falsche Identität, läßt die Spannung von Nähe und Distanz bestehen, gibt dem Dialog zwar von seiten des Christentums eine neue Basis und hebt doch die Konkurrenz der auf den religiösen Wegen Laufenden nicht auf.

a) Begegnung in gegenseitiger Auto- und Hetero-Interpretation

Jede Begegnung muß sich des eigenen Ausgangspunktes, aber dann auch des Ortes der Begegnung bewußt bleiben. Die Begegnung kann am Ort des einen wie des anderen oder auch an einem dritten Orte stattfinden. In der Begegnung zwischen Christentum und nichtchristlichen Religionen, die mit dem Stichwort "anonyme Christen" umschrieben ist, handelt es sich zunächst um eine Begegnung mit den anderen, bei der sich zwar das Christentum zu den anderen begibt und doch zugleich bei sich selbst bleibt, weil es sich selbst in den anderen wiederfindet.

---

[53] Vgl. H. Waldenfels, KF 217-228.

Nun hat Piet Schoonenberg einmal bei einem Symposium zum Offenbarungsbegriff in Indien[54] darauf hingewiesen, daß jede Begegnung und jeder menschliche Kontakt, folglich auch der der Religionen, davon lebt, daß er sich selbst interpretiert und daraus die anderen interpretiert. Dabei führte er die beiden Termini *Auto-Interpretation* und *Hetero-Interpretation* ein[55]. Unter "Hetero-Interpretation" ist dann "eine durch andere vollzogene Interpretation einer Wirklichkeit - sei es einer Person, einer Gemeinschaft, einer Tradition oder einer Institution -, die sich auch schon selbst interpretiert", verstanden; sie "vollzieht sich als eine von außen herkommende Reflexion auf die Auto-Interpretation einer Person, Gemeinschaft usw. und fällt daher nicht mit der ihr vorgegebenen Auto-Interpretation zusammen, wie immer der Unterschied zwischen beiden aussehen mag".

Wenn eine solche Hetero-Interpretation den Eindruck der Arroganz und Vergewaltigung erweckt, dann geschieht das, weil entweder der Interpretierende oder der Interpretierte den Gesamtkomplex zwischenmenschlicher Kontaktnahme nicht hinreichend übersieht und bedacht hat. Schoonenberg fügt seiner Überlegung drei Faustregeln an, die er im Hinblick auf die Hetero-Interpretation religiöser Traditionen folgendermaßen formuliert:

> (1) Die Religionen haben das Recht, und sollen einander das Recht geben, sich gegenseitig zu interpretieren ...
> (2) Hetero-Interpretation ist eine menschliche Pflicht, weil es ohne sie keine Begegnung und Gemeinschaft gibt. Das gilt besonders für die Religionen. Es scheint mir, daß sie einander mehr Unrecht tun, indem sie einander ignorieren, als indem sie einander falsch interpretieren, denn das Letztere kann zum Dialog herausfordern, das Ignorieren kaum ...
> (3) Eine solche Hetero-Interpretation ist in besonderer Weise den Forderungen der Ehrlichkeit und der Liebe unterworfen.
> Der Ehrlichkeit: man muß immer Ideal mit Ideal und Verwirklichung mit Verwirklichung vergleichen, man muß so weit möglich g u t verstehen - und dabei auch seine eigenen Normen aufs Spiel setzen -, man darf nicht das, was man selbst als Gut und Wahr ansieht, in die andere Tradition hineininterpretieren, was eine Vergewaltigung wäre.
> Die Liebe fordert, daß wir bescheiden sind, daß wir die

[54] Vgl. G. Oberhammer (Hg.), Offenbarung, geistige Realität des Menschen. Arbeitsdokumentation eines Symposiums zum Offenbarungsbegriff in Indien. Wien 1974.

[55] Vgl. P. Schoonenberg, Versuch einer christlich-theologischen Sicht des Hinduismus: Ebd. 171-187; zu den beiden Begriffen 171-174. Vgl. auch oben Kap. 1.4.

> Gnade Gottes nicht monopolisieren, daß wir zuerst von anderen lernen wollen, daß wir nicht aus einer vermeinten Kulturüberlegenheit heraus interpretieren - eine wahre Kulturüberlegenheit ist überdies immer eine teilhafte -, sondern aus der Gnade heraus, die Gott uns unverschuldet in Christus geschenkt hat.[56]

Wo aus einem solchen Verständnis interreligiöser Begegnungen heraus das Stichwort "anonymes Christentum" gesehen wird, sind die auf den ersten Blick neutralisierenden Formeln wie z.B. "anonymer Buddhismus" u.a. als e i n e (nicht schlechthin d i e) Ausdrucksweise w e c h s e l s e i t i g e r Auto- und Hetero-Interpretation anzusehen. Sie neutralisieren aber das Gespräch nur dann, wenn übersehen wird, daß sich hinter der formalen Gleichheit ("anonym") tatsächlich inhaltliche Ungleichheit ("Christentum", "Buddhismus" u.a.) verbirgt. Für die christlichen Vertreter der Formel aber kann diese Einsicht eine gewisse Ernüchterung bedeuten, weil sie bei aller positiven Aufgeschlossenheit dem tatsächlich Nichtchristlichen gegenüber dennoch genauso wenig wie die ältere vom "Absolutheitsanspruch des Christentums"[57] zur überzeugenden Ausdrucksform der Einzigartigkeit des Christentums zu werden vermag.

b) Konkurrenz im Bemühen um wechselseitige Inklusivität

Die Gegner der "anonymen Christen" aber müßten bedenken, daß die mit der Formel gemeinte Nähe nicht nur von seiten des Christentums, sondern auch von anderen universalistisch denkenden Religionen auf je eigene Weise angestrebt und gewußt wird. Wo die Religionen trotz der Nähe dem je eigenen Impuls treubleiben und diesem entsprechend exklusiv-inklusiv - d.h. e x k l u s i v-unvertauschbar hinsichtlich des eigenen Anspruchs, i n k l u s i v -offen aufgrund der universalen Reichweite, Geltung und Wirksamkeit des Anspruchs - ihren geschichtlichen Weg nehmen, wird aus der wechselseitigen Inklusivität geschichtliche Konkurrenz.

Wo diese Konkurrenz undialogisch, erbarmungslos und intolerant verläuft, wird das, was Heil, Befreiung, Erlösung verheißt, zum Ausdruck von Unheil, Unterdrückung und Zerstörung. Das Ekstatische des Religiösen[58] schlägt dann ins Fanatische um. Dagegen gibt das Erlebnis wechselseitigen Bemühens um Inklusivität dem Ernst der Konkurrenz die Note des

---

[56] Ebd. 173f.
[57] Vgl. unten Kap. 11.
[58] Vgl. H. Waldenfels, Grenze (Anm. 52) 31-37.

Erbarmens, des Mitleidens und der Liebe. Wer daher die Terminologie "anonymes Christentum" nicht mag, aber doch an dem mit diesem Wort Gemeinten festhalten und - religionstheologisch - in der Konkurrenz der Religionen keinen erbarmungslosen unkommunikativen Wettkampf erblicken will, der muß - wie K. Rahner zu Recht sagt - "ein kurzes handliches Wort (haben), das diesen Sachverhalt ebenso deutlich oder deutlicher aussagt, und zwar so kurz, daß in anderen Zusammenhängen mit diesem Wort als Verkürzung einer langen Überlegung gearbeitet werden kann" (IX 502); "der muß, wenn er bloß die genannte Terminologie ablehnt, eine andere, nach seiner Meinung weniger mißverständliche vorschlagen" (X 532). Solche Vorschläge aber - auch das ist K. Rahner zuzugestehen - sind bislang nicht gemacht worden.

Der Ertrag der neueren Diskussion um die "anonymen Christen" müßte demnach, wenn diese nicht nur in der Erneuerung einer in diesem Sinne doch überholten Problematik bestehen soll, in der Reflexion auf die theologischen Implikationen des interreligiösen Dialogs gesucht werden. Hier aber dürfte es an der Zeit sein, daß nach den theologisch orientierten, am Ende aber doch recht pauschalen Hetero-Interpretationen der Religionen durch das Christentum nun umgekehrt die mühsame Last der kleinen Schritte der Verständigung über die jeweiligen Auto-Interpretationen entschiedener angegangen würde. Das Gestein und Gestrüpp sprachlich-begrifflicher Verwicklungen und philosophisch-kultureller Voraussetzungen ist nicht leicht zu umgehen. Wer sich die Mühsamkeit innerchristlich-ökumenischer Verständigungsprozesse vor Augen hält, wird sich ein entferntes Bild von dem machen können, was in einer "Ökumene der Religionen" an Aufgaben erst bevorsteht.

Wenn aus diesem Grunde zur zeitweiligen Abstinenz im Gebrauch der Terminologie "anonyme Christen"/"anonymes Christentum" aufgefordert würde, um den Blick unverstellt auf den anderen, wie er sich selbst begreift, freizubekommen, dann wäre das allerdings ein legitimes Anliegen. Denn bei allem Bemühen um die Wiedergewinnung der inneren Sicherheit im Bekenntnis des eigenen Glaubens darf der Auftrag nicht übersehen werden, daß eben dieser christliche Glaube uns zu den anderen in die Fremde zu gehen heißt. Unser Auftrag aber ist die Nachfolge Christi, in den hinein Gott selbst sich entäußert hat. Dieser Auftrag zur Nachfolge in die Fremde ist dem Christen auch dann, ja dann erst recht nicht abgenommen, wenn er in der Fremde deshalb seine Heimat findet, weil Gott in seinem Gnadenwirken und seiner Selbstentäußerung ihm immer schon vorausgegangen ist und daher auch in den Fremden wiedererkannt werden kann.

Kap. 4: Theologie der nichtchristlichen Religionen

Konsequenzen aus "Nostra aetate"

1. Zum Werdegang von "Nostra aetate"

Karl Rahner hat das II. Vatikanische Konzil das "Konzil der Weltkirche" genannt[1]. Nach einer kurzen Periode des Judenchristentums und einer längeren Periode der Kirche im Kulturraum des Hellenismus und der anschließenden europäischen Kultur und Zuvilisation ist das Christentum inzwischen auf dem Weg in seine dritte Geschichtsperiode. Mit Macht vollzieht sich der "Übergang von dem Christentum Europas (mit seinen amerikanischen Adnexen) zu einer aktuellen Weltreligion"[2]. Eine solche Feststellung kann nun unter doppelter Rücksicht gesehen werden. Es kann der Ton auf "*Welt*" gelegt werden.- dann schließen sich Überlegungen an, wie das Christentum zur wahren Gestalt einer universalen, weltumspannenden Religion bzw. wie die Kirche wahrhaftig zur *Welt*kirche heranreifen kann. Hier sind dann Träume von der Kirche der Zukunft am Platz, wie sie auch K. Rahner nicht aufgehört hat zu träumen[3]. Es kann aber auch der Akzent auf "*eine* Welt*religion*" fallen - dann findet sich das Christentum, das in unseren Breiten jahrhundertelang - trotz der kleinen Gruppen von Juden, die es stets gegeben hat - als *die*, zumindest als die *herrschende* Religion aufgetreten ist, plötzlich unter anderen im Konzert, aber auch in der Konkurrenz der Religionen wieder.

Signal dieser Einsicht war auf dem II. Vatikanischen Konzil die in einer merkwürdig verwickelten Geschichte herangewachsene Erklärung über das Verhältnis der Kirche zu den nichtchristlichen Religionen *Nostra aetate*[4]. Erstmals auf einem Konzil war konkret die Rede nicht nur vom Judentum, sondern auch von Islam, Hinduismus und Buddhismus. Wie unvorbereitet die katholische Theologie dennoch war, beweist bei-

---

[1] Vgl. Schriften zur Theologie XIV 304; ausführlicher 287-318.

[2] Ebd. 295.

[3] Vgl. ebd. 355-367, dazu die vielfältigen Überlegungen, Vorstellungen und Prognosen von einer kommenden Kirche, die sich bis in den Bd. XIV durch K. Rahners "Schriften" ziehen.

[4] Vgl. die detaillierte Beschreibung der Entstehungsgeschichte im LThK.E II 406-478; zum Rahmen der Erklärung vgl. oben Kap. 2.

spielhaft die Tatsache, daß im Gegensatz zum sonstigen Verfahren des grundlegenden Kommentarwerkes zum II. Vatikanischen Konzil in den Ergänzungsbänden zum "Lexikon für Theologie und Kirche" einzig der Text von *Nostra aetate* unkommentiert geblieben ist[5]. Über diesen auffälligen Mangel können auch die drei Exkurse über den Hinduismus, den Buddhismus und den Islam nicht hinwegtäuschen[6].

Erblickt man zudem in einer Konzilserklärung im Gegensatz zu den großen Konstitutionen, aber auch den Dekreten eher eine Absichtserklärung, die es in der Folgezeit einzulösen gilt, so ist der Verzicht auf einen vielleicht seinerseits schon wieder abschließenden Kommentar selbst noch einmal ein Signal. In einer eingehenden Reflexion auf "die Herausforderungen der Theologie durch das Zweite Vatikanische Konzil" hat K. Rahner unter vielen anderen Themen, die der systematischen Theologie aufgegeben sind, auch "die Theologie der Funktion der nichtchristlichen Religionen in der kollektiven und individuellen Heilsgeschichte" aufgeführt[7]. Schritte in die von ihm anvisierte Richtung erblickt er in den Arbeiten von H.R. Schlette, bei J. Ratzinger, H. Fries, H. Küng, J. Feiner und anderen[8]. Ob die Ausrichtung der geforderten theologischen Beschäftigung mit den nichtchristlichen Religionen auf die Funktion dieser Religionen in der Heilsgeschichte ganz glücklich ist, wird im weiteren Verlauf unserer Überlegungen zu prüfen sein.

K. Rahner selbst sah bald offensichtlich recht deutlich die Grenzen des bisherigen Bemühens um die nichtchristlichen Religionen und blieb auch hier seiner in vielen Punkten zu beobachtenden Rolle des Vor-Denkers treu. In einem Beitrag *Jesus Christus in den nichtchristlichen Religionen* weist er auf die Grenzen einer dogmatischen, von religionswissenschaftlichem Wissen eher unberührten Beschäftigung mit der genannten Frage hin[9]. Ausdrücklich betont er, daß die für den Dogmatiker "verbindlichen Glaubensquellen in ihrem Werden im Alten und Neuen Testament und sogar in den darauf aufbauenden kirchenlehramtlichen Erklärungen (in etwa die Erklärung des Zweiten Vatikanischen Konzils über die nichtchristlichen Religionen ausgenommen) ohne einen unmittelbaren Kontakt mit dem allergrößten Teil der nichtchristlichen Religionen entstanden sind und darum das religionsgeschichtliche Material

---

[5] Vgl. LThK.E II 488-495.

[6] Vgl. ebd. 478-487.

[7] Vgl. K. Rahner, Schriften zur Theologie VIII 28.

[8] Vgl. ebd. Anm. 40.

[9] Vgl. ebd. XII 370f.375.381ff.

... in keiner Weise schon verarbeitet haben"[10]. Dennoch glaubt Rahner aus seinem transzendentaltheologischen Denkansatz heraus apriorisch einen Rahmen vorgeben zu können, den dann "religionsgeschichtlich und aposteriorisch arbeitende Theologen"[11] ihrerseits weiter ausfüllen könnten.

K. Rahners eigene Beiträge zur Frage, die lehramtlichen Vorgaben des II. Vatikanischen Konzils, nicht zuletzt aber das wachsende Bewußtsein, daß die Lebenssituation der Menschen inzwischen multireligiös beeinflußt und herausgefordert wird, machen eine "Theologie der Religionen" zu einem dringlichen Postulat unserer Zeit. Eine solche ergibt sich im Entwurf aus den bisher erreichten Ergebnissen der theologischen Reflexion. Freilich ist eine Theologie der Religionen heute ohne die Denkanstöße aus außereuropäischen Kirchen nicht mehr möglich. Theologie heute ist längst nicht mehr das Geschäft der europäischen Theologen allein. Häufig bei uns noch unbemerkt, gibt es inzwischen außerhalb Europas gar manchen bemerkenswerten Versuch gerade auch in dem hier behandelten Bereich.

2. Christliches Heil und die Religionen

Angesichts der Feststellung K. Rahners, daß wir uns in einem Übergang des Christentums Europas "zu einer aktuellen Weltreligion" befinden, wurde von einer doppelten Akzentsetzung gesprochen, je nachdem, ob mehr die Pluralität der Religionen oder das Schicksal des Christentums im Vordergrund steht. Entsprechend muß eine theologische Reflexion der Religionen von einem doppelten Interesse geleitet sein: Sie muß den Religionen Gerechtigkeit widerfahren lassen und den Anspruch des Christentums angesichts der Religionen bedenken.

In den Texten des II. Vatikanischen Konzils stand - von Ansätzen der Erklärung *Nostra aetate* abgesehen - der zweite Gesichtspunkt im Vordergrund. So werden in *Lumen gentium* 16 alle die, "die das Evangelium noch nicht empfangen haben", auf die Kirche hingeordnet. Im Text werden in zunehmender Entfernung vom Mittelpunkt *Kirche* aufgeführt: die Juden, die Muslime, diejenigen, "die in Schatten und Bildern den unbekannten Gott suchen", und schließlich jene, "die ohne Schuld noch nicht zur ausdrücklichen Anerkennung Gottes gekommen

---

[10] Ebd. 370.
[11] Vgl. ebd. 375.

sind". Für sie alle gilt, daß die göttliche Vorsehung ihnen "das zum Heil Notwendige" nicht verweigert.

Dabei werden die religiösen Institutionen, in diesem Sinne die Religionen, nicht ausdrücklich erwähnt. Wohl finden sich hier und anderswo Aussagen, die von der Hochschätzung dessen künden, "was sich an Gutem und Wahrem findet". Ähnlich wie im Missionsdekret *Ad gentes* 9 heißt es in *Lumen gentium* 17, "daß aller Same des Guten, der sich in Herz und Geist der Menschen oder in den eigenen Riten und Kulturen der Völker findet, nicht nur nicht untergehe, sondern geheilt, erhoben und vollendet werde". Insofern gilt auch: "Die katholische Kirche lehnt nichts von alledem ab, was in diesen Religionen wahr und heilig ist" (NA 2)[12].

Alles Gute aber ist letztlich aufgehoben in der Heilsökonomie, die vom Anfang der Schöpfung an "dem Evangelium den Weg durch die Zeiten bereitet" hat (DV 3). Es findet seine Kulmination in der Selbstoffenbarung Gottes in Jesus Christus: Er "vollendet das Heilswerk, dessen Durchführung der Vater ihm aufgetragen hat" (DV 4)[13]. Alles Gute ist somit hingerichtet auf Jesus Christus, von dem alles Heil seinen Ausgang nimmt.

Damit kann für das Konzil zweierlei festgehalten werden: (1) Das Heil aller Menschen ist und bleibt an Jesus Christus gebunden. (2) Trotz der Rede vom "Wahren und Heiligen" auch in den Religionen bleibt die Heilsbedeutung der Religionen ungeklärt. Diese Ungeklärtheit fand ihrerseits in der theologischen Diskussion um eine Heilsfindung "trotz, in oder wegen der Religionen" ihren Ausdruck[14].

Kirchenamtliche Texte dienen selten dazu, offen diskutierte theologische Fragen ohne Not abschließend zu behandeln. Im Bereich der nicht ausdiskutierten Fragen spiegeln sie eher

---

[12] Zu Religion und Religionen im II. Vatikanischen Konzil vgl. H. Waldenfels, Das Verständnis der Religionen und seine Bedeutung für die Mission in katholischer Sicht: EMZ NF 27 (1970) 125-159, bes. 128-135.

[13] Vgl. H. Waldenfels, Offenbarung. Das Zweite Vatikanische Konzil auf dem Hintergrund der neueren Theologie. München 1969, 230-281.

[14] Vgl. H. Waldenfels, Die Heilsbedeutung der nichtchristlichen Religionen in katholischer Sicht: W. Molinski (Hg.), Die vielen Wege zum Heil. Heilsanspruch und Heilsbedeutung nichtchristlicher Religionen (München 1969) 93-125; H. Waldenfels, Mission als Vermittlung von umfassendem Heil: ZMR 61 (1977) 241-255, bes. 249-253; H.J. Türk schrieb noch 1967 in seinem Kommentarband: Was sagt das Konzil über nichtchristliche Religionen, Mission, Toleranz? Mainz 1967, 22: "Nicht wegen ihrer Zugehörigkeit zu anderen Religionen, sondern trotz dieser werden sie (scil. die ohne eigene Schuld nicht zur römisch-katholischen Kirche gefunden haben) auf eine ihnen unbewußte Weise durch die Kirche in das Heil Gottes aufgenommen."

den Stand der theologischen Reflexion in einer bestimmten Zeit, dann aber auch deren Unabgeschlossenheit wider. Für den Bereich der theologischen Reflexion in der Zeit des II. Vatikanischen Konzils waren aber im Hinblick auf die Religionen drei Stichworte bedeutungsvoll: (1) Absolutheitsanspruch des Christentums, (2) anonyme Christen, (3) legitime Religionen. Das erste Stichwort stellt eine theologische Übernahme eines im Hegelschen System beheimateten Gedankengangs dar[15]; die beiden anderen gehen wesentlich auf K. Rahner zurück[16]. In allen drei Fällen geht es um das Christentum, seine Rolle und Bedeutung in der Geschichte, zumal der Geschichte der Religion und der Religionen, existentiell um den Anspruch, den das Christentum mit seiner Botschaft vom universalen Heilswillen Gottes in seiner Bindung an Leben und Sterben Jesu Christi und damit an den Glauben an Jesus Christus erhebt.

Gerade die von K. Rahner ins Spiel gebrachten Thesen zum "anonymen Christentum" und zur "Legitimität der Religionen" sind eindeutig in der Absicht entwickelt worden, den Grundanspruch des Christentums, Heil für alle Menschen anzubieten, sicherzustellen. Zwei Beobachtungen sind es, die diesen Anspruch in unserer Zeit verdunkeln: Einmal wächst die Einsicht, daß die Christenheit in der Menschheit eine Minorität ist, vermutlich bleibt und vielleicht noch mehr zur Minderheit wird. Nicht nur ist eine bestimmte Periode der Missionsgeschichte mit dem Ende des Kolonialzeitalters zu Ende gegangen; der stille Exodus aus einer christlichen Traditionsgesellschaft ist im Abendland noch immer im Gang und verläuft parallel zu einer ebenso stillen Wirksamkeit nichtchristlicher Missionierung. Sodann tritt die Wirklichkeit nichtchristlicher Religiosität sowohl in der Vergangenheit wie auch in der Gegenwart deutlicher ins Bewußtsein. Der konkrete Umgang mit Menschen, die mit gleichem und oft größerem Ernst als viele sogenannte christliche Zeitgenossen ihrer religiösen Überzeugung Ausdruck verleihen, läßt viele voreilige Urteile über fremde Religionen verstummen.

Auf diese Erfahrung hat K. Rahner mit seinem schon zuvor erwähnten Beitrag *Das Christentum und die nichtchristlichen Religionen* aus dem Jahre 1961 geantwortet.

Die vier Thesen, die er darin entwickelt hat, sind in ihrem positiven Aussagegehalt weltweit in hohem Maße rezipiert worden. Auch gegen vorgebrachte Einwendungen und Einsprüche ist festzuhalten:

---

[15] Vgl. W. Kasper (Hg.), Absolutheit des Christentums. Freiburg u.a. 1979; ausführlicher unten in Kap. 11.

[16] Vgl. dazu oben Kap. 2 und 3.

(1) Die Thesen gründen in einer eindeutigen Christozentrik und dem damit gegebenen Bemühen, das Heil jedes Menschen an Christus zu binden. Das ist erkennbar, wo die Grenze der Legitimität einer Religion in der existentiellen Begegnung mit der Christusbotschaft gezogen und die Heilserlangung zumindest an die Unausdrücklichkeit einer letztlich in Christus endenden Lebensoption, das heißt an die Anonymität des Christseins, gebunden wird.
(2) Das Christentum wird nicht nur subjektiv-existentiell als die heilsentscheidende Religion gesehen, sondern bleibt der objektive Höhepunkt einer Geschichte der Religionen. Daraus ergibt sich:
(3) Die nichtchristlichen Religionen werden durch die Absolutheit des Christentums relativiert. Sie sind folglich weder gleichberechtigt noch gleichwertig.
(4) Angesichts der betonten Christozentrik wird die Kirche weniger statisch als dynamisch und dann stärker als das in seinen Rändern eher unscharfe und zugleich für Weggenossenschaft offene pilgernde Gottesvolk gesehen. Nicht ohne Grund beschreibt die Kirchenkonstitution *Lumen gentium* die Kirche vorzüglich als das pilgernde Gottesvolk, das aber dann in der Völkerwallfahrt (vgl. Jes 2,2-5; Mich 4,1-5) von den vielen Völkern begleitet wird[17]. Jes 2,2-5 par. zusammen mit der Vision des vom Himmel herabkommenden Jerusalem (vgl. Apk 21, 2-5) sind im Hinblick auf eine Theologie der Religionen genausowenig ausgeschöpft wie der Zusammenhang von babylonischer Sprachverwirrung (vgl. Gen 11,1-9) und jerusalemischem Sprachverständnis der Völker am Pfingsttag nach Christi Auferstehung (vgl. Apg 2,1-11).

Sehen wir von den christentums- bzw. theologieimmanenten Einwänden gegen Rahners Thesen ab, so verdient doch jenes Unbehagen Beachtung, das bei tatsächlichen oder vermeintlichen, zumindest denkbaren Einsprüchen der Vertreter anderer Religionen einsetzt. In diesem Sinne hatte angesichts der Tatsache, daß die Mehrzahl der auf unserer Erde lebenden Menschen niemals existentiell mit dem Christentum in Berührung kommt, H.R. Schlette die Kirche den "außerordentlichen" und die Religionen den "ordentlichen" Heilsweg der Menschen genannt[18]. Eine solche Sprachregelung war für ihn keineswegs ein Widerspruch zu einer heilsgeschichtlichen Bundestheolo-

---

[17] Vgl. H. Waldenfels, Von der Weltmission zur Kirche in allen Kulturen: P. Gordan (Hg.), Die Kirche Christi. Enttäuschung und Hoffnung. Graz u.a. 1982, 303-350, bes. 334ff.

[18] Vgl. oben Kap. 1.

gie, die nicht nur das Nebeneinander von Altem und Neuem, sondern auch von Sinai- und Noah-Bund kennt[19]. Zudem muß gegenüber dem zum Axiom gewordenen Satz *Extra Ecclesiam nulla salus* die offene, in Patristik und mittelalterlicher Theologie bekannte Konzeption einer *Ecclesia ab Abel*[20], aber auch das Ringen um das Verständnis des Axioms bis zu den Aussagen Pius' XII. in der Enzyklika *Mystici Corporis* in Erinnerung gebracht werden[21].

Neutralisierungen hat es aber dann vor allem im Hinblick auf die Rede von der Absolutheit des Christentums und dem anonymen Christentum gegeben. Einmal verlor die Betonung der Absolutheit des Christentums ihre Provokation, wo prinzipiell auch die anderen Religionen Heilswege genannt wurden. Sodann ist sie dort relativiert, wo ihr die Absolutheitsansprüche anderer Religionen gegenübergestellt werden. G. Mensching hat religionswissenschaftlich zwischen exklusiven und inklusiven Absolutheitsansprüchen unterschieden, aber in aller wünschenswerten Deutlichkeit herausgestellt, daß jede Weltreligion als *Welt*religion einen Absolutheitsanspruch enthält[22]. Die Neutralisierung ist erst dort überwunden, wo der Absolutheits- durch einen Einzigartigkeitsanspruch ersetzt wird.

Doch auch die Kategorie der Anonymität läßt sich wechselseitig verwenden. K. Rahner berichtet von einem Gespräch mit K. Nishitani, in dem dieser ihn gefragt habe:

> Was würden Sie dazu sagen, wenn ich Sie als anonymen Zen-Buddhisten deuten würde?

Rahners Antwort lautete:

> Selbstverständlich dürfen und müssen Sie das von Ihrem Standpunkt aus tun; ich fühle mich durch solche Interpretation nur geehrt, selbst wenn ich sie entweder für falsch halten muß oder aber voraussetze, daß, recht interpretiert, echtes Zen-Buddhist-Sein mit dem richtig verstandenen Christ-Sein auf *der* Ebene identisch ist, die von solchen Aussagen eigentlich und unmittelbar angezielt wird.[23]

---

[19] Vgl. H.R. Schlette, Die Religionen als Thema der Theologie. Freiburg u.a. 1963, 75-80; ders., Thesen zum Selbstverständnis der Theologie angesichts der Religionen: J.B. Metz u.a. (Hg.), Gott in Welt. Freiburg u.a. 1964, II 306-316, vor allem These 1.

[20] Vgl. Y. Congar, Ecclesia ab Abel: M. Reding (Hg.), Abhandlungen über Theologie und Kirche. Düsseldorf 1952, 79-108.

[21] Vgl. H.R. Schlette, Thesen (Anm. 19) 309-311 (These 2); auch Y. Congar, Außer der Kirche kein Heil. Essen 1961; J. Ratzinger, Das neue Volk Gottes. Düsseldorf 1969, 339-361.

[22] Vgl. G. Mensching, Toleranz und Wahrheit in der Religion. München/Hamburg 1955, 162-168; Ders., Der offene Tempel. Die Weltreligionen im Gespräch miteinander. Stuttgart 1974, 28-31.

[23] Vgl. K. Rahner, Schriften zur Theologie XII 276.

Eine christliche Theologie der Religionen muß aber dann prüfen, ob sie sich darin erschöpfen kann, daß sie den christlichen Anspruch mit den fremdreligiösen Ansprüchen versöhnt. Denn eine Versöhnung dieser Art steht vordringlich im Dienste des christlichen Selbstverständnisses, beantwortet, ja berücksichtigt aber nicht die Frage nach dem fremden Selbstverständnis. Hier scheint mir denn auch das Desiderat einer "Theologie der Funktion der nichtchristlichen Religionen in der kollektiven und individuellen Heilsgeschichte" hinter dem Ruf nach einer umfassenden Theologie der Religionen zurückzubleiben. Wer den Dialog mit den Vertretern anderer Religionen im Sinn hat, kann sich nicht mit der Bestimmung der Funktion der anderen Religionen in der vom Christentum her gedachten Heilsgeschichte begnügen.

3. Theologie der Religionen

Verdächtig bleibt, daß eine christliche Religionstheologie bislang weithin darauf verzichten konnte, sich konkret mit einer bestimmten nichtchristlichen Religion zu beschäftigen. Was über Nichtchristen ausgesagt wurde, galt unabhängig davon, ob diese Juden oder Muslim, Hindus oder Buddhisten, ja vielleicht gar Atheisten, jedenfalls Religionslose sind. Entsprechend brauchte auch bei der Einordnung der Religionen in die Heilsgeschichte nicht genauer geklärt zu werden, ob Judentum und Islam, Hinduismus und Buddhismus - um diese Religionen exemplarisch zu nennen - nicht doch noch einmal auch in dieser Frage sinnvoll unterschieden werden. Daß diese Frage nicht grundlos gestellt wird, wissen wir bereits aufgrund der Tatsache, daß wir mit großer Selbstverständlichkeit dem Judentum eine bleibende, eigentümliche Rolle auch im Hinblick auf das Christentum und seine spätere Geschichte zuerkannt haben. Genauso aber erfahren wir heute, daß sich eine Theologie des Judentums schon im Hinblick auf das heutige Verhältnis von Christen und Juden nicht in der Beschäftigung mit der heilsgeschichtlichen Rolle der Juden für die Christen erschöpfen kann, weil die Juden sich *als Juden* geachtet wissen wollen. Hier aber sind Neuansätze, nicht nur Gedanken innerhalb von vorgefertigten, wenn auch unausgefüllten Rahmen unabdingbar.

Was uns in einer neuen Theologie des Judentums[24] inzwischen modellhaft vorgestellt wird[25], bestätigt, was bereits nach Erscheinen der Konzilserklärung *Nostra aetate* festgestellt wurde: Die nichtchristlichen Religionen können heute nicht mehr primär unter christlich-missiologisch-missionsstrategischen Rücksichten - gleichsam objekthaft - betrachtet werden. Sie verdienen zunächst unabhängig von christlichen Einordnungsversuchen Beachtung. Denn inzwischen begegnen wir den anderen Religionen nicht mehr zunächst in Systemen und in Zeugnissen der Geschichte, sondern in Menschen, die als Zeitgenossen unter uns leben, die wir in fremden Ländern treffen oder von denen wir in unseren Medien erfahren, die sich aber ihrerseits zum Weg und zur Lehre einer nichtchristlichen Religion bekennen. Eine wahre Begegnung zwischen Menschen verschiedener Religionszugehörigkeit ist aber nicht möglich, wenn diese sich nicht gegenseitig zu verstehen suchen, ohne sie voreilig dem eigenen geistigen Horizont einzuordnen. Eine neue Partnerschaft wird folglich die nichtchristlichen Religionen nicht nur im allgemeinen, sondern in ihrem je eigenen Selbstverständnis zur Kenntnis nehmen müssen. Erst dann stellt sich die Aufgabe einer apologetischen Überprüfung des christlichen Anspruchs gegenüber den anderen Ansprüchen. Gemeinsam bleibt aber den Religionen, soweit sie füreinander dialogfähig sind[26], der Auftrag, nach Wegen praktischer Solidarität und Kooperation in einer notleidenden, in ihrer Freiheit und Humanität bedrohten und damit in umfassenden Sinne der Erlösung bedürftigen Menschheit und Welt zu suchen.

Damit ergibt sich folgendes Bild: Eine christliche Theologie der Religionen muß bei einer Überprüfung des eigenen Urteils über die Religionen bzw. eine bestimmte Religion beginnen. Erst in einem zweiten Schritt kommt es zu einer Überprü-

---

[24] Vgl. vor allem die Arbeiten von C. Thoma, Christliche Theologie des Judentums. Aschaffenburg 1978; ders., Die theologischen Beziehungen zwischen Christentum und Judentum. Darmstadt 1982; auch F. Mußner, Traktat über die Juden. München 1979; J. Pfammatter/F. Furger (Hg.), Theologische Berichte 3: Judentum und Kirche: Volk Gottes. Zürich u.a. 1974; W. Breuning, Schulden Christen den Juden ein "missionarisches" Zeugnis?: H. Waldenfels u.a. (Hg.), Theologie - Grund und Grenzen. Festgabe für Heimo Dolch. Paderborn u.a. 1982, 89-111.

[25] D. Flusser nennt das 1978 erschienene Buch von C. Thoma (Anm. 24) ausdrücklich "die erste, breit angelegte christliche Theologie des Judentums" (ebd. 6).

[26] Die wahre Dialogfähigkeit betonen wir nicht zuletzt angesichts der Erfahrungen, die wir auch mit neureligiösen Bewegungen machen. Dialogfähigkeit impliziert immer auch Protestfähigkeit. Vgl. ausführlicher unten Kap. 10.

fung der Selbsteinschätzung angesichts der Religionen. In einem dritten Schritt sind dann das Verhältnis der Religionen zueinander sowie die gemeinsamen Aufgaben zu bedenken. Dabei ist zu beachten, daß das Christentum im Grunde auf eine konkrete Religion zugehen muß und es nicht mehr ausreicht, abstrakt von den Religionen zu sprechen.

Wir haben auf die besondere Situation des *Judentums* aufmerksam gemacht. Einmal ist das Judentum mit seiner vorchristlichen Geschichte und seiner Heiligen Schrift konstitutiv in die Geschichte des Christentums eingegangen. Jesus von Nazaret war und bleibt Jude. Die Geschichte des Judentums geht außerchristlich weiter. Hier aber behält die christliche Geschichte des Antijudaismus bis zu den schrecklichen Erfahrungen von Auschwitz und anderen Todeslagern unserer Tage, aber auch bis zum Ringen um die Wiederherstellung des Landes und der Nation Israel ihre unübersehbare Bedeutung für die christliche Theologie.

Anders gelagert, aber inzwischen nicht weniger existentiell bedeutsam ist die kaum begonnene christliche Theologie des *Islam*[27]. Der Islam ist bislang die wichtigste nachchristliche und zwar im Wissen um das Christentum entstandene Weltreligion. Der Koran enthält in seiner Prophetengeschichte bedeutsame Aussagen über Jesus von Nazaret[28], der wie Moses und Muhammad in die Geschichte nach Abraham eingeordnet ist. Unaufgearbeitet ist auch hier eine jahrhundertealte Geschichte der Entfremdung. Das gilt auch für den arabischen Einfluß auf die mittelalterliche Philosophie und Theologie bis hin zur Entstehung der neuzeitlichen Wissenschaft[29]. Auf die aktuelle Begegnung von Christen und Muslim ist die abkünftig christliche Gesellschaft des Abendlandes kaum vorbereitet. Um so wichtiger ist es, auf die Einsprüche des Islams gegen das Christentum zu achten[30]. Nur da, wo diese gehört werden, be-

---

[27] Zur Theologie des Islam vgl. H. Stieglecker, Die Glaubenslehren des Islam. Paderborn 1962.

[28] Den Wurzeln des koranischen Jesusbildes geht G. Riße, "Gott ist Christus, der Sohn der Maria". Eine Studie zum Christusbild im Koran. Bonn 1989, nach. Vgl. auch C. Schedl, Muhammad und Jesus. Die christologisch relevanten Texte des Koran. Freiburg u.a. 1978.

[29] Zum arabischen Einfluß auf die christliche Theologie und die neuzeitlichen Folgen vgl. L. Dewart, Die Grundlagen des Glaubens. Zürich u.a. 1971.

[30] Vgl. G. Mensching, Tempel (Anm. 22) 205-220; P. Antes, Die Weltreligionen als Herausforderung des Christentums: StdZ 195 (1977) 435-445, bes. 442ff.

steht die Hoffnung, daß auch die christlichen Rückfragen im Islam vernommen werden[31].

J. Ratzinger hat in seinem Aufsatz *Der christliche Glaube und die Weltreligionen* im Anschluß an religionsphänomenologische Beobachtungen die Religionsgeschichte in folgendes Grundschema gebracht[32]:

Primitive Erfahrungen
|
Mythische Religionen
|
dreifacher Ausbruch aus dem Mythos
/ | \
Mystik — Monotheistische Revolution — Aufklärung

Zwar wird man gegenüber der Unterscheidung von Mystik und monotheistischer Revolution, mystischen und prophetischen Religionen Bedenken anmelden dürfen, zumal trotz der gebotenen Erläuterungen der Mystik im Christentum wie im Judentum und Islam damit von vornherein ein bleibendes negatives Vorzeichen gegeben wird und umgekehrt die Frage des Prophetischen im indisch-asiatischen Raum noch keineswegs abgeschlossen sein dürfte[33]. Dennoch ist Ratzingers Versuch einer der ersten katholischen, der einmal die unterschiedlichen Akzente in den verschiedenen Religionen der Erde berücksichtigen und typologisieren möchte, sodann aber damit das Christentum in den Rahmen einer umfassenderen Religionsgeschichte anzusiedeln und ihm in dieser seinen Ort zu geben versucht. In gewissem Sinne berührt sich sein Anliegen mit dem W. Pannenbergs, der seinerseits in seinen *Erwägungen zu einer Theologie der Religionsgeschichte* um eine Theologie ringt, "die ihre christliche Perspektive nicht verleugnet, aber ihre christlichen Voraussetzungen auch nicht als Argumente verwendet, sondern sich auf phänomenale Sachverhalte beruft"[34].

---

[31] Vgl. Y. Moubarac, Fragen des Katholizismus an den Islam: H. Vorgrimler/R. Vander Gucht (Hg.), Bilanz der Theologie im 20. Jahrhundert I. Freiburg u.a. 1969, 442-456. Vgl. H. Zirker, Christentum und Islam. Theologische Verwandtschaft und Konkurrenz. Düsseldorf 1989.

[32] Vgl. J. Ratzinger, Der christliche Glaube und die Weltreligionen: J.B. Metz u.a. (Hg.), Gott (Anm. 19) II 297-305; das Schema findet sich 295.

[33] Vgl. dazu unten Kap. 6.2.

[34] Abgedruckt in W. Pannenberg, Grundfragen systematischer Theologie. Göttingen 1967, 252-295; Zitat: 256. Pannenberg greift seine Überlegungen wieder auf in seinem Werk: Wissenschaftstheorie und Theologie. Frankfurt 1973, 303-329.360-374 u.ö. (vgl. Reg.), sodann: Systematische Theologie I. Göttingen 1988, 133-205. Zur Diskussion der Konzeption vgl. H. Bürkle, Einführung in die Theologie der Religionen. Darmstadt 1977, 16f.

Diese Forderung wird vor allem deutlich, wo sich die christliche Theologie als *abendländisch*-christliche Theologie in das noch immer schwer zugängliche Gebiet der asiatischen Religionsgeschichte vortastet. Nachdem die praktische Missionstätigkeit unter den Angehörigen der asiatischen Großreligionen trotz großen Einsatzes vergleichsweise erfolglos geblieben ist, muß sich auch die christliche Theologie des Abendlandes inzwischen eingestehen, daß sie mit ihren bisherigen Argumentationsfiguren nur einen sehr bescheidenen Eindruck in Asien hinterläßt. Die entscheidende Barriere ist auch hier die immer noch ungenügende Bereitschaft, sich zunächst auf das Fremde als Fremdes einzulassen. Wo nicht - wie R. Panikkar einmal bemerkt hat[35] - das Fremde in seiner Faszination zur Versuchung zu werden vermag, ist es in seiner Tiefe auch nicht annähernd erreicht. Vermutlich wird in Zukunft von europäischen Theologen daher auch nicht nur die Kenntnis neuzeitlicher und antiker Fremdsprachen des Abendlandes, sondern auch einer fremden, am besten dem asiatischen Kulturraum zugehörigen Sprache verlangt werden müssen. Nur dann wird es gelingen, die Tore des Verständnisses so weit zu öffnen, daß von wirklicher Begegnung gesprochen werden kann. Erst wo asiatische Sprachen zugänglich werden, ist damit zu rechnen, daß auch die religiösen Texte, die Symbolik und das Ritual sich in ihren eigentümlichen Strukturen, in ihrem vordergründigen Sinn und ihrem Hintersinn, in ihrer Logik als Zugänge der Erfahrung - mystagogisch - oder als Reflexionsfiguren - "theologisch" - erschließen[36].

Ein Verständnisprozeß, wie er hier gemeint ist, ist wissenschaftlich nicht ohne eine sehr gezielte interdisziplinäre Zusammenarbeit möglich. In unserem Kulturbereich gibt es die-

---

[35] Vgl. R. Panikkar, Aktion und Kontemplation im indischen Kultmysterium : Una Sancta 21 (1966) 145.

[36] Schritte in die richtige Richtung zeigt H. Bürkle, Einführung (Anm. 34) an, wo er ausdrücklich von "Paradigmen des theologischen Gesprächs mit fremden Religionen" spricht (36-121), vgl. dazu meine Anmerkungen in: ZMR 63 (1979) 208-210 ("Einführung in die Theologie der Religionen"). Bedeutsam für eine Theologie des Hinduismus sind die von G. Oberhammer durchgeführten Symposien, über die drei Dokumentationsbände vorliegen: Offenbarung, geistige Realität des Menschen. Arbeitsdokumentation eines Symposiums zum Offenbarungsbegriff in Indien. Wien 1974; Transzendenzerfahrung, Vollzugshorizont des Heils. Das Problem in indischer und christlicher Tradition. Wien 1978; Epiphanie des Heils. Zur Heilsgegenwart in indischer und christlicher Religion. Wien 1982.

se in Ansätzen[37]. Zahlreicher sind Beispiele hierfür freilich in anderen Kontinenten[38].

4. Fallbeispiel Indien

Wo es dem Christentum wirklich gelingt, sich selbst in fremden Kulturen zu verwirklichen, wird nach G. Söhngens Vorstellung uns Abendländern noch Hören und Sehen vergehen. So schrieb er in seinem Buch *Der Weg der abendländischen Theologie. Grundgedanken zu einer Theologie des 'Weges'*:

> Gäbe es eine chinesische oder sonst eine ostasiatische Theologie von Größe, dann könnte diese Theologie nicht mit der abendländisch-morgenländischen Theologie gestaltmäßig zusammengeordnet werden.[39]
> Es geht nicht anders, als daß die Chinesen und andere Ostasiaten sich von ihrem fernöstlichen Denken her mit dem abendländischen Weg christlicher Theologie auseinandersetzen und darüber nicht ein Gemisch halb und halb, gleichsam ein Hühnerragout halb, zu Werke bringen, sondern das Ganze einer neuen Wesensgestalt christlicher Theologie, nämlich einen fernöstlichen Weg einer Theologie, deren Fernöstliches gerade darin für uns fühlbar würde, daß uns Abendländern zunächst und noch lange Hören und Sehen verginge, eben weil Auge und Ohr des abendländischen Geistes sich seit den griechischen Philosophen auf anderen Wegen gebildet hat.[40]

Umrisse einer Theologie in einem nichtchristlich-kulturellen Kontext sind heute weniger in China als in Indien erkennbar, wo das traditionelle religiöse Umfeld nach wie vor als ein

---

[37] Zum Verhältnis von Theologie und Religionswissenschaft vgl. U. Mann (Hg.), Theologie und Religionswissenschaft. Darmstadt 1973; C. Colpe (Hg.), Theologie, Ideologie, Religionswissenschaft. München 1980; H. von Stietencron (Hg.), Theologen und Theologie in verschiedenen Kulturkreisen. Düsseldorf 1986; M. Seckler, Im Spannungsfeld von Wissenschaft und Kirche. Freiburg u.a. 1980, 26-40.

[38] Zu beachten sind vor allem die nordamerikanischen Bemühungen um eine Theologie in einem "cross-cultural" Horizont. Vgl. J.J. Spae, Kultur und Religion. Zur Erneuerung der Theologie: H. Waldenfels (Hg.), ".. denn Ich bin bei Euch" (Mt 28,20). Perspektiven im christlichen Missionsbewußtsein heute. Zürich 1978, 33-51; C.H. Kraft, Christianity in Culture. A Study in Dynamic Biblical Theologizing in Cross-Cultural Perspective. Maryknoll 1979; R.J. Schreiter, Constructing Local Theologies. Maryknoll 1985.

[39] München 1959, 23.

[40] Ebd. 24f. Zur heutigen Herausforderung der europäischen Theologie vgl. T. Rendtorff (Hg.), Europäische Theologie. Versuche einer Ortsbestimmung. Gütersloh 1980.

gesellschaftsprägender Faktor in Erscheinung tritt. In diesem Sinne ist aber dann eine genuin indische Theologie immer schon zugleich eine Theologie der Religionen. Wie in China hat das Bemühen um eine der Kultur, der Religiosität und dem Denken des Subkontinents Indien angepaßte Gestalt des Christentums und der Theologie eine lange Geschichte hinter sich. Dabei bemerken wir ein starkes Ringen - im Bilde gesagt - um die weiteren Arme: Hindus und Christen suchen einander zu umarmen und dem anderen Partner im eigenen Raum Platz zu geben. Zahlreich sind die Veröffentlichungen über Jesus Christus, wobei Christen zu zeigen suchen, daß Indien nach ihm verlangt und er verborgen unter den Bewohnern Indiens bereits wirkt, während Hindus in ihm *einen* Großen, *einen* Guru, *einen* Sozialrevolutionär, *einen* Propheten, *einen* Avatāra oder sonstwen erblicken[41].

Hindus und Christen begegnen einander im Gebet der Versenkung, in Meditation und mystischer Erfahrung, die in theologischer Reflexion christlich vermittelt werden. Oft wirken die Beschreibungen wie gefährliche Gratwanderungen, die zugleich faszinierend und beängstigend wirken. Indien lehrt aber aus der Geschichte seiner Spiritualität heraus, daß Theologie und Frömmigkeit ebensowenig zu trennen sind wie Wort und Ritual/Symbol, Wort und Schweigen, Handlung und Ruhe/Stille, Einsamkeit und Gemeinschaft, Heiliges und Profanes. Entsprechend gehören Meditation und Liturgie zusammen[42]. Der geheime Zug aller indischen Geistigkeit, Unterscheidungen aufzuheben, Gegensätze zu überbrücken und spätestens seit den großen Versuchen des Advaita-Denkens einen fundamentalen und konsequenten Non-Dualismus zu verwirklichen, fordert aber dann auch den Verzicht auf eine Trennung des Innen und Außen. Frömmigkeit und Hinwendung zur gesellschaftlichen Not gehören ebenfalls zusammen. Es fällt denn auch bei den von D.S. Amalorpavadass vorbereiteten und veröffentlichten theologischen Konsultationen und Seminaren, die oft von der indischen Bischofskonferenz getragen waren und unter ihrer Beteiligung stattfanden, auf, wie die Bemühung um eine sachgerechte Einstellung auf die religiöse Tradition sich mit einem entsprechenden Bemühen um die gesellschaftli-

---

[41] Vgl. H. Waldenfels, KF 220-225.

[42] Vgl. R. Panikkar, Kultmysterium in Hinduismus und Christentum. Ein Beitrag zur vergleichenden Religionstheologie. Freiburg/München 1964.

chen Aufgabenstellungen verbindet[43]. Ähnlich hat A. Pieris gefordert, den nichtchristlichen Religionen und Kulturen ihren Platz bei der Entwicklung einer Theologie der Dritten Welt zurückzugeben[44].

In Indien zeigt sich, wie sich die für eine Theologie der Religionen geforderten drei Schritte - Beschäftigung mit den fremden Religionen, Selbsteinschätzung des Christentums angesichts der Religionen, Wege vertieften gegenseitigen Verstehens, Dialog und Solidarität angesichts der Not der "Welt".- verwirklichen lassen. Die indische Theologie beachtet mit großer Selbstverständlichkeit die religiöse Tradition des Landes. Eine "Theologie im indischen Kontext" bedeutet eine pluriforme Annäherung an die Wahrheit unter Einbeziehung der in den Religionen Indiens vermittelten Wahrheit[45]. Dabei hat das II. Vatikanische Konzil seinerseits einen Prozeß unterstützt und vorangetrieben, der in Indien schon begonnen hatte[46].

Ein bedeutendes Moment in der theologischen Reflexion auf die indischen interreligiösen Beziehungen stellt die Frage der Einschätzung der heiligen Schriften Indiens dar. Inwieweit können diese - etwa *analog* zum Alten Testament, das dem Christentum aus dem Judentum zugewachsen ist - zu einer Art "Alten Testaments" der indischen Christenheit werden?[47] Das

---

[43] Vgl. D.S. Amalorpavadass, Destinée de l'Église dans l'Inde d'aujourd'hui. Paris 1967; ders. (Hg.), Ministries in the Church of India. Neu-Delhi 1976; ders. (Hg.), The Indian Church in the Struggle for a New Society. Bangalore 1981.

[44] Vgl. A. Pieris, Der Ort der nichtchristlichen Religionen und Kulturen in der Entwicklung einer Theologie der Dritten Welt: ZMR 66 (1982) 241-270.

[45] Vgl. A. Mookenthottam, Towards a Theology in the Indian Context. Bangalore 1980; auch C.M. Vadakkekara (Hg.), Divine Grace and Human Response. Kumbalgud/Bangalore 1981; für die protestantische Szene vgl. R.H. S. Boyd, Indian Christian Theology. Madras 1969; M.M. Thomas, Man and the Universe of Faiths. Bangalore 1975. Der ökumenische Charakter der theologischen Arbeit in Indien verdient eigens erwähnt zu werden.

[46] Den Gang der Entwicklung wie auch die Arbeit der wichtigeren Theologen im katholischen Raum (Panikkar, Amalorpavadass, Abhishiktananda = Le Saux, Dupuis, Neuner, De Letter) hat nachgezeichnet Th. Emprayil, The Emerging Theology of Religions. The Contribution of the Catholic Church in India. Rewa 1980.

[47] Vgl. P. Knauer, Das Verhältnis des Neuen Testaments zum Alten als historisches Paradigma für das Verhältnis der christlichen Botschaft zu anderen Religionen und Weltanschauungen: G. Oberhammer (Hg.), Offenbarung (Anm. 36) 153-170; weiterführend auch G. Oberhammer/H. Waldenfels, Überlieferungsstruktur und Offenbarung. Aufriß einer Reflexion des Phänomens im Hinduismus mit theologischen Anmerkungen. Wien 1980.

Thema ist wiederholt in Indien angesprochen, auf einer Studientagung in Bangalore 1974 theologisch diskutiert worden[48]. Die großen Themen der konkreten Heilsvermittlung, der Inspiration, der Prophetenrede, der Offenbarungsgeschichte, die alle im Umkreis des Konzils in einer heilsgeschichtlich argumentierenden Theologie besprochen wurden, finden hier im kultur- und religionsgeschichtlichen Kontext Indiens ihre Anwendung. Dabei geht es keineswegs um spekulative Erörterungen, sondern um pastoraltheologische und liturgische Konsequenzen[49].

Im Abschlußdokument der Bangalore-Konferenz 1974 heißt es:

> Die hinduistischen Schriften bieten uns viele Zugänge zum Mysterium Christi. Die Upanishaden machen 'Om', die fundamentale göttliche Bejahung, zum Zentrum der Meditation. Darin kommen sie der Theologie des Wortes, des Logos, der Christus ist, nahe. Wenn die Upanishaden auf der höchsten Stellung der Liebe zu Gott mit allen Kräften der Ohren, unseres Geistes und unseres abwägenden Herzens (Brih. Up. 2,4 5) bestehen, so haben sie darin eine große Ähnlichkeit zur alttestamentlichen Forderung, man solle Gott lieben 'von ganzem Herzen, von ganzer Seele und mit aller Kraft' (Dt 6,5). Die mystische Liebe, wie sie in der Bhagavadgita Ausdruck findet, kann wahrlich ein Vorbote der Liebe genannt werden, mit der Christus den Menschen umarmt: 'Du bist es, nach dem ich verlange, mein Freund; deshalb will ich dir deine Erlösung verkünden. Hab mich in deinem Geist, liebe mich, bete mich an, opfere mir, wirf dich vor mir nieder, so wirst du zu mir kommen, wahrlich, ich verspreche es dir; denn du bist mir lieb' (18,64 65) ...
> Auch der Koran ist auf Christus hingeordnet, wenn auch auf andere Weise ... Können wir vom 'unbekannten Christus des Hinduismus' sprechen, so müssen wir auch vom 'halbbekannten Christus' des Islam sprechen ... .[50]
> Es ist wahr, die katholische Theologie ist noch in vieler Hinsicht provinziell und westlich. 'Katholische' Theologen treiben Theologie in glücklicher Unkenntnis der religiösen Traditionen mit Ausnahme der eigenen. Die Begegnung der Weltreligionen ist jedoch ein Zeichen unserer Zeit, das kein Theologe ungestraft ignorieren kann. Um dieser Herausfoderung zu begegnen, sollte die Theologie bereit sein, die vorgegebene Weise des Denkens und unsere üblichen Denkschemata zu überprüfen und festzustellen, wieviel davon tatsächlich 'Tradition'

---

[48] Vgl. J. Venepeny, Inspiration in the Non-Biblical Scriptures. Bangalore 1973; D.S. Amalorpavadass (Hg.), Research Seminar on Non-Biblical Scriptures. Bangalore 1974.

[49] Vgl. dazu auch die Überlegungen in: Conc. (D) (1976) Heft 2, das von der Verwendung nichtchristlicher religiöser Texte in der Liturgie handelt.

[50] D.S. Amalorpavadass, Seminar (Anm. 48) 677.

> ist und wieviel in der Vergangenheit hinzugewachsen ist.[51]

Das Dokument schließt mit dem "Traum" und der "Vision" von einer Kirche, die sich als einigende Kraft im Pluralismus der Religionen und Kulturen Indiens erweist:

> Die Kirche in Indien muß wahrhaft indisch sein, d.h. die kulturellen, spirituellen und gesellschaftlichen Traditionen, die das indische Leben und Denken gestalten, in sich aufnehmen. Wie der Mensch, um wahrhaft er selbst zu sein, in seiner Kultur und Gesellschaft verwurzelt sein muß, so muß auch die indische Kirche, um sie selbst zu sein, in das Leben der Nation verwoben sein, so daß sie ihre 'Seele' wird und fähig, sie mit dem Geiste Jesu Christi zu beseelen. Die indische Tradition ist in ihren *heiligen Büchern* zu finden, die nicht nur spirituelle und religiöse Wahrheit enthalten, sondern eine ganze Weltanschauung, die Denkmodelle und die anerkannten Werte der indischen Gesellschaft. Niemals kann die Kirche wahrhaft indisch sein, ohne sich Indiens religiöse und humanistische Tradition zu eigen zu machen, ohne mit seinen religiösen Schriften vertraut zu sein und aus ihnen Kraft zu schöpfen.[52]

Peter Berger hat an die Frage Tertullians erinnert: "Was ist Athen für Jerusalem?" Athen und Jerusalem sind seither Nachbarn geworden. Die neue Frage lautet heute nach Berger: "Was bedeutet Benares für Jerusalem?" Sicher gilt für alle, die sich auf die Frage einlassen: "Sobald der Wettstreit erst einmal eröffnet ist, dürfte es unwahrscheinlich sein, daß seine Teilnehmer unverändert daraus hervorgehen."[53]

---

[51] Ebd. 679.

[52] Ebd. 693.

[53] Vgl. P. Berger, Der Zwang zur Häresie. Religion in der pluralistischen Gesellschaft. Frankfurt 1980, 171f.181. Das Tertullian-Zitat findet sich: De praescr. haer. VII 8 (CCL 1, 193): "Quid ergo Athenis et Hierosolymis? quid academia et ecclesia? quid haereticis et christianis?"

Kap. 5: Theologie und Religionswissenschaft

Adel Theodor Khoury ist einer der wenigen Kollegen, die seit Jahren bemüht und auf Grund ihrer universitären Position in die Lage versetzt sind, der Religionswissenschaft im Rahmen der katholischen Theologie einen Raum zu sichern. Die Katholisch-Theologische Fakultät der Universität Münster gehört zu den Ausnahmefällen in Deutschland, in denen der Religionswissenschaft innerhalb des Fächerkodex der universitären Theologie ein Platz eingeräumt ist. Diese Tatsache gibt Anlaß, nicht nur grundsätzlich das Verhältnis von Theologie und Religionswissenschaft, sondern überhaupt die Stellung der Studien der Religionen an deutschen Universitäten zu bedenken. Eine solche Überlegung tut schon deshalb not, weil die privilegierte Stellung der katholischen wie der evangelischen Theologie an den deutschen Universitäten eine Bündelung der Studien der Religionen bisher zwar nicht theoretisch, wohl jedoch praktisch - im Vergleich zu anderen Ländern - eher verhindert hat. Angesichts der wachsenden Pluralität des gesellschaftlichen Lebens ist aber inzwischen zu beachten, daß die Gesellschaft religionspolitisch nicht mehr einfach als religionsneutral oder säkularisiert angesprochen werden kann, sondern daß vielmehr auch dem wachsenden Einfluß des religiösen Pluralismus in gebührender Weise Rechnung zu tragen ist.

In diesem Sinne ist zwei Facetten des gesellschaftlichen Lebens nachdrückliche Aufmerksamkeit zu schenken. In einer Öffentlichkeit, die sich immer mehr dem normativen Anspruch einer bestimmten Religion, sprich: in Europa dem Einfluß des abendländischen Christentums entzieht, muß dennoch geltend gemacht werden, daß die christliche Religion ein so hohes Kulturgut des Abendlandes ist, daß die Mißachtung seiner Bedeutung in unserer Kultur auf die Dauer zu einem großen Verlust für den abendländischen Menschen und seine Identität führen muß. Zum anderen darf der abendländische Mensch nicht übersehen, daß der lange Zeit angekündigte Tod der Religion nicht eingetreten ist. Stattdessen wird vielmehr die Religion in einer fast unübersichtlichen Vielgesichtigkeit unter uns lebendig, und Religionskritik und Religionsfeindlichkeit nehmen, sofern sie fortbestehen, andere Formen an, als wir sie noch in der ersten Hälfte unseres Jahrhunderts gewohnt waren. Beide Gesichtspunkte sind zu bedenken, wo die Stellung der Religionswissenschaft in ihrem Verhältnis zur universitären Theologie geprüft wird.

1. Christentum und abendländisches Erbe

Mit einer im Wintersemester 1986/87 an der philosophischen Fakultät der Universität München vorgelegten Dissertation zum Thema *Theorien über Religion im heutigen China und ihre Bezugnahme zu Religionstheorien des Westens*[1] nimmt der Autor Xinping Zhuo als Chinese Abschied von den Thesen, daß Religion "Opium des Volks" bzw. die "phantastische Widerspiegelung" eines vorwissenschaftlichen Bewußtseins der Menschheit sei. An die Stelle kritischer Religionstheorien tritt seine Deutung der Religion als "Bestandteil der menschlichen Kultur" bzw. als Teil der geistigen Zivilisation jeder Nation. Zhuo schließt sein Buch mit den Sätzen:

> Für dieses neue Verständnis von Religion gibt es zur Zeit zwar noch keine systematische Theorie, wir können aber in der Bevorzugung des kulturellen Charakters der Religion schon eine Entwicklungstendenz der Religionstheorie im heutigen China wahrnehmen. Dementsprechend haben die chinesischen Theoretiker in ihrem Verhältnis zum Westen heute auch eine flexiblere Haltung als früher. In diesem Sinne bedeutet diese teilweise Anerkennung der religiösen Werte einen Wendepunkt in der theoretischen Stellungnahme zur Religionsfrage. Statt einer Ablehnung in Bausch und Bogen versucht man jetzt die Religion geschichtlich konkret zu analysieren und ihren positiven Sinn zutreffend als gültig zu bejahen. Statt der Aufrechterhaltung eines absoluten Gegensatzes zum Westen in der Bewertung der Religion sieht man nun eine Möglichkeit, durch eine Sicht des Phänomens auf verschiedenen Ebenen eine Einheit und Gemeinsamkeit bei bleibender Verschiedenheit zu finden. Statt der Behauptung eines einzig möglichen Weges zur Wahrheit lernt man auch die anderen Erfahrungen zu respektieren und in ihnen einen 'Anknüpfungspunkt' zu erblicken. So wird man bei der weiteren Entwicklung möglicherweise die Auseinandersetzung im Bezug auf die Religionsfrage auf beiden Seiten willkommen heißen. Wenn wir diese Spuren der geistigen "Annäherung" in der zukünftigen Darstellung der Religionstheorie weiterhin finden können, dann haben wir eine berechtigte Hoffnung auf einen fruchtbaren Dialog zwischen China und dem Westen.[2]

Angesichts dieser erstaunlichen Wende in der Bewertung der Religion für die Kulturgeschichte Chinas, die auch außerhalb des großen Landes der Mitte mit viel Sympathie rechnen kann[3], muß aber dann gerade in unserem Land darauf aufmerksam ge-

---

[1] (= Religionswissenschaft 2). Frankfurt u.a. 1988.

[2] Ebd. 205f.

[3] Grundsätzlich trifft sich Zhuo in seiner Option etwa mit H. Lübbes Plädoyer für die: Religion der Aufklärung. Graz u.a. 1986.

macht werden, daß es keinen "fruchtbaren Dialog zwischen China und dem Westen" geben kann, wenn nicht bei uns ein gleiches, zumindest kulturgeschichtlich bedingtes Interesse an der Religion entwickelt bleibt. Mit guten Gründen hat schon vor einigen Jahren der Hannoversche Religionswissenschaftler Peter Antes beklagt, daß trotz der unbestreitbaren kulturgeschichtlichen wie aktuell politischen Bedeutung des Christentums viele junge Menschen in der Bundesrepublik den Religionsunterricht "gar in der Abiturprüfung ohne jegliches elementare Grundwissen in diesem existentiell zukunftsbestimmenden Bereich abschließen"[4]. Hier ergibt sich dann die widersinnige Situation, daß zwar vielerorts ein spürbares Interesse an Einführungen in sogenannte "Fremdreligionen" zu konstatieren ist, daß aber hinsichtlich der religiösen Grundlagen unserer ureigensten Kultur ein ebenso deutliches Desinteresse zu beobachten ist. Man braucht nur die Auslagen unserer großen nicht-religiösen Buchhandlungen anzuschauen, um zu erkennen, wie sich im weltanschaulichen Bereich Fremdreligiöses mit Esoterischem und höchstens noch Religionskritischem verbindet und es zugleich an religionswissenschaftlichen Einführungen in das Christentum eindeutig fehlt.

Eine nüchterne Diagnose unserer Zeit und unseres Kulturraumes kann aber die Tatsache nicht fortdisputieren, daß wir uns auf eine multikulturell geprägte Gesellschaft zubewegen, ob wir es wollen oder nicht[5]. Die emotionalen Reaktionen, die unter dem Schlagwort eines neuen "Fundamentalismus" politisch wie religiös eingeordnet werden[6], leiden in der Regel unter zwei fundamentalen Fehlern: *Einmal* sind sie nicht bereit, Entwicklungen wie die neuen Völkerwanderungen und die modernen Vermischungsprozesse zur Kenntnis zu nehmen und anzuerkennen. *Sodann* aber sind sie gerade deshalb auch nicht in der Lage, in einer pluralistischen Gesellschaft solche Maßnahmen zu ergreifen, die sowohl zur Ausbildung einer eigenen Identität als auch zugleich aus dieser heraus zu wahrer Begegnung und einem allen Seiten gerechtwerdenden Umgang mit dem und den Fremden zu befähigen.

Die These, daß das Christentum wesentlicher Bestandteil des abendländischen Erbes und damit der abendländischen Kultur ist, hat somit keineswegs nur einen spekulativ-theoreti-

---

[4] Vgl. das Vorwort zu P. Antes, Christentum - eine Einführung (= Urban-Taschenbücher 378). Stuttgart u.a. 1985.

[5] Vgl. dazu unten Kap. 15.

[6] Vgl. Th. Meyer (Hg.), Fundamentalismus in der modernen Welt (= edition suhrkamp 1526). Frankfurt 1989.

schen, sondern durchaus einen pragmatisch-praktischen Charakter. Wer nicht weiß, woraus er stammt, ist im Grunde nicht dialogfähig, weil er in den vielbeschworenen Dialog der Völker nichts einzubringen hat außer Oberflächlichkeiten. In Frage steht hier aber nicht allein die religiöse Identität, sondern wesentlich die kulturelle und auch die nationale. Insofern die wissenschaftlichen Reflexionen dieses Tatbestandes weithin Sache der Gesellschafts- und Kulturwissenschaften sind, richtet sich der Appell, in dieser Situation der Reflexion des Christentums als genuinem Faktor unserer Kultur erhöhte Beachtung zu schenken, zunächst an diese.

Es ist aber dann sofort mit dem Einwand zu rechnen, die hier gemeinte Aufgabe werde doch wohl schon von der Theologie wahrgenommen, - zumindest könne sie von ihr wahrgenommen werden. Dieser Einwand ist sicher nicht völlig von der Hand zu weisen. Tatsächlich ist die neuzeitliche Theologie gerade in unserem Land immer auch im Hinblick auf eine umfassende Theorie des Christentums betrieben worden[7]. Dennoch darf nicht übersehen werden, daß die Theologie - so wie sie sich selbst versteht - bei aller Betonung der Wissenschaftlichkeit und der Raum-Zeit-Orientiertheit ihrer Reflexion einer eindeutigen Identität mit der jeweiligen christlichen Kirche entstammt und in der Kirchlichkeit folglich auch einen wesentlichen Orientierungspunkt besitzt[8]. In diesem Sinne bleibt die Theologie auch insofern wesentlich von der Religionswissenschaft unterschieden, als diese eine solche Identität mit den behandelten Religionen weder voraussetzt noch anzielt. Die in den beiden Wissenschaften jeweils angestrebten Urteile und Bewertungen weisen folglich zwar Berührungspunkte auf, dürfen aber aufgrund der unterschiedlichen Interessenlage nicht einfachhin gleichgesetzt werden.

Gerade weil die christliche Theologie aber in einer vom Pluralismus der Religionen geprägten Zeit ihre eigene Selbstreflexion nicht ohne Berücksichtigung der "fremden" Religionen durchführen kann, hat sie aus der Not eine Tugend gemacht und dort, wo das Studium der fremden Religionen nicht ander-

---

[7] Vgl. z.B. den Untertitel zu K. Rahner, Grundkurs des Glaubens. Einführung in den Begriff des Christentums. Freiburg u.a.1976.

[8] Zu den drei Prinzipien der Theologie "Kirchlichkeit - Wissenschaftlichkeit - praxisorientierte Offenheit für die Probleme der Zeit" vgl. W. Kasper, Theologie und Kirche. Mainz 1987, 7-22; zu Kirchlichkeit und Wissenschaftlichkeit auch die Überlegungen von M. Seckler, Im Spannungsfeld von Wissenschaft und Kirche. Theologie als schöpferische Auslegung der Wirklichkeit. Freiburg u.a.1980; zur Kirchlichkeit sodann H. Waldenfels, Im Dienst an der Verbindlichkeit christlichen Glaubens. Anmerkungen zur Kirchlichkeit der Theologie : StZ 207 (1989) 723-734.

weitig universitär in kompetenter Weise abgedeckt war, in eigener Regie religionswissenschaftliche Einführungen in andere Religionen, ihre Geschichte und Phänomenologie angeboten. Worum es uns allerdings hier geht, ist nicht das Fremde, sondern das Eigene, das vielen fremd geworden ist und nachwachsenden Generationen gar unbekannt zu werden droht. Die Frage, die sich hier stellt, ist aber dann diese: Ist es wirklich Aufgabe des christlichen Religionsunterrichts und der Theologie, subsidiär wirksam zu werden, wo sich im Grunde die Gesellschafts- und Kulturwissenschaften herausgefordert sehen müßten? Oder ist es nicht höchstens Aufgabe der Theologie, auch im Konzert der Wissenschaften die Religion vom Odium der Privatsache zu befreien und erneut den Sinn für die gesellschaftlich-geschichtliche Wirksamkeit der Religion im allgemeinen und des Christentums im besonderen zu wecken und damit zu einer Provokation für die Wissenschaften zu werden, die Realität der Religion in ihrer gesellschaftsprägenden Kraft ernstzunehmen[9]? Daß die Theologie dabei selbst immer neu die Frage nach der Zukunftsfähigkeit des Christentums stellt, darf als selbstverständlich hingestellt werden[10].

Wir plädieren also auch für eine Religionswissenschaft des Christentums. Das Plädoyer für eine Religionswissenschaft des Christentums, die nicht einfachhin mit der christlichen Theologie identisch ist, bedeutet in diesem Zusammenhang aber dann, daß es in der postchristlichen Modernen[11] nicht ausreicht, wenn sich in unseren Ländern nur die Christen um ihres Glaubens willen mit dem Christentum befassen und auseinandersetzen. Zumindest Europäer kommen in ihren Ländern um der Identität mit ihren Völkern und deren Geschichte, aber auch um der gemeinsamen Kultur Europas willen nicht umhin, sich ein Grundwissen über das Christentum als einen entscheidenden Prägefaktor dieser Kultur zu verschaffen und sich so mit dem Christentum als einer Wurzel unserer gemeinsamen Kultur vertraut zu machen. Das mag im Laufe der Zeit zu wachsender persönlicher Zustimmung und Identifizierung mit dem Christentum führen oder zu bleibender Distanz und Abkehr,- es ist aber um des Selbstverständnisses eines Deutschen oder eines Franzosen, eines Spaniers oder eines Engländers, kurz-

---

[9] Vgl. J.B. Metz, Glaube in Geschichte und Gesellschaft. Mainz 1977; H. Waldenfels, KF.

[10] Vgl. F.-X. Kaufmann/J.B. Metz, Zukunftsfähigkeit. Suchbewegungen im Christentum. Freiburg u.a.1987; im Hinblick auf das Thema "Europa" F. König/K. Rahner (Hg.), Europa. Horizonte der Hoffnung. Graz u.a. 1983.

[11] Vgl. dazu H. Waldenfels, KF 449f.

um: eines Europäers willen notwendig, daß die Menschen der verschiedenen Völker sich bewußt bleiben, woraus sie geworden sind, was sie sind, und was sie als belastendes Erbe, mehr noch als Chance und Verheißung aus ihrer Geschichte in die gemeinsame Zukunft einer Geschichte Europas, aber auch einer Weltgeschichte einbringen. Was in dieser Hinsicht in unseren Nachbarländern, etwa in Frankreich, an Einsicht bei Politikern wie Pädagogen und Wissenschaftlern wächst, sollte bei uns in der Bundesrepublik nicht unbeachtet bleiben.

Der Appell, daß die europäischen Geisteswissenschaften sich angesichts der wachsenden Interdependenzen in Wirtschaft und Politik, Wissenschaft und Technik, Kultur und Religion der eigenen geistesgeschichtlichen Wurzeln bewußt bleiben und diese in den Auseinandersetzungen einer pluralistischen Welt in lebendiger Erinnerung halten, hat es mit der Vergangenheit um der Zukunft willen zu tun. Ein Erbe ist aber nur soviel wert, wie es in der Gegenwart lebendig ist. Aber auch ein vergessenes Erbe ist tot, im besten Fall vergrabenes Kapital. Gerade weil aber das Christliche als Salz der Erde und Licht der Welt (vgl. Mt 5) sowie als Sauerteig (vgl. Mt 13,33) beschrieben worden ist, reicht es nicht aus, wenn es nur gleichsam kirchenintern - in der Theologie - verhandelt wird, - es muß zur Sprache kommen, wo - in den Wissenschaften - die konkrete Welt zur Sprache kommt und bedacht wird, die das Christentum in der Geschichte geprägt hat und deren kultureller Bestandteil es auch immer noch ist.

2. Begegnung der Religionen

Die Identität Europas und seiner Kultur ist aber auch schon deshalb ein Auftrag, dem wir uns heute nicht entziehen können, weil sich zu keinem Zeitpunkt der Geschichte die Erfahrung einer "kulturell polyzentrischen Welt" (J.B. Metz) so nachdrücklich eingeprägt hat wie in den letzten Jahrzehnten vor der Wende in das 3. nachchristliche Jahrtausend. Spätestens seit dem II. Vatikanischen Konzil schenkt die katholische Kirche auch in offizieller Weise dem Verhältnis zu den nichtchristlichen Religionen vertiefte Aufmerksamkeit. Seit der 1965 verabschiedeten Erklärung über das Verhältnis der Kirche zu den nichtchristlichen Religionen *Nostra aetate* ist das Verhältnis der Religionen zueinander zu einem der wichtigsten Verhandlungspunkte auf der Tagesordnung der Theologie geworden. So verschwommen der Begriff in seinem Gehalt auch immer noch sein mag, - Dialog ist seither - schon in Anlehnung an den Slogan "Solange miteinander gesprochen wird, wird kein Krieg geführt" - aus Überlebensgründen eines der lebenswichtigsten Postulate unserer Zeit.

So merkwürdig es erscheinen mag, - was in der Praxis des Lebens wie im Miteinander der Religionen und ihrer Anhänger Konsequenzen zu zeitigen beginnt, hat im akademischen Raum der deutschen Universität bislang kaum zu erkennbaren Veränderungen geführt. In der Vorbereitung seines inzwischen weitverbreiteten Werkes *Christentum und Weltreligionen* hat Hans Küng zwar nicht Vertreter der von ihm besprochenen Religionen - Islam, Hinduismus und Buddhismus - zusammengeführt, sondern in verständlicher Selbstbescheidung das Gespräch *über* die genannten Religionen mit renommierten Fachwissenschaftlern gesucht[12]. Ich selbst habe bei der Herausgabe des *Lexikon der Religionen* ebenfalls vorrangig Religionswissenschaftler und nur, wo es sich ermöglichen ließ, einzelne Vertreter der Religionen um Beiträge gebeten[13]. Solche Beispiele interdisziplinärer Zusammenarbeit im Bereich der Religionsstudien sind aber bisher in unserem Land eher punktueller Art. Zwar spielt sich die praktische Begegnung der Religionen auf recht unterschiedlichen Ebenen des gesellschaftlichen wie des individuellen Lebens ab, zu denen zumindest die gesellschaftlich-politische, die intellektuell-wissenschaftliche, die philosophisch-theologische und die asketisch-spirituelle Ebene gehören[14]. So wichtig gerade auch die dritte und vierte Ebene sind, so ist doch die zweite Ebene schon um der intellektuellen Redlichkeit willen unverzichtbar.

Hier aber muß dann mit Bedauern festgestellt werden, daß das Studium der Religionen im deutschsprachigen Raum aufs ganze deshalb nicht mehr das internationale Niveau erreicht, weil es an einer zeitgemäßen, aktuellen Koordinierung der Studien der Religionen im deutschsprachigen akademischen Raum weithin fehlt. Wenn nicht alles täuscht, sind Universitäten im angelsächsischen, aber auch im französischsprachigen Raum in diesem Punkte der deutschen akademischen Szene überlegen.

---

[12] Vgl. H. Küng/J. van Ess/H. v. Stietencron/H. Bechert, Christentum und Weltreligionen. Hinführung zum Dialog mit Islam, Hinduismus und Buddhismus. München/Zürich 1984.

[13] Vgl. H. Waldenfels (Hg.), Lexikon der Religionen. Freiburg u.a. (1987) ²1988. Ähnlich ist A.Th. Khoury bei der Vorbereitung seines: Lexikon religiöser Grundbegriffe: Judentum, Christentum, Islam. Graz u.a. 1987, verfahren.

[14] Vgl. dazu ausführlicher unten Kap. 7.B.1.

Das hat zweifellos einmal mit den Strukturunterschieden zu tun, die zwischen den deutschen Universitäten einerseits und den angelsächsischen und französischen anderserseits bestehen, sodann aber auch mit der unterschiedlichen Stellung, die die christliche Theologie im universitären Bereich der verschiedenen Länder einnimmt. Die privilegierte Stellung, die die beiden großen christlichen Konfessionen in Deutschland nach wie vor besitzen, hat - wenn auch unbeabsichtigterweise - einer Koordination der Studien der Religionen bislang de facto im Wege gestanden. Das läßt sich leicht erkennen, wenn man demgegenüber die vom Ursprung her religiös pluralistische nordamerikanische Szene zusammen mit ihrem stark ausgeprägten privaten Universitätswesen zum Vergleich heranzieht oder auch die überwiegend laizistischen und daher theologiefreien Universitäten Frankreichs betrachtet. Dort jedenfalls, wo nicht die christliche Theologie im Grunde die akademische Beschäftigung mit der Religion und den Religionen abzudecken vorgibt und wo - wie in den USA - zugleich die ideologische These vom Absterben der Religion durch die tatsächliche religiöse Praxis der Bevölkerung ad absurdum geführt wird, bleiben die Religionen im pluralen Feld gesellschaftsgestaltender Kräfte ein ernstzunehmender Faktor, dem auch die Wissenschaften ihre Aufmerksamkeit schenken.

Gerade weil die christliche Theologie in den deutschsprachigen Ländern sich aber aufgrund der eigenen Geschichte noch immer des Privilegs erfreut, an den Universitäten in zwei Fakultäten institutionalisiert zu sein, steht es ihr heute im Grunde gut an, ein nachdrückliches Plädoyer für ein konzertiertes Studium der Religionen an unseren Universitäten zu halten. Ein solches Studium der Religionen ist in der Tat ein Gebot der Stunde, und es ist zudem selbst bei den überall beklagten finanziellen und personellen Engpässen an unseren Universitäten verhältnismäßig leicht zu verwirklichen. Denn es geht hier im wesentlichen nicht darum, etwas Neues zu schaffen, sondern bereits Vorhandenes den Anforderungen der Zeit entsprechend neu oder doch zusätzlich zu strukturieren.

Eine Überprüfung der Vorlesungsverzeichnisse der traditionellen deutschen Universitäten ergibt folgendes Bild: Ein *erster* Ort der Beschäftigung mit der Religionswissenschaft sind die Institute bzw. Seminare für Missionswissenschaft an theologischen Fakultäten, wo es inzwischen vielfach darüber hinaus Einführungen in die Weltreligionen gibt. Das gilt beispielsweise evangelischerseits für Frankfurt, Göttingen, Hamburg, Mainz, Marburg, München und Tübingen, katholischerseits für Bonn, Frankfurt, Freiburg, München, Münster und Würzburg.

Ein *zweiter* Ort sind die religionswissenschaftlichen Abteilungen bzw. Institute im Rahmen philosophischer, sprachwissenschaftlicher oder kulturwissenschaftlicher Fakultäten bzw. Fachbereiche, so u.a. in Bonn, Marburg, Tübingen. An *dritter* Stelle sind aber dann die zahlreichen religionswissenschaftlich relevanten Lehrveranstaltungen in den verschiedenen sprachwissenschaftlichen und völkerkundlichen Abteilungen zu nennen. Es gibt praktisch nirgendwo sprachwissenschaftliche Studien, die nicht mit intensiven kulturwissenschaftlichen und in diesem Zusammenhang die Religion(en) des betreffenden Kulturkreises behandelnden Forschungen verbunden sind. Wenn wir von den Sprachen und Kulturen im Umkreis des mediterranbiblischen Denkens und damit dem Quellgebiet unserer eigenen Kultur wie auch der Judaistik absehen, wäre vor allem zu achten auf die Orientalistik und die Islamstudien, auf die Indologie und die Sprach- und Kulturwissenschaft Zentralasiens, auf Sinologie und Japanologie, aber auch auf die Afrikanistik und Amerikanistik, auf die Ethnologie mit ihren Studien zum kulturellen Wandel, zu interkulturellen Begegnungen, etwa seit dem Kolonialzeitalter in den beiden Amerikas wie in Afrika und Ozeanien, zum Synkretismusproblem u.v.a.m. Was hier aufgezählt wird, ist unvollständig und ergänzungsbedürftig, nennt aber vielfach auseinanderliegende Studieninhalte und -angebote, die im Zeitalter der Begegnung der Religionen näher miteinander verknüpft zu werden verdienen. Letzteres ist für jeden einsichtig, der um die Gegenwartsbedeutung der interreligiösen Begegnung weiß und diese dann zugleich als einen integralen Schwerpunkt des interkulturellen Austausches versteht und zu würdigen weiß.

Es sollte den in der Wissenschaftsorganisation verantwortlich Tätigen zu denken geben, daß - soweit ich es übersehe - in der Bundesrepublik bei der Erstellung zukunftsorientierter Forschungsschwerpunkte ein konzertiertes Studium der Religionen bislang ausgespart erscheint. Jedenfalls gibt es einen solchen Schwerpunkt mit einem integrierten Studienprogramm, der die vor allem an den großen alten Universitäten vorhandenen Kapazitäten nutzen würde, bislang an keiner der gemeinten Universitäten. Dabei wäre die Schaffung eines solchen Forschungs- und Studienschwerpunktes nicht zuletzt im Hinblick auf den internationalen Austausch von höchster Bedeutung, wenn dieser sich nicht auf die Dauer auf englisch-, französisch- und spanischsprachige akademische Institutionen beschränken und an der deutschsprachigen akademischen Szenerie vorbei vollziehen und diese dadurch nicht zur Provinz verfallen soll.

Um nicht mißverstanden zu werden: Es geht bei dem Plädoyer um ein konzertiertes Studienprogramm der Religionen nicht um eine Ersetzung der christlichen Theologie an unseren Universitäten durch ein Studium der Religionen, das sich methodisch letztendlich an der Methodenvielfalt der Religionswissenschaft orientiert und dabei die philosophische Methodenreflexion selbst nicht außer acht läßt. Vielmehr geht es um eine grundlegende und unaufschiebbare Erweiterung der Beschäftigung mit dem Problem der Religion, die aus dem Umgang mit dem Pluralismus unserer Zeit resultiert und uns, weil wir den Pluralismus zugleich in der einen Welt leben, nötigt, auf vielen Gebieten die Einheit in versöhnter Vielheit zu finden. Es gibt aber keine versöhnende Einheit, wenn nicht das Fremde als Fremdes uns bewußt begegnen kann und wir keine Wege finden, unsererseits aktiv auf das Fremde und die Fremden zuzugehen und beides zu verstehen. Auch wenn heute vielfach die gemeinsame Praxis als Weg zum Verstehen propagiert wird, darf doch nicht übersehen werden, daß der intellektuell-wissenschaftlichen Reflexion auch im Verstehen der Religionen ihr eigener bleibender Rang zukommt.

TEIL II: EINZELFRAGEN IM BEREICH DER RELIGIONEN

Kap. 6: Hinduismus/Hindu-Religionen

A. Einführung

1. Die Bezeichnung Hinduismus/"Hindu-Religionen"

Als "Hinduismus" wird die in Indien beheimatete und entstandene Religion der Landesbewohner angesprochen. Der Name geht vermutlich auf die persischen Muslime zurück, die um 1000 n.Chr. in Vorderindien eindrangen und alle Anwohner des Indus als "Hindus" bezeichneten. "*Hindus*" ist folglich anfänglich eine völkische Bezeichnung (= Inder), die aber die den Indern eigene religiöse Lebensweise einschließt. Erst wo in der Zeit nach der islamischen Invasion das Bewußtsein für die Identität von völkischer Zugehörigkeit und religiöser Ausrichtung zerbricht, wird "Hindu" im Gegensatz zu "Inder" zur Bezeichnung derer, die in der Nachfolge der in Indien selbst entstandenen traditionellen Religion leben.

Die Bezeichnung dieser Religion ist ihrerseits in der religionswissenschaftlichen Literatur nicht eindeutig. Gründe dafür sind:
(1) Angesichts der Vielzahl von Stämmen in Indien und der vielen religiösen Ausdrucksformen und Traditionen, angesichts vor allem auch der Tatsache, daß über den verbindenden großen Traditionen die kleinen des Landes und seiner Dörfer nicht vergessen werden dürfen, wird "Hinduismus" zu einer Art Sammelbezeichnung vielfältigster Elemente.
(2) Selbst die Geschichte der großen Traditionen der Religion Indiens ist von so tiefgreifenden Wandlungen geprägt, daß "Hinduismus" im weitesten Sinne eine Mehrzahl recht einschneidender Entwicklungen mitabdeckt, so daß statt von "Hinduismus" auch von Hindu-Religionen (H. von Stietencron) gesprochen wird.

Unter diesen Voraussetzungen kann festgestellt werden:
- *Hinduismus* bezeichnet in der Gegenwart auf jeden Fall die Religion aller Inder, die nicht aufgrund eines besonderen Bekenntnisses ausdrücklich zu einer anderen Religion gehören und so Moslems, Buddhisten, Christen o.a. sind.
- Im Sinne der gläubigen Hindus aber lassen sich auch die früheren Etappen der Religion Indiens als "Hinduismus" bezeichnen, da sie nach ihrer Ansicht mit dem

Grundverständnis des heutigen Hinduismus wesentlich identisch sind. Als Etappen sind vor allem zu nennen:
- der *Vedismus* oder *ältere Brahmanismus*, etwa die Zeit zwischen dem 12.(16.?) und 9. Jh. v.Chr., in der die bis heute grundlegenden Texte des Hinduismus, der *Veda*, als Textsammlung entstanden,
- der *Brahmanismus* im engeren Sinne, etwa 11./10.-8. Jh., die Zeit, in der die Veden durch die Vertreter der obersten Kaste (= *Brahmanen*) in Spekulation und kultischem Vollzug ihre erste bedeutende Interpretation erfahren, sowie die Zeit der Upanishaden vom 8. Jh. v. Chr. an, in der sich arische und vorarische religiöse Formen durchdringen (diese zweite Zeitperiode wird gelegentlich bereits als *älterer Hinduismus* angesprochen),
- der *Hinduismus* vom 4. Jh. v. Chr. an, die Zeit, in der die Upanishaden zum Abschluß gelangen, die großen nachklassischen Epen entstehen, Mahābhārata mit der Bhagavadgītā und Rāmāyana, und es - parallel zur abendländisch-mittelalterlichen Scholastik - zur Ausbildung der großen philosophischen Systeme Indiens kommt.

Nennt man die Zeit zwischen Upanishaden und Beginn der philosophischen Systeme "*älteren Hinduismus*", dann ist die Zeit der religiösen Renaissance nach dem Niedergang des indischen Buddhismus und angesichts der islamischen Einbrüche die Zeit des "*jüngeren Hinduismus*", während als "*moderner Hinduismus*" die Periode anzusprechen ist, in der es vor allem seit dem 19. Jh. zu einem stärkeren Gedankenaustausch zwischen Indien und Europa gekommen ist.

2. Zum Selbstverständnis des Hinduismus

Der Hinduismus zeichnet sich anderen Religionen gegenüber vor allem durch drei wichtige Punkte aus:
(1) Sein Ursprung verliert sich in vorgeschichtlicher Zeit. Es gibt keine Gründergestalt. Ursprung der Religion und Ursprung des indischen Volkes selbst, das durch die Einwanderung arischer Stämme und deren Verbindung mit der einheimischen Bevölkerung entstanden ist, sind in eigentümlicher Weise verwoben. Vorarische Elemente haben sich dann auch im religiösen Denken mit den arischen religiösen Formen verbunden. Die Religion wirkt dadurch bis heute eher geschichtslos.
(2) Mitglied des Hinduismus ist man durch Geburt, nicht durch einen zusätzlichen Entschluß, sei es eine persönliche Bekehrung, sei es eine Option der Eltern zugunsten ihrer unmündigen Kinder. In diesem Sinne ist der Hinduismus vom Ursprung her weder eine missionarische noch gar eine Weltreligion. Wohl ist er in seiner Anlage als Einstellung zum konkreten Leben in konkreten Situationen der Geschichte offen für die Annahme neuer und zusätzlicher Aspekte. Die heutige Weltbedeutung hat

die indische Religion denn auch nicht erlangt durch einen Einsatz gesamtorganisatorischer Art, sondern durch die Verbreitung von Ideen und Praktiken, die nicht an die Volkszugehörigkeit gebunden erscheinen, sowie in jüngerer Zeit durch Gesellschaften, die dem westlichen Verlangen nach gesellschaftlich greifbarer Zugehörigkeit entgegenkommen.
(3) Der Hinduismus präsentiert sich als dogmenfreie Religion, die eine Vielzahl von selbst sich widersprechenden theoretischen Interpretationen tolerieren kann, weil das grundlegende "Dogma" mystischer Erfüllung in der Einheit aller - vordergründigen - Dinge im allem zugrundeliegenden und alles sammelnden Einen nicht noch einmal in Frage gestellt wird.
Dennoch ist die Zugehörigkeit zum Hinduismus, abgesehen von der Eingliederung durch Geburt, durch einige weitere Rücksichten bestimmt. So ist der Rahmen des hinduistischen Selbstverständnissen abgesteckt
- durch die Anerkennung des Veda als der kanonischen Sammlung grundlegender hinduistischer Offenbarungsschriften,
- durch die Anerkennung der Sozialordnung, die durch die Kastenordnug bestimmt ist.

a) Der Veda und andere Quellen der Spiritualität

Die für Hindus grundlegenden Schriften bestehen aus drei Gruppen, denen das Attribut "*śruti*", d.h. "Sehern" (ṛṣi) mitgeteilte "Offenbarung" zugesprochen wird.
Zu ihnen gehören die sogenannten vier "Sammlungen" (*Saṃhitā*) des *Veda* (= Wissen, Wissenschaft):
- *Ṛgveda*, eine Sammlung von beim Opferkult rezitierten Hymnen, vermischt mit mythologischen und weltanschaulichen Aussagen, der älteste bekannte indische Text überhaupt (Entstehung zwischen 16. und 12. Jh. v.Chr.),
- *Yajurveda*, eine Sammlung von Opfersprüchen,
- *Sāmaveda*, eine Sammlung von beim Opfer gesungenen Liedern,
- *Atharvaveda*, eine nach einem mythischen Priester benannte Sammlung von magischen und vor allem in privaten Kulten verwendeten Sprüchen und Hymnen.
Die zweite Gruppe von Texten stellen von Brahmanen zu jeder dieser Saṃhitās verfaßte Kommentare und Interpretationen dar, "*Brāhmanas*" genannt.
Als dritte Textgruppe sind schließlich die "*Āraṇyakas*" ("Waldtexte") mit den "*Upaniśaden*", Worte, die im "Dabeisitzen", d.h. geheim ("im Wald"!) von Weisen und Lehrern ihren Schülern vermittelt wurden, anzuführen. Auch diese Texte betrachten sich zum Großteil als Kommentar zum ursprünglichen Veda, gehen aber nicht wie die Brāhmaṇas auf die Brahmanen zurück. Sie bilden den Ausgangspunkt sowohl der weiteren Spekulation wie auch vor allem der neben der kultischen sich stärker entfaltenden meditativen Praxis. Der Abschluß des Veda ("Vedānta") mit seiner philosophischen Schule läßt bis

heute Randunschärfen hinsichtlich der Zugehörigkeit von bestimmten Texten zu.
Alles, was danach entsteht, auch die für die heutige Spiritualität des Hinduismus bedeutsame Bhagavadgītā gehört nicht zum Veda, sondern zum Bereich der "Überlieferungen" (smṛti).

b) Die Kastenordnung

Dem aus dem Portugiesischen entlehnten Wort "Kaste" entsprechen im indischen Sanskrit einmal "varṇa" (= Hautfarbe, Stand), sodann in späterer Zeit "jāti" (= Geburt und dadurch bestimmte Daseinsform, Rang, Zugehörigkeit zu einer Klasse oder Gattung). Deutet die erste Bezeichnung mehr auf äußere Erkennungs- und Zuordnungsmerkmale hin, so weist die zweite auf den Zusammenhang mit der Geburt und die Begründung der Geburt in einer bestimmten Gruppe hin.
Die Frage nach der Entstehung des Kastenwesens ist bis heute nicht eindeutig geklärt. Wahrscheinlich dürfte mit einem Komplex von Faktoren zu rechnen sein, der zu dieser Ordnung geführt hat: soziale, ökonomische und politische Umstände, etwa die Tabuisierung der Begegnung bestimmter Stämme oder bestimmter Berufsgruppen, aber auch religiöse und ethische Auffassungen, die Karmalehre, Reinheitsvorschriften, die Sicherstellung gewisser Privilegien u.a.m.
Erwähnung finden die vier Grundkasten bereits im Ṛgveda 10,90, wo sie eingeordnet sind in die hierarchische Ordnung des Kosmischen und wo die vier Rangklassen der Hindus an der Spitze der Menschheit stehen:
(1) Brahmanen, die Priesterkaste,
(2) Kṣatriyas, die Kriegerkaste,
(3) Vaiśyas, Kaste des bäuerlichen und bürgerlichen Mittelstandes,
(4) Śūdras, Kaste des Dienerstandes.
Nur dem Brahmanen steht das Recht zum Vollzug religiöser Riten zu. Doch dürfen alle drei oberen Kasten den Veda studieren und das Vedawort hören. Die vierte Kaste ist davon ausgeschlossen, hat aber immer noch den Vorteil, nicht in die Kastenlosigkeit verbannt zu sein.
Im Laufe der Zeit ist die Zugehörigkeit zur Kaste mit der Karma- und Wiedergeburtslehre verbunden, so daß sie für den Hindu hohe Bedeutung für die Frage nach der Befreiung aus der Folge der Wiedergeburten und damit nach endgültiger Sinnerfüllung erlangt.
Beide Grundpfeiler, Veda- und Kastenbindung, haben im Laufe der Jahrhunderte Akzentverschiebung erfahren. Im neueren Hinduismus ist so einerseits die hohe Bedeutung der schon mehrfach genannten Bhagavadgītā hervorzuheben. Dieser "Gesang des Erhabenen" - gemeint ist Kṛṣṇa, die bekannteste "Inkarnation" *(avatāra)* Viṣṇus - findet sich im 6. Buch des Epos Mahābhārata und beschreibt dem Held des Epos Arjuna in großen Zügen die Grundwege hinduistischer Spiritualität. Dieser Teil des Epos wird

bis heute als klassische Ausformulierung des hinduistischen Weges selbst gelesen und kommentiert, obwohl er nicht zum Veda gehört. Andererseits haben sich moderne Hindus, unter denen Mahātma Gandhi besonders zu nennen ist, zeitlebens für eine Verbesserung der Situation der Kastenlosen eingesetzt. Gandhi selbst bezeichnete sie als "Harijans", "Kinder Gottes". Die beiden Grundpfeiler sind aber schon deshalb nicht zu beseitigen, weil sie beide dem Verständnis des menschlichen Lebens in hinduistischer Sicht dienen.

3. Der Hinduismus als Heilsweg

Was im Sinne der Kastenordnung festgefügt und unüberwindbar erscheint und durch die Lehre vom Kreislauf der Existenzen eine zusätzliche Verhärtung erfährt, wird durch die Einführung in die Wege der Befreiung überwindbar. Aufgrund dieser Wegangebote wird der Hinduismus zu einer Religon der Befreiung. Bevor jedoch die Wege der Befreiung beschrieben werden können, müssen zwei Fragen behandelt werden:
(1) Wie sieht der Hindu die menschliche Existenz?
(2) Welche Rolle spielen im Hinduismus die Götter, Gott und das Göttliche?

a) Saṃsāra

Mit "Saṃsāra" (= Vorbeifließen, Umherwandern, Weltstrom) bezeichnet die in Indien seit dem Ende der vedischen Zeit nachweisbare Lehre die Vergänglichkeit der Existenz alles lebendigen Seienden. Anders als in der uns selbst geläufigen Lehre von der Vergänglichkeit alles in der Welt Lebenden, nimmt aber nach der indischen Lehre das Lebendige nicht ein für allemal seinen Weg von der Geburt zum Tod, sondern wandert das die Existenz Bestimmende - wir benennen es hier in gewisser Verkürzung mit dem geläufigen Begriff "Seele" - durch verschiedene Existenzen als Tier oder als Mensch in den verschiedenen Kasten. Dabei bestimmt sich die Höhe der jeweiligen Existenz nach dem *Karma* (= Taten) der vorigen Existenz.
Die Verbindung der Lehre von der Reinkarnation, die inzwischen auch im Abendland erneut an Boden gewinnt, mit der Karmalehre schließt eine Reihe von Unsicherheiten ein. Der Urspung der Saṃsāralehre ist historisch ungeklärt. Zu den anregenden Faktoren dürften zählen die Übertragung des zyklischen Denkens, das sich in der Periodizität des Naturgeschehens verifiziert sieht, auf das menschliche Dasein und den Weltenlauf im ganzen, der Ruf nach der Wirksamkeit der "Werke" - "Karma" bezeichnet im engeren Sinne besonders die religiös-kultischen Akte, das Opfer -, das Bedürfnis der Vergeltung des schuldlos ertragenen Leidens und des unbegreiflichen Unglücks. Die Frage nach einer empirischen Veri-

fizierung des Reinkarnationsglaubens ist dabei neueren Datums.
Schillernd ist aber dann auch die Karmalehre selbst. Einerseits löst sie sich von der Überzeugung einer magischen Wirksamkeit der Riten und Opfer und läßt das ethische Verhalten des Menschen fruchtbar werden. Andererseits haftet dem Karma doch auch wieder eine automatische Gesetzmäßigkeit an, die den Menschen unbarmherzig an die Abfolge der Existenzen zu ketten scheint. Hier erhebt sich die indische Sinnfrage, setzt aber auch das Verlangen nach Befreiung aus dem Saṃsāra ein.

b) Götter, Gott, das Göttliche

An dieser Stelle ist ein kurzer Hinweis auf die indischen Gottesvorstellungen hilfreich. Die sich ablösenden Perioden der Geschichte des Hinduismus lassen sich leicht mit den sich ändernden Gottesideen verbinden. So stellt man für die Zeit des Brahmanismus fest, daß das bis dahin vorherrschende, z.T. auf vorarische Kulte zurückreichende Pantheon zurücktritt und vor allem zwei Gestalten, *Viṣṇu* und *Śiva*, in den Vordergrund treten läßt. Diese werden in weiten Teilen Indiens bis heute entweder gemeinsam - dann zumeist mit einer dritten Gestalt, dem *Brahmā*, als Trimūrti (= Dreigestalt) - oder je einzeln als höchstes Wesen verehrt. Der Dreigestalt kommen dabei folgende besondere Aspekte zu:
- *Brahmā*, die Personifikation des neutralen Brahman, ist der Schöpfer und Herr des Universums, tritt aber dann in einer der deistischen Gottesauffassung vergleichbaren Weise zurück und verliert damit auch seine Volkstümlichkeit und Verehrung.
- *Viṣṇu*, der Erhalter und Schützer des Universums, personifiziert auf seine Weise Brahmā und wird zur allgegenwärtigen Zuwendungsgestalt. Die eigentümliche Weise der Zuwendung Viṣṇus verbindet sich mit der *Avatāra*-lehre, d.h. der Überzeugung, daß Viṣṇu sich in helfenden Gestalten inkarniert und manifestiert. Unter den Avatāras spielen Kṛṣṇa (vgl. die Bhagavadgītā) und Rāma (vgl. die Namensverbindung "Rāmakṛṣṇa") eine besondere Rolle.
- *Śiva*, der große Verwandler aller Dinge, vereinigt die widersprüchlichsten Aspekte in sich: Er ist der Gott der Zerstörung und der Zeugung, der Todesüberwinder und Heilsvermittler, Gott des Tanzes und der meditativen Versenkung. Ähnlich verhält es sich mit seiner Gattin, die als Umā, Durgā, Pārvatī oder Kālī verehrt wird und die Macht und Kraft *(śakti)* Śivas verkörpert. (Auch Viṣṇu hat seine Gattin: Śrī oder Lakṣmī.)

Im Übergang vom Pantheon der Frühzeit zur Herausforderung der führenden Gottesgestalten vollzieht sich zugleich ein Prozeß von einem eher polytheistisch bis henotheistisch zu deutenden zu einem stellenweise deutlich durchbrechenden monotheistischen Gottesbild. Die Reinigung des Gottesbildes bringt es mit sich, daß es zusehends von der Wirksamkeit des Karmagesetzes befreit wird.

Die Tendenz zur Sammlung auf das letztlich Eine vollzieht sich aber dann vor allem im Raum der upaniṣadischen Spekulation. Die Rede von *Brahman* (im Neutrum!) als der fundamentalen, tragenden, alles stützenden und selbst unbeweglichen Kraft des Kosmos geht auf die ältesten Texte des Veda zurück. In den Upaniṣaden tritt Brahman deutlich in Beziehung zu der mit dem Begriff "*Ātman*" bezeichneten Wirklichkeit. Ātman bezeichnet das entscheidende Prinzip in den Dingen des Mikrokosmos und wird je nach Zusammenhang verschieden mit "Selbst", Seele", Zentrum der Individualität oder auch der Personalität wiedergegeben. Die Upaniṣaden aber nähern Brahman und Ātman derart an, daß es schließlich zur Aussage der Identität kommt.

Übertragen auf den Vollzug meditativ-mystischer Erkenntnis bedeutet das, daß es zur existentiellen Wahrnehmung der All-Einheit aller Dinge, folglich zu einer Weise der Identitätsmystik kommt. Allerdings ist die Unpersönlichkeit Brahmans nicht absolut zu setzen. Schon im Zusammenhang mit Brahmā (Maskulin!) und Viṣṇu war die Rede von einer Personifizierung des neutralen Brahman. Tatsächlich verbinden sich aber in der späteren Geschichte immer wieder in der religiösen Praxis die persönliche Herr-Idee *(Īś, Īśvara)* eines persönlichen höchsten Gottes mit der unpersönlichen Brahman-Idee.

Prominenter Ort, von dem her die Tendenz zur Identifizierung von unpersönlichem Brahman als letztem göttlichem Einen und dem höchsten persönlichen Gott immer neu vollzogen wird, ist die Bhagavadgītā. In ihr wird der theistisch beschriebene höchste Eine mit den Zügen Brahmans ausgestattet und folglich das Brahman mit dem göttlichen Kṛṣṇa-Bhagavat identifiziert. In der menschlichen Verwirklichung dieser Identität stoßen wir auf das Angebot der verschiedenen Heilswege.

c) Die Wege zur Befreiung

In einem religiösen Kontext bestimmen zwei Rücksichten die Heilserwartung und -bemühung:

- die Selbsteinschätzung menschlicher Existenz,
- die Einschätzung der die menschliche Existenz umfangenden Macht und Mächte.

Für den Hinduismus bedeutet das:

- die Erfahrung der Unentrinnbarkeit des Wechsels von Leben und Tod in der Folge der Wiedergeburten,
- der Umgang mit Göttern, Gott und dem Göttlichen.

Demnach verlangt der Mensch nach der Befreiung von der karmabestimmten Reinkarnation in einer leben- und todüberwindenden Freiheit *(mokṣa)*.

Der Weg zur Befreiung *(mārga)* aber ist, wenn wir die Grundformen beachten, im Laufe der Geschichte ein dreifacher; als solcher findet er auch in der Gītā seine Beschreibung:

(1) *Karmamārga*, der Weg der Werke, gilt zwar vielfach als der unterste der Wege. Doch wird hier die Treue in der Verehrung der Götter, im rituellen "Werk" des Opfers, im Gebrauch der rechten (Gebets-)Worte, dann aber auch im ethischen Verhalten als ein Weg angesehen, der den geschlossenen Kreis des Karma eröffnet und eine Kraft und Kenntnis verleiht, die es beeinflussen und lenken und so letzten Endes überwinden kann.
(2) *Jñānamārga*, der Weg der Erkenntnis, geht davon aus, daß das Nichtwissen *(avidyā)* die letzte Ursache der Karmabildung ist und nur die Erkenntnis letzter All-Einheit im Sinne des Ātman = Brahman die Befreiung erwirken kann. Diese Erkenntnis, die sich in den upaniṣadischen Erörterungen durchgesetzt hat, darf nicht als Ergebnis eines diskursiven Erkenntnisvorgangs mißverstanden werden. Vielmehr muß die Erkenntnis existentiell, im ganzen Leibe, realisiert werden. Dazu hilft *Yoga*, die methodische Anstrengung, die zur Vereinigung mit dem Höchsten führt. Die Unterweisung im Yoga hat sich mit sehr verschiedenen philosophischen und religiösen Richtungen, mit theistisch-persönlicher und unpersönlicher Deutung des Absoluten verbunden. Das klassische Werk des Yoga sind die Yogasūtras, die einem Patañjali aus dem 2./3. oder dem 5. Jh. n.Chr. zugeschrieben werden.
(3) *Bhaktimārga*, der Weg liebender Verehrung und Hingabe, erfreut sich durch die Gītā besonderer Beliebtheit in der Breite des Volkes. Wie das nicht leicht zu übersetzende Wort "Bhakti" anzudeuten scheint, geht es hier um das Verlangen, ganz in den Besitz des höchsten Wesens zu gelangen und mit diesem einszuwerden. In sehr vielen Fällen ist die Vereinigung mit dem höchsten Wesen die liebende Vereinigung des Menschen mit einem höchsten personhaften Gott. Die Nähe Gottes und die Einheit, die er dem Menschen gnadenhaft gewährt, ist ihrerseits dann Erfahrung der Erlösung und Befreiung.

4. Der Hinduismus und wir

Das fremdartige Sinnangebot findet vor allem dort Beachtung und Zuspruch, wo es auf kritische und unterbetonte Aspekte des eigenen Angebots stößt. Im Sinne eines vernünftigen Lernprozesses ist es daher richtiger, nicht zunächst - apologetisch - die Schwachstellen des Partners zu suchen, sondern seine Starkstellen zu beachten. Hier aber lassen sich im Hinblick auf das christliche Sinnangebot u.a. folgende Stellen nennen:
- Im Hinduismus ist das Angebot der Befreiung nicht an eine historische Person wie Jesus von Nazaret gebunden.
- Das Gottesbild läßt eine große Variationsbreite zu und reicht von einer Vergöttlichung und Absolutsetzung des eigenen inneren Kerns bis zur liebenden Hinkehr zu einem sich mir zuwendenden liebenden Gott.
- Der Hinduismus begegnet dem Sinnsuchenden nicht zunächst mit der Verkündigung einer verbindlichen Lehre,

sondern mit dem Hinweis auf eine Mehrzahl von spirituellen Praktiken, die zur Selbstfindung des Menschen und seiner ganzheitlichen Erfüllung führen.

- Der Hinduismus gewinnt seine Gestalt nicht zunächst in einer imponierenden Organisation kirchenähnlicher Art, sondern in spirituell ausstrahlenden Menschen, geistlichen Meistern, Gurus, Meditierenden, Asketen, Yogis, Bhaktas, die dann u.U. zur Bildung neuer spontaner Gruppen der Übung und Nachfolge führen.
- Die Lehre der Reinkarnation erscheint "menschlicher", weil sie den Menschen nicht mit der Strenge des unwiderruflichen "Ein-für-Allemal" meines jetzigen Lebens und meines von mir selbst zu sterbenden Todes bedroht, sondern einen Ausweg und die Chance neuer Bewährung eröffnet.

Angesichts der Faszination, die vom Hinduismus atmosphärisch ausgeht und die sich - wenn auch in modifizierter Weise - sowohl im Buddhismus wie vor allem in einer Reihe der neueren religiösen Bewegungen bemerkbar macht, können die bekannten Rückfragen an den Hinduismus getrost für eine gewisse Zeit zurückgestellt werden. Das 2. Vatikanische Konzil hat in der Erklärung *Nostra aetate* den Hinduismus als Antwortsangebot auf die Fragen nach dem Sinn des Menschseins und der Welt so zusammengefaßt, daß die verschiedenen Großetappen der Geschichte ebenso wie die verschiedenen Heilswege wiederzuerkennen sind:

> Im Zusammenhang mit dem Fortschreiten der Kultur suchen die Religionen mit genaueren Begriffen und in einer mehr durchgebildeten Sprache Antwort auf die gleichen Fragen. So erforschen im Hinduismus die Menschen das göttliche Geheimnis und bringen es in einem unerschöpflichen Reichtum von Mythen und in tiefdringenden philosophischen Versuchen zum Ausdruck und suchen durch aszetische Lebensformen oder tiefe Meditation oder liebend-vertrauende Zuflucht zu Gott Befreiung von der Enge und Beschränktheit unserer Lage. (NA 2)

In diesem Zusammenhang sei auf eine im Dialog lange übersehene Schwierigkeit hingewiesen, die heute sowohl im Gespräch mit Hindus wie mit Buddhisten in gleicher Weise zu beachten ist:

Bei der Übersetzung von Grundbegriffen ist mit größerer Umsicht zu verfahren, so daß nicht übereilt Gleichsetzungen oder umgekehrt kritische Unterscheidungen vorgenommen werden.

- Beispiele von Gleichsetzungen sind etwa die Übersetzung von "*avatāra*" mit "Inkarnation" und die Einordnung der "Inkarnation" Gottes in Jesus Christus als *einen* Fall von "avatāra" oder die Übersetzung von "*trimūrti*" mit "Dreifaltigkeit", wobei übersehen wird, daß es in Indien neben der "Drei-" auch die "Vier-" und Mehrgesichtigkeit des Göttlichen gibt. Nicht genügend gewarnt werden kann aber auch vor einer zu schnellen Gleichsetzung von "*Sozialismus*" mit den uns bekannten Formen des Sozialismus.

- Ein Beispiel für trennende Unterscheidung ist das oft ungeprüft eingeführte Begriffspaar "*persönlich-unpersönlich*" als Schwerpunktbezeichnung für das Verständnis des Göttlichen, aber auch des Menschen in West und Ost. Hier wird zu wenig beachtet, daß "Person" im Osten mehr als Begrenzung und Abgrenzung, damit negativ als Einladung zum Egoismus, nicht aber als Ausdruck einzigartiger Würde gesehen wird, folglich das Leben innerhalb der Gesellschaft (lat. *societas*) und Gemeinschaft (lat. *communitas*) das höhere Ideal darstellt.

B. Offenbarung und Offenbarungsüberlieferung im Hinblick auf den Hinduismus

1. Ausgangspunkt

In einem Aufsatz zur *Überlieferungsstruktur und Offenbarung* reflektiert Gerhard Oberhammer dieses Thema im Hinblick auf den Hinduismus. Voraussetzung seiner Überlegung ist, daß Offenbarung die tatsächliche Selbstmitteilung Gottes meint und "Gott" dabei für das absolute Mysterium steht, das dem menschlichen Sinnanspruch letzte und unwiderrufliche Erfüllung verleiht. Offenbarung ist damit einerseits Dimension der Transzendenz menschlicher Erfahrung, zum anderen die im Raum freier Glaubensentscheidung sich ereignende Selbstmitteilung Gottes[1].

Bei einer Übertragung der Frage nach Offenbarung im Hinduismus selbst läßt sich nach Oberhammer aus dem Raum des Hinduismus heraus analog die Frage nach der *śruti*- bzw. *āgama*-Natur des christlichen Glaubens stellen. Bei diesen beiden Worten handelt es sich um zwei Bezeichnungen für "Offenbarungsüberlieferung", die aus verschiedenen Zeiten und Traditionen stammen. *"Śruti"* bezeichnet bereits in den jüngeren Teilen des Veda die überindividuell, in der Tradition anerkannte Autorität, nicht die Lehre eines bestimmten Autors; der Begriff wird dann später zur Bezeichnung der vedischen Texte. *"Āgama"* ist Ausdruck für die spezifisch theistische Tradition autoritativer Texte in hinduistischen Heilsüberlieferungen, bezieht sich aber in der Regel nicht auf den Veda[2].

Oberhammer verfolgt seinen Gedankengang in zwei Schritten. Beim ersten steht unter dem Stichwort des "Offenbarungscorpus" der Umgang mit vorhandenen Überlieferungstexten im Vordergrund. Beim zweiten Schritt geht es um die Frage, ob und wieweit das Offenbarungscorpus tatsächlich Träger und Vermittler von Offenbarung ist.

---

[1] Vgl. G. Oberhammer, Überlieferungsstruktur und Offenbarung. Aufriß einer Reflexion des Phänomens im Hinduismus: Ders./H. Waldenfels, Überlieferungsstruktur und Offenbarung. Aufriß einer Reflexion des Phänomens im Hinduismus mit theologischen Anmerkungen. Wien 1980,11-36. Wir zitieren diese Veröffentlichung mit Seitenzahl im Text.

[2] Vgl. zur Reflexion des autoritativen Charakters von *śruti* und *āgama* G. Oberhammer, Die Überlieferungsautorität im Hinduismus: Ders. (Hg.), Offenbarung - geistige Realität des Menschen. Wien 1974, 41-92.

Die Ergebnisse des ersten Fragenkomplexes sehe ich in folgenden Feststellungen:
(1) Die autoritative Textüberlieferung in einer bestimmten hinduistischen Tradition hat funktionell eine ähnliche Stellung wie die Schriften des christlichen *Kanons* (vgl. 15).
(2) Die Maßgeblichkeit bestimmter Texte ist nicht in der *Inspiriertheit* der Texte, sondern in ihrer Wirksamkeit als Erkenntnismittel in einer bestimmten Gruppe begründet, so daß das wesentliche Abgrenzungskriterium innerhalb einer zur Anonymliteratur zu rechnenden Vielfalt von Texten wesentlich die tatsächliche Verwendung bestimmter Texte als Autorität und Erkenntnisquelle in einer bestimmten Gruppe ist (vgl. 12.15f.27).
(3) Die Bindung der Autorität von Texten an ihren faktischen Gebrauch bringt es mit sich, daß einerseits Texte "vergessen" werden können und damit ihre Autorität verlieren, andererseits neue Texte in die Autorität des Offenbarungscorpus hineinwachsen können (vgl. 16ff.21).
(4) Insofern als der Mehrzahl von Texten eine überindividuelle Autorität und Gültigkeit für den Lebensvollzug bis zur Gewinnung endgültigen Heils zuerkannt wird, stecken die Texte vor jedem individuellen, aber auch jedem neuen Weltverständnis den Horizont einer bestimmten Tradition ab; für neu aufzunehmende Texte bilden sie stets den vorgegebenen <u>Kon-text</u> (vgl. 19.23).
(5) Das hinduistische Offenbarungscorpus erweist sich "als grundsätzlich 'offener, aber nie endgültig erfüllter' Entwurf eines Verständnishorizontes einer möglichen 'endgültigen' Offenbarung Gottes" (vgl. 21.25f.).
(6) Folglich gibt es für den Wachstums- und Entwicklungsprozeß eines hinduistischen Offenbarungscorpus keinen Abschluß, solange nicht ein die gegebene Situation und Identität veränderndes Strukturelement eingeführt wird (vgl. 25).
(7) Im Hinblick auf den Überlegenheits- und Absolutheitsanspruch anderer Traditionen wird das Selbstverständnis der eigenen hinduistischen Tradition *inklusivistisch* gerechtfertigt (vgl. 21f.).

Auf dem Hintergrund dieser an Texten gewonnenen Beobachtungen stellt sich die Frage nach der Einlösung der in den Texten zur Sprache gebrachten Entwürfe, Erwartungen und Verheißungen. Bei dieser Frage geht es um die Übersteigung des philosophischen Fragehorizontes auf einen Lebensvollzug hin, in dem "Offenbarung" als Transzendenz- bzw. Gottmitteilung geschieht. Auch die Ergebnisse dieses Fragenkomplexes lassen sich thesenhaft zusammenfassen:

(1) In den hinduistischen Offenbarungscorpora wird die Transzendenz als die eigentliche Bestimmung menschlichen Daseins und zwar als erreichbare und nicht absolut verfehlbare gewußt, so daß Transzendenz nirgends als das abweisende und grundsätzlich sich verschließende "ganz Andere" erfahren wird (vgl. 29).
(2) "Offenbarung" ist zunächst nur Transzendenzerfahrung für ein bestimmtes Individuum (vgl. 27.30f.) und erhält erst in der Bezeugung im Offenbarungscorpus dadurch ihre gesellschaftliche Komponente und Bedeutsamkeit, daß das Zeugnis der Transzendenzerfahrung des einen zum Entwurf möglicher Transzendenzerfahrung für andere wird; die Wandlung der Fremderfahrung (Zeugnis) zum Entwurf möglicher Eigenerfahrung schafft in der Tiefe des Menschseins eine *Communio* (vgl. 31ff.).
(3) Die Rezeption der individuellen Transzendenzerfahrung durch die Gemeinschaft bildet die Grenze zwischen privater Spekulation und mystischer Erfahrung einerseits und der in das Offenbarungscorpus der Tradition eingegangenen Offenbarung andererseits (vgl. 32f.).
(4) Der Inhalt des Offenbarungscorpus einer hinduistischen Tradition kann "Offenbarung" genannt werden, insofern als die in einem individuellen Lebensvollzug erfahrene Selbstmitteilung der Transzendenz durch die Rezeption in der Tradition objektiviert und als überindividuelle Struktur der Transzendenzerfahrung "Heilsweg" des Menschen einer bestimmten religiösen Tradition wird (vgl. 31f.33f.).
(5) Da die in den hinduistischen Offenbarungscorpora faßbare "Offenbarung" sich als prinzipiell individuelle und dadurch als jeweils überholbare (vgl. 30f.) erweist, können die Schriften nicht "inspiriert" genannt werden, wenn "Inspiration" durch irrtumsfreies Zeugnis die einzige, unüberholbare und endgültige Selbstmitteilung Gottes garantieren soll (vgl. 34f.).

Die Phänomenbetrachtung der autoritativen hinduistischen Texte unter Berücksichtigung ihrer Entstehung, Entwicklung und Inhalte zeigt somit, daß sinnvollerweise von Offenbarungsschriften bzw. von Texten, die die Überzeugung von heilsvermittelnder Offenbarung in sich bergen, gesprochen werden kann. Dennoch ist das, was hier "Offenbarung" genannt wird, weder als unüberholbar noch als einzig, sondern als prinzipiell individuell und daher als jeweils überholbar beschrieben worden. Folglich bildet auch der Begriff des Kanons keine abschließende Kategorie und, während im Christentum der Schriftkanon - analog zur Formel vom Abschluß der Offenbarung mit dem Tod des letzten Apostels[3] - zum Abschluß gekommen ist, bleibt ein hinduistischer Textkanon für weitere Entwicklungen und damit für Veränderungen offen. Die Feststellung über die "Inspiriertheit" bzw. "Nicht-Inspiriertheit" der hinduistischen Textcorpora steht ihrerseits unter dem Vorbehalt eines bestimmten Inspirationsverständnisses[4].

Von der Phänomenbetrachtung im Hinduismus fällt einerseits Licht auf das christliche Offenbarungsverständnis, muß andererseits das Verhältnis von christlicher und hinduistischer Offenbarung erneut geprüft werden. Wir werden daher nun vor dem Hintergrund der Überlegungen G. Oberhammers nach Funktion und Bedeutung des christlichen Offenbarungsbegriffs heute fragen, nach dem christlichen Kanon- und Inspirationsverständnis sowie nach der christlichen Gemeinschaft im Zusammenhang unserer eigenen Reflexionen.

2. Offenbarung

Die Geschichte des christlichen Offenbarungsbegriffes macht deutlich, daß "Offenbarung" im Laufe der Theologiegeschichte einen unterschiedlichen Stellenwert angenommen hat[5]. Der von G. Oberhammer gewählte "Offenbarung = tatsächliche Selbst-Mitteilung Gottes"-Begriff gehört in dieser Gestalt der Neuzeit an und macht "Offenbarung" zum Schlüsselbegriff des christlichen Glaubens und der christlichen Theologie[6]. Peter Eicher hat diesen neuzeitlichen Begriff sorgfältig analysiert

---

[3] Vgl. DS 3421 (verurteilt wird der Satz: "*Revelatio, obiectum fidei catholicae constituens, non fuit cum Apostolis completa.*"); auch 3070; dazu H. Waldenfels/L. Scheffczyk, Die Offenbarung. Von der Reformation bis zur Gegenwart (= HDG I/1b). Freiburg u.a. 1977, 118f. - Wenn die christliche Lehre vom Abschluß der Offenbarung behandelt wird, müßte allerdings doch die Frage nach Sinn und Bedeutung des Vedānta neu gestellt werden. Die von G. Oberhammer, Überlieferungsstruktur (Anm. 1) 12, Anm. 4, gegebene Begründung des Verzichts auf die Unterscheidung von Veda und anderen autoritativen Texten könnte gerade im Blick auf die analoge christliche Lehre erneut befragt werden.

[4] Zur Diskussion des Inspirationsverständnisses im Hinblick auf die nichtbiblischen Heiligen Schriften Indiens vgl. D.S. Amalorpavadass (ed.), Research Seminar on Non-Biblical Scriptures. Bangalore 1974.

[5] Vgl. H. Waldenfels/L. Scheffczyk, Offenbarung (Anm. 3) 1-4.

[6] Vgl. ebd. 108-208; auch W. Pannenberg u.a., Offenbarung als Geschichte. Göttingen [5]1982, 7-20; H. Waldenfels, KF 165-186; W. Kern u.a. (Hg.), Handbuch der Fundamentaltheologie II. Freiburg u.a. 1985.

und zwei Sprachebenen festgehalten[7]. Danach bezeichnet "Offenbarung" einerseits jenes vorprädikamentale Unnennbare, das Glauben und Glaubensdenken fundiert, andererseits das durch die Reflexion Erfaßte des Unfaßbaren bzw. die begriffene Manifestation des unvordenklichen Glaubensfundamentes. Erst im zweiten Sinne ist Offenbarung Kategorie, und zwar Kategorie religiöser Erfahrung. Als Schlüsselbegriff heutiger Theologie lassen sich dann vier Funktionen unterscheiden[8].
(1) "Offenbarung" *qualifiziert* den *Inhalt* des christlichen Glaubens. Diese Qualifizierung des Glaubensinhaltes verweist auf die "Alterität" des im Glauben Begegnenden und impliziert zugleich ein historisches Moment, das als partikuläres Moment universalen Sinn enthüllt. Dieser wiederum schließt Heil und Sinntotalität und damit universale Gültigkeit in Raum und Zeit ein und tendiert zur aufhebenden Exklusivität gegenüber anderen Sinnangeboten.
(2) "Offenbarung" *legitimiert* die christliche Botschaft, indem sie diese auf der *Autorität* des sprechend-handelnden Gottes begründet und Gott selbst zum Geltungs-, Rechtfertigungs- und Gewißheitsgrund der Botschaft wird.
(3) "Offenbarung" ist sodann eine *apologetische* Kategorie, indem von ihr her der Wahrheitsanspruch des Christentums anderen Ansprüchen gegenüber erwiesen wird.
(4) "Offenbarung" hat eine *systembildende* Funktion im Hinblick auf Verkündigung, Lehramt und Theologie, aber auch auf die Ordnung der Kirche und die Einheit des christlichen Glaubens.

Offenbarung ist damit für die christliche Theologie zu jener zentralen Kategorie geworden, die das "eigentümlich Christliche" zum Ausdruck bringt. In diesem Sinne ist "Offenbarung" aber kein ursprünglicher Begriff. Karl Barth sieht in der "Offenbarung" Gott als den Offenbarer, die Offenbarung und das Offenbarsein, als Subjekt, Objekt und Vermittlung "in unzerstörbarer Einheit, aber auch in unzerstörbarer Verschiedenheit"; die Trinitätslehre wird so für ihn zum Ausgangspunkt christlicher Theologie überhaupt[9]. Wichtig ist hier, daß Offenbarung im so verstandenen Sinne a) weder ein unge-

---

[7] Vgl. P. Eicher, Offenbarung. Prinzip neuzeitlicher Theologie. München 1977, 21f.

[8] Vgl. ebd. 48-57.

[9] Vgl. K. Barth, Kirchliche Dogmatik I/1. Zürich 1947, 311.

füllter Vorgangsbegriff ist noch b) lediglich den Offenbarungsinhalt bzw. die Offenbarungslehre als Ergebnis des Offenbarungsaktes bezeichnet, sondern Subjekt, Objekt und Vermittlung der Offenbarung in strenger Einheit Gott meinen.

Die radikale Konsequenz eines solchen Denkens ist die Verbindung der Rede von Gottes Selbstmitteilung mit der Feststellung ihrer Einzigkeit. W. Pannenberg hat diese Konsequenz mit Nachdruck vertreten. Demgegenüber habe ich zu bedenken gegeben, daß aber auch die Einzigkeit der Offenbarung Gottes im so verstandenen Sinn nicht ausschließen kann, daß diese sich schrittweise vollzieht und auch diese Schritte ihrerseits als Offenbarungen angesprochen werden können; daß ferner mit der Feststellung der in Christus geschehenen Selbstoffenbarung Gottes keineswegs bewiesen ist, daß auch mit der in der Schöpfung schon grundgelegten Selbstoffenbarung Gottes bereits eine *totale* und *unüberbietbare* Selbstoffenbarung *notwendig* verbunden ist. Dennoch möchte W. Pannenberg auch dann für die "Schritte" der Offenbarung lieber allgemeinere Ausdrücke wie "Selbstbekundung" oder "Manifestation" verwendet sehen[10].

Auch die Entscheidung der Väter des II. Vatikanischen Konzils, in der Offenbarungskonstitution *Dei Verbum* 4 am Ende die ursprünglich vorgesehene Erwähnung von 1 Kor 1,7 ("*expectantibus revelationem Domini*") in der Endfassung durch Verweise auf Tim 6,14 ("*in adventum Domini*") und Tit 2,13 ("*expectantes beatam spem et adventum gloriae magni Dei*") zu ersetzen, stellt in gewissem Sinne eine Manipulation dar[11]. Die Begründung, "Offenbarung" sei doppeldeutig, wenn einerseits im Hinblick auf Tod und Auferstehung Jesu bereits von endgültiger Offenbarung gesprochen werde und dann andererseits erneut im Hinblick auf die endzeitliche Offenbarung des Herrn in Herrlichkeit, vermag nicht zu überzeugen.

Beide Beispiele - das systematisch-theologische und das kirchenamtliche - beweisen je auf ihre Weise die Relativität und Begrenztheit der neuzeitlichen Offenbarungsdefinition. Das gilt um so mehr, wenn Stellen der Heiligen Schrift, die für das kirchliche Lehramt wie für die Theologie *norma normans, non normata* ist, zugunsten einer späteren Definition von der Verwendung ausgeschieden werden. Bei aller Bedeutsam-

---

[10] Vgl. W. Pannenberg u.a., Offenbarung (Anm. 6) 9ff. 95ff. Zum Fortgang der Diskussion vgl. H. Waldenfels, KF 165ff.; W. Pannenberg, Systematische Theologie I. Göttingen 1988, 207-281.

[11] Vgl. H. Waldenfels, Offenbarung. Das Zweite Vatikanische Konzil auf dem Hintergrund der neueren Theologie. München 1969, 130.

keit des komprehensiven "Offenbarung = tatsächliche Selbst-Mitteilung Gottes"-Begriffs bleibt doch bestehen, daß er ein Reflexions- und kein ursprünglicher Begriff ist. Demgegenüber bezeichnet "Offenbarung" sowohl im Alten wie auch im Neuen Testament in der Geschichte greifbare Phänomene. Das Wort findet sowohl im Singular wie im Plural (vgl. im NT 2 Kor 12, 1) und sodann zusammen mit analogen Phänomenbegriffen Verwendung.

Wo aber dann nach der geschichtlichen Evidenz von Offenbarung außerhalb des institutionellen Rahmens des Christentums gefragt wird, müßte geklärt werden, ob als Ansatzpunkt die Analyse des Sprachbezugs - Bericht, Zeugnis, Feststellung u.ä. - als der sekundären Begegnungsebene mit Offenbarung ausreicht oder ob nicht vielmehr das Phänomen der Offenbarung selbst aus dem Sprachgeschehen erst erschlossen werden müßte. Diese Klärung ist auch für den indischen *śruti*- und *āgama*-Bereich zu leisten. Dabei ist dann auch auf die konkreten Menschen bzw. Menschengruppen zu achten, die jene konkreten Aussagen und Aussageinhalte vermittelt haben, die zu autoritativen Texten geworden sind. Was besagt es, wenn den Sprechern in Indien weniger Aufmerksamkeit geschenkt wird als etwa in Judentum und Christentum den Propheten?

Beim frühen christlichen Offenbarungsbegriff, wie er uns biblisch begegnet, ist ja auch nicht zu übersehen, daß Gott, wo er als der Offenbarende in Erscheinung tritt, zwar immer auch sich selbst, für die Menschen vordergründiger aber stets auch *etwas*, also Dinge, Erwartungen, Schicksals- und Zukunftsperspektiven der Menschen kundtut. Und auch wenn der Begriff "Offenbarung" ein vorwiegend religiös gebrauchter Terminus ist, ist die Vielfalt der Verben, die die Mitteilungen Gottes vor und in aller Selbstmitteilung aussagen, "aus dem menschlichen Erfahrungsbereich genommen und dann auf den religiösen Bereich übertragen worden"[12].

Wenngleich daher die Vielzahl von Offenbarungen im Laufe der theologischen Reflexion hinter der grundlegenden Einsicht zurücktritt, daß Gott nicht nur *etwas*, *dieses* und/oder *jenes*, jedenfalls *Partielles* offenbart, sondern *ein für allemal sich selbst total, radikal und unüberholbar* mitgeteilt hat und demgegenüber nur noch das Ankommen dieser Selbstmitteilung Gottes in den Räumen und Zeiten der Geschichte ihre unabgeschlossene Geschichte durchläuft, dann fragt es sich doch, ob

---

[12] Vgl. A. Sand, Die biblischen Aussagen über die Offenbarung : Die Offenbarung. Von der Schrift bis zum Ausgang der Scholastik (= HDG I/1a). Freiburg u.a. 1971, 3, Anm. 9.

bei der Beschäftigung mit den Ankunftsphasen und -möglichkeiten dieser allumfassenden göttlichen Heilsoffenbarung nicht die in früheren theologiegeschichtlichen Perioden zutage tretenden Phänomenannäherungen im Blick auf die außerchristliche Szenerie zweckdienlicher sind als der Endbegriff, der auf seine Weise in der Gefahr steht, von den konkreten Phänomenen der Geschichte zu abstrahieren. Diese Gefahr besteht aber solange, als nicht das Universalste und in seiner Abstraktheit Entleerteste durch die Hinwendung zum Partikulärsten und Konkretesten wie dem Kreuz Christi als dem Ort radikalster Heilsverwirklichung gefüllt wird.

Erst die Verbindung von Selbstmitteilung Gottes und kenotischer Selbstentäußerung in der konkreten Existenz Jesu aktualisiert die Normativität des "Offenbarung = tatsächliche Selbst-Mitteilung Gottes"-Begriffs. Diese Aktualisierung zeigt aber ihrerseits, daß ohne Beschäftigung mit den konkreten Offenbarungsträgern - gleichgültig, wie anonym oder namhaft sie in der konkreten Geschichte sind - die Evidenzfrage nicht zu lösen ist.

Das hat zur Folge, daß sich eine weitere phänomenologische Linie von der Analyse des Seher- und Prophetentums bzw. anderer Erfahrungsgestalten, denen die Bezeichnung "Offenbarung" zuerkannt werden kann, zum Prophetentum und zur Offenbarungsgestalt Jesu ziehen läßt. Gerade die Rede vom Propheten setzt aber dann vor dem Hintergrund des eschatologischen Propheten Jesus Normen für jedes andere Prophetentum, insofern als er der nicht mehr überbietbare und damit der Prophet schlechthin ist, "weil seine Aufgabe und Person zusammenfallen ..., weil er die absolute Nähe und Selbstmitteilung Gottes selbst bringt und verkündigt (und nicht mehr eine kategoriale, zeitliche, nationale usw. Einzelbotschaft und -verheißung) und weil er durch seinen Tod (als Aufhebung jedes innerweltlichen Zieles) in die Unmittelbarkeit Gottes hinein verwirklicht und offenbar macht, daß 'nach ihm' nur noch die Vollendung der Geschichte in ihrer Aufhebung in die offene Unmittelbarkeit Gottes kommen kann"[13].

In diesem Zusammenhang muß eine andere Frage zumindest angeschnitten werden. G. Oberhammer hat auf den Zusammenhang von individueller Erfahrung der Offenbarung und Bezeugung bzw. Verleiblichung/Versprachlichung dieser Erfahrung hingewiesen. Ob allerdings die Betonung der prinzipiellen Individualität von Offenbarungserfahrung automatisch die Überholbarkeit dieser Erfahrung nach sich zieht, erscheint mir gera-

---

[13] Vgl. Art. "Prophetismus" (K. Rahner): SM III 1318f.

de im Blick auf den christlichen Anspruch, die allgemeingültige Heilsoffenbarung an die konkrete Person Jesu von Nazaret zu binden, einer erneuten Überprüfung zu bedürfen. Umgekehrt ist die Beschreibung des hinduistischen Offenbarungscorpus als eines grundsätzlich offenen, aber nie endgültig erfüllten Entwurfs eines Verständnishorizontes einer möglichen endgültigen Offenbarung Gottes ein Weg, um die Frage nach dem möglichen oder auch tatsächlich erfolgten Auftritt eines endgültigen Offenbarungsmittlers immer neu zu stellen. Der Zusammenhang von individueller Erfahrung, die - in der Terminologie christlicher Theologie - dennoch keine "private" Offenbarung bleibt, sondern von öffentlicher Relevanz ist, und grundsätzlich durch die Offenbarungscorpora eröffnetem Verständnishorizont einer möglichen endgültigen Offenbarung müßte somit gleichfalls weiterverfolgt werden. Bei der Analyse wäre dann aber erneut auf den Unterschied von *rishi* u.ä. bzw. Propheten einerseits und individuellen bzw. unaussprechlich-mystischen Erfahrungen andererseits zu achten.

3. Schriftkanon, Inspiration und Überlieferung

Bei der Besprechung der Offenbarungsproblematik im Hinduismus geht Oberhammer - im Gegensatz zu meiner eigenen Überlegung- von der Analyse der Überlieferungsstruktur aus. Der entscheidende Grund dafür ist, daß erst aus der *fremden* Bezeugung von Offenbarung sich der *eigene* Entwurf einer *eigenen* Transzendenzerfahrung im *eigenen* Vollzugshorizont herausbildet. Erst wo fremde Erfahrung als Erfahrung zugänglich wird, ist sie nicht mehr nur für den ursprünglichen Empfänger, sondern auch für andere, die dem Zeugnis begegnen, eine Heraus-Forderung.

Eine *Heraus*-Forderung muß als solche verstanden werden. Das aber geschieht zumeist über die Sprache, wenn aber über die Sprache, dann auf mündliche oder schriftliche Weise. Oberhammer verfolgt die schriftliche Weise, den Niederschlag von Zeugnissen in für bestimmte Gruppen autoritativen Texten. Wo der Vergleich mit dem christlichen Bereich gewagt wird, bietet sich der Vergleich von Entstehung, Entwicklung und Funktion von Schriftsammlungen an.

Nun sind die für den christlichen Glauben normativen Heiligen Schriften im sogenannten Kanon des Alten und Neuen Testaments zusammengefaßt[14]. Der Kanon konnte erst entstehen,

---

[14] Vgl. dazu ausführlicher H. Waldenfels, KF 424-436; H. Haag, Die Buchwerdung des Wortes Gottes in der Heiligen Schrift : MySal I 289-428.

seitdem es in der frühen Christenheit Schriften gab. Er hatte selbst auf keinen Fall Jesus zum Autor, weil die Heilige Schrift kein von Jesus geplantes oder gar verfaßtes Werk darstellt, sondern - literarisch - eine Sammlung von zufällig entstandenen Schriften ist. Die Kanonbildung muß daher auf bewußtseinsmäßige Entwicklungen innerhalb der christlichen Jüngerschaft bzw. der Nachfolgegemeinschaft der Frühzeit zurückgehen.

Die auffallendste Beobachtung Oberhammers ist, daß ein hinduistischer Offenbarungskanon nicht von der Inspiration, sondern vom Gebrauch der Texte her bestimmt und dazu nicht unveränderlich ist, sondern Texte herausfallen und hinzukommen können. Die Unabgeschlossenheit und Offenheit der hinduistischen Offenbarungscorpora wird dabei in Zusammenhang gebracht mit der grundsätzlichen Individualität und Überholbarkeit der bezeugten Transzendenzerfahrungen.

Nun besteht zum Christentum insofern eine Analogie, als die Bezeugung der Offenbarung zu allen Zeiten die Saat des christlichen Glaubens ist und die je neue Verkörperung der Offenbarung im Glauben der Zeitgenossen ihrerseits den Glauben der nächsten Generation auslöst. Offenbarung und Glaube erweisen sich insofern als zwei Seiten einer Medaille, als der Glaube des einen zur Verkörperung der Offenbarung für den nächsten wird und das Maß der Glaubensüberzeugung zum Maß der Strahlkraft der Offenbarung bzw. der Offenbarungsverkündigung einer Zeit.

Hier ist eine historische Erinnerung aufschlußreich. Peter Stockmeier hat in seiner dogmengeschichtlichen Behandlung der "Offenbarung" für die Zeit der frühchristlichen Kirche festgehalten, daß der Übergang von den Aposteln zu den Kirchenvätern, geschichtlich gesehen, nicht als Abschluß der Offenbarung erscheint: "Erst im Laufe der theologischen Reflexion, und zwar verhältnismäßig spät, wurde unter diesem Aspekt eine Grenze gezogen, während das frühe Christentum überzeugt war, daß sich Offenbarung auch in der Gegenwart ereignet."[15] Diese Feststellung ist insofern wichtig, als damit die Kanonbildung nicht auf die Einsicht zurückgeführt werden kann, die Offenbarung sei mit dem Tod des letzten Apostels abgeschlossen. Es fragt sich inzwischen eher umgekehrt, ob nicht die Entwicklung der Lehre vom Abschluß der Offenbarung mit dem Tod der Apostel, die im Modernismusstreit festgeschrieben wurde[16],

---

[15] P. Stockmeier, "Offenbarung" in der frühchristlichen Kirche : HDG I/1a (Anm. 12) 27.

[16] Vgl. oben Anm. 3.

wenn schon nicht ihre Begründung, so doch einen wesentlichen Anhaltspunkt im Vollzug einer abschließenden Kanonbildung erhalten hat.

Ähnliche Bedenken sind zu äußern, wenn der Eindruck erweckt wird, die "Inspiration" sei eine eindeutige Begründung der Kanonizität der Heiligen Schriften des Christentums. Denn "die Geschichte des Kanons macht deutlich, daß die Theorie der Inspirationslehre, wie sie vom Spätjudentum entwickelt und in der Dogmengeschichte weiter entfaltet wurde, wenig zur Erhellung des gewachsenen Normcharakters der biblischen Schriften, vorab des Neuen Testaments, beitragen kann - es sei denn, man verstehe Inspiration im weitesten Sinne als Summe aller jener Kriterien, die die Kirche der ersten vier Jahrhunderte zur wertenden Abgrenzung ihrer Quellenschriften veranlaßte"[17]. Tatsächlich zeigt die Geschichte des Inspirationsbegriffs, daß erst in relativ später Zeit die Unterscheidung von Inspiration der Heiligen Schrift und göttlicher Assistenz bei der lehramtlichen Sicherung der rechten Verkündigung und Erklärung der Botschaft des Evangeliums aufkommt[18]. Um nicht mißverstanden zu werden: Es wird nicht behauptet, daß nicht seit frühchristlicher Zeit von der Inspiration der Heiligen Schrift gesprochen wird. Wohl aber ist darauf hinzuweisen, daß der Inspirationsbegriff nicht ohne weiteres - zumal wenn er nicht aus dem Blickwinkel heutiger Dogmatik, sondern vom Hintergrund der geschichtlichen Entwicklung her betrachtet wird - die Begründung der Kanonizität der christlichen Heiligen Schrift bildet. Dann aber stellt sich die Frage: Was war der Grund für die Entstehung des Kanons?

A. Sand, der der Entstehungsgeschichte des Kanons bis zum Fragmentum Muratorianum nachgegangen ist, betont ausdrücklich, daß die Frage nach der Entstehung des Kanons "vorwiegend eine historische" ist[19]. Die Untersuchung zeigt aber dann, daß bei der Entstehung eine Mehrzahl von Gründen und Motiven eine Rolle gespielt hat. Vor allem zwei Faktoren sind zu nennen:

(1) Die *Ergänzung* des ursprünglich mit dem Judentum gemeinsamen Kanons durch eine neue Autorität: Die vorhandene Heilige Schrift - das Alte Testament - wird im Licht der Verkündigung

---

[17] Vgl. P. Neuenzeit, Art. Kanon, Kanongeschichte: SM II 1032.

[18] Vgl. J. Beumer, Die Inspiration der Heiligen Schrift (= HDG I/3b). Freiburg u.a. 1968, 56 (zu Melchior Cano); H. Waldenfels/L. Scheffczyk, Offenbarung (Anm. 3) 37 (zu Domingo Báñez).

[19] Vgl. A. Sand, Kanon. Von den Anfängen bis zum Fragmentum Muratorianum (= HDG I/3a). Freiburg u.a. 1974, 41.

des Christusereignisses neu gelesen und die zunächst mündliche und später schriftlich gefaßte Weitergabe ("Paradosis" = Überlieferung im akthaften wie im inhaltlich-objektiven Sinn) der für die Christengemeinden autoritativen neuen Deutung und Sicht der alten Schriften wächst so sehr dem alten Kanon zu, daß das *Neue* konstitutiv zum wahren Verständnis des Alten hinzugehört.

(2) Die *Abgrenzung* gegenüber Korrekturversuchen an der christlichen Offenbarungstradition von seiten des Gnostizismus, Montanismus und der apokalyptischen Wucherungen: Eine wichtige Rolle haben dabei Markions negative Beurteilung der jüdischen Schriften und die positive Suche nach der Bestimmung der normativen Schriften des christlichen Glaubens gespielt[20]. Dabei zeigt sich, daß die wahre Glaubensregel (Kanon als Regel der Orthodoxie) sich stets in Absetzung von falscher Glaubensansicht (Heterodoxie bzw. Häresie) herausbildete.

Bei beiden Faktoren stoßen wir aber dann auf ein Element, das auch in der Bestimmung der hinduistischen Kanonizität von zentraler Bedeutung ist: die Verbindung von Kanonizität und Autorität. In Christentum und Hinduismus ist das, was kanonisch ist, zugleich für den Glaubens- bzw. den religiösen Lebensvollzug dessen, der zur Religion der entsprechenden kanonischen Schriften gehört, prägende Autorität. Allerdings besteht ein entscheidender Unterschied: Die Autorität des christlichen Kanons ist unwandelbar. Als solche ist sie von der Autorität später verkündeter klärender Deutungen verschieden. Dieser Unterschied wird heute durch die Unterscheidung von Inspiration der Heiligen Schrift und göttlicher Assistenz bei authentischen Verlautbarungen des Lehramtes markiert. Demgegenüber erweist sich die Autorität der hinduistischen Offenbarungscorpora als wandelbar, da der Vorgang der "Ergänzung" und des "Zuwachses" kein einmaliger bzw. ein für allemal abgeschlossener ist, somit neue Deutungen und Verständnishorizonte ihrerseits so zum alten "Kanon" autoritativer Schriften hinzutreten können, daß sie ihrerseits Autorität werden und damit den "Kanon" selbst wandeln.

Mit der Feststellung vorhandener Autorität allein ist aber die Frage, woher die *ursprüngliche* Verbindlichkeit der Heiligen Schriften stammt, noch nicht beantwortet[21]. Für den Hin-

---

[20] Vgl. ebd. 57-60.

[21] Wenn wir so fragen, stellt sich die Frage für Hinduismus und Christentum in gleicher Weise. Demgegenüber kann dann die Differenz zwischen beiden - bleibende Autorität bei unwandelbarem Kanon im Christentum und bleibende Autorität bei einem sich wandelnden Kanon im Hinduismus- hier auf sich beruhen bleiben.

duismus wird hier nur die Frage gestellt; sie verbindet sich auf ihre Weise mit der früher gestellten nach den Offenbarungsträgern und -vermittlern. Für das Christentum ergibt sich hier ein Wandel von einer historischen Fragestellung zu einer theologischen Feststellung. Historisch nicht zu übersehen ist, (1) daß die "neue Autorität", die sich in der Deutung des alten Schriftkanons auswirkt und diesem eine neue Qualität verleiht: *Altes Testament*, sich auf die Verbindlichkeit Jesu von Nazaret, seiner Botschaft und seines Wirkens, seines Todes und seiner Auferstehung, bezieht; (2) daß diese Autorität nach seinem Tod im authentischen und damit in der vom Geiste Christi im Zeugnis seiner Jüngerschaft bzw. der "Apostel" historisch greifbar wurde; (3) daß diese Autorität sich ihrerseits in den von den "Erstzeugen"[22] gegründeten Gemeinden Raum schaffte und fortsetzte.

Diese Kette "Jesus Christus - Apostel - Gemeinden/Kirche" gibt den Grobrahmen der Autoritätsbestimmung im Christentum ab. Dabei können die innerchristlichen Differenzen im Kirchenverständnis und in der Beschreibung der konkreten Überlieferungs- und der abgeleiteten Autoritäts- und Ämterstrukturen hier unberücksichtigt bleiben. Es genügt, den historischen Gesamtrahmen erkennbar zu machen, in dem dann die historische Frage zu einer theologischen wird. Denn die Bindung der Jesusautorität an die Autorität Gottes markiert ihrerseits den Übergang zu theologischen Aussagen.

Wo aber die Autoritätsfrage zu einer theologischen wird, d.h. wo die Autorität der grundlegenden Bezeugung der Offenbarung Gottes in Jesus Christus in den Schriften des Neuen Testament als Autorität des sich offenbarenden Gott bestimmt wird, erhält die Rede von der "Inspiration" ihre eigentliche Füllung. "Inspiration" bezieht sich dann auf die Autorschaft der Schriften, nicht auf ihre Rezeption. Die Kanonbildung als konkreter Erkenntnis- und Unterscheidungsprozeß aber ist ein kirchlicher Vorgang, in dem die Unterscheidung von authentischen und nicht-authentischen Bezeugungen in und durch die kirchliche Gemeinschaft vollzogen wird.

An dieser Stelle müssen wir noch einmal zur 2. These im ersten Schritt der Oberhammerschen Untersuchung zurückkehren: "Die Maßgeblichkeit bestimmter Texte ist nicht in der Inspiriertheit der Texte, sondern in ihrer Wirksamkeit als Erkenntnismittel in einer bestimmten Gruppe begründet." Die

---

[22] Auf die Rolle des "Zeugen" Paulus kann hier nicht eingegangen werden; vgl. dazu E. Dassmann, Der Stachel im Fleisch. Paulus in der frühchristlichen Literatur bis Irenäus. Münster 1979; E. Biser, Der Zeuge. Eine Paulus-Befragung. Graz u.a. 1981.

Frage ist hier, ob Inspiriertheit und Wirksamkeit in dieser Weise konfrontiert werden können, wenn die "Inspiration" sich auf die Autorschaft, die Wirksamkeit dagegen auf die Adressaten bezieht. Bedenkt man, daß die konkrete Abgrenzung von inspirierten und nicht-inspirierten Schriften sich auch im Christentum im Raum der Adressaten vollzogen hat, so bleibt das Moment der Wirksamkeit dennoch als Vergleichspunkt bedeutsam.

Leider ist historisch über den konkreten Verlauf der Kanonbildung im Umgang der urchristlichen Gemeinden miteinander und in der Beteiligung der Leitungsstrukturen zu wenig bekannt, als daß man apodiktische Aussagen machen könnte. Die Argumentation verläuft daher konsequenterweise stärker im Bereich theologischer Reflexion.

Im Gegensatz dazu scheint für das hinduistische Problemfeld die phänomenologische Betrachtungsweise im Vordergrund zu stehen. Dafür tritt dann der theologische Aspekt eher in den Hintergrund, zumal die "Transzendenz" in der Oberhammerschen Untersuchung als Chiffre für "Götter/Göttliches/Gott" im letzten antlitzlos bleibt. Trotzdem bleibt verständlich, warum christliche indische Theologen die Erforschung der Natur der nicht-biblischen Heiligen Schriften zu einem ihrer wichtigsten Studienobjekte gemacht haben.

4. Gesellschaft und Kirche als Raum der Vermittlung und Überlieferung

Auch wenn G. Oberhammer die Sache selbst immer wieder ins Spiel bringt, verbleibt sie dennoch in einer auffallenden Unschärfe: der gesellschaftliche Raum der Rezeption der Heiligen Schriften, die religiöse Gemeinschaft, christlich gesagt: die Kirche. Rezeption besagt aber stets Kommunikation und Kommunikabilität. Diese wiederum setzt den Raum menschlicher Gesellschaft, den Austausch zwischen Menschen voraus.

Da das grundlegende Offenbarungszeugnis bzw. ein grundlegender Lebensentwurf an die Freiheit des Menschen appelliert, ist die Scheidung in solche, die sich selbst durch ein Zeugnis bzw. den Lebensentwurf zu entsprechendem Verhalten herausfordern lassen, und solche, die sich verweigern, vorprogrammiert. Die Scheidung nimmt unterschiedliche Konturen an, wenn in der Option zugunsten eines bestimmten Lebensweges in diesem *exklusiv* der rechte Weg zur Lebenserfüllung erwählt wird oder in ihm nur einer unter mehreren möglichen Wegen zum selben Ziel erblickt wird. Im zweiten Fall ist die Weggemeinschaft weniger deutlich von anderen Weggemeinschaften abgesetzt, sind die Übergänge vielleicht sogar fließend. Die selbstverständliche Pluralität der hinduistischen Offenbarungscorpora und der damit verbundenen Traditionen und religiösen Gruppierungen scheint zu bestätigen: Die Entwürfe sind nicht exklusiv, ein unüberholbares Ereignis ist nicht in Sicht; eine exklusive kirchenartige Gemeinschaft kann es folglich nicht geben.

Beide Gemeinschaftsformen, die exklusive und die inklusive, haben ihre Einseitigkeiten, Stärken und Schwächen. Sie treten aber kaum in letzter radikaler Einseitigkeit auf. Denn sind sie kommunikativ, so gibt es die Möglichkeit und Offenheit des Einschlusses. Nehmen sie sich in ihrer je eigenen Identität ernst, so bleibt ihnen eine letzte Unvertauschbarkeit.

In der Oberhammerschen Analyse fallen die Betonung des Individuellen und *daher* Überholbaren, die Bejahung und Annahme des *Anderen* in der Verwirklichung des je *Eigensten*, die Radikalität des eigenen Totaleinsatzes gegenüber einer sich dem Menschen öffnenden Transzendenz auf. Hier fragt es sich nur: Sind Gemeinschaft und Gesellschaft nur Rahmen der Vermittlung zu einem anderen, von der Vermittlung gesonderten und die Vermittlung ihrerseits hinter sich lassenden "Ort"? Oder ist die Gemeinschaft ihrerseits nicht nur als Vermittlung, sondern auch bereits im Sinne der Erfüllung Ort, in dem das Individuelle am Ende unüberholbar wird, weil alle und alles in ihm an dem Einen partizipieren? Und könnte das Individuelle nicht so gesehen werden, daß gerade die Überholbarkeit sie unüberholbar machte?

Auch die christliche Kirche darf nicht einseitig als exklusive Heilsgemeinschaft betrachtet werden. Sie wird beschrieben als Gemeinschaft der "Herausgerufenen" und dem Rufe Folgenden ("Ekklesia"), doch der Ruf dauert an, die Kirche ist eine offene, einladende Gesellschaft, die ihre eigene Erfahrung *"mit"* - (anderen) - *"teilen"* möchte. Hier erscheint ein Widerhall der *"Selbst-Mitteilung"* Gottes.

Hier erscheint aber auch die Überlegung Oberhammers zum *"Kon-Text"* hilfreich. Die Kirche wie die hinduistischen Gruppierungen leben einerseits aus den kanonischen Texten und regenerieren sich aus ihnen. In der Frühphase, die in Einzelfällen sich vielleicht auch im Hinduismus untersuchen ließe, sind sie andererseits selbst insofern ihre Schöpfer gewesen, als in schon vorhandener religiöser Gruppe das konstitutive mündliche Zeugnis eine schriftliche Fassung erhielt. Jeder

Text aber hat seinen "Kon-text", aus dem heraus er kommt und in den hinein er geht. Die Lebendigkeit, die Texten aus ihren Kon-texten, ihren Verständnishorizonten wie ihren Verwendungsorten zuwächst, wird inzwischen auch im christlich-kirchlichen Bereich in ihrer Relevanz nachdrücklicher bedacht. Denn wie man den *"Text"* des anderen schon sprachlich nicht versteht, wenn er nicht in den eigenen, sprachlich schon vorhandenen *"Kon-text"* paßt und wie man auch dann nicht zur Verständigung kommt, wenn andere elementare Vorbedingungen fehlen, so vermag man auch keinen "Text" zu vermitteln, wenn man den "Kon-text" des anderen unbeachtet läßt.

In dem Maße, in dem die Texte einer religiösen Gemeinschaft offen sind für den größeren Kon-text der größeren Gesellschaft, verwirklicht sich diese Gemeinschaft in der Öffnung für andere. Für den Christen ist die Selbstverwirklichung in der Gestalt der Selbstäußerung und Selbstentäußerung, die Existenz als Pro-existenz im Blick auf den Gottesknecht Jesus als den Herrn (vgl. Phil 2,5) ein selbstverständliches Postulat der Nachfolge Jesu, individuell wie gesellschaftlich-kirchlich. Vielleicht müßte aber die Rolle von Text und Kon-text, Existenz als Pro-existenz, die Rolle des Individuums in und für die Gemeinschaft vom Verhältnis der Kirche zu ihren gesellschaftlichen Kon-texten, von der christlichen Existenzverwirklichung ihrer Mitglieder als Pro-existenz zugunsten anderer - Gläubiger wie Nichtgläubiger -, von der *salus animae* in der *communio sanctorum* her im Hinblick auf die je neue Aktualisierung und Weitergabe der Offenbarungserfahrung auch in den außerchristlichen Bereich hinein vertieft neubedacht werden.

C. Zu den "Orten" der Transzendenz- und Heilserfahrung im Christentum und im Hinduismus

Die Rede von der Epiphanie des Heils lenkt den Blick auf den geschichtlichen "Ort" des ankommenden Heils. Dieser "Ort" ist der Mensch bzw. sind konkrete Menschen. Er ist - wie G. Oberhammer es in einem neuerlichen Versuch hinsichtlich der Religionshermeneutik ausdrückt - dort gegeben, wo "Begegnung" als Offenheit für das "Jenseits des Seienden" sich ereignen kann[1]. Für das Christentum hat Oberhammer in einem älteren Versuch von der mythischen Gegenwart der Transzendenz gesprochen, die "durch die Transzendenzerfahrung des historischen Jesus und den Glauben der Urgemeinde an diesen Jesus als menschgewordenen Gott endgültig und unüberholbar grundgelegt" sei[2]. In Glaubensvollzug und -verständnis der Urgemeinde und Transzendenzerfahrung des historischen Jesus werden für das Christentum gleichsam zwei "Orte" ankommenden Heils genannt. Die Zweiheit der "Orte" bezeugt dabei zugleich, daß die Transzendenzerfahrung uns nicht unmittelbar zur Verfügung steht und sich daher von selbst die Frage nach der Vermittlung, den Vermittlungsorten und -trägern sowie den Vermittlungswegen und -prozessen stellt.

1. Zum "Ort" der Epiphanie des Heils im Christentum

a) Der Gläubige als Epiphanie des Heils

Wenn wir eingangs den konkreten Menschen den geschichtlichen Ort der Epiphanie des Heils nannten, so muß aus christlicher Sicht ergänzt werden: Es ist der gläubige Mensch. Denn Glaube ist - christlich gesprochen - nicht nur die Bindung des Menschen an den Vermittler von Heil bzw. an den Heilbringer, sondern selbst das, was heil macht: "Dein Glaube hat dich gesund gemacht." (Mt 9,22; Mk 5,34; 10,52; Lk 7,50; 8,48; 17, 19; 18,42)[3]

---

[1] Vgl. G. Oberhammer, "Begegnung" als Kategorie der Religionshermeneutik. Wien 1989. Mit dieser Schrift gelingt Oberhammer ein wesentlicher Schritt in der Klärung seiner hermeneutischen Bemühungen und zugleich eine Zusammenfassung früherer Ergebnisse.

[2] Vgl. G. Oberhammer, Einleitende Gedanken zum Thema : Ders. (Hg.), Epiphanie des Heils. Wien 1982, 7-9; Zitat: 9. Dieser Beitrag steht im Hintergrund des hier entwickelten Gedankenganges.

[3] Vgl. zum Folgenden G. Ebeling, Jesus und Glaube : Ders., Wort und Glaube I. Tübingen 1960, 203-254; dort zum Verhältnis von Glaube und Heil vor allem 237.241.246.250f.252f.

Diese Bindung des Glaubens bzw. des gläubigen Menschen an die Gestalt des Heilbringers zeigt sich am Anfang des Christentums am deutlichsten in jenem Umkreis von Menschen, die entweder in der unmittelbaren Begegnung mit Jesus von Nazaret zur Anerkenntnis der Epiphanie des Heils gelangt sind - Apostel und Jüngerschaft - oder aus dem Umgang mit ursprünglichen Jesusjüngern zum Glauben gefunden haben. Aus dieser Situation der Urgemeinde heraus läßt sich so in zwei Richtungen fragen: (a) Was bedeutet die Jesusgestalt für die Epiphanie des Heils? (b) Wie wirkt der Glaube der Urgemeinde in die weitere Zukunft hinein fort? Anders gefragt: Was besagt dieser Glaube für die Epiphanie des Heils in späterer Geschichte? Noch einmal anders formuliert: Wie wird die ursprüngliche Epiphanie des Heils Gegenwart oder auch - in Oberhammers Formulierung - "mythische Gegenwart", d.h. eine "Sprache" gewordene, das menschliche Dasein bestimmende Wirklichkeit? Dazu machen wir zwei Vorbemerkungen:

(1) Wo der Glaube betont wird, kommt einerseits, auch wenn Glaube selbst theologisch als Gnadenwirksamkeit Gottes zu sehen ist, die anthropologische Komponente des Verhältnisses von Gott und Menschen ins Spiel. Diese hat aber andererseits nicht nur für den Menschen Bedeutung, sondern - und das steht dann in dieser Überlegung sogar im Vordergrund - zugleich auch für die Epiphanie des Heils, d.h. für Gott, insofern dieser ankommt und als Ankommend-Angekommener geschichtlich in Erscheinung tritt. Wenn Paulus 1 Kor 11,1 sagt: "Folgt meinem Beispiel, wie ich dem Vorbild Christi!" und dieser Satz in Parallele zu Joh 14,9: "Wer mich gesehen hat, hat den Vater gesehen" steht, dann zeigt sich hier, daß Christsein als Glaubensvollzug seinerseits zugleich ein immer neuer Epiphanievorgang wird. Der geschichtliche Ort der Heilsepiphanie ist der gläubige Mensch, weil und insofern in ihm das, was Heil ist, seine Verwirklichung findet und damit zutage tritt. Ein nicht an sein Ziel gekommenes Heil ist eben gar kein Heil, und von Gott als Heil kann nur gesprochen werden, wenn irgendwo und an irgendwem Heilung und Heil geschieht.

(2) Oberhammer spricht von der Entfaltung der Heilsepiphanie in Theologie und existentiellem Heilsdenken[4]. Diese Zweiteilung bedarf einer genaueren Bestimmung. Meint "existentielles Heilsdenken" etwas anderes als den gläubigen Selbstvollzug des Menschen oder nicht doch diesen Selbstvollzug oder zumindest ein Moment an ihm? Ist das "Heils-*denken*" nicht im Grunde das "Sprachlich-erfahrbar-werden" der - wie Oberhammer sie

[4] Vgl. G. Oberhammer (Hg.), Epiphanie (Anm. 2) 7f.

nennt - "mythischen Gegenwart" der Transzendenz als des Ermöglichungsgrundes von umfassendem Heil? Wo aber die "mythische Gegenwart" im Menschen zu sich selbst und damit in die Klarheit des Geistes kommt, da vollzieht sich, auch wenn diese Klarheit nur im Zusammenwirken göttlicher Klarsetzung des Geistes und der damit gegebenen Befähigung des Menschen zum vollen Gebrauch seiner geistigen Fähigkeiten einerseits und dem Gebrauch dieser Fähigkeiten durch den Menschen andererseits geschieht, glaubende Hingabe im Sinne der in der Dogmatischen Konstitution *Dei Verbum* 5 gegebenen Beschreibung des Glaubensaktes: Im Gehorsam des Glaubens "überantwortet sich der Mensch Gott als ganzer in Freiheit, indem er sich 'dem offenbarenden Gott mit Verstand und Willen voll unterwirft' und seiner Offenbarung willig zustimmt"[5]. Insofern kann, wenn das "existentielle Heilsdenken" betont wird, eigentlich nur der Glaube als ein die Existenz bestimmender menschlicher Akt gemeint sein. Wenn aber das "Denken" betont wird, kann "Heilsdenken" auch bereits den aufgrund des Glaubens als des die Existenz des Menschen bestimmenden Aktes der Hinwendung zum heilenden Gott entstehenden nachfolgenden Reflexionsvorgang bedeuten. Dann wäre damit schon der Übergang zur bzw. der Anfang der Theologie angesprochen. Tatsächlich impliziert der menschlich vollzogene Glaube stets bereits den Anfang der Theologie. Was christlich "Glaube" heißt, verdient so oder so deutlicher artikuliert zu werden.

b) Jesus als Epiphanie des Heils

Auch wenn der gläubige Mensch im Maße seiner Gläubigkeit als Epiphanie des Heils angesprochen wird, bleibt der Rückbezug des Glaubens auf die Jesusgestalt als den ursprünglichen "Ort" der Epiphanie des Heils für den Glauben als *christlichen* Glauben konstitutiv. Denn nach dem zitierten Pauluswort 1 Kor 11,1 bleibt Jesus das Vorbild und Modell der Nachfolge, zumal wenn die Jesusgestalt vordringlich unter ihrem radikal menschlichen Aspekt betrachtet wird. Das aber soll vor allem schon deshalb geschehen, weil die Menschheit Jesu und sie allein der geschichtliche Zugang zu seiner Gottheit und Göttlichkeit bleibt.

Der Rede Oberhammers von der Transzendenzerfahrung des historischen Jesus entspricht aber dann (a) die Rede vom Glauben Jesu, (b) die Überlegung zu seinem Selbstbewußtsein und

---

[5] Vgl. dazu H. Waldenfels, KF 300-303.

(c) die Sicht Jesu als des eschatologischen Propheten. Alle drei Überlegungen finden sich im Raum der heutigen christlichen Theologie und ergänzen einander in der Beschreibung dessen, was als seine heileröffnende Transzendenzerfahrung und damit als Epiphanie des Heils angesprochen werden kann.

α) *Jesu (Glaubens-)Gehorsam*

Die Theologie zögert bis heute, Jesus selbst Glauben zuzusprechen[6]. Die Evangelien sprechen nicht ausdrücklich von Jesu Glauben. G. Ebeling meint allerdings, daß das "Wer glaubt, kann alles!" (Mk 9,23) "kaum anders als primär von Jesus verstanden werden" kann[7]. Auch spricht der Hebräerbrief 12,2 von Jesus als dem "Anführer und Vollender unseres Glaubens". Doch war die mittelalterliche Theologie der Ansicht, Jesus im Hinblick auf seine unmittelbare Gottesschau den Glauben absprechen zu sollen. Demgegenüber wendet Ebeling zu Recht ein, daß Bedenken, die einem bestimmten und vielleicht gar nicht ursprünglichen Glaubensbegriff entspringen, uns heute nicht davon abhalten dürfen,

> zuzugeben, daß Jesus selbst von dem Glauben, den er bezeugt, nicht zu distanzieren ist, sich mit ihm vielmehr so identifiziert hat, daß er ganz sachgemäß gar nicht vom eigenen Glauben gesprochen hat, sondern darin aufging, Glauben zu erwecken. Denn wem es um die Erweckung von Glauben zu tun ist, der wird seinen Glauben zum Einsatz bringen müssen, ohne von seinem Glauben zu reden[8].

Es ist hier nicht der Ort, das eigentümliche, aus dem alttestamentlichen Judentum herrührende und im "Amen" Jesu noch nachklingende Glaubenverständnis auszuleuchten. Jedenfalls lebt dieser Glaube aus "einem ein für allemal erfolgten Ja-Sagen zur Wirklichkeit Gottes, einer schlechthinnigen Gehorsamsbereitschaft, einem unwiderruflich Auf-Gott-geworfen- und gegründet-Sein"[9]. Aus der Verankerung der Existenz in Gott als dem Felsengrund der daraus erwachsenden Gewißheit eröffnet sich der Raum der Zukunft, erwächst die dem Glaubenden eigentümliche Mächtigkeit, findet der Mensch seinen rechten Bezug zu den Mitmenschen seiner Zeit, wird er im Koordinatensystem seines Lebens heil. Ebeling beschreibt es als

---

[6] Vgl. ebd. 296f.

[7] Vgl. G. Ebeling, Jesus (Anm. 3) 240.

[8] Vgl. ebd. 240f.

[9] Vgl. ebd. 244. Zum Verhältnis von Glaube und Gehorsam vgl. auch H. Waldenfels, Glauben hat Zukunft. Freiburg u.a. 1970, 106-118.

Eigentümlichkeit und Grundperspektive christlichen Glaubens, daß dieser selbst sich als das Heil schlechthin erweist[10].

Entscheidend aber ist dann, daß der im Leben Jesu verkündigte Glaube auch dann von ihm selbst gelebt worden ist, wenn vom "Glauben Jesu" eher zurückhaltend gesprochen wird. Dafür ist *Gehorsam* allerdings eine grundlegende, für Jesus verwendete Kategorie. Befreit man das Gehorsamsverständnis aus einem vorrangig ethischen Bezugsrahmen, dann lassen sich am Gehorsam die Grundschritte Hören - Vernehmen - Annehmen - Ja-Sagen - Tun - Nachfolgen wiedergewinnen. Dann wird Gehorsam - wie Glaube - zu einem Begriff, der als seinen Inhalt die Präsenz eines Anderen, der sich mir anfordernd mitteilt oder eröffnet, aussagt.

Für Jesus - wie für jeden Glaubenden - ist dieser Andere, auf den hin und von dem her sein Leben verläuft, niemand anders als Gott, den er "Vater" nennt. Sein Leben aber hat dann viele Namen: Erfüllung des Willens Gottes (Mt 6,10; 26, 42; Lk 22,42; Joh 4,34; 5,30 u.ö.), Einssein mit dem Vater (Joh 10, 30), Selbstentäußerung bzw. Selbstentleerung als Gehorsam bis zum Tod (Phil 2,5-8), Kreuzestod, später dann Gottessohnschaft bzw. Sohnschaft schlechthin (Mt 11,27; 24, 36; 28,19; Joh 3,16f.35f. u.ö.), Wortsein (Joh 1,1), Abglanz (Hebr 1,3), Speise/Brot (Joh 6,35-58). Hier mischen sich Bilder und Begriffe, die einen personalen oder doch personbezogenen Charakter tragen mit solchen, in denen die Personalität hinter dem Ausdruck der Instrumentalität und Medialität gleichsam verschwindet, jedenfalls das Eingespanntsein in ein Bezugsgefüge des Von-her-in und Auf-hin-für der Existenz Christi eine völlig neue Tiefendimension verleiht, ja die Existenz in ihrer Geschlossenheit gesprengt wird.

Aus fernöstlich orientierten Überlegungen glaube ich, daß das Aufbrechen einer *negativ* verstandenen und aufgrund dieser Negativität als Verschlossenheit und Inkommunikabilität beschriebenen *incommunicabilis subsistentia*[11]-Person zu Recht in der Vernichtung eines solchen Personseins endet, daß aber eine im Beziehungsgefüge des Von-her-in und Auf-hin-für sich selbst verwirklichende Existenz erst zur wahren, auch im

---

[10] Das ist die letzte von sechs Thesen; vgl. G. Ebeling, Jesus (Anm. 3) 252f.

[11] Vgl. Thomas v. A., In Sent. 30,4; S.Th. I q. 40a.1 ad 1; I q. 29a.1 u.ö.; vgl. ausführlicher zu diesem Problemkreis H. Waldenfels, Absolutes Nichts. Zur Grundlegung des Dialogs zwischen Buddhismus und Christentum. Freiburg u.a. [3]1980, 105-119.131ff.; ders., Faszination des Buddhismus. Mainz 1982, 42-55.

abendländischen Verständnis gemeinten *positiven* Wertung der Person führt, da erst in einer offenen Verwirklichung der Person Raum für das gewonnen wird, was wir Liebe nennen[12]. K. Nishitani hat sinnvollerweise darauf hingewiesen, daß in der christlichen Trinitätslehre die Dritte göttliche Person auffallenderweise als "nicht-persönliche Person" bzw. als "persönliche Nicht-Person" erscheint[13], was sich bestätigt findet, wenn man auf die Namen des Heiligen Geistes achtet: Geist, Atem, Feuer, Liebe, Tröstung u.a.m.

ß) Jesu Selbstbewußtsein

Während das abendländische Denken, auch wo von personaler Hingabe und Gehorsam die Rede ist, die Verwirklichung der personalen Würde betont, ist das Schlüsselwort des östlichen Denkens "Selbst" kaum in unsere westlichen Sprachen übertragbar. "Selbst" als Substantiv hat in unserer Sprache, wo es gebraucht wird, einen neutralen Artikel und ist in der Regel eine Hilfskonstruktion[14]. Dennoch beginnt es in Wortverbindungen wie *Selbst*-verwirklichung, *Selbst*-entäußerung, *Selbst*-bewußtsein u.ä. zu wirken.

Wenn nun G. Oberhammer unter "mythischer Gegenwart der Transzendenz" die "Wirklichkeit des menschlichen Daseins, sofern dieses ursprünglich und unmittelbar Sprache geworden ist", versteht[15], so verbindet sich diese Feststellung im Hinblick auf das jesuanische Selbstverständnis mit der Frage nach seinem Selbstbewußtsein. Diese Frage kann im Hinblick auf K. Rahners *Dogmatische Erwägungen über das Wissen und Selbstbewußtsein Jesu*[16] bedacht werden, zumal er sie im Blick auf moderne Fragestellungen zum menschl. Wissen und auf exeget. Probleme anstellt. Das Ergebnis hat Rahner in den Kontext eines interreligiösen Gesprächsansatzes eingebracht[17].

---

[12] Vgl. ausführlicher H. Waldenfels, Absolutes Nichts 106ff.

[13] Vgl. K. Nishitani, Was ist Religion? Frankfurt 1982, 91ff.97; dazu H. Waldenfels, Absolutes Nichts 177-183.

[14] Aus dem Blickwinkel des deutschen Idealismus hat W. Pannenberg im Anschluß an die Begriffsgeschichte von Person das Verhältnis von Person, Ich und Selbst neu zu bestimmen versucht; vgl. seinen Aufsatz: Person und Subjekt: Ders., Grundfragen systematischer Theologie. Gesammelte Aufsätze 2. Göttingen 1980, 80-95.

[15] Vgl. G. Oberhammer (Hg.), Epiphanie (Anm. 2) 7.

[16] Vgl. K. Rahner, Schriften zur Theologie V 222-245.

[17] Vgl. K. Rahner, Das Problem der Transzendenzerfahrung aus katholisch-dogmatischer Sicht: Schriften zur Theologie XIII 208-225, bes. 211-216.

Ähnlich wie sich zeigen läßt, daß der Glaubensbegriff sich mit dem Anspruch unmittelbarer Gottesanschauung aufgrund der hypostatischen Union durchaus vereinbaren läßt, konnte K. Rahner überzeugend dartun, wie sich der Anspruch der unmittelbaren Gottesschau mit der Verwirklichung eines wahrhaft menschlichen Wissens und Selbstbewußtseins versöhnen läßt. Die Lösung, die K. Rahner vorschlägt und in der er sich mit Überlegungen von B. Welte trifft[18], beruht auf dem Axiom thomistischer Erkenntnismetaphysik, "demzufolge Sein und Beisichsein sich gegenseitig innerlich bedingende Momente der einen Wirklichkeit sind, und darum ein Seiendes in dem Maß bei sich ist, als es Sein hat oder ist"[19]. Ist aber die hypostatische Union die denkbar höchste Aktualisation kreatürlicher Wirklichkeit, dann muß nach diesem Axiom der konkrete Träger dieser Aktualisation sich dieser notwendigerweise bewußt sein.

Allerdings darf sich dieses "Sich-selbst-bewußt-sein" nicht im Sinne eines reflektierend gewonnenen, gegenständlichen Vorsichhabens der Wesenheit Gottes mißverstanden werden[20]. Vielmehr ist die unmittelbare Gottesschau nichts anderes "als das ursprüngliche, ungegenständliche Gottessohnbewußtsein, das einfach schon damit gegeben ist, daß diese Hypostatische Union *ist*, da dieses Gottessohnbewußtsein nichts ist als die innere onto-logische Gelichtetheit dieser Sohnschaft, ihre mit dem objektiven Tatbestand als sein inneres Moment notwendig gegebene Subjektivität dieser objektiven Sohnschaft"[21]. Dieser unthematisch und ungegenständlich immer schon vorhandenen Gottunmittelbarkeit Jesu widerspricht dann nicht der in der jesuanischen Lebensgeschichte sich ereignende Prozeß einer gegenständlichen, in menschlichen Begriffen geschehenden Thematisierung und Objektivierung dieser Gottunmittelbarkeit[22].

Dieser Lebensprozeß Jesu aber macht dann auf immer neue Weise in seiner Einheit von Wort und Tat, Heilsverheißung und Heilsverwirklichung das in seiner Person geschenkte universale Heil Gottes in der Geschichte *epiphan*. Mit anderen Worten, das, was in der Gelichtetheit des Geistes Jesu diesem unmittelbar gegeben ist, sein "Selbst", findet im geschichtlichen Prozeß der asymptotischen Einholung dessen, was und wer er

---

[18] Vgl. B. Welte, Auf der Spur des Ewigen. Freiburg u.a. 1965, 429-458.

[19] Vgl. K. Rahner, Schriften zur Theologie V 234.

[20] Vgl. ebd. 236.

[21] Ebd. 237.

[22] Vgl. ebd. 240.

ist, zugleich seine Zugänglichkeit für andere bis hin zu uns. Das und nicht mehr sagen aber auch die wenigen Stellen der Pastoralbriefe, die außer Lk 1,79 die an sich außerbiblisch gewonnene Kategorie der Epiphanie verwenden (vgl. 1 Tim 6,14; 2 Tim 1,10; 4,1.8; Tit 2,11.13).

γ) Jesus, der eschatologische Prophet

Es gibt einen dritten Ansatz, der Jesus als die Epiphanie des Heils kundtut und dabei in merkwürdiger Weise das Sehen und Hören der Gestalt verbindet: die Einreihung Jesu unter die Prophetengestalten bei gleichzeitiger Abhebung von ihnen. Zwei Bemerkungen sind hier vorauszuschicken:

(1) Bis in die Spät- und Nachscholastik hinein sind die vorzüglichen Orte, an denen der Offenbarungsvorgang erläutert wird, der Glaubens- und Prophetietraktat[23].

(2) In den beiden dogmatischen Traktaten ist der christologische Bezug weithin übersehen worden[24]. Dabei könnte es sehr gut sein, daß die Vorbehalte, die gegen ein Sprechen vom Glauben Jesu vorgebracht wurden, auch in diesem Falle blokkierend gewirkt haben.

Inzwischen wirken exegetische Beobachtungen auf die Dogmatik zurück. So hat E. Schillebeeckx dem Verständnis Jesu als eschatologischem Propheten in seinen neueren Arbeiten breiten Raum eingeräumt. Schon in seinem Buch *Jesus - Die Geschichte von einem Lebenden* sieht er im eschatologischen Propheten-Martyrer ein Deutemodell des Todes Jesu und im eschatologischen Propheten zugleich ein jüdisches Modell endzeitlicher Heilsgestalten[25]. In seinem nachfolgenden Werk *Christus und die Christen* vertieft er die These insofern, als er im eschatologischen Propheten einen Schlüssel zum Verständnis der johanneischen Christologie erblickt und den "eschatologischen Propheten" seinerseits als "eschatologischen Propheten größer als Mose" beschreibt[26]. Die Betrachtung Jesu als "Propheten wie Mose und zugleich größer als Mose" weist zugleich unbe-

---

[23] Vgl. H. Waldenfels/L. Scheffczyk, Die Offenbarung. Von der Reformation bis zur Gegenwart (= HDG I/1b). Freiburg u.a. 1977, 26-52.

[24] Vgl. ebd. 41f.

[25] Vgl. E. Schillebeeckx, Jesus - Die Geschichte von einem Lebenden. Freiburg u.a. 1975, 243-250 (Todesdeutung).390-398 (Heilsgestalt).

[26] Vgl. ders., Christus und die Christen. Die Geschichte einer neuen Lebenspraxis. Freiburg u.a. 1977, 296-308.

friedigende Identifikationen wie die mit dem *Elias redivivus*, die in der Tat eher eine messianische Vorläufergestalt bleibt, zurück[27].

Wenn die Darstellung Schillebeeckxs stimmt, dann verbinden sich in Mose der Prophet, der mit Gott von Mund zu Mund spricht (vgl. Num 12,8), von Angesicht zu Angesicht (vgl. Ex 33,11) und der leidende Knecht Jahwe, der die Lasten des Volkes trägt; dann war aber Mose, wie Stephanus ihn später schilderte, "mächtig in Wort und Tat" (Apg 7,22), zugleich derjenige, durch den Gott Heil bringen wollte (Apg 7,35) und den er als Führer und Erlöser/Loskäufer (Apg 7,35) gesandt hatte. Mose aber weist seinerseits zugleich über sich hinaus, wenn es heißt: "Einen Propheten wie mich wird dir Jahwe, dein Gott, aus der Mitte deiner Brüder erstehen lassen" (Dtn 18, 15-18; vgl. Mk 6,4; Apg 7,37). Der, der nach Mose kommt, ist "wie Mose", um sich dann als "größer als Mose" zu erweisen.

Deuten wir aber mit neutestamentlichen Schriftstellen Jesus als den eschatologischen Propheten-größer-als-Mose, so kehren die bisher gewonnenen Grundelemente wieder:

- Jesus versteht sich als Prophet ganz von Gott her und wird für sein Volk Sprachrohr, Sprache, Wort Gottes; die personale Redeweise wandelt sich auch hier in eine fast rein instrumentale;
- Jesus ist als Prophet der für sein Volk leidende Gottesknecht;
- Jesus offenbart sein Prophetsein in Wort und Tat, Zeichen und Wundern, letztlich in der Vermittlung von Heil, Heilung und Erlösung (vgl. DV 4);
- das Hören des Propheten verbindet sich mit dem Sehen seiner Gestalt: nicht ohne Grund bildet Joh 14,9: "Wer mich gesehen hat, hat den Vater gesehen" einen der Einstiege in die heutige Offenbarungstheologie.

c) Glaubensvollzug und Glaubensverständnis

Was über Jesus als Epiphanie des Heils von seinem Glaubensgehorsam, Selbstbewußtsein und Prophetentum her gesagt wird, ermöglicht uns das aus dem Glaubensvollzug gewonnene Glaubensverständnis der Kirche. Zwar ist die Urkirche dabei von besonderer Bedeutsamkeit, doch wäre es falsch zu behaupten, was heute auch nur über den historischen Jesus gesagt wird, sei so alles und im einzelnen gesagt im Rückgriff auf die

---

[27] Vgl. ebd. 302. Eine Zusammenstellung der Propheten-Varianten findet sich: E. Schillebeeckx, Jesus (Anm. 25) 397f.

Urgemeinde. Gerade weil jede Reflexion in der Regel die vorgegebene Wirklichkeit des Menschen und seiner Geschichte nur asymptotisch einholt und auf den Begriff bringt, darf zwar einerseits nicht hinter die Einsicht der Urkirche zurückgegangen und doch andererseits nicht behauptet werden, der Verständnisprozeß sei endgültig abgeschlossen. Denn neue Perspektiven und neue Erkenntisse über frühere geschichtliche Zusammenhänge lassen unter Umständen auch neue Einsichten in die Zeit des Ursprungs und damit in den Ursprung selbst zutagetreten. Entsprechend stehen wir selbst auch weiterhin im Prozeß des Verstehens, Forschens und Entdeckens und, weil Glaube als Heilserfahrung niemals nur eine theoretische, sondern mehr noch eine eminent praktische, lebensgestaltende Haltung ist, auch im Prozeß weltgestaltender, geschichtlicher Glaubenserfahrungen, die sich ihrerseits in sprachlicher Reflexion begrifflich asymptotisch artikulieren[28].

Soll aber die Vielzahl von gemachten Erfahrungen und sprachlichen Artikulationen nicht in einer großen Zerstreuung ohne Orientierung enden, so müssen Orte oder Punkte der Orientierung auszumachen sein, auf die hin das Zerstreute sich sammeln läßt. Dieser Konzentrationspunkt ist für das Christentum die Ausgangsgestalt Jesu von Nazaret. An ihr sind alle nachträglichen Entwicklungen zu messen, - gleichgültig, ob es sich um reflektierende Deutungen oder um die existentiell vollzogene Nachfolge handelt.

Der Konzentrations- und Orientierungspunkt bleibt auch dann Ausgangs- und Zielpunkt der Überlegungen, wenn es darum geht, den christlichen Anspruch, in Jesus von Nazaret den Orientierungspunkt zu besitzen, zu prüfen. Da aber späteren Generationen der Orientierungspunkt je neu zu vermitteln ist, besteht bei wachsendem Abstand vom Ursprung die Gefahr, daß den "Instrumenten" der Vermittlung mehr Aufmerksamkeit geschenkt wird als dem zu Vermittelnden selbst, ja daß sogar das "Instrument" der Vermittlung verwechselt wird mit dem zu Vermittelnden. Oberhammer hat in seiner Vorbereitungsskizze unterschieden zwischen der "mythischen Gegenwart" der Transzendenz und einer diese Gegenwart verfremdenden "Mythologie", zwischen einer entsprechenden Transzendenzerfahrung Jesu und einer diese verfremdenden Theologie[29], wobei allerdings der Eindruck entsteht, als sei mit einer verfremdenden Mythologie notwendig, mit einer verfremdenden Theologie dagegen nur als Gefahr zu rechnen.

---

[28] Unter dieser Rücksicht wäre die Formel vom "Abschluß der Offenbarung mit dem Tod des letzten Apostels" neu zu bedenken. Vgl. Kap. 6.B.

[29] Vgl. G. Oberhammer (Hg.), Epiphanie (Anm. 2) 8.

Hier kommen dann Unterscheidungen ins Spiel, deren Begründung eine genauere Überprüfung verdienen. Es seien im Übergang zu unserem zweiten Schritt folgende genannt:

(1) Wenn nicht alles täuscht, wird das Christentum am Ende nicht unter den Begriff einer "mythisch-mythologischen Religion" subsumiert, obwohl die Frage gestellt wird, ob nicht die über das Zueinander der Erfahrung von Transzendenz und der Epiphanie des Heils sowie über die darin implizierte grundlegende Funktion von Theologie und existentiellem Heilsdenken geäußerten Gedanken *in gleicher Weise* auch für das Christentum Geltung haben[30].

(2) Wenn auf der einen Seite das Verhältnis des "Mythisch-Mythologischen" auf das Christentum übertragbar erscheint und auf der anderen Seite doch eine Unterscheidung aufrechterhalten wird, so muß das einen Grund haben. Er scheint in der Voraussetzung der Endgültigkeit und Unüberholbarkeit der jesuanischen Transzendenzerfahrung, d.h. in der Gottmenschlichkeit Jesu zu liegen. Hier aber wäre dann zu zeigen, wie das *in gleicher Weise* der Zueinanderführung von mythisch-mythologischer Religion und Christentum sich mit der Eigentümlichkeit des Christentums im *endgültig und überholbar* verträgt.

Ohne hier Ausführungen, die im Anschluß an Oberhammers Darstellung des Verhältnisses von Überlieferungsstruktur und Offenbarung gemacht wurden, zu wiederholen[31], müßte aber doch ins Spiel gebracht werden:

(3) Was heißt *endgültig und unüberholbar*, wenn im christlichen Verständnis der gläubige Mensch seinerseits zu einer Christus entsprechenden Gotterfahrung und damit zur Epiphanie des Heils kommen soll? Denn alles Mühen der Verkündigung wie der Theologie muß doch letztendlich - um ein Wort K. Rahners aufzugreifen[32] - "mystagogisch" sein, oder der letzte und eigentliche Sinn wird verfehlt. Deshalb ist es einerseits richtig, das eigene Glaubensverständnis an der Gestalt Jesu zu orientieren; andererseits muß es aber das Bestreben des einzelnen Christen sein, seinerseits zu der ihm eigenen Begegnung mit dem *Gott seines Heils*, dem *ihm gnädigen Gott* zu kommen. Dieses Bestreben bleibt auch dann gültig, wenn sich die Formulierung wandelt und der Christ sich um die Begegnung mit dem *ihm Heil vermittelnden* Jesus Christus müht. So oder so geht es um den *Deus* oder *Christus praesens* und damit um die Epiphanie des Heils *heute*.

---

[30] Ebd. 9.

[31] Vgl. Kap. 6.B.

[32] Vgl. Schriften zur Theologie VII 22ff.; X 49ff.; XII 594ff.

2. Zum "Ort" der Epiphanie des Heils im Hinduismus

Der zweite Schritt muß mehr als Anfrage verstanden werden, die einerseits in der Indologie Vorgetragenes aufgreift, aber andererseits um weitere Klärungen bittet. Mir scheinen die Rückfragen deshalb so wichtig zu sein, weil der gedankliche Entwurf dessen, was vielleicht sein könnte, entweder im Sinne dogmatischer Voraussetzungen bereits ein "sein-*müssen*" impliziert oder aber das in der Indologie bereits Erarbeitete nicht ernst genug nimmt. Hinzu kommt, daß die Indologie nicht gedrängt werden sollte, das Geschäft der Theologie zu besorgen. Das würde aber bereits dann geschehen, wenn der Verständnisrahmen zu stark von christlich-dogmatischen Positionen vorgeformt ist.

Was im ersten Schritt von der Gläubigkeit des Gläubigen aus auf die Gestalt Christi hin verfolgt und im Blick auf die Entstehung des Glaubensverständnisses - im Sinne des existentiellen Heilsdenkens und der Theologie - abgerundet wurde, ist im Blick auf den Hinduismus in etwas anderer Reihenfolge anzufragen.

Was uns selbst vorrangig begegnet, ist Literatur, sind Quellen. Hinsichtlich der gesuchten "Epiphanie des Heils" im Hinduismus bleiben sie dennoch sekundäre "Orte". Das vorausgesetzt, fragen wir zunächst nach den Quellen, sodann nach der in ihnen sich kundgebenden "Epiphanie des Heils" bzw. der Transzendenzerfahrung, die das letztgültige Heil in sich birgt.

a) Die literarischen Quellen

Der Vergleich der christlichen Literatur mit der hinduistischen führt zu der Frage der Unterscheidung zwischen den von Oberhammer "Offenbarungscorpora" genannten Schriften[33]. Hier gibt es im Christentum eine deutliche Zäsur zwischen dem Kanon der Heiligen Schriften und aller übrigen im Christentum entstandenen Literatur, sodann aber weitere Unterschiede zwischen kirchenamtlichen Texten, theologischer und anderer, nicht im fachwissenschaftlichen Sinne als theologisch zu qualifizierender Literatur.

---

[33] Vgl. G. Oberhammer/H. Waldenfels, Überlieferungsstruktur und Offenbarung. Wien 1980, 11-36; zuvor G. Oberhammer (Hg.), Offenbarung-geistige Realität des Menschen. Wien 1974, 41-92.

Im Hinduismus scheint es ganz offensichtlich eine so klare Zäsur zwischen kanonischer und nichtkanonischer Literatur nicht zu geben. Dennoch bedürfte die Rolle des Veda, aber auch die in der Literatur nach wie vor verwandte Unterscheidung von Schriften, die zum Bereich der *śruti* und solchen, die zum Bereich der *smṛti* gehören, einer genaueren Erläuterung. Was bedeutet es, daß der Veda, wie C. Regamey es formuliert, mit den Vedaṅgas schließt, "die nicht mehr die *śruti*, sondern die *smṛti* 'Überlieferung' (wörtlich 'Erinnerung') bilden"[34] und daß der vom Vedismus unterschiedene Hinduismus - nach den Worten desselben C. Regamey - keine eigentliche "Heilige Schrift" besitzt und deren Aufgabe "beinahe von der ganzen klassischen indischen Literatur übernommen (wird), vor allem durch die Texte, die als 'Überlieferung' (*smṛti*) bezeichnet werden"[35]? Was hat sich konkret zwischen dem Ende des Veda und der Entstehung neuer autoritativer Schriften ereignet? Zum Verständnis dieser Entwicklung reicht die Beschäftigung mit der einzelnen Schrift bzw. einem bestimmten Schriftcorpus nicht aus; vielmehr müßte der Versuch gemacht werden, die geschichtliche Entwicklung selbst, sofern sie überhaupt greifbar ist, einem besseren Verständnis zuzuführen.

Das Problem ist dabei, daß diese Entwicklungen selbst ihrerseits literarisch vermittelt sind. Dennoch müßte es gelingen, jene Ereignisse freizulegen, die eine neue Art von Literatur herbeiführen, - gleichgültig, ob es sich dabei um die "theologische" Schule des Vedānta und nachfolgende Schulen handelt[36] oder um die Wandlungen im Verständnis der Überlieferungsautorität, zu der G. Oberhammer feststellt:

> Als man in einem bestimmten Zeitpunkt begann, die Autorität der spätvedischen Gesellschaft (Veda und Manusmṛti) zu begründen, löste man einen Prozeß der begrifflichen Strukturierung aus, durch den die spätvedische Religion die 'nichtvedischen' Überlieferungen im reflektierenden Bewußtsein als selbständige Größen authentisch gegenwärtig setzte. Man könnte daher sagen, daß in der Geschichte dieser Reflexion über die Autorität der Überlieferung die langsame Selbstbewußtwerdung der hinduistischen Religionen greifbar wird, durch die diese innerhalb der indischen Gesellschaft zu sich kamen.[37]

---

[34] Vgl. C. Regamey, Die Religionen Indiens: F. König (Hg.), Christus und die Religionen der Erde III. Freiburg 1951, 84.

[35] Vgl. ebd. 141.

[36] Vgl. T. Vetter, Die Funktion von Zentralsätzen der vedischen Offenbarung im System Sarvajnatmans : G. Oberhammer (Hg.), Offenbarung 121-132.

[37] Ebd. 44.

Oberhammer weist ausdrücklich darauf hin, daß mit den nichtvedischen Überlieferungen ursprünglich Buddhismus und Jinismus gemeint sind, während er darunter die eigenständigen Traditionen jener hinduistischen Religionen versteht, "die von den vedisierenden Kreisen als nicht auf dem Veda beruhend betrachtet wurden"[38]. Hier zeigt sich aber dann eine interessante Parallele zu früher Gesagtem:

Auch der Hinduismus macht - wie das Christentum - einen Prozeß der Selbstbewußtwerdung durch, indem er zu dem wird, was er heute ist. Nur können wir für das Christentum hinzufügen, von woher dieser Prozeß seinen Ausgang nimmt und woran alle Selbstbewußtwerdung ihre Orientierung und Norm findet. Es ist dies die Gestalt Jesu als der gestaltgewordenen Epiphanie des Heils. Der literarische "Ort" wurde damit auf den ursprünglichen "Ort" der Heilsepiphanie hin durchstoßen. Es stellt sich aber dann die Frage, welcher Horizont sich unter dieser Rücksicht im Blick auf die hinduistischen Quellen eröffnet[39].

b) Die Autorität der Quellen

Seinen Beitrag über die Überlieferungsautorität im Hinduismus beginnt G. Oberhammer mit der lapidaren Feststellung:

> Mythologisch und philosophisch verfaßte Religionen wie die hinduistischen können sich prinzipiell nicht - wie etwa das Christentum - auf die Autorität eines Stifters stützen.[40]

Daraus folgt dann konsequenterweise:

> Die Quellen, aus denen sich diese Religionen entfalten, nämlich die Bildverhaftetheit des menschlichen Geistes, seine Begrifflichkeit und Transzendenzerfahrung, ermöglichen in jedem Augenblick der Geschichte neue Erfahrungen und neue Inhalte dieser Religionen, die so aus ihrem Wesen heraus in beständigem Wandel begriffen sind.

Hier ist aber daran zu erinnern, daß der geschichtliche Ort des ankommenden Heils der Mensch ist bzw. konkrete Menschen sind, es folglich nicht ausreicht, bei der Reflexion der menschlichen Geistnatur stehen zu bleiben. Es bleibt deshalb

---

38 Vgl. ebd. 44, Anm. 10.

39 Das Problem wird von G. Oberhammer gesehen und in seiner Reflexion auf die "Begegnung" als Kategorie der Religionshermeneutik (vgl. Anm. 1) angesprochen. Dort allerdings wäre genauer zu prüfen, wieweit er die Kategorie der religions- bzw. transzendentalphilosophischen Reflexion verdankt, ehe daß er sie dann in der indischen Religiosität verifiziert sieht.

40 G. Oberhammer (Hg.), Offenbarung (Anm. 33) 41.

auch unbedeutend, ob eine Religion einen Stifter hat oder nicht: es muß von den Menschen gesprochen werden, deren Heils- und Transzendenzerfahrung in der werdenden Religion wirksam ist. Dann aber kann der Befund des Christentums umgekehrt doch zur Anregung von Rückfragen an den Hinduismus im Anfang, soweit wir ihn geschichtlich erreichen können, und im Verlauf werden. Es ginge dann um die Frage, ob es nicht doch im Hinduismus exemplarische Menschen gibt, von denen zumindest analog eine Art Glaubensgehorsam, ein eigentümliches Selbstbewußtsein und eine Art prophetischen Verhaltens ausgesagt werden kann. Und selbst wenn es das alles so nicht geben sollte, müßte doch eine der christlichen Anthropologie vergleichbare hinduistische Anthropologie in Erscheinung treten. Einen ersten konkreten Ansatz scheint die Rede von sogenannten *Rishis* zu bieten. Von ihnen her könnte vielleicht nach einer hinduistischen Analogie zum Glaubensverhalten gefragt werden.

α) "Rishis"

Fast in allen klassischen Schilderungen des Hinduismus steht am Anfang irgendwann der Hinweis auf den Veda und seine Herkunft. Als Beispiel sei R.C. Zaehner zitiert:

> Das Corpus der heiligen Schriften des Hinduismus ist äußerst umfangreich. Es zerfällt in zwei unterschiedliche Kategorien von höherer und minderer Heiligkeit: *śruti* und *smṛti*. Der erste dieser beiden Ausdrücke heißt wörtlich 'Hören', der zweite 'Gedächtnis'. Die *śruti* besteht aus den Veden selbst, und diese werden als ewig angesehen, als das ewige 'Wort', wie es von den Rshis oder 'Sehern' vor undenklichen Zeiten gehört wurde: Es ist ewige Wahrheit, ewige 'Weisheit' oder ewiges 'Wissen', denn dies bedeutet das Wort *veda*."[41]

Hier interessieren die sogenannten *Rishis*. Nach Monier-Williams[42] war der Rishi ein Sänger heiliger Hymnen, ein inspirierter Dichter oder Weiser, eine Person, die allein oder mit anderen die Gottheiten in rhythmischer Sprache oder Gesang anruft, z.B. die alten Hymnensänger Kutsa, Atri, Rebha, Agastya, Kuśika, Vasishṭha, Vyaśva. In späteren Generationen wurden sie dann als patriarchalische Weise oder Heilige angesehen, die in der indischen Geschichte eine ähnliche Stellung

---

[41] R.C. Zaehner, Der Hinduismus. München 1962, 15; vgl. C. Regamey, Religionen (Anm. 34) 83; J. Gonda, Die Religionen Indiens I. Veda und älterer Hinduismus (= Religionen der Menschheit 11). Stuttgart [2]1978, 9.

[42] Vgl. Sir Monier Monier-Williams, A Sanskrit-English Dictionary. Oxford (1899) 1979, 226f.

einnehmen wie die Heroen und Patriarchen anderer Länder; als solche bilden sie eine eigene Klasse von Wesen, unterschieden von den Göttern, Menschen, Asuras u.ä. Sie sind ferner die Autoren oder - genauer - Seher der vedischen Hymnen, das heißt nach der orthodoxen Hindulehre jene inspirierten Persönlichkeiten, denen diese Hymnen geoffenbart wurden; ein Ausdruck wie "der Rishi sagt" ist gleichbedeutend mit "So steht es in dem heiligen Text". In den Brāhmanas und späteren Werken werden häufig sieben Rishis namentlich erwähnt als typische Vertreter der Eigentümlichkeit und des Geistes der prähistorischen oder mythischen Zeit. Die Bezeichnung wird schließlich in späterer Zeit ganz allgemein für einen Heiligen, einen Weisen, Asketen oder auch Eremiten gebraucht.

All das wird hier so ausführlich referiert, weil sich aus den wenigen Hinweisen eine Anzahl von Fragen ergeben, die sowohl das religionsvergleichende Studium weitertreiben wie die spirituelle Begegnung fördern könnten. In unsystematischer Weise geht es um folgende Fragen:
(a) Was oder wen "hören" oder "sehen" die Männer der Vorzeit, deren sprachliche Äußerungen später einen so bleibenden Autoritätscharakter haben? Die Rede ist - vielleicht in naiver Weise - von Göttern. Damit ist zumindest gesagt, daß das, was sie künden, nicht Produkt ihrer eigenen Geistigkeit ist. Wenn indische Theologen daher den Charakter des "Offenbarungsgeschehens", der "Inspiration" oder auch die Rolle der "Heiligen Schriften" untersuchen, erscheint das verständlich[43].
(b) Auch wenn Rishis "Seher" und "Hörer" einer Botschaft sind, spielt sich das, was sich an ihnen ereignet, immer auch in ihrem Bewußtsein ab. Bedenkt man aber, eine welch hohe Bedeutung im Bereich des Vedischen dem Opferritual und damit der praktischen Zuwendung zu einem göttlichen Gegenüber zukommt, so fragt es sich, ob die späteren Einheitsspekulationen in Verbindung mit einer Alleinheitsmystik nicht religiöse Felder verdeckt haben, die zwar in den "kleinen Traditionen" einer lokalen Volksreligiosität nie ausgestorben sind, in der "großen Tradition" des Hinduismus aber zusehends außerhalb des Bereichs ernsthafter Auseinandersetzung geraten sind[44].

---

[43] Vgl. vor allem die indologischen Beiträge: D.S. Amalorpavadass (ed.), Research Seminar on Non-Biblical Scriptures. Bangalore 1974, 280-487.

[44] Zur Unterscheidung von "Great Tradition" und "Little Tradition" vgl. Swāmī Agehānanda Bhārati, Hinduism and Modernization: R.F. Spencer (ed.), Religion and Change in Contemporary Asia. Minneapolis 1971, 67-104 (Lit.). Bharati weist ausdrücklich auf die "systematische, wenngleich teilweise unbewußte Unterdrückung der traditionellen Unterscheidung von *śruti* und *smṛti*" (84) hin. Vgl. auch H.H. Presler, Primitive Religions in India. Bangalore 1971, 245.

(c) Wenn so der "prophetische" Charakter der Rishis deutlicher artikuliert werden könnte, würde aber auch die üblich gewordene scharfe Zäsur zwischen prophetischen und mystischen Religionen einer dringenden Überprüfung bedürfen[45]. Denn daß es keine einheitlich artikulierte Mystik gibt und analog zu Oberhammers Unterscheidung von Mythos und Mythologie auch von Mystik und Mystologie gesprochen werden kann, ist fast ein Gemeinplatz. Die Unterscheidung zwischen einem thetischen Monismus und der Negativformel *advaita* dürfte daher mehr als ein semantischer Unterschied sein[46].

ß) Bewußtsein und Verhalten

In der christologischen Erwägung verlief der Gedankengang vom Glauben über das Bewußtsein zum Prophetischen. In der Übertragung des Gedankens auf den Hinduismus führte er von den Schriften zur Frage nach den Verfassern, für den engeren Bereich des Veda zu den Rishis, wobei der Unterschied zwischen Veda und anderen Heiligen Schriften, Rishis und anderen Autoren, *śruti* und *smṛti* weiterer Klärung bedürfte[47].

Im Vergleich zum Abendland hat Indien eine ausgedehntere Reflexion der Bewußtseinsvorgänge und -stufen entfaltet[48]. Was dabei an Tiefgang gewonnen wurde, dürfte aber an geschichtlichem Bewußtsein unentwickelt geblieben sein. Auch hier fragt es sich, ob nicht die Eröffnung einer Verbindung zu allem Seienden in einem auf kosmische Alleinheit abzielenden Bewußtsein das Bewußtsein für den Anderen als bleibendem Gegenüber, das meiner Sorge und aktiven Zuwendung bedarf, erdrückt. Jedenfalls bleibt die Frage, wieweit die Einstellung zum Anderen wirklich als verantwortlich-antwortend beschrieben werden kann[49].

---

[45] Diese Unterscheidung ist z.B. auch sehr dezidiert vorgetragen worden von J. Ratzinger, Der christliche Glaube und die Weltreligionen: J.B. Metz u.a. (Hg.), Gott in Welt. Freiburg u.a. 1964, 287-305.

[46] Vgl. H. Waldenfels, Absolutes Nichts (Anm. 11) 151-154.159.

[47] Wie G. Oberhammer scheint auch H. von Stietencron die autoritative Bedeutsamkeit des Veda für die verschiedenen "Hindu-Religionen" zu relativieren bzw. in Frage zu stellen. Vgl. seine Art. Hinduismus sowie Heilige Schriften III: LexR 288-396.258-263.

[48] Vgl. H. Nakamura, Ways of Thinking of Eastern Peoples: India, China, Tibet, Japan. Honolulu ²1964, 39-172. Nach Nakamura schließen die Betonung des universalen Selbst gegenüber dem individuellen Selbst, die Ethik der Nicht-Dualität von eigenem und fremdem Selbst wie auch der stark introspektive Charakter des indischen Denkens eine Entfremdung von der objektiven Naturwelt wie auch einen Mangel an historischem Bewußtsein ein.

[49] G. Oberhammer hat hierzu im 2. Teil seiner Studie zur "Begegnung" (Anm. 1) Bemerkenswertes gesagt. Nur kommt es auch hier vorrangig in einem der abendländischen Transzendentalphilosophie entlehnten Horizont

Nun mag der Zweifel an verantwortlichem Handeln in einem Alleinheitsbewußtsein der Karikatur eines indischen Menschenbildes entspringen. Dennoch ist die Überzeichnung einer Karikatur manchmal mehr als die Wirklichkeit selbst in der Lage, den Sinn für kritische Anfragen zu schärfen. Hier aber ginge es darum zu klären, was dem Glaubensverhalten des Christen, abgelesen an der Haltung des jesuanischen Glaubensgehorsams, im Hinduismus entspricht. Glaube besagt in seinem Wesen ein "Nicht-in-sich-selbst-gegründet-sein", ein Eingespanntsein in das Koordinatensystem des "Von-her-in" und "Auf-hin-für", wobei das Eigentümlich-Christliche des Glaubens in der Benennung des "Von-her-in" und "Auf-hin-für" als "Gott" Jesu Christi besteht. Diese Benennung scheint sinnvollerweise nur in dem Maße möglich, als "Offenbarung" geschieht und bewußt wird. Wo - wie im Buddhismus - der Anspruch auf "Offenbarung" ausfällt, fällt konsequenterweise auch die Anrufung "Gottes" aus und wird die ständig neue Eröffnung des transzendenten "Ortes" allein als "Leer-Ort" oder "Nicht-Ort", bzw. "absolutes Nichts" sinnvoll[50].

Geht man aber davon aus, daß das Verhältnis von Judentum - Christentum und Hinduismus - Buddhismus - von der Gottesfrage her gesehen - umgekehrt proportional verläuft, d.h. vom Judentum zum Christentum die konkretest mögliche Benennung Gottes in Jesus Christus geschieht, während vom Hinduismus zum Buddhismus hin eine weitest mögliche "Entnamung" Gottes stattfindet, dann ist eine solche Beobachtung für den Hinduismus nicht unbedeutend. Denn - vorausgesetzt, die Beobachtung stimmt, daß die Rede von "Leere" und "absolutem Nichts" die radikale Konsequenz einer nicht vom Licht der Gottesoffenbarung geprägten Situation ist, - dann muß davon ausgegangen werden, daß die Voraussetzungen für einen Prozeß, wie er im Buddhismus zum Durchbruch und zum Tragen kommt, im Hinduismus selbst bereits virulent waren, wie - umgekehrt - die Religiosität des Buddhismus nur vom Hinduismus her ihre Begründung finden kann.

Daraus ergibt sich, daß das anthropologische Grundverhalten im Sinne eines zuvor angedeuteten Glaubensvollzugs zu überprüfen wäre: Von woher und woraufhin sieht sich das menschliche Leben bestimmt? Auf die unterschiedlichen Interpretationen des Selbst als *ātman* wie als *anātman* wie auch auf

---

zur Sprache.

[50] Vgl. H. Waldenfels, Absolutes Nichts (Anm. 11); ders., Faszination (Anm. 11) 92-111; ders., An der Grenze des Denkbaren. München 1988, 69-108; auch ders., Das schweigende Nichts angesichts des sprechenden Gottes: NZSTh 13 (1971) 315-334.

die Verhältnisbestimmung von *ātman* und *brahman* sei nur hingewiesen[51]. Auch hier aber kehrt die Frage wieder, ob nicht das wachsende Alleinheitsbewußtsein und seine experimentell-spekulative Durchdringung die Haltung eines wahren Glaubensvollzugs etwa in der von W. Kasper beschriebenen Art des menschlichen Sich-Lassens (mit Anklang an Eckhart) oder der Verwirklichung einer Hohl- und Leerform (mit Anklang an unsere eigenen Überlegungen)[52] verdeckt.

Damit kommen wir zu einer letzten Bemerkung: Glaube des Christen wie Existenz Jesu sind je auf ihre Weise "Orte" der Heilsepiphanie, ehe sie sekundär in den Zeugnissen der Tradition, zumal den Heiligen Schriften und der theologischen Reflexion, weitervermittelt werden. Auch für den Hinduismus ist nach dem primären "Ort" der Heilsepiphanie zu suchen. Analog zum Christentum und seiner religiösen Umwelt, dem Judentum, stellt sich dabei einmal die Frage nach den "Sehern" und Propheten, ihrem Bewußtsein und ihrer religiösen Antwort, sodann aber die Frage nach der anthropologischen Grundhaltung gegenüber dem "Mysterium", der "Transzendenz", dem "Divinum" oder wie immer man den tragenden Lebensgrund bezeichnen möchte. Denn auch hier gilt: Die Heiligen Schriften und die theologische Spekulation haben nur einen Sinn, wenn sie letztlich als Reflex grundlegender Erfahrungen gesehen werden, um dann ihrerseits im Dienste der Weckung und Suche solcher Erfahrungen aufs neue wirksam zu werden. Dennoch bleibt das, was im Blick auf den Hinduismus gesagt worden ist, nur der Versuch einer Anfrage, ein Suchbild.

---

[51] Vgl. dazu die einschlägigen Arbeiten zur Philosophie Indiens von H. Zimmer und E. Frauwallner.

[52] Vgl. W. Kasper, Jesus der Christus. Mainz [10]1986, 96.130. Die Formel "ganz Hohl- und Leerform für Gottes sich selbst mitteilende Liebe" wird ausdrücklich auf Jesus übertragen (130.131).

Kap. 7: Buddhismus

A. Einführung

1. Zur Entstehung des Buddhismus

Im Gegensatz zum Hinduismus benennt der Buddhismus eine Gründergestalt: *Siddhārtha*, einen Mann aus der Familie der *Gautama*, dem Stamme der *Śākya* - von hier der Name Śākyamuni = der Weise der Śākya. Seine Lebenszeit ist umstritten. Während die westliche Forschung sie zwischen 560 und 480 v.Chr. ansetzt, neigen japanische Forscher zur Zeit von 486/483 bis 386/383 v.Chr. Nach der Überlieferung wurde Siddhārta Gautama im heutigen Nepal geboren. Nach einer kurzen Zeit des Hof- und Ehelebens wandte er sich der "Hauslosigkeit" zu, versuchte er Klarheit in sein Leben zu bekommen auf den vielen asketischen Wegen, die seine Heimat anbot. Seine "Erleuchtung", sein "Erwachen" zur wahren Wirklichkeit fand er in der Übung der Meditation. Seit seiner "Erleuchtung" heißt er der "*Buddha*", der "Erleuchtete", der "Erwachte". Entsprechend wird die von ihm ausgelöste Bewegung später "Buddhismus" genannt.

Die grundlegende Sinnerfahrung des Buddha ist für ihn selbst der Anlaß, das Rad der Lehre in der Welt in Bewegung zu setzen, sich mitleidend den Menschen zuzuwenden und auf den Weg der Erleuchtung zu führen. Die Predigt des Buddha enthält zugleich eine grundlegende Kritik an der vorherrschenden Religion, die auf ihre Weise auch heutigen Religionskritikern modern erscheint. U.a. sind folgende Punkte bedeutsam:

- Der Buddha tritt lediglich als exemplarischer Mensch auf; er stellt sich nicht als Gottgesandter oder als Heilsvermittler zwischen Gott/Göttern und Menschen vor; er ist schon gar nicht ein göttliches Wesen.
- Die Gott- oder Götterwelt wird vom Buddha zwar nicht ausdrücklich geleugnet, aber ebensowenig zur Sprache gebracht, so daß dem Buddhismus immer wieder der Charakter einer Religion abgesprochen und Atheismus nachgesagt worden ist.
- Folglich eröffnen auch nicht von Brahmanen vollzogene Riten den Weg zur Befreiung, sondern der eigene Einsatz, der jedem ohne Rücksicht auf die Zugehörigkeit zu einer bestimmten Kaste möglich ist.
- Der eigene Einsatz besteht aber nicht in der Lösung theoretischer Fragen und in metaphysischen Spekulationen, sondern im Vollzug heilbringender Praxis.

Als klassische Erläuterung dazu kann das Gleichnis von dem Mann gelten, der, von einem giftigen Pfeil getroffen, zunächst meint, allerlei Erkundigung über den Vorfall einholen zu sollen, ehe er den Arzt wirken läßt.

Ähnlich ergeht es dem Menschen, der spekulativen Fragen nachgeht, ehe er ein Asketenleben führt:

> Wer da also spräche: 'Nicht eher will ich beim Erhabenen (= Buddha) das Asketenleben führen, bis mir der Erhabene mitgeteilt haben wird, ob die Welt ewig ist oder zeitlich, ob die Welt endlich ist oder unendlich, ob Leben und Leib ein und dasselbe oder anders das Leben und anders der Leib ist, ob der Vollendete nach dem Tode besteht oder nicht besteht oder besteht und nicht besteht oder weder besteht noch nicht besteht', dem könnte der Vollendete (= Buddha) nicht genug mitteilen; denn jener stürbe hinweg. (Majjhimanikāya 63)

2. Vier edle Wahrheiten

Im Rahmen der Beschäftigung mit dem Buddhismus ist eine eingehende Erläuterung der großen Verzweigung in Theravāda- oder Hīnayāna-Buddhismus (= B. der Alten oder des kleinen Fahrzeugs) und Mahāyāna-Buddhismus (= B. des großen Fahrzeugs) und deren Verästelungen nicht möglich, aber auch nicht unbedingt nötig. Wir beschränken uns auf die Lehre des sogenannten Urbuddhismus, d.h. den allen Formen des Buddhismus zugrundeliegenden Grundbestand von Lehre und Praxis, ohne den Anspruch zu erheben, alles Gesagte sei mit Sicherheit auf den historischen Buddha zurückzuführen.

Fragen wir im Raum des Buddhismus nach der Behandlung der Sinnfrage, so müssen wir auf die vier edlen Wahrheiten zurückgreifen, die als Buddhapredigt überliefert sind, zugleich aber einen Reflex der existentiellen Grunderfahrungen des Buddha darstellen. Streng genommen geht es in diesen Wahrheiten nicht nur um die Frage des Menschen, sondern um alles Lebendige. Hinsichtlich der menschlichen Existenz aber hat sich immer deutlicher die Erkenntnis durchgesetzt, daß sie der Ort möglicher Ablösung aus dem Kreislauf leidvoller Existenzen ist. Die vier edlen Wahrheiten geben Antwort auf vier Fragen:

(1) Wie erfahren wir unsere Existenz?
(2) Wie begründet sich diese Erfahrung?
(3) Gibt es ein Entrinnen aus dieser Erfahrung?
(4) Was ist der Weg der Befreiung?

Die Fragenfolge kommt dem menschlichen Denken - auch in unserer Zeit - in jeder Hinsicht entgegen. Am Anfang stehen philosophisch anmutende Fragen: die Beobachtung unserer Grunderfahrung und die Frage nach deren Begründung. Diese Fragen dürfen aber nicht dazu verleiten, daß man sich mit spekulativen Erörterungen begnügt. Den Höhepunkt bildet die dritte Wahrheit, die die Möglichkeit des Heils und der Befreiung aufgrund der neuen Erfahrung zum Inhalt hat, die der Buddha gemacht hat und die nach ihm alle, die sich mühen, machen können. Aus dieser buddhistischen "Frohbotschaft" folgt konsequent die Aussage über den Weg, den es zur Erreichung des Zieles einzuschlagen gilt. Damit erweist sich letzten Endes die Lehre als eine Hin- und Einführung in einen "Weg".

a) Erste Wahrheit: Existenz als Leiderfahrung

Drei Begegnungen haben nach der Legende zur Bekehrung des Buddha geführt:
- die Begegnung mit einem altersschwachen Greis,
- die Begegnung mit einem vor Schmerzen sich krümmenden Kranken,
- die Begegnung mit einem Toten, den die weinenden Freunde und Verwandten zur Verbrennungsstätte begleiteten.

In seiner Predigt lehrt der Buddha:

> Was ist aber, ihr Mönche, die heilige Wahrheit vom Leiden? Geburt ist Leiden, Alter ist Leiden, Krankheit ist Leiden, Sterben ist Leiden, Kummer, Jammer, Schmerz, Gram und Verzweiflung sind Leiden, von Lieben getrennt sein ist Leiden, was man begehrt nicht erlangen, das ist Leiden, kurz gesagt: die fünf Stücke des Anhangens sind Leiden. (Dīghanikāya II 9,22)

Die Kontingenz menschlichen Daseins, die ständige Erfahrung der Grenzen wird hier "leidvoll" genannt. Diese "Leidhaftigkeit" berührt aber auch die positiven Erfahrungen des Lebens, da auch diese nicht bleiben. Selbst in sich selbst entdeckt der Mensch nichts, was dem Leben Halt und Sinn verleihen könnte. Im Sinne der am Ende des Textes angedeuteten Anthropologie besteht der Mensch aus fünf "*skandha*", wörtlich "Gruppen", heute zumeist wiedergegeben mit "Daseinsfaktoren", die die Angänglichkeit an die Welt bewirken:
- Körper/Materie
- Empfindungen
- Wahrnehmungen/Begriffe
- Psychische Formkräfte und Tätigkeiten
- Bewußtsein und Erkenntnisweisen

b) Zweite Wahrheit: Begründung des Leidens

Die Frage nach der Enstehung des Leidens beantwortet die Buddhapredigt mit dem Stichwort "Durst":

> Was ist aber, ihr Mönche, die heilige Wahrheit der Leidensentwicklung? Es ist dieser Durst, der Wiederdasein säende, mit Gier nach Vergnügen verbundene, bald da bald dort sich ergötzende, es ist der Geschlechtsdurst, der Daseinsdurst, der Wohlseinsdurst.

Der Grund des Leidens wird somit - ähnlich wie im Hinduismus - in der Unentrinnbarkeit des Existenkreislaufes gesehen, der durch den "Durst" bzw. das Verlangen nach Lebensvermittlung, Leben selbst und Lebens-

reichtum in Gang gehalten wird. (Über die dritte Gestalt des "Durstes" besteht insofern Uneinigkeit, als sie vielfach mit "Vergehensdurst" übersetzt wird).
Einen etwas anderen Akzent setzt die gleichfalls grundlegende Lehre des "*pratītyasamutpāda*" = "Entstehen in Abhängigkeit", "Existieren aus und in Beziehung". Bei der Beschreibung der vielfältigen gegenseitigen Abhängigkeiten - die klassische Formel nennt zwölf Glieder einer Kette - führt sie die Unentrinnbarkeit der gegenseitigen Bezogenheiten weltlichen Seins auf das Unwissen zurück.
Unwissenheit und Anhänglichkeit werden also als Grund für die Leidhaftigkeit und Unerlöstheit menschlicher Existenz genannt.

c) Dritte Wahrheit: Ausweg aus dem Leiden

Die Frohbotschaft buddhistischer Verkündigung lautet: Es gibt einen Ausweg und ein Entrinnen aus dem Kreislauf des Leidens. In der Buddhapredigt heißt es:

> Was ist aber, ihr Mönche, die heilige Wahrheit der Leidensauflösung? Es ist ebendieses Durstes vollkommene restlose Auflösung, ihn abstoßen, austreiben, fällen, vertilgen.

Auf den ersten Blick erscheint die Zielvorstellung äußerst negativ. Das Schlüsselwort lautet "*Nirvāna*" = "Verwehen", "Verlöschen". Das Ziel wird also erreicht, wo der "Durst" gelöscht ist, kein Verlangen mehr besteht und die Anhänglichkeit sich aufgelöst hat. Dennoch ist das hier gemeinte Ende kein nihilistisches, sondern ein freiheitschaffendes Ende.
Ein zenbuddhistischer Text aus dem "Mumonkan", einer sino-japanischen Sammlung von meditativen Problemstellungen für den Zen-Übenden, bringt die Radikalität der Loslösung wie der Freiheit zum Ausdruck:

> Es ist wie beim Traum eines Stummen - er kann ihn nur für sich selbst wissen. Wenn es plötzlich in Handeln ausbricht, kannst du den Himmel erschrecken und die Erde zittern machen. Es ist, als ob du dem Feldherrn Kuan das große Schwert entrissen und es ergriffen hättest. Wenn dir so ein Buddha begegnet (hier: ein anderer Erleuchteter), du tötest den Buddha; wenn dir ein Patriarch begegnet, du tötest den Patriarchen. Auf der Felsscheide von Leben und Tod besitzest du die große Freiheit: Inmitten der sechs Wege und vier Geburten erfreust du dich vollkommener Sammlung. (Kōan 1)

Was gegenüber dem "Durst" "Verlöschen" ist, ist gegenüber dem "Unwissen" "Erleuchtung" und "Erwachen" zu wahrer Weisheit. Fragt man jedoch nach dem Inhalt der "Erleuchtung", so ist die Rede von der "Leere", erneut einem Negativbegriff, der sich mit dem Begriff des "Verlöschens" berührt: Nichts existiert, woran der Mensch sich hängen könnte. Er selbst ist - und hier tritt der Buddhismus zumindest in einen äußerlichen Ge-

gensatz zur üblichen Lehre des Hinduismus - nicht vom Atman als dem Unzerstörbaren getragen, sondern ist *Anātman* = Nicht-Ātman, ein Wesen, das nur scheinbar in sich Halt hat und steht, in Wirklichkeit aber erkennen muß, was es heißt, "selbst-los" zu sein. Selbst den *skandha* und den Gliedern des *pratītyasamutpāda* wird in der späteren Radikalisierung der Frage keine eigene Wirklichkeit, sondern nur "Leere" zugesprochen.
Trotz aller Negativität der Aussage hat die Verkündigung des höchsten Zieles letztlich einen positiven Inhalt, ohne den es kein Entrinnen aus dem Kreislauf alles Bedingten gäbe.

> Wahrlich, dies wurde von dem Erhabenen gesprochen, es wurde vom Heiligen verkündet und so von mir gehört: 'Es gibt, ihr Mönche, ein Ungeborenes, ein Nichtgewordenes, das durch nichts bedingt ist. Wenn, ihr Mönche, dieses Ungeborene, Nichtgewordene, Unerschaffene, das keine Bedingung hat, nicht sein würde, so wäre auch für dieses Geborene, Gewordene, Geschaffene, aus der Bedingung Erwachsene kein Entrinnen zu finden.
> Weil es aber, ihr Mönche, jenes Ungeborene, Nichtgewordene, Ungeschaffene, Unbedingte gibt, darum wird für das Geborene, Gewordene, Geschaffene, von Ursachen Bedingte eine Erlösung erkannt.'
> (Itivuttaka II 6)

d) Vierte Wahrheit: Weg aus dem Leiden

Es bleibt die Frage, wie das verkündete Ziel zu erreichen sei. Darauf antwortet die Lehre vom achtfachen Weg:

> Was ist aber, ihr Mönche, die heilige Wahrheit von dem zur Leidensauflösung führenden Pfad?
> Dieser heilige achtfache Weg ist es, der zur Leidensauflösung führende Pfad, nämlich:
> - rechte Erkenntnis,
> - rechte Gesinnung
> - rechte Rede,
> - rechtes Handeln,
> - rechter Lebenswandel,
> - rechtes Streben,
> - rechte Einsicht,
> - rechtes Sichversenken.

Im achtfachen Weg lassen sich zwei Etappen unterscheiden, die beide in "rechter" Weise, d.h. unter Vermeidung beider Extreme, des Zuviel und Zuwenig, zu verwirklichen sind:
- die ethische Disziplin,
- die Übung der Versenkung.

Die ethische Disziplin erweist sich dabei als Voraussetzung der meditativen Übung. Sie ist begründet im Vernehmen der vier edlen Wahrheiten. Aus dieser Erkenntnis ergibt sich der Entschluß zur Entsagung, zum Wohlwollen und zur Nichtschädigung alles Lebendigen.

Dieser Entschluß wiederum verwirklicht sich in den anschließend aufgeführten Stufen und mündet am Ende in den Vollzug der Versenkung mit ihren verschiedenen Tiefengraden.
Die im Westen stark verbreitete Übung des *Za-Zen* = Sitz-Meditation knüpft, streng genommen, an der letzten Stufe des achtfachen Weges an, wie das jap. Wort "*Zen*", abgeleitet über das chin. "ch'an" von "dhyāna" = Versenkung, zeigt. Es wäre ein großes Mißverständnis zu meinen, bei der Zen-Übung handele es sich lediglich um eine besondere Meditationstechnik, die voraussetzungslos erlernbar sei. Vorausgesetzt ist bei einer solchen Übung stets ein ernsthafter moralischer Lebenswandel im Sinne des in der vierten edlen Wahrheit vorgetragenen achtfachen Weges.

3. Weisheit und Mitleiden

Die zentrale Bedeutung der Erleuchtung als Erkenntnis der wahren Freiheit im Raum aller Vergänglichkeit hat die im Buddhaleben ablesbare Bedeutung der mitleidenden Zuwendung des Erleuchteten zur unerlösten Welt immer wieder verdunkelt. Zu den wichtigen Unterscheidungen zwischen dem großen und dem kleinen Fahrzeug gehört daher auch die unterschiedliche Beschreibung der Idealgestalt, die im kleinen Fahrzeug als "Arhat" und im großen als "Bodhisattva" angesprochen wird.
Die genaue Ableitung und folglich die Übersetzung von *Arhat* ist nach wie vor umstritten. Soviel steht jedoch fest, daß der Arhat wesentlich durch das Erlöschen der Grundleidenschaften, der Gier, des Hasses und des Irrtums, und die Aufhebung des "Durstes" gekennzeichnet ist. Der Arhat ist der absolut freie Mensch. Der Zustand, bei dem alle Leidenschaften vernichtet sind, ist bereits in diesem Leben erreichbar, findet aber im Tod seine Endgültigkeit.
Gegenüber der Gestalt des Arhat, die in ihrer Konzentration auf die radikale Loslösung fast schon wieder mitleidlos-egozentrisch-elitär erscheint, tritt in der Gestalt des "*Bodhisattva*" das Mitleiden mit der unerleuchteten und daher unfreien Welt hervor. Der Bodhisattva ist als ein Wesen zu beschreiben, das zwar selbst schon die Buddhaschaft erlangt hat, trotzdem aber nicht eher in das vollständige Nirvāṇa eingehen möchte, bis alle unerlösten Wesen erlöst sind. In diesem Ideal verbinden sich somit Weisheit (= *prajñā*) und Mitleiden (= *karuṇā*). Diese Feststellung hat Gültigkeit, auch wenn damit die Frage, ob und wie dieses Mitleiden sich mit der Haltung christlicher Liebe vergleichen läßt, zunächst offengelassen wird.
Auf eine wichtige Konsequenz aus dem Bodhisattva-Ideal sei aber schon deshalb hingewiesen, weil sie die landläufige Vorstellung von einem Buddhismus, der seine Anhänger allein auf dem Weg der Meditation zur Freiheit führt, korrigiert. Die Einsicht, daß die großen Er-

leuchteten in ihrem "Hingehen" (in die radikale Loslösung) zugleich die "Rückkehr" (zu den Unerlösten) vollziehen, weckt Vertrauen und Glauben bei all denen, die sich unfähig dünken, das große Ziel mit eigener Kraftanstrengung zu erreichen. Das Bewußtsein, daß es viele gibt, die den ringenden Menschen mitleidend-helfend entgegenkommen, leitet an, neben dem historischen Buddha, vor ihm und nach ihm weitere Buddhagestalten und entsprechend eine Vielzahl von Bodhisattvas zu erkennen, mit Namen zu versehen und zu Objekten gläubig-vertrauender Verehrung und Anrufung zu machen.
Als eine zweite große Säule des großen Fahrzeugs ist in diesem Zusammenhang der *Amida-Buddhismus* zu nennen. In dieser Form des Buddhismus wenden sich die Menschen Amitābha (jap. Amida), dem Buddha des westlichen Paradieses, und seinem Bodhisattva Avalokiteśvara (jap. Kannon) in wiederholten Anrufungen zu.
Für den japanischen Raum muß als dritte Säule des klassischen japanischen Buddhismus der *Nichiren-Buddhismus* genannt werden. Diese von Nichiren (1222-1282) gegründete Schule des Buddhismus zeichnet sich durch ihre geschichtlich-eschatologische Ausrichtung, durch ihre eigentümliche Verbindung von Nationalismus und Universalismus (Japan als Verkündigungsbühne für das Heil der ganzen Welt!) sowie ihren Absolutheitsanspruch gegenüber allen anderen Formen des Buddhismus und die diesem entsprechende missionarische Grundhaltung aus. Dieser Buddhismus ist schon deshalb zu erwähnen, weil er der Mutterboden für eine Reihe moderner buddhistischer Bewegungen in Japan ist, z.B. die Sōkagakkai, mit der wiederum eine der stärksten politischen Parteien im japanischen Parlament verbunden ist.

4. Der Buddhismus und wir

Wie den Hinduismus hat die Konzilserklärung *Nostra aetate* auch den Buddhismus gewürdigt:

> In den verschiedenen Formen des Buddhismus wird das radikale Ungenügen der veränderlichen Welt anerkannt und ein Weg gelehrt, auf dem die Menschen mit frommem und vertrauendem Sinn entweder den Zustand vollkommener Befreiung erreichen oder - sei es durch eigene Bemühung, sei es vermittels höherer Hilfe - zur höchsten Erleuchtung zu gelangen vermögen. (NA 2)

In der knappen Darstellung sind a) drei der vier edlen Wahrheiten zur Sprache gebracht (1: "Ungenügen der veränderlichen Welt", 3: Ziel: "Befreiung"/Erleuchtung", 4: "Weg"), b) die Grundunterscheidung in kleines und großes Fahrzeug in der Zielbeschreibung angedeutet (*entweder* - mehr negativ - "vollkommene Befreiung" *oder* - mehr positiv - "höchste Erleuchtung") und c) innerhalb des großen Fahrzeugs die Richtung des Meditations- und des Bodhisattva-Buddhismus angesprochen (*sei es* "eigene Bemühung", *sei es* mit "höherer Hilfe").

Einleitend waren bereits jene Punkte namhaft gemacht, die auch für den westlichen Menschen der Gegenwart faszinierend wirken können. Es fragt sich aber auch, wie es um die Christen steht. Auf der 2. Vollversammlung der Föderation asiatischer Bischofskonferenzen (FABC) vom 19.-25. November 1978 bei Kalkutta machte der Vertreter des Heiligen Stuhls, Erzbischof D.S. Lourdusamy, in seiner Eröffnungsrede deutlich, daß es zwischen Christentum und Asien in spiritueller Hinsicht einen Austausch von Geschenken geben kann. Geht man von der christlichen Grundspiritualität aus, so hat das Christentum Folgendes anzubieten:
(1) ein personal formuliertes Gebet, das seinen Adressaten beim Namen rufen darf und kann, weil es durch Jesus Christus gelernt hat, Gott "Vater" zu nennen,
(2) ein kommunitäres Gebet, das in der Höchstform der Liturgie den Mittler Jesus Christus in der Gemeinde gegenwärtig werden und aus dieser Gegenwärtigsetzung die Gemeinde immer neu entstehen läßt,
(3) die Einbettung des Gebetes in den Vollzug der Liebe zu allen Menschen,
(4) die Wirksamkeit des göttlichen Geistes in allem menschlichen Tun.
Dem steht das Angebot Asiens, zumal des Buddhismus gegenüber:
(1) der Aufruf, das kontemplative Leben wieder ernst zu nehmen und Zeiten der Innerlichkeit, der Sammlung und des Schweigens neu einzuüben,
(2) die Skala der Wege und Mittel, die die Meditation und ein vertieftes Gebetsleben fördern: Entsagung, der Sinn für das Symbolische und Hintergründige, für die Bedeutung des Leiblich-Körperlichen, die Einübung in die Wahrnehmung des anderen in der Erfahrung der Immanenz, aber auch der kosmischen Grundeinheit, die Erfahrung der inneren Freiheit,
(3) die Einladung zu einem interreligiösen Dialog, der nicht auf der Basis theoretischer Erörterungen, sondern auf der Basis eines Austausches geistlicher Erfahrungen beruht,
(4) die Einladung an die Christen, in ihrer Verkündigung nicht die Ansätze, Methoden und Wege anderer Religionen geringzuschätzen und aus Unkenntnis oder Überheblichkeit Angebote zu machen in Feldern, in denen sie selbst erst wieder Übende werden müßten,
(5) die Herausforderung der asiatischen Spiritualität in einer Zeit, die viele Zeitgenossen als eine nachchristliche und oft gar als eine nachreligiöse Epoche ansprechen.

Die Akzente, die Erzbischof Lourdusamy gesetzt hat, machen deutlich: Eine christliche Auseinandersetzung mit dem Buddhismus kann nicht mit der Absicht geführt werden, die eigene christliche Position in apologetischer Hinsicht theoretisch abzusichern. Sie kann schon gar nicht mit den Mitteln der Herabsetzung des Partners geführt werden.

Für den Christen wird vielmehr die Ernsthaftigkeit der fremdreligiösen Bemühungen ein Anruf sein, in der Glaubenspraxis und -erfahrung wieder so gesprächsfähig zu werden, daß ein Austausch in der Spiritualität, d.h. in den Erfahrungen der Geistgeführtheit möglich wird. Ob die asiatischen Meditationsmethoden und die Einfachheit des Lebens, die mehr als alles andere im Westen herausfordernd wirken, zunächst einladen, in der christlichen Tradition nach Entsprechungen zu suchen und diese neu zu üben, oder ob sie auch von Christen stellenweise als ein Weg zur Wiedererlangung meditativer Tiefe benutzt werden, kann so lange offenbleiben, als die Praxis unzureichend erscheint und es an Meistern des geistlichen Lebens im abendländischen Raum mangelt.

Folgende Punkte bedürfen eines vertieften Gesprächs in der Zukunft:

- das Gottesverständnis angesichts der Namens- und Gesichtslosigkeit des Absoluten im Buddhismus,
- die Würde der menschlichen Person angesichts der Rede von der Ichlosigkeit des Menschen,
- die positive Bedeutung von Welt und Geschichte und die Verantwortung des Menschen seiner Welt gegenüber angesichts der Einladung zu radikaler Weltentsagung.

B. Buddhismus und Christentum im Dialog - Anmerkungen zu den geistigen Voraussetzungen

Das Gespräch zwischen Christentum und Buddhismus hat in den letzten Jahrzehnten an Intensität gewonnen. Nachdem im vergangenen Jahrhundert die wissenschaftliche Beschäftigung mit dem Buddhismus im Westen in Gang gekommen war[1], lassen sich heute mehrere Begegnungsebenen unterscheiden. Zur Ausbildung dieser Ebenen ist es nicht zuletzt durch außerreligiöse Faktoren gekommen, die über das genuin religiöse Interesse hinaus ganz unterschiedliche Menschengruppen beruflich und touristisch, durch die zunehmende Mobilität, durch verstärkten Informationsfluß und eine wachsende interkulturelle Kommunikation auch mit dem Buddhismus in Berührung gebracht haben.

1. Vier Ebenen

Im Hinblick auf interreligiöse Begegnungen lassen sich grob vier Ebenen unterscheiden: (1) die gesellschaftlich-politische, (2) die intellektuell-wissenschaftliche, (3) die "philosophisch"-"theologische", (4) die asketisch-spirituelle. Diese Begegnungsebenen sind zwar nicht in jeder Hinsicht sauber voneinander abzugrenzen, markieren aber doch gewisse Schwerpunkte der Begegnung.

(1) Auf der gesellschaftlich-politischen Ebene begegnen sich die Religionen in ihren Vertretern, um sich den gesellschaftlichen Herausforderungen der Zeit zu stellen und - im Sinne der Forderung von *Nostra aetate* 1 an die Kirche - auch ihrerseits "Einheit und Liebe unter den Menschen und damit auch unter den Völkern zu fördern". Hierbei tritt vor allem das ins Auge, was die Menschen verbindet. In gewissem Sinne werden die Religionen selbst fast schon wieder antlitzlos, wenn sie nach ihrem Beitrag zum Frieden und zur Gerechtigkeit unter den Völkern gefragt werden. Vielfach geht es um praktische Schritte und Hilfen. Entsprechend stellt sich die Frage nach dem je eigenen religiösen Verständnis von Frieden, Gerechtigkeit und Freiheit, Welt, Mensch und Menschheit, Geschichte, ihrem Anfang und ihrer Erfüllung erst, wo nach der

[1] Vgl. dazu den lesenswerten Überblick von J. May, Vom Vergleich zur Verständigung. Die unstete Geschichte der Vergleiche zwischen Buddhismus und Christentum, 1880-1980: ZMR 66 (1982) 58-66.

religiösen Begründung und Motivation des praktischen Welteinsatzes gefragt wird.
(2) Auf der intellektuell-wissenschaftlichen Ebene setzt sich das Bemühen um ein besseres Kennenlernen des Fremden in phänomenologischer Erfassung und von den verschiedenen Gesichtspunkten der Wissenschaften, der Geschichte, der Soziologie und Psychologie her fort. Diese Ebene erinnert an die ersten Schritte, die wissenschaftlich im Religionsvergleich gemacht wurden. Freilich erweist sich die Haltung der "Unabhängigkeit von normativen Bindungen"(H.-J.Klimkeit)[2] inzwischen immer deutlicher als Trugschluß, wenn es um die Frage des Verstehens im "religiösen" Bereich geht. Das Wesen von "Religion" läßt sich rein deskriptiv weder aus dem Phänomen- noch aus dem historischen Vergleich ableiten; zu seiner Bestimmung bedarf es normvermittelnder Disziplinen.
(3) Wir nennen die dritte Ebene philosophisch-theologisch, weil wir darauf aufmerksam machen wollen, daß die im Abendland verbreitete Trennung (nicht nur Unterscheidung) der beiden Disziplinen auf Seiten der abendländischen Philosophen nach wie vor nicht als Mangel ihrer philosophischen Einstellung erkannt wird. Der Dialog - konkret - mit dem Buddhismus, aber auch mit den chinesischen Religionen leidet sehr darunter, daß ihre Zuordnung zur "Philosophie" und/oder zur "Religion" nach wie vor nicht ausdiskutiert ist. Ein gutes Beispiel ist ein deutsch-japanisches Kolloquium, in dem deutsche Philosophen und japanische Denker die "All-Einheit", - eine Sache, die nach K.Nishitanis Worten "in Religion und Philosophie des Westens wie des Ostens seit alters her behandelt wird" - diskutiert haben, ohne interdisziplinär die theologische Fachdisziplin in das Gespräch einzubeziehen[3]. Hellsichtig hat ein Rezensent der Dokumentation dieses Kolloquiums von der "tödlichen Form der Reflexion" gesprochen und die deutschen Beiträge der "Tradition des gelehrten Monologs" zugeordnet[4]. Umgekehrt hat das 2. Vatikanische Konzil in seiner Erklärung *Nostra aetate* 2 eher unreflektiert mit großer Selbstverständlichkeit den Buddhismus unter die Religionen eingereiht.

---

[2] Vgl. Art. Religionswissenschaft: LexR 560ff.

[3] Vgl. dazu die Dokumentation von D. Henrich (Hg.), All-Einheit. Wege eines Gedankens in Ost und West (= Veröffentlichungen der Internationalen Hegel-Vereinigung 14). Stuttgart 1985; dort auch das Zitat von K. Nishitani, 13.

[4] Vgl. H.-G. Holl, Die tödliche Form der Reflexion: F.A.Z. Nr. 70 vom 23.3.1986, 11.

(4) Wo der Buddhismus vorrangig als spiritueller Weg zu umfassender Befreiung erkannt wird, setzt die Begegnung mit der asketisch-spirituellen Ebene ein. Hier gilt bei der Vielzahl möglicher Begegnungsfelder das gesteigerte Interesse den im Buddhismus aller Fahrzeuge vermittelten meditativen Wegen. Diese sind - wieweit zu Recht, ist hier nicht zu diskutieren[5] - in den letzten Jahrzehnten zu einem unübersehbaren Anstoß einer Wiederbelebung der meditativen Praxis auch in die breitere Öffentlichkeit der Kirche hinein geworden. Beim Gespräch zwischen Buddhismus und Christentum ist aber noch keineswegs zu Ende bedacht, was es *theologisch* und *religiös* bedeutet, daß buddhistische Meister Christen als erleuchtete Meister und damit als Lehrer des von ihnen gemeinten Weges anerkannt haben und anerkennen. Es fragt sich, ob die bisher entwickelte Kriteriologie christlicherseits ausreicht, um einem solchen religionsgeschichtlich bedeutsamen Ereignis voll gerecht werden zu können. Diese Frage übersteigt in ihrer Tragweite bei weitem die andere, ob christlich nach der Weise des Zen meditiert werden kann oder nicht.

Im Blick auf die vier genannten Ebenen zeigt sich sehr leicht, daß die zukünftigen Entscheidungen vorrangig auf der dritten und der vierten fallen werden. Gerade weil auf diesen beiden Ebenen alle am Dialog Beteiligten in der Identität ihres je eigenen religiösen Grundengagements herausgefordert sind, verdienen sie auch die besondere Aufmerksamkeit. In Vertiefung des im ersten Durchgang Angesprochenen sei der Blick auf einige Momente gerichtet, die in gleicher Weise die Methodik wie den Inhalt des Dialogs berühren.

2. "Philosophie" und Religion

Die Unsicherheit, ob der Buddhismus eher zur "Philosophie" oder zu den Religionen zu zählen ist, kommt nicht von ungefähr. Sie hat mit der zentralen Frage zu tun, welche Rolle Gott im Verständnis der Religion zuerkannt wird. Es ist keine Frage, daß der Buddha keine Vorstellung von dem Gott hatte, an den wir uns in der jüdisch-christlichen Tradition gewöhnt haben. Weder die Einzigkeit noch das, was wir die Personalität Gottes nennen, aber auch nicht das Göttliche spielt in seiner Rede irgendeine Rolle. Die Vorstellung von einem

---

[5] Vgl. dazu ausführlicher meine Überlegungen in: Faszination des Buddhismus. Mainz 1982, 92-137, sowie mein Buch: An der Grenze des Denkbaren. München 1988.

Schöpfer fehlt. Schon gar nicht kann von dem Anspruch die Rede sein, Gott habe sich geoffenbart. Selbst das, was eine "natürliche Theologie" im Abendland reflektiert, hat im Leben des Buddha keine Bedeutung.

Unübersehbar ist aber, daß es dem Buddha um die Überwindung eines Gesamtzustands geht, den er als "leidvoll" anspricht. Es geht ihm um Befreiung und Heil. A. Pieris hat mit anderen asiatischen Theologen darauf hingewiesen, daß in ihrem Lebensraum "Kultur und Religion überlappende Facetten einer unteilbaren Soteriologie (sind), die gleichzeitig eine Lebensauffassung und einen Erlösungsweg darstellt; es handelt sich um eine Philosophie, die im Grunde eine religiöse Weltanschauung ist, wie auch um eine Religion, die eine Lebensphilosophie ist"[6]. Ausdrücklich wendet er sich gegen das marxistische Denkmodell, daß die "Religion" sterben und die "Philosophie" überleben könne[7].

Die Frage, die sich die abendländische Philosophie angesichts der Eigenständigkeit eines asiatischen *philosophischen* Selbstverständnisses zu stellen hat, lautet: Welche *Weisheit* sucht sie eigentlich[8]? Was bedeutet diese dem Menschen? Ist sie sein Werk oder am Ende doch wie beim Aquinaten ein *"donum"* (vgl. S.Th. II-II 45)? Umgekehrt bleibt dem *Theologen* die Frage, was es mit einer "Religion" auf sich hat, der der *"theós"* fehlt. Sicher ist der Buddhismus auf seine Weise insofern mehr als die uns geläufige Philosophie, als es ihm wesentlich um eine radikal vollzogene Praxis der Ab-Lösung geht, die nichts in dieser Welt als An-Halt und Stand-Punkt bestehen läßt. Die radikalen Formen praktischer wie theoretischer Negation sind nicht ohne Grund mit den verschiedenen Gestalten der christlichen negativen Theologie verglichen worden[9]. Sind aber nicht Loslösung, Selbstverleugnung und

---

[6] So in seinem Buch: Theologie der Befreiung in Asien. Christentum im Kontext der Armut und der Religionen (= Theologie der Dritten Welt 9). Freiburg 1986, 80f.; vgl. auch 155f. u.ö.

[7] Vgl. ebd. 155.

[8] Vermutlich steht dem Bedenken der Weisheit eine neue Konjunktur bevor. Vgl. nebeneinander die von mir und Th. Immoos für H. Dumoulin herausgegebene Festschrift: Fernöstliche Weisheit und christlicher Glaube. Mainz 1985 (v.a. die Beiträge von R.J. Zwi Werblowsky und J. van Bragt), die von *W. Baier* u.a. herausgegebene FS für J.Card. Ratzinger: Weisheit Gottes - Weisheit der Welt. St. Ottilien 1987 (hier v.a. die philosophischen Beiträge von J. Möller und R. Schaeffler) sowie den in seiner Schablonenhaftigkeit m.E. nicht gelungenen Versuch H. Küngs, die chinesischen Religionen neben dem "semitisch-prophetischen" und dem "indisch-mystischen" als "weisheitliches religiöses Stromsystem" zu qualifizieren; vgl. H. Küng/J. Ching, Christentum und chinesische Religion. München 1988.

[9] Einen kleinen und zugleich späten Ausschnitt der Geschichte dieser Negation im Buddhismus habe ich in meinem Buch: Absolutes Nichts. Freiburg u.a. ³1980, thematisiert. Das dort behandelte Buch von K.

Schweigen jene Weisen des Überstiegs, in denen Gottes Gegenwart erst wahrgenommen und "zur Sprache kommen" kann, wo also *"Theo-logie"* erst möglich wird? Wenn die Väter des II. Vatikanischen Konzils den Buddhismus unter die Religionen eingereiht haben, haben sie doch vermutlich eine Ahnung davon gehabt, daß das Fehlen der Rede von Gott beim Buddha diesen nicht einfachhin zu einem Gott-losen macht, sondern sich im "Licht des Nichts" (B. Welte)[10] *ungenannt* der ankündigt, den wir Christen "Gott" nennen. Ist nicht dem Christen das Staunen darüber, daß er mit Jesus beten darf: "Geheiligt werde Dein *Name*", viel zu sehr abhanden gekommen? Umgekehrt darf nicht übersehen werden, daß sich in der Grunderfahrung des Buddha höchste Negativität mit höchster Positivität verbindet: Nirvāṇa mit der Erleuchtung, Leere mit Weisheit, das Entrinnen aus dem Kreislauf der Wiedergeburten mit Erlösung und Heil.

3. All-Einheit und die Sprache

Zu dem, was abendländische Philosophie und buddhistische Praxis vor allem unterscheidet, gehören abendländisch die Betonung des Begriffs und der Logik und buddhistisch der Verzicht auf den Begriff, die Betonung des Schweigens und der Sigetik[11]. Anders gesagt: Was das abendländische Denken von dem buddhistischen unterscheidet, ist die Aufrichtung des Ideals der Nicht-Unterscheidung und damit die Absage an alle Unterscheidungen, positiv gewendet: die Betonung der All-Einheit. Alles Sprachliche wird dabei zur Krücke, an der sich Blinde über einen Abgrund tasten, bis daß sie das rettende Ufer auf der anderen Seite erreicht haben und die Krücken hinter sich lassen können. Alles, was trennt und abgrenzt, wird folglich zur Barriere. Die Aufhebung solcher Barrieren geht in der buddhistischen Tradition soweit, daß selbst alles, was mit dem Ich - im Sanskrit *ātman* - zu tun hat, im Gegensatz zu den klassischen hinduistischen Traditionen geleugnet wird. In den gleichen Zusammenhang der Leugnung gehört auch die Absage an das, was abendländisch mit "Person"

Nishitani erschien in deutscher Übersetzung: Was ist Religion? Frankfurt 1982. Vgl. auch M. Heinrichs, Christliche Offenbarung und religiöse Erfahrung im Dialog. Paderborn 1984 (das Manuskript wurde 1975 abgeschlossen).

[10] B. Welte, Das Licht des Nichts. Von der Möglichkeit neuer religiöser Erfahrung. Düsseldorf 1980.

[11] Vgl. dazu ausführlicher H. Waldenfels, Grenze (Anm. 5) 88-108.

bezeichnet wird. Im durchschnittlichen asiatischen Verständnis ist "Person" bis heute Ausdruck von Unterscheidung und Vereinzelung, nicht Ausdruck von Würde und Einzigartigkeit. Daß die Rede von einem "personalen Gott" angesichts des negativen Vorverständnisses von "Person" unverständlich bleiben muß, ist von hier aus erklärlich[12].

In seinem Aufsatz *Wort und Schweigen* hat H.Urs von Balthasar geschrieben:

> Es gibt für den Christen eine Müdigkeit der Positivität. Er ist an Worte und Fakten angeschmiedet, ohne Hoffnung, von ihnen je loszukommen.[13]

Angesichts dieser Müdigkeit des Christen hat die radikale Negativität der Loslösung im Buddhismus ihre unübersehbare Faszination. Dennoch kann der Mensch aus *reiner* Negativität nicht leben. Es ist im übrigen auch einseitig, in der Sprache und ihrer Befähigung zum Begriff und zum "Ur-teil" nur den Weg in den Sündenfall aller Spaltungen, Teilungen, Trennungen und Unterscheidungen zu erblicken. Der Mensch bedarf zum Leben der Kommunikation. Hier aber erweist sich die Sprache als grundlegendes Mittel der Verbindung und Verständigung, der Versöhnung und der Übereinkunft.

Vielleicht ist es bereits eine Frucht der beständigen Rückfragen an die Buddhisten, wenn neben der Weisheitsgestalt des Erleuchteten inzwischen die Mitleidsgestalt des als Erleuchteter die Welt Erleuchtenden wieder deutlicher Relief erlangt. Tatsächlich erschöpft sich Buddhas Schicksal nicht in seiner Erleuchtung. Diese wurde vielmehr in einem Leben wirksam, in dem der Buddha das Rad der Lehre in Bewegung setzte, um die blinde, unerleuchtete Menschheit auf den Weg der Erlösung zu rufen. *Prajñā* und *karuṇā*[14], Weisheit und Mitleiden, sind die beiden, gleichbedeutsamen Pfeiler des Buddhalebens.

Im Blick auf die Sprache besagt das: Buddhas Leben endete nicht im Schweigen; die Erleuchtung brachte vielmehr eine neue Sprache mit sich[15]. Dabei kann auch dem Buddhisten gerade an der Buddhagestalt zu Bewußtsein kommen, daß Sprache nicht nur das Trennend-Unterscheidende, sondern zugleich und

---

[12] Es gibt zwei deutliche Beispiele, wo eine lange Beschäftigung mit westlichem Denken zu einer positiven Neubewertung des Personverständnisses geführt hat: Sri Aurobindo in Indien und K. Nishitani in Japan.

[13] H.U. von Balthasar, Verbum Caro (= Skizzen zur Theologie 1). Einsiedeln 1960, 135-155; Zitat: 136.

[14] Vgl. dazu die beiden Artikel im LexR, 508f. und 338f.

[15] Vgl. dazu ausführlicher H. Waldenfels, Grenze (Anm. 5) 69-108.

mehr noch das Nennend-Verbindende und Verbindliche ist. Die Rolle, die der Sprache in der Kommunikation der Menschen wie auch in ihrem verantwortlichen Umgang mit der Welt zukommt, bedarf gerade im buddhistisch-christlichen Gespräch vertiefter Aufmerksamkeit[16].

Die Rede von der "Ver-*antwort*-ung" sollte aber dann dem Christen die Tatsache in Erinnerung halten, daß die ihn tragende Ordnung ihm immer neu vom *Logos* Gottes vermittelt wird und daß das Christentum sich zum Logos Gottes als dem in Jesus von Nazaret welthaft-*inkarnierten* Logos bekennt. Daß der Antwort und Verantwortung des Menschen das Wort Gottes vorausgeht, muß heute christlich dringend der Bewußtlosigkeit entrissen werden, wenn die Christen im buddhistisch-christlichen Dialog nicht sprachlos bleiben und damit dialogunfähig werden wollen. Wer "Dialog" sagt, sagt auch "Sprache". Er muß folglich auch zur Sprache bringen, was ihm die Sprache bedeutet.

Dem braucht das, was H.U. von Balthasar vor Jahren schon betont hat, daß nämlich die ursprüngliche Wirklichkeit - "Im Anfang war das Wort" - nur wortlos eingesehen und selbst nicht durch menschliche Worte einsichtig gemacht werden kann, nicht zu widersprechen[17]. Doch erst im Hindurchgang durch das menschgewordene Wort - *per Christum Dominum nostrum*[18] - zeigt sich:

> Das 'Wort' mag in der Offenbarung noch so positiv, historisch und gesetzhaft wirken, es ist dennoch überall und von Anfang an Ausdruck des gottmenschlichen connubiums, dessen Vollzug notwendig das Wortlose ist, im Allerletzten nicht das Ich-Du, sondern der Blitz des Zusammenfalls.

In diesem Zusammenhang muß es nachdenklich stimmen, daß die Abwehr des Kreuzes, für das immer wieder das Unverständnis D.T.Suzukis zitiert wird[19], inzwischen bei Buddhisten durch ein erkennbares Interesse an der kenotischen Christologie

---

[16] Vgl. dazu auch H. Waldenfels, Sprechsituationen: Leid - Vernicht-ung - Geheimnis: Zum buddhistischen und christlichen Sprechverhalten: H. Waldenfels/Th. Immoos (Hg.), Weisheit (Anm. 8) 289-312; Ders., Weltreligionen, viele Kulturen, Sprachen und Systeme - und die eine Welt des Menschen: G.W. Hunold/W. Korff (Hg.), Die Welt für morgen. Ethische Herausforderungen im Anspruch der Zukunft. München 1986, 357-366.

[17] Vgl. H.U. von Balthasar, Verbum Caro (Anm. 13) 142; dort auch das folgende Zitat: 151.

[18] Vgl. dazu den theologisch-mystagogischen Grundansatz in meiner: KF.

[19] Vgl. das bekannte Kapitel: Kreuzigung und Erleuchtung: D.T. Suzuki, Der westliche und der östliche Weg. Essays über christliche und buddhistische Mystik. Frankfurt 1974, 121-129.

abgelöst wird[20]. Gerade die Radikalität der Selbstentäußerung Gottes im Kreuzestod Jesu (vgl. Phil 2) wird heute zu einem Berührungspunkt zwischen Christen und Buddhisten. Dabei darf dann nicht übersehen werden, daß mit dem "gekreuzigten Gott" die religionsgeschichtlich verbreiteten Gottesbilder ihrerseits mit ins Wanken geraten. Es fragt sich nur, wieweit das Christentum selbst wirklich von dem Gottesbild, wie es in der Gestalt des Gekreuzigten *sichtbar* wird, bewußtseinsmäßig geprägt ist. Ist Gottes Weisheit, wie sie in Christus als dem Gekreuzigten sichtbar wird (vgl. 1 Kor 1,17-31), nicht immer noch unterwegs zu den Menschen?

4. Erleuchtung, Befreiung und Mitleiden

Wenn wir die Überlegungen an dieser Stelle zusammenfassen, ergibt sich: (1) Es gibt keinen wahren interreligiösen Dialog, in dem - zumindest von Seiten der Christen - Gott nicht ins Spiel gebracht werden kann. (Dabei ist es *zunächst* gleichgültig, ob das um des Menschen und der Welt oder um Gottes selbst willen geschieht.) (2) Christlich gesehen, ist Gott, wo er "zur Sprache kommt", nicht ein Abstrakt- oder Universalbegriff, sondern der konkrete, in der Geschichte sichtbar werdende Gott Jesu Christi, den wir Christen im Blick auf Jesus als den dreifaltigen Gott bekennen. Daraus folgt (3), daß wir Christen Gott auch im Gespräch mit den Buddhisten als den in seinem Geist lebendigen und *gegenwärtig* wirksamen Gott bekennen und erkennen müssen. In der christlichen Theologie stoßen wir unglücklicherweise immer noch auf die Zweiheit von Pneumatologie und Spiritualität. Insofern aber als Reflexion die Erfahrung voraussetzt, ist auch der Christ eine Antwort auf die Frage nach seiner Geisterfahrung bzw. nach seiner Gotteserfahrung schuldig, - und das um so mehr, als die Buddhalehre wesentlich Lehre von einem Weg ist, der in die Erfahrung umfassender Erleuchtung und radikaler Befreiung führt. Vor aller Pneumatologie bedarf daher der Christ zunächst eigener Spiritualität.

---

[20] Es ließe sich unschwer nachweisen, daß K. Nishitani diesen Gedanken in den europäischen Übersetzungen gegenüber dem japanischen Original noch verstärkt hat. Vgl. zu dem Thema meine Hinweise in: Absolutes Nichts (Anm. 9) 197-207; Faszination (Anm. 5) 130-134.138-151 u.ö.; Der Gekreuzigte und die Weltreligionen. Zürich 1983; auch: Modelle christlicher Soteriologie in außereuropäischem Kontext: ZMR 71 (1987) 257-278, bes. 262-266.272-274.

Nun ist für den Buddhisten Nirvāṇa[21] das letzte Wort und als solches zugleich die Abweisung jeder Aussage. Was sich unmittelbar vom Wort her aufdrängt - absolutes Verlöschen, absolute Vernichtung -, ist von den Unerfahrenen verständlicherweise lange Zeit als radikale Gestalt des Nihilismus und Weltpessimismus gedeutet worden. Die Weigerung des Buddha, sich zu metaphysischen Fragen zu äußern und sich damit in die theoretische philosophische Diskussion hineinziehen zu lassen, hat zusätzlich den Eindruck der Weltabgekehrtheit verschärft. Eigentlich hat erst der Einfluß des Mahāyāna-Buddhismus die Rede von der Urerfahrung des Buddha mit einer lichtvollen Aura versehen. Jedenfalls ist die Rede vom Erwachen bzw. von der Erleuchtung, die auch der verbreitete Buddhatitel zum Inhalt hat, in seiner Positivität dem abendländischen Menschen zugänglicher. Das gilt auch für die Rede von der Befreiung. Nur ist darauf zu achten, daß weder Befreiung noch Erleuchtung mit einem *positiv* beschreibbaren Inhalt versehen sind. Bei der Befreiung geht es vorrangig um eine Befreiung-von, die dann in eine nicht mehr zu beschreibende All-Offenheit hineinführt. Ebenso sagt auch die Erleuchtung inhaltlich nicht mehr aus, als daß alles erscheint, wie es ist.

Der abendländische Mensch ist gerade an dieser Stelle- auch wenn ihm das dann noch einmal den Vorwurf des Unerleuchteten eintragen mag - geneigt zu fragen, was das "wie es ist" im Hinblick auf die erlebte Diskrepanz von Realität und Idealität bedeutet. Die Gefahr, daß die Realität der leidvollen geschichtlichen Wirklichkeit um der Idealität einer von allem Leid freien Welt willen übersprungen und die Leidhaftigkeit der Welt zum Stigma der kontingenten Welt verkürzt wird, ist gegenüber dem Buddhismus immer wieder zur Sprache gebracht worden. Die ethische Verantwortlichkeit in der heutigen Gesellschaft, die Deutung der Geschichte als einer von Menschen gesteuerten Geschichte, das Verständnis des Bösen und der Schuld u.ä. sind deshalb auch Themen, die der Buddhismus bis heute noch nicht in zureichender Schärfe zur Kenntnis genommen hat. Sie sind auch nicht zu lösen, wenn es nicht zu einer befriedigenden Lösung der Frage nach wahren und falschen, gerechtfertigten und ungerechtfertigten Unterscheidungen kommt.

Dennoch muß dem Buddhismus der Anspruch zugebilligt werden, daß er den Menschen auf jenen absoluten, entscheidenden Punkt hin orientiert, von dem her Licht auf die ganze Wirklichkeit fällt. Es bleibt müßig zu fragen, ob dieser Punkt

[21] Vgl. Art. Nirvāṇa (A. Thannippara): LexR 461f.

mit menschlicher Kraft allein oder nur mit der Hilfe fremder Kraft zu erreichen ist. Die Geschichte des Buddhismus zeigt in der Unterscheidung von meditativem und amidistischem Buddhismus, daß die Frage nicht nur zwischen Buddhismus und Christentum steht, sondern im Innern des Buddhismus selbst am Werke ist. *Nostra aetate* 2 hat diesen Tatbestand korrekt wiedergegeben, wenn es dort heißt, der Buddhismus lehre einen Weg, "auf dem die Menschen mit frommem und vertrauendem Sinn entweder den Zustand vollkommener Befreiung zu erreichen oder - sei es durch eigene Bemühung, sei es vermittels höherer Hilfe - zur höchsten Erleuchtung zu gelangen vermögen".

Es gibt zwei Texte, die je auf ihre Weise den Zusammenprall von Eigenkraft und Fremdkraft in beiden Religionen zum Ausdruck gebracht haben:

- Bislang unübertroffen ist christlich die Beobachtung R. Guardinis, die den Buddha betrifft:

> Ein Einziger hat ernsthaft versucht, Hand ans Sein selbst zu legen: Buddha. Er hat mehr gewollt, als nur besser zu werden, oder, von der Welt ausgehend, den Frieden zu finden. Er hat das Unfaßliche unternommen, im Dasein stehend das Dasein als solches aus den Angeln zu heben. Was er mit dem Nirvāṇa gemeint hat, mit dem letzten Erwachen, mit dem Aufhören des Wahns und des Seins, hat christlich wohl noch keiner verstanden und beurteilt. Der das wollte, müßte in der Liebe Christi vollkommen frei geworden, aber zugleich jenem Geheimnisvollen im sechsten Jahrhundert vor der Geburt des Herrn mit tiefer Ehrfurcht verbunden sein.[22]

- Diesem Text ebenbürtig ist der kühne Text H.Urs von Balthasars, in dem es heißt:

> Nur im Glauben können wir das Wort als Geländer loslassen, um schwindelfrei im Raum der Freiheit zu wandern, nur in der glaubenden Hoffnung dürfen wir uns mit Petrus aus dem Schiff wagen auf die wogende Unendlichkeit des Gottesgeistes hinaus. Auf einmal ist keine Formel mehr da, weder würde der Andere, der vor uns steht, sie verstehen, noch sie gebrauchen können; er fordert etwas anderes, ihm selbst Unbekanntes, auch uns Unbekanntes, das uns beiden nur der Schöpfergeist der Liebe spenden kann.
> Dieser Geist ist Atem, nicht Umriß, daher will er uns nur durchatmen, sich uns nicht vergegenständlichen, er will nicht gesehen werden, sondern sehendes Auge der Gnade in uns sein, und es kümmert ihn wenig, ob wir zu ihm beten, wenn wir mit ihm beten: Abba, Vater, nur einwilligen in sein unaussprechliches Seufzen auf dem Grund unserer Seele. Er ist das Licht, das man nicht

---

[22] R. Guardini, Der Herr. Betrachtungen über die Person und das Leben Jesu Christi. Freiburg [3]1983, 361. Vgl. auch H. Waldenfels, Faszination (Anm. 5) 12f.

> sehen kann außer auf dem beleuchteten Gegenstand, und der ist die in Jesus erschienene Liebe zwischen Vater und Sohn.[23]

An dieser Stelle zeigt sich eine merkwürdige Paradoxie. Der Blick auf Jesus treibt in das "Jenseits des Wortes" (H.U. von Balthasar), in die Unaussagbarkeit der Liebe Gottes. Die Unaussagbarkeit der Buddhaerleuchtung aber treibt den Buddha zur mitleidsvollen Predigt, in der er der blinden, leidenden Welt das die Welt erleuchtende Licht anzeigt und die Menschen auf den Weg zum Licht weist. Da, wo die Erleuchtung dem Menschen die höchste Loslösung abverlangt, macht sie ihn in der erlangten Weisheit zu einem Wesen radikaler Zuwendung und Sympathie mit allen heillosen Wesen der Welt. Weisheit und Mitleiden durchdringen sich.

Hier ließe sich dann vieles mehr sagen und fragen. Der Christ sollte aber nicht übersehen, daß beide, Guardini wie Balthasar, wo sie an das Letzte menschlicher Wege zu rühren wagen, dies nicht tun können, ohne auf die im Antlitz Jesu erschienene *göttliche* Liebe zu blicken. Nach Joh 1,9 ist er das Licht, das jeden Menschen erleuchtet. So provokativ das angesichts des beginnenden christlich-buddhistischen Dialogs auch immer noch klingen mag: Der Buddhist sollte daraus weniger die ungewollte Anmaßung des Christen vernehmen als vielmehr die demütige Bezeugung, daß er aus der Begegnung mit Jesus der Welt Heil zugesprochen weiß. Umgekehrt darf der Christ im Buddhisten einen Weggefährten erkennen, der seinerseits in der Zuflucht zu Buddha, seiner Lehre und seiner Nachfolgegemeinschaft die Gewißheit gewonnen hat, daß die Unheilsgestalt dieser Welt vergeht. Für beide Seiten liegt die Chance in der Offenheit für die je größere Wirklichkeit, die im Schweigen wie im Schrei und Jubelruf sich Zeugen schaffen kann.

---

[23] H.U. von Balthasar, Spiritus Creator (= Skizzen zur Theologie III). Einsiedeln 1967, 100.

C. Thesen zur Weisheit

Die Frage nach Weisheit stellt sich in unserer Zeit in Ost und West neu. Sie umfaßt einmal die Frage nach dem Verhältnis von Philosophie und Religion, Philosophie und - westlich gesprochen - Theologie, zugleich aber auch die Frage nach dem Umgang mit dem Geheimnis unserer Existenz und der Welt. Hier tritt dann an die Seite der Weisheit die Liebe, an die Seite des Erkennens das Erbarmen.

Wir fragen folglich einmal: Worum geht es der Philosophie in ihrer "Weisheitsliebe" im Gegenüber zu Religionen, die höchste Einsicht, Gnosis, *prajñā* oder *visio beatifica* versprechen? Die Frage nach der Weisheit stellt sich sodann auch neu im Gespräch der Religionen untereinander. Hier geht es um die Fragen: Wie kommt der Mensch zur Weisheit? Erlangt er sie aus der Tradition der Menschen? Wird sie ihm geschenkt? An dieser Stelle ist dann auch nach dem Verhältnis von Weisheit und Liebe, Weisheit und Erbarmen zu fragen. Insofern als Buddhismus und Christentum - zusammen mit dem Islam - die beiden einflußreichsten religiösen Bewegungen der heutigen Zeit sind, verdient im Konzert der Religionen der Weisheitsaspekt dieser Religionen besondere Beachtung.

Hier stehen nun am Anfang Thesen zum Neuansatz der Weisheitsfrage, - anders gesagt: zur Wiederentdeckung der Weisheitsliebe (1.). Es folgen Thesen zur Weisheit in Philosophie und Religion (2.), sodann zu den asiatischen Weisheitskonzeptionen (3.), bevor im Schlußteil das Weisheitsverständnis in Buddhismus und Christentum verglichen wird (4.).

1. Zur Weisheit in der Philosophie

These 1: Der Wirklichkeits- und Wirkungsverlust heutiger Philosophie hängt mit der Verdrängung der "Weisheitsliebe" zusammen, die im Hinblick auf die interkulturellen Begegnungen zu überwinden ist.

Angesichts des beginnenden interkulturellen Gesprächs kann die Philosophie nicht umhin, ihr Weisheitsverständnis erneut zu bedenken und zu artikulieren. Wenn nicht alles täuscht, ist aber die Weisheit als Thema heutiger Philosophie weitgehend in Vergessenheit geraten. Der Philosoph, zumindest der abendländische, muß sich darum fragen lassen, ob die Weisheitskomponente in der Bezeichnung seines Arbeitsbereiches für ihn mehr ist als ein sinnentleerter Erinnerungsposten an die abendländische Herkunft dessen, was bis heute mit "Philosophie" bezeichnet wird.

Die Frage bedarf in der interkulturellen Auseinandersetzung insofern der Klärung, als im Rahmen des vielschichtigen Kolonisationsprozesses der Neuzeit das abendländische Denken lange Zeit als maßgeblich vorgestellt worden ist. Inzwischen zeigt der asiatische Raum ein doppeltes Verhalten: Es gab (a) den Versuch, das Neue im Erleben abendländischer Philosophie in einem neuen, nach Möglichkeit adäquaten Begriff zum Ausdruck zu bringen, (b) den Versuch, in der Selbstbesinnung auf das Eigene zu klären, was in der eigenen Tradition dem "philo-sophischen" Bemühen des Abendlandes entspricht.

Sowohl für den indischen wie für den japanischen Raum, die wir hier exemplarisch aussondern, läßt sich dieses doppelte Verhalten nachweisen.

Für den indischen Subkontinent hat W. Halbfass in seinem großen Werk *Indien und Europa. Perspektiven ihrer geistigen Begegnung* ausführlich den gegenseitigen Umgang der Inder und Europäer miteinander nachgezeichnet[1]. Dabei fällt auf, daß der Weisheitsbegriff bei der Suche nach Äquivalenten für "Philosophie" in Indien offensichtlich keine Rolle gespielt hat. Der heutige indische Grundbegriff *darśana* leitet sich von dṛś = sehen ab und weist auf eine Orientierungsweise hin, "der es um ein genuines 'Sehen', ein unmittelbares Realisieren des Absoluten geh(t) und die insofern vom analytischen, abstrahierenden, theoretisch-objektivierenden Geist der europäischen Philosophie wesentlich verschieden (ist)"[2].

In Japan geht das heutige Wort für "Philosophie" *tetsugaku* auf Amane Nishi (1829-1897) zurück, der nach verschiedenen Versuchen - *kyūrigaku* = Wissenschaft der Suche des ri = Logos, Sinn, Verstand, daher kurz *rigaku* = Wissenschaft des ri - sich für *tetsugaku* entschied[3]. Dieser Begriff wiederum ist aus *kikyū tetsuchi*, nahe an der griechischen Etymologie = Suche und Verlangen nach "Verstehen" und Weisheit über *kitetsugaku* = Wissenschaft der Suche nach "Verstehen" zu *tetsugaku* = Wissenschaft des "Verstehens" geworden. Die Hinweise zur Begriffsgeschichte zeigen, daß es sich bei *tetsugaku* um

---

[1] Basel/Stuttgart 1981.

[2] Ebd. 296f. Vgl. dort ausführlicher zu diesem Begriff und zu anderen Begriffen 296-357.

[3] Vgl. G.K. Piovesana, Recent Japanese Philosophical Thought 1862-1962. Tokyo 1963, 11-18; Ders., Contemporary Japanese Philosophy: D. Riepe (ed.), Asian Philosophy Today. London u.a. 1981, 223-291; L. Brüll, Zur Entwicklung der japanischen Philosophie: Japan-Handbuch. Hg. von H. Hammitzsch in Zusammenarbeit mit L. Brüll. Wiesbaden 1981, 1295-1318, bes. 1295-1298.

einen Annäherungsbegriff handelt, der verschiedene Gesichtspunkte berücksichtigen will. Das Nebeneinander von *tetsu* und *chi* läßt erkennen, daß Nishi um das Verständnis der abendländisch-philosophischen *sophia* gerungen und sich dann nicht für das sino-japanisch eindeutigere *chi*, sondern für das in der Methodik der Weisheitssuche vielfältigere *tetsu* entschieden hat. Dabei sind im Prozeß des Verstehens von *ri*, *tetsu*, *chi*, auch *gaku* die chinesische Herkunftsbedeutung weiterhin zu beachten. Hier wären von japanisch-japanologischer Seite weitere Klärungen wünschenswert.

These 2: Wahre Weisheitssuche verbindet die Philosophie mit der Religion.

Der erneut aufgebrochene Disput um Mythos und Logos, aber auch die Beachtung des Ortes, den philosophisches Denken in Asien *vor* der Begegnung mit der abendländischen Welt eingenommen hat, geben dem ursprünglichen Zusammenhang von umfassender Weisheitssuche und Religion auch im abendländischen Denken neues Gewicht.

Im Rahmen eines deutsch-japanischen Kolloquiums über die All-Einheit hat K. Nishitani darauf hingewiesen, daß diese eine Sache betreffe, "die in Religion und Philosophie des Westens wie des Ostens seit alters her behandelt wird", im Bindestrich des Westens - All-Einheit - aber ihre eigenen Problemstellungen zum Ausdruck bringt[4]. Von der Dokumentation dieses Symposiums hat ein Rezensent geschrieben, daß nichts "den Bruch oder Riß zwischen der östlichen und der westlichen Philosophie besser veranschaulichen" könne als dieser Band[5], der nicht zuletzt deshalb so ungleichgewichtig erscheint, weil japanische Teilnehmer in großer Unbefangenheit aus ihren religiösen, konkret: buddhistischen Traditionen heraus argumentierten, während die deutsche Gruppe sich personell auf Teilnehmer aus der Fachdisziplin beschränkte und inhaltlich dem Christentum höchstens eine marginale Rolle zuerkannt wurde.

Angesichts der Tatsache, daß der Unterschied zwischen Religionen bzw. ihren "Wissenschaften" und der Philosophie in Asien eher in einer Symbiose untergeht, muß sich die abendländische Philosophie erneut nach ihrem Verhältnis zum Chri-

---

[4] Vgl. K. Nishitani, All-Einheit als eine Frage: D. Henrich (Hg.), All-Einheit. Wege eines Gedankens in Ost und West. Stuttgart 1985, 13-21; Zitat: 13.

[5] Vgl. H.-G. Holl, Die tödliche Form der Reflexion: F.A.Z. Nr. 70 vom 24.3.1986, 11.

stentum und seiner Theologie fragen lassen. Für Philosophie wie Theologie kann es aber dann nicht uninteressant sein, daß beim Austausch zwischen asiatischem Denken, abendländischer Philosophie und Theologie das Erfahrungsdenken der deutschen Mystik und von ihr her auch andere Gestalten der Mystikgeschichte in eine Mittlerposition hineinwachsen[6].

Wo aber Religion und Philosophie sich begegnen, stellt sich die Frage nach dem verbindlichen Religionsbegriff. Für den asiatischen Raum vertritt A. Pieris die These:

> In der asiatischen Gesellschaft ergibt die Herauslösung der Religion aus der Kultur (wie im lateinischen Christentum) bzw. der Religion aus der Philosophie (wie im hellenischen Christentum) wenig Sinn. Im südasiatischen Kontext z.B. sind Kultur und Religion überlappende Facetten einer unteilbaren Soteriologie, die gleichzeitig eine Lebensauffassung und einen Erlösungsweg darstellt; es handelt sich um eine Philosophie, die im Grunde eine religiöse Weltanschauung ist, wie auch um eine Religion, die eine Lebensphilosophie ist.[7]
> Wir wollen die Dinge nochmals in den Brennpunkt unserer Betrachtung rücken. In allen nichtbiblischen Soteriologien Asiens sind Religion und Philosophie untrennbar miteinander verbunden. Philosophie ist religiöse Sicht, und Religion ist gelebte Philosophie. Jede metakosmische Soteriologie ist zugleich, um hier die indischen Ausdrücke zu gebrauchen, ein darśana und ein pratipadā, d.h. die gegenseitige Durchdringung einer Lebens-"Anschauung" und eines Lebens-"Weges". Die so oft wiederholte Frage, ob der Buddhismus eine Philosophie oder eine Religion sei, ist in der Tat erst im Westen formuliert worden, ehe sie Peking auf dem Wege über den Marxismus erreichte. Denn in der Glaubensformel des Buddha schließt die vierfach heilbringende Wahrheit den Weg als einen ihrer wesentlichen Bestandteile ein, während der achtfache Weg mit der Verwirklichung der Wahrheit zusammenfällt.

2. Zur Weisheit in den Religionen

These 3: Die Einteilung der Religionen in prophetische, mystische und weisheitliche ist unhaltbar, da jede Religion ein sapientiales Moment enthält.

In der Klassifizierung der Religionen nach ihrem Grundimpuls

---

[6] Vgl. dazu: Zen Buddhism Today. Annual Report of the Kyoto Zen Symposium No. 2. September 1984, das dem Verhältnis von Zen und Philosophie sowie Zen und Mystik gewidmet war.

[7] A. Pieris, Theologie der Befreiung in Asien. Christentum im Kontext der Armut und der Religionen (= Theologie der Dritten Welt 9). Freiburg 1986, 80; dort auch das folgende Zitat: 156.

war lange Zeit eine Zweiteilung in Religionen "aus erster Hand" und "aus zweiter Hand", aus unmittelbarer, direkter Erfahrung - global "Mystik" genannt - und aus indirekter Vermittlung - global "prophetisch" und ihm entsprechend "Glaubensgehorsam" genannt - vorherrschend, so daß den prophetischen Religionen die mystischen gegenübergestellt wurden. Wo die Unterscheidung auf konkrete Religionen angewendet wurde, standen dann die nahöstlichen Religionen Judentum, Christentum und Islam auf der Seite der prophetischen, die Religionen Asiens auf der Seite der mystischen Religionen. Die Zuordnung des Buddhismus zu den mystischen Religionen hat allerdings inzwischen bei Buddhisten eine eher zwiespältige Resonanz erzeugt[8].

Größere Zustimmung findet der Versuch, den Buddhismus wie die religiösen Anstöße Indiens und Chinas als Weisheit anzusprechen[9]. Allerdings regt sich zu Recht der Widerstand, wenn das Weisheitliche einseitig als Bezeichnung einer bestimmten kulturell-religiösen Landschaft genommen wird. "Die Rede von der Weisheit hat Welttradition." (J. Möller)[10] Entsprechend hat R.J. Zwi Werblowsky im Hinblick auf die Kulturperzeption die Frage gestellt: "Wer betrachtet was als Glaube bzw. als Weisheit?" Denn "eine jede Religion hat ihre Weisheit und ihre Weisen"[11]. So sehr es daher einerseits zu begrüßen ist, daß H. Küng neuestens die Religionen Chinas als eigenständiges religiöses Stromsystem kennzeichnet, so falsch ist es doch, wenn die drei Systeme schablonenhaft mit den Etiketten "semitisch-prophetisch", "indisch-mystisch" und "chinesisch-weisheitlich" versehen werden[12].

These 4: Der Weisheitsbegriff entzieht sich als Zielbegriff dem begreifenden Zugriff und kann nur in praktischen wie theoretischen Annäherungen "an-gesprochen" werden.

Verstehensschwierigkeiten bestehen weniger bei der Gegenüber-

---

[8] Vgl. zur Einstellung D.T. Suzukis H. Waldenfels, Absolutes Nichts. Freiburg u.a. ³1980, 160f.166.

[9] Vgl. eine Reihe neuerer Buchtitel wie W. Kruckenberg u.a., Wissen und Weisheit. Wien 1985; Lexikon der östlichen Weisheitslehren. Bern 1986 (ohne Art. Weisheit!); J.Mehlig (Hg.), Weisheit des alten Indien. München 1987.

[10] Vgl. J. Möller, Das Sein der Weisheit - die Weisheit des Seins. Marginalien zu einer Problemgeschichte: W. Baier u.a. (Hg.), Weisheit Gottes - Weisheit der Welt I. St. Ottilien 1987, 3-14; Zitat: 3.

[11] Vgl. R.J. Zwi Werblowsky, Fernöstliche Weisheit und christlicher Glaube: H. Waldenfels/Th. Immoos (Hg.), Fernöstliche Weisheit und christlicher Glaube. Mainz 1985, 260-267; Zitate: 265.266.

[12] Vgl. H. Küng/J. Ching, Christentum und Chinesische Religion. München 1988, 11-19 u.ö.

stellung von Glaube und Weisheit als von Mystik und Weisheit. Theologisch kann die Frage nach der Weisheit so gestellt werden: Ist die Weisheit letztes Ergebnis menschlichen Denkens und/oder geschenkhaft-gnadenhafte Mitteilung des göttlichen Geistes[13]? Im Bereich asiatischer Religiosität, vor allem in Buddhismus und Konfuzianismus, bei genauerer Prüfung aber auch in Hinduismus und Taoismus verbindet sich diese Frage mit der nach dem Verhältnis von Eigenkraft und Fremdkraft (im japanischen Buddhismus mit der Frage nach *jiriki* und *tariki* bzw. mit der Verständigung über das Verhältnis von meditativem Zen-Buddhismus und in radikalem Vertrauen bzw. in "glaubender Hingabe" gründendem Amida-Buddhismus[14]). Diese Fragen berühren sich mit den benachbarten Fragen nach Selbstverwirklichung und Gnade, Selbst und Gott, in der traditionellen Geschichte der Spiritualität mit der Frage nach Askese und Mystik[15].

In seinem Übersichtsartikel für die von M. Eliade herausgegebene *Encyclopedia of Religion* gibt K. Rudolph als einen den verschiedenen Kulturen gemeinsamen Zug der Weisheit an, daß es sich bei ihr ursprünglich um eine praktische Angelegenheit handle, um "Einsicht" in gewisse Zusammenhänge des menschlichen Lebens und der Welt sowie um Verhaltensweisen, die aus dieser Einsicht resultieren und ihren Fortgang in der Unterweisung und Erziehung nehmen[16]. Die Frage ist, ob dieser Minimalkonsens dem Wesen von Weisheit in aller Welt wirklich gerecht wird. Weisheit, Wissen und Wissenschaft, aber auch sehen und wissen (lat. *videre*, griech. *oida*) gehören in abendländischer Etymologie zusammen[17].

---

[13] Klassisch behandelt Thomas v.A. die Frage in S.Th. II-II q.45: De dono sapientiae. R. Schaeffler hat Weisheit, Wissenschaft und Frömmigkeit in ein Dreiecksverhältnis gebracht; vgl. seinen Aufsatz: Spiritus sapientiae et intellectus - spiritus scientiae et pietatis. Religionsphilosophische Überlegungen zum Verhältnis von Weisheit, Wissenschaft und Frömmigkeit und ihrer Zuordnung zum Geiste: W. Baier u.a. (Hg.), Weisheit (Anm. 10) I 15-35.

[14] In letzterem hat K. Barth eine starke Gegeninstanz zum christlichen Glauben erblickt; vgl. Kirchliche Dogmatik I/2. Zürich 1947, 372-377; auch C. Langer-Kaneko, Das Reine Land. Zur Begegnung von Amida-Buddhismus und Christentum. Leiden 1986.

[15] Vgl. dazu meine Hinweise auf Unterscheidungsmomente in Art. Meditation/Mystik VII: LexR 400-403.

[16] Vgl. Art. Wisdom (K. Rudolph): ER XV 393-401, bes. 393.

[17] Zu etymologischen Ableitungen vgl. u.a. G. Luck, Zur Geschichte des Begriffs 'sapientia': Archiv für Begriffsgeschichte 9 (1964) 203-215; J. Kleinstück, Zur Bedeutung von Englisch "wise" und "wisdom": Ebd. 217-231.

Doch hat nicht die Weisheit von Anfang an einem *umfassenden* Wissen gegolten? Lange Zeit war jedenfalls nicht das umfassende Ziel das Problem, sondern der Weg bzw. die Methode, die zur Erlangung eines die Praxis erst als sinnvoll freigebenden umfassenden Wissens führen.

Es ist heute wieder viel die Rede von "Gnosis", ohne daß sehr genau gesagt wird, was diese "Erkenntnis" bzw. dieses "Wissen" meint[18]. Zur Förderung der Diskussion zwischen Theologie und Philosophie sei gefragt: Kann die Philosophie mit Formulierungen wie denen von J. Möller leben[19]?

> Weisheit des Seins (wäre) entwerfende Frage nach dem Seinshorizont mit dem Anspruch der Antwort. Weisheit des Seins als transzendierender Entwurf, der über das Seiende hinaus (oder auch in das Seiende hinein) geht ins Nichts, Sein genannt, Antwort erheischend; denn ohne Antwort kommt es nicht zur Weisheit, sondern nur zum Schweigen, das jedoch auch eine Weise des Redens ist. (10)

> Weisheit ist Offenheit, Verschließung und Verschlossenheit: Offenheit, da sie sich selbst nicht verschließt und sich allen mitteilen möchte, Verschließung, da sie als Transzendenz dem, der nur das Seiende sucht und seine (die eigene und die des Seienden) Äußerlichkeit, verschlossen bleibt. In solcher Sicht wird Weisheit ständig überspielt: Die Welt geht ihren eigenen Gang. Weisheit als Verschlossenheit, nicht, weil es nur wenige sind, die den Weg der Weisheit in Einsamkeit gehen, sondern weil sich Weisheit vom Seienden, das sie durchdringt, zugleich abschirmen muß, um sich treu zu sein. Die Differenz der Weisheit des Seins zum Seienden ist ebenso notwendig zu setzen wie undurchdenkbar. In der Spannung von Offenheit und Verschließung bekundet die Weisheit den doppelten Anfang des Denkens, der die Negativität nicht verleugnen kann und der die Differenz nicht verdeckt. (11f.)

> Es kennzeichnet Weisheit, auf Leben hinzuschauen und dem Tod ins Antlitz zu schauen. Wenn Erlösung (im philosophischen Weisheitsverständnis) überhaupt sinnvoll ist, dann nur durch die Erfahrung der Kehre des Denkens, die ins Nichts des Übermenschlichen hineinreicht, von dort her die Kraft der Verwandlung erhoffend. (14)

---

[18] Vgl. die einschlägigen Lexikonartikel: TRE XIII 519-550 (K. Berger/R.McLachlan Wilson); LexR 210-212 (C. Scholten); ER V 566-580 (G. Quispel/ I.P. Culianu/P. Perkins). All diese stark historisch orientierten Artikel beachten aber noch kaum die Aktualisierung der Rede von "Gnosis" im Kontext heutigen New Age-Denkens; dazu Art. New Age (M. Fuß): LexR 458f.

[19] Die folgenden Zitate stammen aus dem in Anm. 10 genannten Aufsatz; Seitenzahlen im Text in Klammern.

3. Zur Weisheit in den asiatischen Religionen

These 5: Für die gnostisch-sapientialen Formen des Buddhismus, zumal die meditativen Mahāyāna-Schulen, ist die "Realisierung" der Weisheit die zentrale Kategorie des Heils.

Eines der wegweisenden Textcorpora des Mahāyāna-Buddhismus trägt den Namen *Prajñāpāramitā*, "vollendete Weisheit" bzw. "Vollendung der Weisheit". *Prajñā* - vom Sanskritstamm pra = wissen, erkennen - bezeichnet darin die höchste, nicht mehr sagbare Weise intuitiven, umfassenden Erkennens, in dem Erkennender und Erkanntes eins sind[20]. Prajñā ist somit ein anderes Wort für das Wach- bzw. Lichtsein in der Erleuchtung. In diesem Sinne geht sie auf die Grunderfahrung des Buddha und den Weg zu dieser zurück. Letzterer wird in seiner klassischen Form in der Dreiheit von moralischem Verhalten (Skt. *śīla*), meditativer Versenkung (Skt. *samādhi*) und Weisheit (Skt. *prajñā*) beschrieben. Dabei ist jedoch zu beachten, daß das, was als dritte bzw. Endstufe erscheint, tatsächlich bereits im Durchgang durch die vorausgehenden Stufen wirksam ist.

Hier kann nun nicht die Geschichte des *prajñā*-Verständnisses in den verschiedenen Schulen des Buddhismus nachgezeichnet werden. Wichtig ist nur festzuhalten, daß *prajñā* einerseits eminent praktisch zu verstehen ist und der Buddha in diesem Sinne jede Form einer rein theoretischen Spekulation, sofern sie der Selbstverwirklichung und der Therapie verwundeten Daseins und gestörter Weltsituation hinderlich ist, zurückweist. Andererseits bedeutet das jedoch nicht, daß der Mensch in der Verwirklichung seines Heils nicht in all seinen Fähigkeiten zur Vollendung gebracht und folglich auch das menschliche Denken in seine äußerste Befähigung bis an die Grenze des Denkbaren[21] getrieben wird. Das zeigt sich bei Nāgārjuna, in den philosophischen Schulen nach ihm, sodann im Zen-Buddhismus und seiner philosophischen Verarbeitung bis in die Gegenwart hinein[22].

Prajñā wird somit vorrangig auf der Schiene der umfassenden, ganzheitlichen *Erkenntnis* formuliert. Sie ist nach

---

[20] Vgl. die Art. Prajñā (T. Skorupski): ER XI 477-481; (H. Waldenfels): LexR 508f.

[21] Vgl. dazu ausführlicher H. Waldenfels, An der Grenze des Denkbaren. München 1988.

[22] Zu den philosophischen Schulen des Buddhismus vgl. die entsprechenden Übersichtsartikel: Buddhist Philosophy (Y. Takeuchi/J.P. Keenan): ER II 540-547; Buddhistische Philosophie (H. Waldenfels): LexR 96f.

T.R.V. Murti "non-dual knowledge"[23], die existentielle Realisierung der Wirklichkeit, wie sie ist, in eines jeden, von der Gesamtwirklichkeit ungeschiedenen Leibesgestalt. *Prajñā* ist Lebensweisheit und hebt alles Wissen über den Bereich eines kumulativ gesammelten, theoretischen Wissens hinaus auf eine Ebene, auf der das eigene Bemühen, das in einem Empfangen begründet ist, wieder in ein geschenkhaft empfangenes Wahr- und Vernehmen der Wirklichkeit einmündet. Damit wird das Erkennen zugleich zu einem Wissen, das aus anderer Perspektive religiös genannt werden kann.

Insofern als aber die Sprache immer wieder in die Zweiheit und Entzweiung führt, kommt es, wo von *prajñā gesprochen* wird, im Fortgang der Entwicklung zur paradoxen Rede von Erkennen und Nicht-Erkennen, Wissen und Nicht-Wissen, Denken und Nicht-Denken, Geist und Nicht-Geist u.ä.m.[24]. Die Haltung radikaler Loslösung - letztlich für abendländisches Verstehen ungeschützt im Sanskrit mit *śūnyatā* als "Leere" oder "absolutem Nichts"[25] bezeichnet - hat H. Dumoulin mit einem chinesischen Text folgendermaßen beschrieben:

> Deshalb ist der Weise gleich einer leeren Höhlung. Er hegt kein Wissen, er wohnt in der Welt des Handelns und des Nutzens, aber er hält sich an den Bereich des Nichthandelns (chin. *wu-wei*). Er bleibt innerhalb des Nennbaren, aber lebt in dem offenen Land, das die Worte übersteigt. Er ist schweigend und allein, leer und offen, weil seine Seinslage nicht in Worte gekleidet werden kann. Mehr kann von ihm nicht gesagt werden.[26]

These 6: In den genuin chinesischen Formen der Religiösität, Taoismus und Konfuzianismus, wird Weisheit in gegenläufiger Weise durch "Nicht-Handeln" bzw. durch "rechtes Handeln" verwirklicht.

In dem zuvor zitierten Text trifft sich die buddhistische *prajñā* auf eigene Weise mit dem chinesischen *tao*. Vermutlich hat man bei der Beschäftigung mit dem sino-japanischen Buddhismus den genuin chinesischen Einfluß zu lange unberücksichtigt gelassen. *Tao*, das Grundwort, von dem her alle chi-

---

[23] Vgl. T.R.V. Murti, The Central Philosophy of Buddhism. London ³1970, 214 u.ö.

[24] Vgl. dazu aus neuerer Zeit unter philosophischer Rücksicht u.a. S. Hisamatsu, Die Fülle des Nichts. Vom Wesen des Zen. Pfulingen 1975; T. Izutsu, Philosophie des Zen-Buddhismus. Reinbek 1979; K. Nishitani, Was ist Religion? Frankfurt 1982; Y. Oshima, Zen - anders denken? Zugleich ein Versuch über Zen und Heidegger. Heidelberg 1985.

[25] Vgl. dazu ausführlicher H. Waldenfels, Absolutes Nichts (Anm. 8).

[26] Vgl. H. Dumoulin, Geschichte des Zen-Buddhismus I. Bern/München 1985, 75.

nesische Religiosität zu verstehen ist, heißt wörtlich Straße, Weg, - Weg, den der chinesische Mensch zu gehen hat, Weg, wie China zu "retten" ist, Weg, der der chinesischen Welt die Ordnung zurückgibt[27]. Erst wo *tao* das chinesische Selbstverständnis in das Allgemein-Menschliche hinein aufsprengt, wird es zum Sinn aller Dinge, der sich überall da mit der Rede vom "Weg" verbindet, wo dieser den Grundvollzug jeden Lebens bezeichnet.

Die Religion, die heute *tao* in ihrem Namen trägt, der Taoismus, kennt zwar eine Gründergestalt, Laotzū, den "alten Lehrer", einen Zeitgenossen des Konfuzius, doch was von ihm wirksam geblieben ist, ist das ihm zugeschriebene Buch vom "Weg und seiner Macht", die Sammlung des *Tao-tē-ching*. In ihm geht es um jenes Namenlose, das in Ermangelung eines besseren Wortes *tao* genannt wird und dessen Mächtigkeit im *wu-wei*, im Nicht-Handeln bzw. im "ein-fachen", natürlichen Handeln, besteht. *Wu-wei* ist denn auch taoistisch die Quintessenz der Weisheit. Im *Tao-tē-ching* 19 heißt es:

> Tut ab die Weisheit, werft weg das Wissen,
> so wird das Volk hundertfach gewinnen.
> Tut ab die Sittlichkeit, werft weg die Pflicht,
> so wird das Volk zurückkehren zu Kindespflicht und Liebe.
> Tut ab die Geschicklichkeit, werft weg den Gewinn,
> so wird es Diebe und Räuber nicht mehr geben.[28]

Dieser Text, der auf den ersten Blick die Weisheit zurückzuweisen scheint, tatsächlich aber eine bestimmte Form der Weisheit ablehnt, steht in bewußtem Gegensatz zu den Lehren des Konfuzianismus, wo im *Li Gi* von derselben Dreiheit "Weisheit bzw. Heiligkeit - Sittlichkeit bzw. Menschlichkeit - Geschicklichkeit bzw. Mut" positiv gesagt wird:

> Weisheit, Menschlichkeit, Mut: diese drei sind die immer wirksamen Geisteskräfte auf Erden. Zu ihrer Ausübung ist *eines* not (die Entschlossenheit, ans Ziel zu kommen)...
> Der Meister sprach: Liebe zum Lernen führt hin zur *Weisheit*, kräftiges Handeln führt hin zur *Menschlichkeit*, sich schämen können führt hin zum *Mut*. Wer diese drei Dinge weiß, weiß, wodurch er seine Person zu bilden hat, der weiß, wodurch er die Menschen ordnen kann. Wer weiß, wodurch er die Menschen ordnen kann, der weiß, wodurch er die Welt, den Staat, das Haus ordnen kann.[29]

---

27 Vgl. Art. Tao (J. Ching): LexR 635.

28 Zitiert nach Laotse, Tao tē king. Übers. von R. Wilhelm. Düsseldorf/Köln 1978. Vgl. auch Tao-tē-ching 3.

29 Zitiert nach: Li Gi. Das Buch der Riten, Sitten und Gebräuche. Hg. von R. Wilhelm. Düsseldorf/Köln 1981, 35.

Die enge Verbundenheit von Weisheit (chin. *chih*) und Menschlichkeit (chin. *jen*) kommt in den *Gesprächen* des Konfuzius wiederholt zum Ausdruck:

> Fan Tschi fragte, was Weisheit sei. Der Meister sprach: "Seiner Pflicht gegen die Menschen sich weihen, Dämonen und Götter ehren und ihnen fern bleiben, das mag man Weisheit nennen."
> Er fragte, was Sittlichkeit sei. Er sprach: "Der Sittliche setzt die Schwierigkeit voran und den Lohn hintan: das mag man Sittlichkeit nennen." (VI 20)[30]

Oder:

> Fan Tschi fragte nach (dem Wesen) der Sittlichkeit. Der Meister sprach: "Menschenliebe." Er fragte nach (dem Wesen) der Weisheit. Der Meister sprach: "Menschenkenntnis." (XII 22)

Taoistisch ist die Weisheit wie das *tao* das Nicht-Sagbare, das da, wo es ausgesagt wird, schon wieder sein Wesen verliert. Konfuzianisch ist die Weisheit das Kraftvolle, das in den Tugendkräften des Menschen in Erscheinung tritt. Sie bewährt sich im Miteinander der Menschen. Entsprechend wird gerade im Konfuzianismus der Weise auch zur Illustration der Weisheit und ihrer Kraft, - der Weise, "der einen Weg besitzt, der überall hinführt, eine Helligkeit, die alles erleuchtet", "der eins ist mit Himmel und Erde in seiner Tugend, mit Sonne und Mond in seiner Helligkeit, mit den vier Jahreszeiten in seiner Regelmäßigkeit und mit den Geistern in der Begabung, Glück und Unglück zu vermitteln"[31].

These 7: Der Weise ist der Heilige.
Auch wenn der Begriff "Heiliger" heute religionsgeschichtlich vielfach inflationär gebraucht und daher besser durch den sperrigeren Begriff "Heilsgestalt" als der "leuchtenden Verkörperung erlangten Heils" bzw. eines Menschen, "der bei der Vermittlung von Heil eine maßgebliche oder doch hilfreiche Mittlerrolle spielt", ersetzt wird[32], so ist doch die These vor allem im Hinblick auf die Ideale Chinas zu formulieren, wie sie steht. Wie im Judentum der Gerechte zum Repräsentanten der gottgewirkten Ordnung wird, so ist im Konfuzianismus, angefangen von den weisen Königen der Vorzeit, der Weise jener, der die Ordnung des Himmels erkennt und ihr entsprechend sein Leben gestaltet.

---

[30] Zitiert nach Kungfutse, Gespräche - Lun Yü. Hg. von R. Wilhelm. Köln 1985.

[31] Zitiert nach J. Ching, Confucianism and Christianity. Tokyo 1977, 80.

[32] Vgl. Art. Heilsgestalt I (H. Waldenfels): LexR 274f.; dort auch Art. Heilsgestalt IV. Chinesische Religionen (R. Malek): LexR 276f.

Nicht ohne Grund sind die beiden Leitgestalten Chinas "Lehrer", "Meister": Laotzū = alter Lehrer, K'ung Futzū = Lehrer K'ung. Was sie beide bedeutsam und verehrungswürdig erscheinen läßt, ist ihre Lehre, die eine Lebenslehre ist. Interessanterweise bezeichnet sich Konfuzius selbst in den *Gesprächen* als einen "Strebenden":

> Der Meister sprach: "Was Genialität und Sittlichkeit anlangt: wie könnte ich wagen (darauf Anspruch zu machen); nur, daß ich ohne Überdruß danach strebe und andre lehre, ohne müde zu werden: das mag wohl vielleicht gesagt werden." Gung Si Hua sprach: "Ganz recht; das eben können wir Jünger nicht lernen."
> (VII 33; vgl. XIV 30)

Konfuzius reiht sich selbst folglich nicht einfachhin unter die Weisen ein. Wie die Stelle aus *Lun Yü* andeutet, ist aber gerade das Lernen-können und -wollen dasjenige, was den Lehrer von seinem Schüler unterscheidet. Wenn K. Jaspers Konfuzius mit Sokrates, Buddha und Jesus zu den maßgebenden Menschen zählt[33], gehört somit die Weise, in der "Lehrer" K'ung das Lernen vermittelt, zu jenen Grundzügen, die ihn "maßgeblich" erscheinen lassen. Wie wenig selbstverständlich seine Vermittlung des Lernens ist, zeigt im übrigen die Geschichte des Konfuzianismus, die bis heute immer auch als Geschichte des Verlustes der ursprünglichen Inspiration gelesen worden ist. Daß der Verlust der Perspektive des Himmels den Konfuzianismus am Ende gar des religiösen Charakters beraubte, gehört zu den weiteren Konsequenzen einer Entwicklung, die die Beziehungen der Menschen nicht mehr hinreichend in die Grundbeziehungen von Himmel und Erde verankerte.

Die Weisheit des Menschen betrifft chinesisch das Verhältnis des Menschen zwischen Himmel und Erde. Während aber der Taoismus in seinem Respekt vor der himmlischen Ordnung den Menschen letztlich zu einer zivilisationsfeindlichen und ahistorischen[34], zumindest einer welt- und gesellschaftsflüchtigen Haltung anleitet, gilt im Konfuzianismus der volle Einsatz der Verwirklichung der Menschlichkeit. In den fünf Grundbeziehungen von Fürst und Untertan, Vater und Sohn, Mann und Frau, älterem und jüngerem Bruder, Freund und Freund wird der Mensch wesentlich - wie es später im Japanischen heißt: *nin-gen* - ein "Wesen-dazwischen", d.h. ein Wesen, das - konfuzianisch - die Beziehungen pflegt, ohne - taoistisch - die Ordnung des *tao* zu verletzen. In diesem Miteinander aber be-

---

[33] Vgl. K. Jaspers, Die großen Philosophen I. München 1957, 154-185.

[34] Vgl. W. Bauer, China und die Hoffnung auf Glück. München 1971, 61.

rühren sich Weisheit und Heiligkeit, so daß die Begriffe chinesisch austauschbar werden.

Deutlicher noch als die chinesischen Lehrergestalten ist der Buddha eine heilend-befreiende Gestalt. Ob seine Erfahrung in der Folgezeit - eher gnostisch - als Erkenntnis bzw. Weisheit oder - eher agapeisch - als radikale Selbstlosigkeit bzw. Mitleiden ange-sprochen wird, bleibt gleichgültig gegenüber der Tatsache, daß seine im Durchbruch zum Wesen wahren Menschseins gewonnene Erfahrung den Menschen in seiner Totalität und all seinen Bezügen zu seinem wahren Wesen befreit. Es ist aber gerade das Spannungsverhältnis zwischen *prajñā*-Weisheit - und *karunā* - Mitleiden -, das dem buddhistischen Verständnis von Weisheit seine eigene Note gibt. Der zur Weisheit Erleuchtete bleibt nicht allein. Die Offenheit für alle leidende Kreatur im Mitleiden wird zur Kehrseite der in der Erleuchtung erlangten Weisheit.

Zen-buddhistisch begegnen wir hier erneut der Zerstörung der fest-stellenden Aus-sage. So heißt es im Eingangskapitel der Kōan-Sammlung *Bi-yän-lu*:

> Wu-Di von Liang fragte den Großmeister Bodhidharma:
> Welches ist der höchste Sinn der Heiligen Wahrheit?
> Bodhidharma sagte: Offene Weite - nichts von heilig.
> Der Kaiser fragte weiter: Wer ist das Uns gegenüber?
> Bodhidharma erwiderte: Ich weiß es nicht.[35]

Wie das wahre Denken sich im Nicht-Denken offenbart, so zeigt das wahre Heilige im Nicht-Heiligen sein wahres Gesicht. Wenn im Verständnis christlicher Theologie der Heilige sich als solcher nicht auf dem Weg der Eigenmächtigkeit, sondern in der Kraft des Heiligen Geistes Gottes verwirklicht, stoßen wir in positiver Aussage seinerseits auf die Forderung einer Umkehr des Denkens - griech. *metanoia*. Die Frage nach dem Verhältnis von Weisheit und Heiligkeit, Philosophie und Religion stellt sich damit erneut.

4. Zu Weisheit und Erbarmen in Buddhismus und Christentum

These 8: Weisheit und Erbarmen kennzeichnen in Buddhismus und Christentum die letzte Wirklichkeit.

Der Schlußteil der These 7 zeigt, daß im Hinblick auf den Buddhismus das Verhältnis von Weisheit und Erbarmen noch

---

[35] Bi-Yän-Lu. Meister Yüan-wu's Niederschrift von der Smaragdenen Felswand. Übers. von W. Gundert. Bd. I. München 1964, 37; dazu H. Waldenfels, Grenze (Anm. 21) 83-87.

grundlegender ist als das in den Thesen 1-4 behandelte Spannungsverhältnis von philosophischer und religiöser Behandlung der Weisheit. Dieser Eindruck verschärft sich, wo Buddhismus und Christentum sich im Zeichen von Weisheit und Liebe, Weisheit und Erbarmen begegnen.

(1) Prajñā und karuṇā: In seinem Buch *Zen and Western Thought* hat M. Abe wiederholt die These formuliert, daß *prajñā* und *karuna*, Weisheit und Erbarmen sich in in gleicher Weise aus der Grunderfahrung des *nirvāṇa* bzw. *śūnyatā*, der Leere, ergeben:

> Das wahre Nirvāṇa ist nach dem Mahāyāna-Buddhismus die reale Quelle von beidem, von *prajñā* (Weisheit) und *karuṇā* (Mitleiden). Es ist die Quelle von *prajñā*, weil es völlig frei ist vom unterscheidenden Geist und so fähig ist, alles in seiner Einzigkeit und Unterschiedenheit ohne den geringsten Sinn von Anhänglichkeit zu sehen. Es ist die Quelle von *karuṇā*, weil es uneigennützig sich um das Heil aller anderen im saṃsāra sorgt, indem es selbst in das saṃsāra zurückkehrt.[36]

Diese These entspricht ohne Zweifel nicht nur den mahāyānistischen Texten, sondern auch der Grundgestalt und Inspiration des Buddha. Dennoch läßt sich der Verdacht nicht unterdrücken, daß sie in der Begegnung zwischen Buddhisten und Christen heute stärkeres Relief erhalten hat. In den meditativen Formen des Buddhismus ist jedenfalls die Vorrangigkeit des Weisheitsaspekts gegenüber dem Aspekt des Erbarmens schwerlich zu übersehen. Das wird sehr deutlich, wo K. Nishitani aus dem zen-buddhistischen Kontext heraus grundlegend auf das Verhältnis von buddhistischer Weisheit und Vernunft bzw. Vernünftigkeit reflektiert[37]. Abe bemerkt seinerseits im Hinblick auf D.T. Suzuki:

> In der Sicht Suzukis ist ein Zen-Mensch so angelegt, daß er aus *prajñā*, der großen Weisheit, zu viel zu machen scheint und *karuṇā*, das große Mitleiden, eher vernachlässigt.[38]

Dieser Eindruck ist vorhanden, auch wenn er für Suzuki sogleich wieder als ungerechtfertigt zurückgewiesen wird. Auch für K. Nishitani läßt er sich korrigieren, wenn man den Schlußteil seines großen religionsphilosophischen Werkes be-

---

[36] M. Abe, Zen and Western Thought. Honolulu 1985, 178; ähnlich ebd. XXIf.21.126.162.221f. u.ö.

[37] Vgl. K. Nishitani, Hannya to risei (Weisheit und Vernunft): Bukkyo no hikakushisorontekikenkyu (Ideenvergleichende Untersuchung des Buddhismus). Tokyo 1979, 237-299.

[38] M. Abe, Zen (Anm. 36) 79.

achtet: Es endet bei der Liebe und dem Mitleiden[39]. Dort lesen wir:

> Wenn sich aber im Buddhismus das "Mitleid" auch auf alle außermenschlichen Lebewesen ausdehnt, so ist dies nicht das bloß "philanthropische" Gefühl "universaler Brüderlichkeit", sondern stammt aus dem Wesenscharakter des Buddhismus *als* Religion. (419)

Das entscheidende Beispiel einer universalen selbstlosen Zuneigung zu allen Geschöpfen ist aber dann nicht eine Gestalt des Buddhismus, sondern Franz von Assisi. K. Nishitani geht gar soweit, daß er eine Parallele zwischen dem Wandel vom Hīnayāna- zum Mahāyāna-Buddhismus und dem Wechsel vom griechischen *eros* zur christlichen *agape* zieht, da am Ende in Buddhismus und Christentum die Liebe in radikaler Selbstentäußerung gründet (420f.).

(2) Agape und sophia: Im Gegensatz zum Buddhismus betont das Christentum die Reihenfolge "Liebe -> Weisheit". Im Neuen Testament gibt es Sätze wie "Gott ist *agape*" (1 Joh 4,8.16) oder "Gott war der *logos*" (Joh 1,1) oder "Gott ist Licht" (1 Joh 1,5), doch nirgendwo den Satz: "Gott ist *sophia*", obwohl von der Weisheit Gottes die Rede ist. Auch hier kann nun weder ein Überblick über die Bedeutung der Weisheit im alttestamentlichen Schriftkorpus noch über dessen Wirkungsgeschichte in die neutestamentliche Theologie und Christologie hinein versucht werden[40]. Auch wenn sich offensichtlich in der Sache ein Wandel ankündigt, kann dennoch mit W. Kasper für die christliche Theologie festgestellt werden:

> Das Thema der Weisheit gehört nicht zu den bevorzugten Themen gegenwärtiger Diskussion. (320)

Die Frage nach der Weisheit muß folglich - trotz des verbreiteten Materials - im Christentum neu freigelegt werden. W. Kasper sucht ihr einen neuen Platz zu schaffen im Kontext der abendländisch-neuzeitlichen Gottesferne und stellt sie im Zusammenhang mit der Frage:

---

[39] Vgl. K. Nishitani, Religion (Anm. 24) 418-425; die folgenden Zahlen in Klammern im Text beziehen sich auf dieses Buch.

[40] Solche Überblicke finden sich u.a. in: ThWNT VII 465-528 (U. Wilckens/G. Fohrer, Art. sophia, sophos, sophitso); ThWAT I 557-567 (M. Sabe, Art. hkm weise sein); ER XV 401-412 (J.L. Crenshaw/A.R. Brown, Art. Wisdom Literature). Zur Weisheits-Christologie vgl. E. Schillebeeckx, Jesus - Die Geschichte von einem Lebenden. Freiburg u.a. 1975, 380-383; zur Neuformulierung der Frage W. Kasper, Gottes Gegenwart in Jesus Christus. Vorüberlegungen zu einer weisheitlichen Christologie: W. Baier u.a. (Hg.), Weisheit (Anm. 10) 311-328 (die nächsten Seitenangaben in Klammern im Text aus diesem Artikel).

> Wie ist die biblisch bezeugte, christologisch vermittelte Gegenwart Gottes in der Welt von heute erfahrbar, wie ist sie vor allem denkbar? (319)

Im Anschluß an die alttestamentlichen Weisheitsüberlieferungen, die nicht ohne Kontakt mit den Weisheitstraditionen der außerjüdischen Umwelt nach Gottes Gegenwart in der Schöpfung und damit in der Welt fragen und sich in die Evangelien hinein fortsetzen, geht es christlich vor allem erneut um das Verhältnis von Schöpfungs- und Erlösungstheologie. Allerdings müßte bei einem Neuansatz bedacht werden, daß die Frage nach der Weisheit als der Weisheit Gottes, der Welt und des Menschen heute nicht mehr allein im Rahmen des abendländisch-neuzeitlichen Denkens, sondern beim Anbruch einer neuen Zeitepoche im Horizont einer "postchristlichen Moderne"[41], die ebenso von einer kulturellen Polyzentrik wie vom Pluralismus der Religionen geprägt ist, zu stellen ist. Auf diese neue Zeitepoche, die für das Christentum und die abendländische Kultur vom Verlust ihres eher selbstverständlichen Normanspruchs gekennzeichnet ist, hat sich die europäische Theologie noch nicht spürbar eingestellt. Die Kategorie der Weisheit könnte dabei im Kreuzungspunkt philosophischen wie religiösen Denkens und Handelns wie auch der Heilsverheißungen der Religionen eine zentrale Rolle spielen.

These 9: Christlicherseits ist das Kreuz Jesu Christi als "Gottes Kraft und Gottes Weisheit" (1 Kor 1,24) die Durchkreuzung aller menschlichen Weisheit.

Bei aller Aufmerksamkeit, die den aus dem Judentum und der außerjüdischen Umwelt kommenden und auf das frühe Christentum und seine Theologie einwirkenden Weisheitslehren zu schenken ist[42], bleibt in der christlichen Nachfolgegeschichte der paulinische Abschnitt zu Beginn des 1. Korintherbriefes wegweisend[43]:

---

[41] Vgl. zu diesem Terminus H. Waldenfels, KF 449f.

[42] Hier wäre zu fragen nach den Wegen menschlicher Weisheitsfindung, nach der in Spr 1-9 und Weish 6ff. erkennbaren Hypostasierung der Weisheit, nach dem Verhältnis von Gott und Weisheit, Weisheit und Logos, Weisheit und Geist, auch nach der in nachchristlicher Mariologie erkennbaren Übertragung der Weisheit auf Maria und die Frau überhaupt. Trinitätstheologische, christologische, pneumatologische wie mariologische und theologisch-anthropologische Überlegungen kämen hier miteinander ins Gespräch.

[43] Vgl. zum Folgenden H. Schlier, Kerygma und Sophia. Zur neutestamentlichen Grundlegung des Dogmas: Ders., Die Zeit der Kirche. Freiburg u.a.1966, 206-232; U. Wilckens, Kreuz und Weisheit: Kerygma und Dogma 3

> Da die Welt angesichts der Weisheit Gottes auf dem Weg ihrer Weisheit Gott nicht erkannte, beschloß Gott, alle, die glauben, durch die Torheit der Verkündigung zu retten. Die Juden fordern Zeichen, die Griechen suchen Weisheit. Wir dagegen verkündigen Christus als den Gekreuzigten: für Juden ein empörendes Ärgernis, für Heiden eine Torheit, für die Berufenen aber, Juden wie Griechen, Christus, Gottes Kraft und Gottes Weisheit. Denn das Törichte an Gott ist weiser als die Menschen, und das Schwache an Gott ist stärker als die Menschen ... (1 Kor 1,21-25).

Wenn wir "Juden" und "Griechen" aus dem zeitgeschichtlichen Kontext paulinischen Denkens in unsere Gegenwart übersetzen, muß nach Paulus das Kreuz Jesu als die Durchbrechung aller religiösen wie philosophischen Weisheitssuche und -findung angesprochen werden. Die Paradoxie, die Torheit für Weisheit, Schwäche für Kraft, Tod für Leben, Untergang für Sieg erklärt, läßt sich nicht durch ein wie immer geartetes menschliches Urteilsvermögen auflösen. Sie hebt die menschlichen Urteilskriterien Gott gegenüber auf und ruft stattdessen in die Krisis bzw. die Entscheidung. In diesem Sinne hat Friedrich Nietzsche den christlichen Glauben mit seiner Formel "Gott am Kreuze" zu Recht ein *absurdissimum* und einen "dauernden Selbstmord der Vernunft" genannt[44].

Dennoch muß die Weisheit des Kreuzes in ihrer Kritik der weltlichen Weisheit "als Gottes größere und umfassendere Weisheit sagbar und verstehbar sein"[45]. Das freilich kann nicht durch einen verfeinerten Prozeß rationaler Erklärung geschehen, sondern nur derart, daß der Mensch sich in das "Geheimnis der verborgenen Weisheit Gottes" (1 Kor 2,7) einweisen läßt. Theologisch begegnen sich hier zwei Grundbewegungen:

- die <u>theo-logische</u> Linie, die Gott zur Sprache kommen läßt, und
- die <u>myst-agogische</u> Linie, die umgekehrt den Menschen so sehr in die Selbstentäußerung seiner selbst zieht, daß er - <u>kenotisch</u> - der Selbstentäußerung Gottes begegnet, die im Kreuz Jesu Christi ihr unvertauschbares Realsymbol gefunden hat (vgl. Phil 2)[46].

(1957) 77-108; <u>H.Merklein</u>, Die Weisheit Gottes und die Weisheit der Welt (1 Kor 1,21): <u>G.W. Hunold/W. Korff</u> (Hg.), Die Welt für morgen. München 1986, 391-403.

[44] Vgl. <u>F. Nietzsche</u>, Jenseits von Gut und Böse 46: Werke (Ausg. K. Schlechta) II. München 1966, 610.

[45] So <u>W. Kasper</u>, Gegenwart (Anm. 40) 325.

[46] Vgl. zu den drei zentralen Stichworten ausführlicher <u>H. Waldenfels</u>, KF (Reg.).

Was Paulus in Phil 2,7f. als Selbstentäußerung, Selbsterniedrigung und Gehorsam bis zum Kreuzestod beschreibt, bringt er in 1 Kor 1,30 auf die Formel:

> Ihn - Jesus Christus - hat Gott für uns zur Weisheit gemacht, zur Gerechtigkeit, Heiligung und Erlösung.

Wo *agape* nicht mit *eros* verwechselt wird, werden Worte wie Erlösung, Selbstentäußerung, Hingabe, Erbarmen, Selbstlosigkeit zur Ansage dessen, was mit Liebe gemeint ist. Wo aber solche Worte zu Wesensaussagen Gottes werden, ereignet sich auch heute noch bei Christen wie Nichtchristen eine Erschütterung des verbreiteten Gottesbildes. Insofern fällt mit der Rede von der "Weisheit des Kreuzes" einmal *Licht* auf Gott selbst, der unsere gängigen Gottesvorstellungen fragwürdig erscheinen läßt. Es fällt aber zugleich *Licht* auf uns selbst und die Welt, in der die Durchkreuzung der menschlichen Weisheit zur Haltung offenen Erbarmens mit allen der Erlösung bedürftigen Geschöpfe provoziert. Politisch bedeutet dieses Erbarmen Einsatz für die Gerechtigkeit unter allen Völkern und allen, die auf den Schattenseiten der Welt leben, Einsatz für Frieden und Freiheit, Einsatz aber auch für einen ökologisch gerechtfertigten Umgang mit der Natur und ihren Ressourcen. Die Weisheit Gottes drängt im Blick auf das Kreuz zur Tat sich selbst verschenkender Liebe, die zugleich das Verhältnis von Herr und Knecht umkehrt. Gerade für die Religionen aber wird die Bindung an eine Weisheit, die sich in der göttlichen Kenose offenbart, zur Mahnung, im Hinblick auf den Frieden in der Welt miteinander im Geiste der Liebe und des Erbarmens zu konkurrieren. In der Tat kann die Konkurrenz in der Verwirklichung wahrer Liebe zwischen Christentum, Buddhismus und allen Religionen nicht stark genug sein.

Kap. 8: Religionen und Christentum und der Säkularisierungsprozeß in Asien

Die Frage nach Religionen und Christentum im Rahmen des auch in Asien immer deutlicher in Erscheinung tretenden Säkularisierungsprozesses bedarf zweier Vorbemerkungen.

Zunächst muß, wo von Asien gesprochen wird, eine Beschränkung auf bestimmte typische Erscheinungsformen vorgenommen werden, zumal es Asien als solches nicht gibt. Wir beschränken uns hier - auf die Situationen Indiens und Pakistans, Sri Lankas und Japans.

Sodann ist von vornherein vor einer naiven Übertragung des abendländischen Säkularisierungsverständnisses und der im Abendland geführten Diskussion über diesen Begriff auf den asiatischen Raum zu warnen. Gerade deshalb aber gehen wir eingangs auf den Diskussionsstand im westlichen und im asiatischen Raum ein.

1. Säkularisierung/Säkularismus

a) Verschiedene Bedeutungen

Begriffsgeschichtliche Untersuchungen wie die von H. Lübbe und H. Blumenberg[1] zeigen, daß der Ursprung des Begriffes "Säkularisierung", wie er im Westen gebraucht wird, zeitlich wie räumlich einigermaßen feststeht. Er gehört entwicklungsgeschichtlich in das 19. Jahrhundert und dann in den abendländischen Sprachraum. Doch auch innerhalb dieses Sprachraumes muß unterschieden werden.

Im *deutschsprachigen* Raum finden wir nebeneinander: Säkularisation, Säkularisierung, Säkularismus, Säkularität. Alle diese Wörter haben es mit der Welt, Weltlichkeit, Welt-werdung, im negativen Sinne mit Verweltlichung zu tun. Unter-

---

[1] Vgl. H. Lübbe, Säkularisierung. Freiburg/München [2]1976; ders., Religion nach der Aufklärung. Graz u.a. 1986; H. Blumenberg, Die Legitimität der Neuzeit. Frankfurt 1966; auch U. Ruh, Säkularisierung als Interpretationskategorie. Freiburg u.a. 1980; ders., Säkularisierung: F. Böckle u.a. (Hg.), Christlicher Glaube in moderner Gesellschaft XVIII. Freiburg u.a. 1982, 59-100. Zur weltkirchlichen Diskussion vgl. P. Löffler, Der Begriff der Säkularisierung in der ökumenisch-missionstheologischen Diskussion: EMZ 23 (1966) 213-227; O. Stegmaier, Mission und Säkularismus: Verbum SVD 11 (1970) 45-53; H.-W. Gensichen, Mission und Kultur. München 1985, 141-152.

scheidet man die Begriffe, so ist *Säkularisation* "der Entzug oder die Entlassung einer Sache, eines Territoriums oder einer Institution aus kirchlich-geistlicher Observanz und Herrschaft"[2]. Unter *Säkularisierung* "versteht man den Prozeß der Loslösung der verschiedensten Elemente des menschlichen Lebensbereiches (wie Anschauungen, Sitten, Gesellschaftsformen, selbst Sachen und Personen) oder von dessen Gesamtheit aus der Bestimmung durch die Religion"[3]. *Säkularität* ist dann das Ergebnis des genannten Prozesses. *Säkularismus* schließlich ist entweder der zu einem weltanschaulichen Programm erhobene Säkularisierungsprozeß oder das in falscher Weise ideologisierte Ergebnis des Prozesses[4].

In der *englischen* Sprache lassen sich Säkularisierung und Säkularisation nicht unterscheiden; "secularization" steht für beide Bedeutungsinhalte. Selbst "secularization" und "secularism" werden häufig nicht streng geschieden. "Secularism" wurde definiert:

> The doctrine that morality should be based solely on regard to the well-being of mankind in the present life, to the exclusion of all considerations drawn from belief in God or in a future state.[5]

Wir finden das Wort im Titel eines Buches von *George Holyoake*, dem Gründer der Londoner Secular Society. Holyoake selbst ging davon aus, daß eine auf Theologie beruhende Moral nicht allgemein akzeptiert werde; daß dennoch die ethischen Vorschriften des Christentums anzuerkennen seien, sofern sie mit der Wohlfahrt der Gesellschaft übereinstimmten; daß jedoch im übrigen die vollen Rechte eines Bürgers der säkularen Gesellschaft von Bedingungen eines christlichen Bekenntnisses freizusetzen seien, das die Wirklichkeit dieser Gesellschaft transzendiert[6]. Entscheidend ist, daß diese Anfangsgestalt einer Säkularisierung keine Kampfstellung gegen die christliche Kirche bzw. gegen die Religion überhaupt zum Inhalt hatte. Dennoch ist nicht zu übersehen, daß die Gegenüberstellung von Säkularität und Christlichkeit bzw. Religiosität den Keim zu einem wirklichen Gegensatz in sich trug. Denn die Verdrängung des Religiösen aus Bereichen, die ihm geschichtlich zugewachsen waren, ging nicht ohne Widerstand von seiten der etablierten Religion ab.

---

[2] H. Lübbe, Säkularisierung 23; vgl. P. Löffler, Begriff 215.
[3] So Art. Säkularisierung (A. Keller): SM IV 360-372, Zitat: 361.
[4] Vgl. die begrifflichen Abgrenzungen ebd. 360ff.
[5] So: The Oxford English Dictionary, Art. "Secularism".
[6] Vgl. H. Lübbe, Säkularisierung 49f.

b) Eigenschaften des westlichen Säkularisierungsbegriffes

Im Hinblick auf die Säkularisierung in Asien sind folgende Züge des Säkularisierungsbegriffs besonders zu beachten:
(1) Da die Forderung der Säkularisierung im Gegenüber zu der im Abendland vorherrschenden konkreten Religionsform erhoben wurde, bedeutete der Ruf nach Säkularisierung eine klare Herausforderung des Christentums und seiner institutionellen Form, der Kirche. Säkularisierung mußte somit im Abendland als Befreiung von kirchlichen Ansprüchen und kirchlicher Herrschaft verstanden werden.
(2) Ein wesentlicher Unterschied zwischen der Alten und der Neuen Welt des Westens bestand darin, daß die USA von Anfang an unter dem Gesetz der Trennung von Kirche und Staat standen und sich folglich dort von Anfang an "weltlicher" Staat und religiöse Pluralität im Geiste positiver Toleranz und Kooperation begegneten.
(3) Wo Säkularisierung zu einem Kampfruf gegen die religiösen Einflüsse wurde und sich mit ihr die Ideologie reiner Diesseitigkeit und Innerweltlichkeit verband, begann die Ideologisierung des Begriffs. Das wiederum hatte zur Folge, daß Säkularisierung - je nachdem, von wem das Wort gebraucht wurde, - entweder die Geburt einer neuen Werteskala, Mündigkeit und Freiheit besagte oder aber Abfall von der Religion, Verlust des wahren Menschenbildes, Atheismus u.ä. Säkularisierung und Religion besagten dann zwei unversöhnliche Standpunkte.

c) Theologische Wertungen

Die theologische Diskussion der neuen Wirklichkeit "Säkularisierung" führte zu zwei gravierenden Ergebnissen:
(1) Auf der einen Seite versuchten vor allem evangelische Theologen die mit der Säkularisierungsthese gegebene Religionskritik dadurch zu unterlaufen, daß sie das Christentum aus dem Kontext religiöser Angebote und Ansprüche herausbrachen und es als die ganz neue, auch jede Religion unter das Gericht rufende Weise göttlicher Offenbarung und Selbstmitteilung vorstellten[7].
(2) Zum anderen - damit kehren wir zur deutschen Unterscheidung von *Säkularisierung* und *Säkularismus* zurück - versuchte

---

[7] Vgl. K. Barth, Kirchliche Dogmatik I/2. Zürich 1947, §17; vgl. G. Thils, Christentum ohne Religion? Salzburg 1969.

man die Säkularisierung als den legitimen Prozeß der Selbstbefreiung zu deuten, zu dem Gott den Menschen in der Stunde der Schöpfung aufgerufen hat, als er ihm den Auftrag erteilte, sich diese Welt als seine eigene Welt untertan zu machen (vgl. Gen 1,28). Insofern aber der Mensch stets in der Gefahr steht, sich Gott und seinem Auftrag zu entziehen, ist auch damit zu rechnen, daß der Mensch den Prozeß der Säkularisierung in Eigenmächtigkeit vollzieht und dann aus der Säkularisierung als Erfüllung eines göttlichen Gebotes Säkularismus als sündhafte Fehlform desselben Prozesses unter Abkehr von Gott und Hinkehr zu selbstgeschaffenen Götzen wird[8].

Die deutliche Unterscheidung von Säkularisierung und Säkularismus führte aber zu Konsequenzen, die ihrerseits kritisiert wurden. So scheint die These einer auch vom Christentum her legitimierten Säkularisierung zu ergeben, daß ihr Prozeß nicht nur zu dulden, sondern positiv zu unterstützen ist[9]. Das bedeutet zugleich, daß der Abbau des Religiösen nicht zu sehr zu bekümmern braucht, vor allem, wenn Religion und Religiosität im Sinne der dialektischen Theologie als eigenmächtiges, gottwidriges Handeln verstanden wird.

Die These spitzt sich völlig zu, wo die Säkularisierung letztendlich einseitig als Produkt der jüdisch-christlichen Kulturwelt angesehen wird.

2. Säkularisierung in Asien

Wer nach der Säkularisierung in Asien fragt, steht sofort vor der Doppelfrage: Sind die Phänomene der Säkularisierung Ergebnisse westlicher Säkularisierungseinflüsse, oder gibt es für sie auch asienimmanente Gründe? Zweierlei läßt sich feststellen:

(1) Zweifellos hat das technische Zeitalter vom Abendland her die Völker der nichtwestlichen Welt erreicht. Zwar sollte

---

[8] Vgl. F. Gogarten, Verhängnis und Hoffnung der Neuzeit. Die Säkularisierung als theologisches Problem. Stuttgart 1953.

[9] Vgl. dazu M. Xhaufflaire, Feuerbach und die Theologie der Säkularisation. München/Mainz 1972, 257-292. Xhaufflaire nennt die These der Säkularisationstheologen ein "ideologisches Verfahren" und kritisiert, "daß die Theologien der Säkularisation die Richtigkeit ihrer These nicht *historisch* entwickeln können, daß nämlich das biblische und christliche Denken die eigentliche Ursache des modernen Säkularisationsprozesses sei. Dies bleibt, genau genommen, eine *These.* Weit davon entfernt, in einer eigentlich historischen Analyse deduziert worden zu sein, bleibt diese vielmehr der Ausdruck eines Wunsches und des Willens zur Systematisierung" (265).

zwischen Säkularisierung und Verwestlichung bzw. Industrialisierung und technischer Revolution unterschieden werden. Dennoch kann nicht geleugnet werden, daß zusammen mit den neuzeitlichen westlichen Einflüssen auch das säkulare bzw. säkularistische Denken im westlichen Sinne sich in den ursprünglich außerchristlichen Kulturkreisen ausbreitet.
(2) Dennoch bleibt die Frage, ob es nicht bereits vor der Einflußnahme des Westens säkularisierende Prozesse in Asien gegeben hat. Wie sich zeigen wird, spricht vieles für die Vermutung, daß das der Fall ist. Dabei kann die Frage, ob nicht wenigstens die Benennung "Säkularisierung" ein westliches Einfuhrprodukt ist, auf sich beruhen bleiben.

a) Erweiterung des Säkularisierungsbegriffes

α) *Trennbarkeit der Säkularisierungselemente*

Der Säkularisierungsbegriff, wie er weithin verstanden wird, schließt eine Reihe von Elementen ein, die sich voneinander trennen lassen: Befreiung der Gesellschaft von religiösen Einflüssen - Duldung einer Pluralität von Religionen, Weltanschauungen, Ideologien - Trennung von Staat und Religion, Profanem und Heiligem - Rationalisierung und Anerkennung menschlicher Autonomie. Sicher stellt sich das Verhältnis von "heilig" und "profan" z.B. im Bereich des Buddhismus anders dar als im Bereich des Christentums. Dennoch gibt es auch in überwiegend buddhistisch geprägten Ländern ebenso wie in überwiegend christlich geprägten Ländern das Problem der Pluralität der Religionen, so daß sich der Staat mit dem Problem einer solchen Pluralität befassen muß. Auch emanzipatorische Prozesse können nicht ohne weiteres ausgeschlossen werden. Nur wenn wir voraussetzen, daß Technik ein konstitutives Element der Säkularisierung darstellt, kann mit J.C. Hoekendijk geschlossen werden, daß "die Geschichte des Säkularismus in Asien und Afrika erst im 19. Jahrhundert mit der Industrialisierung" anfängt; nach ihm sind daher die autochthonen Parallelen "Konstruktionen ex post facto"[10]. Es läßt sich jedoch nicht übersehen, daß a) in Indien und Japan, wo die Säkularisierung auch in der theologischen Reflexion eine bedeutende Rolle spielt, eine große Zahl von Autoren den Säkularisierungsprozeß als eigenständigen Prozeß zu verstehen suchen

[10] Vgl. Art. Säkularismus II. In Asien und Afrika (J.C. Hoekendijk): RGG V 1296-1299; Zitat: 1297.

und b) geschichtliche Beispiele zeigen, daß tatsächlich von Säkularisierungsprozessen auch vor dem Einbruch westlichen Denkens gesprochen werden kann.

ß) *Autoren Asiens zur Säkularisierung*

Indische und japanische Autoren bzw. auch westliche Autoren, die lange in Asien gelebt haben, tadeln die These, asiatische Säkularisierung sei nichts anderes als das Ergebnis westlicher Säkularisierungseinflüsse, als engstirnig. Stattdessen entwickelt in einem ausführlichen Kapitel "Säkularisierung und Modernisierung" der Japaner Sh. Yamamoto folgende Typologie der Säkularisierung: (1) Säkularisierung als Ergebnis einer Auseinandersetzung von Orthodoxie und Heterodoxie (z.B. im Bereich der jüdisch-christlichen Religion), (2) Säkularisierung als Ergebnis von Auseinandersetzungen zwischen Fremd- und einheimischen Religionen und das historische Phänomen der sog. "Renaissance" (z.B. in China nach den Sui-T'ang-Dynastien, 581-618 bzw. 618-907 n.Chr.), (3) Säkularisierung als Ergebnis der Auseinandersetzung zwischen politischen und religiösen Autoritäten[11].

Typ 3 wird aber von asiatischen Autoren als ein auch in Asien mehrfach verwirklichter Typ angesehen. So schreibt der Inder P.K. Sundaram:

> Die Idee des Säkularismus als Staatspolitik war, wenngleich nicht im Detail oder in derselben Orientierung, in diesem Land selbst in den früheren Perioden der Geschichte nicht unbekannt. Asoka machte bekannt, daß Harmonie gut ist ... und daß alle Religionen zu respektieren sind. Das 12. Edikt erklärte: "Seine Majestät der König erweist Respekt den Menschen aller Sekten, den Asketen und den Hausbesitzern", usw. Akbar fühlte sich inspiriert, die Universale Religion zu formulieren und verkündete in klaren Worten seine Verehrung auch für Religionen, die von seiner eigenen verschieden waren. Er suchte die religiösen Unterschiede durch "Mischehen" zu verringern. Er hatte Maulvis, Pandits, Jainmönche und Jesuiten an seinem Hof. Er gründete *Din ilahi*, in dem das Volk einen Gott verehrte, dessen Symbol die Sonne war.[12]

Akbar bemühte sich somit schon im 16. Jahrhundert um eine Einigung Indiens auf der Grundlage einer nationalen Religion jenseits von Hinduismus und Islam bei gleichzeitiger positi-

---

[11] Vgl. Sh. Yamamoto, Toynbee to bunmeiron no sōten. Tokyo 1969, 258-270.280ff.

[12] Vgl. P.K. Sundaram, Hinduism and Secularism: Religion and Society XI/2 (1964) 16-22; Zitat 17.

ver Trennung von Staat und Religion. Das Ideal, das im neuzeitlichen indischen Staat seine Verwirklichung sucht, ist seit Jahrhunderten im Lande lebendig.

Auch soziologisch ist die asiatische Säkularisierung mehr als eine Fortführung der westlichen Säkularisierung in fremder Kultur. Hierzu bemerkt der Inder R. Heredia, Poona, in einem unveröffentlichten Manuskript:

> Säkularisierung als soziologisches Phänomen, das Entmythologisierung, Rationalisierung, Autonomie des Humanen u.a. impliziert, ist doch viel älter als Westeuropa und zeigte sich auch zu anderen Zeiten und an anderen Orten. So kann man in der westlichen klassischen Welt mit Sicherheit feststellen, daß die stoische Bewegung einer Säkularisierung der klassischen Religion im weiteren soziologischen Sinne einschloß. So übte bereits im 5. Jh. v.Chr. der indische Buddhismus einen säkularisierenden Einfluß auf den Hinduismus aus. Er wurde später zwar vom Hinduismus absorbiert, jedoch nicht ohne eine starke säkularisierende Tendenz zu hinterlassen, wie sich in der Advaita-Religion Shankaras und seiner Schule zeigt, die heute weithin die Religiosität des gebildeten Hindu ausmacht. Was die moderne westliche Säkularisierung auszeichnet, sind die Idee des Fortschritts und der Begriff der Geschichte, die beide deutlich auf biblische Grundlagen zurückgehen. Ein anderer hervorstechender Faktor sind Wissenschaft und Technik, doch beide abhängig von den zuvor genannten Gesichtspunkten und vordergründiger als diese. Auch in Japan haben wir vordergründig einen starken Einfluß der westlichen Säkularisierung, doch untergründig wirkt der Zen-Buddhismus, den ich als säkularisierende Philosophie ansprechen würde. So ist auch der Taoismus in China eher soziologisch eine Form der Säkularisierung als der Marxismus, der seinerseits alle soziologischen Eigenschaften einer religiösen Ideologie an sich trägt. In Indien bei seiner starken Beschäftigung mit politischem Säkularismus und der Demokratie gibt es zweifellos starke Obertöne der westlichen Säkularisierung, obwohl deren Einfluß eher bei der humanistischen Aufklärung als speziell und direkt beim Christentum ansetzt. Doch in der hinduistischen Avidyā-Philosophie und der Sympathie, die die Gebildeten für eine buddhistische Philosophie zeigen, lassen sich die Untertöne einer indischen Säkularisierung erkennen, die sich in einem modernen Rahmen entfaltet.

Heftige Kritik findet auch der dogmatische Gebrauch von Begriffen wie "Fortschritt" und "Entwicklung" und die Einteilung der Länder in entwickelte und unterentwickelte. Dazu schreibt der indische Nationalökonom C.T. Kurien:

> Man sagt uns, die 'Entwicklungsländer' bräuchten nicht bloß mehr Nahrung und Kleidung, nicht bloß Fernseher und Jumbo-Flugzeuge, sondern auch mehr Wissenschaft,

> mehr Kultur und mehr 'Demokratie' (oder 'Kommunismus', je nachdem) - mehr jedenfalls von allem, was die 'entwickelten' Länder haben. Der Modernisierungsprozeß ist von der unausdrücklich oder ... auch ganz offen geäußerten Überzeugung begleitet, daß *alle* Bestandteile der Modernisierung dem einheimischen Boden der 'Entwicklungsländer' fremd sind.[13]

Kurien nennt das Gerede von einem "universal allgemeinen Entwicklungsproblem" einen gefährlichen Mythos. Er befürchtet, "daß wir sehr bald die *partielle* Natur des alten Ansatzes *erkennen* werden, ohne die zugrundeliegende Annahme des *Universalismus* in Frage zu stellen, und daß der neue Ansatz, den wir *entwickeln*, nur den Mythos des Universalismus dadurch bekräftigen wird, daß der Begriff der Entwicklung inklusiver und umfassender verstanden wird"; damit aber wird er zu einer "Ideologie mit totalitären Obertönen".

Während in Indien die politische Säkularisierung und damit die Beziehung von Staat und institutionalisierter Religion im Vordergrund der Diskussion steht, greift der japanische Religionsphilosoph Sh. Ueda in einem Beitrag der Salzburger Humanismusgespräche im Hinblick auf den Buddhismus die im Westen diskutierte religiöse Säkularisierung und die Beziehung von "heilig" und "profan", "geistlich" und "weltlich" auf[14]. Diese Grundunterscheidung erkennt Ueda auch für den Urbuddhismus an. Nach ihm hebt aber der Mahāyāna-Buddhismus diesen Unterschied auf, bzw. er überwindet ihn, so daß hier "die Frage der sogenannten 'Säkularisierung' zunächst gegenstandslos zu sein" bzw. der Buddhismus "jenseits der Säkularisierungsfrage zu stehen" scheint (260).

Ueda übersieht aber dann nicht, daß es gerade als Folge der Ununterschiedenheit von "sakral" und "profan" in Japan die negative Form der Säkularisierung - das japanische Wort *sezokuka* bedeutet wie das englische Wort *secularism* in seiner negativen Bedeutung Verweltlichung, Profanierung, Weltverfallenheit (vgl. 261f.) - als Weltverfallenheit gegeben hat und daß die Gefahr dieser Art von Verweltlichung nicht erst in der Gegenwart aufgetreten ist[15]. Im Blick auf den westlichen

---

[13] Vgl. C.T. Kurien, The Concept and Content of Development: Religion and Society XVII/2 (1970) 9-15; Zitat: 12; dazu H.-W. Gensichen, Mission (Anm. 1) 177.

[14] Vgl. Sh. Ueda, Der Buddhismus und das Problem der Säkularisierung. Zur gegenwärtigen geistigen Situation Japans: O. Schatz (Hg.), Hat die Religion Zukunft? Graz u.a. 1971, 255-275. Wir zitieren mit Seitenzahl im Text.

[15] Ueda verweist als Beispiel auf den Buddhismus der Tokugawa-Zeit und auf die Degeneration ursprünglich buddhistischer Termini wie *upāya* (Jap. *hōben*); vgl. ebd. 261.

Sprachgebrauch von Säkularisierung als "Loslösung der Vorstellungen, der Gedanken, der Sachen, der Einrichtungen und Institutionen usw. aus ihren ursprünglichen religiösen Bindungen und deren Verselbständigung mit jeweiligen Eigengesetzlichkeiten" (262) hält er aber daran fest, daß eine solche Form von Säkularisierung im Bereich des Buddhismus nicht denkbar ist, da die eigentümliche Gestalt der Unterscheidung von "weltlich" und "buddhistisch" nur in ihrer Ununterschiedenheit zutage tritt. Im Buddhismus handelt es sich daher "um eine dimensionale Bewegung des ununterschiedlichen Unterschieds und der unterschiedlichen Ununterschiedenheit" (264).

Angesichts der sich zuspitzenden weltweiten Gestalt der Säkularisierung sieht sich aber auch der buddhistische Kulturraum vor die Frage gestellt, "ob die Religion nicht überflüssig geworden ist, nicht endgültig überwunden worden ist, oder vor die Frage, ob die Menschheit, vorausgesetzt, daß die Religion die letzte Grundlage für das Menschsein sei, mit der Unmöglichkeit der Religion nicht in äußerste Enthumanisierung geraten ist" (266f.). Die Offenheit für die Welt, wie der Buddhismus sie kennt, stellt so für den Buddhismus selbst eine große Verlegenheit dar, so daß ausländische Beobachter der japanischen Szene wie J. Roggendorf sagen konnten: "In Japan spielt die Religion nur eine geringe Rolle, so gering wie in keinem anderen Kulturland. Japan ist durch und durch säkularisiert." (269)

b) Westlicher und östlicher Ansatz im Vergleich

Beim Vergleich von westlichem und östlichem Denkansatz bedürfen folgende Punkte der weiteren Diskussion:

(1) Es dürfte stimmen, daß auch die Säkularisierungsdebatte in Asien wesentlich durch die Säkularisierungsdiskussion im Westen ausgelöst bzw. von dieser mitbestimmt ist. Der Begriff der Säkularisierung, wie er in westlichen Sprachen Verwendung findet, steht jedenfalls auch im Hintergrund der asiatischen Debatte, wobei es gleichgültig ist, ob das westliche Verständnis unkritisch adoptiert oder inzwischen kritisch hinterfragt wird. Allerdings dürften für die Zukunft genauere Untersuchungen über Entstehung und Gebrauch des Begriffes "Säkularisierung" in asiatischen Sprachen nützlich sein[16].

---

[16] So ist das jap. Wort für Säkularisierung *sezokuka (sezoku + ka)* in seiner Kombination zwar modern, in seinem Hauptbestandteil *sezoku*, kombiniert oder in seinen Einzelbestandteilen *se + zoku*, durchaus in Übersetzungen buddhistischer Termini zu finden; vgl. z.B. *zokutai*, *sezokutai*, *setai* als Übersetzung des Skt. *saṃvṛtisatya*, das - im Gegen-

(2) Der Vergleich der asiatischen und der westlichen Situationen fordert aber vom westlichen Gesprächspartner, daß er zunächst die theologischen Begründungsversuche der Säkularisierung außer acht läßt und sein eigenes Verständnis in rein deskriptivem Sinne verwendet. Das ist um so mehr erforderlich, als auch die asiatischen Religionen wie Hinduismus und Buddhismus, Konfuzianismus und Taoismus ihr je eigenes Verständnis der Welt und ihrer Entwicklung besitzen und so - wie es die japanische Sprache zeigt - eine völlige Neuprägung des Wortes "Säkularisierung" unnötig war.

(3) Bestimmte Züge des Säkularisierungsbegriffes - das beweist schon eine erste Annäherung an die geschichtlichen Entwicklungen in Asien - sind auch unabhängig von einem jüdisch-christlichen bzw. neuzeitlich-westlichen Einfluß zu früheren Zeiten verwirklicht worden. Das wird deutlich, wo das Verhältnis von Staat und Religion(en), von Volk und religiöser Pluralität, von Gebrauch der Vernunft und religiöser Tradition überprüft wird. Aufklärungsprozesse als Emanzipationsprozesse sind nicht auf die neuzeitliche Aufklärung Europas beschränkt.

(4) Eingehender Prüfung bedarf das Grundverständnis von "sakral" und "profan"[17]. Vor allem stellt sich die Frage, ob dort, wo das Gegenüber von Gott und Welt, Schöpfer und Schöpfung geringgeachtet wird und das Verhältnis von Dualismus und Monismus ungeklärt ist, die Säkularisierungsfrage in jener Radikalität gestellt werden kann, in der sie im Herkunftsraum des Christentums heute gestellt wird. Von der Antwort auf diese Frage hängt es wesentlich ab, wieweit die asiatischen Religionen eine gültige Antwort auf die Bedrohung, die die Säkularisierung stets *auch* darstellt, geben können[18].

---

satz zu *shintai* = Skt. *paramārthasatya* = höchste, transzendentale Wahrheit - die verborgene Wahrheit bezeichnet. *Zoku* - verstärkt durch *se* = Welt - deutet - im Gegensatz zu *sei* = heilig, *shin* = wirklich, wahr - auf die Welt, das Weltliche, das weltliche Leben, auch die Verweltlichung hin.

[17] Die Frage wird in der christlichen Theologie in der Regel ohne Bezug auf nichtchristliche Religionen diskutiert; vgl. u.a. P. Tillich, Systematische Theologie. Stuttgart 1956-1966, I 251ff., III 282ff.; B. Welte, Auf der Spur des Ewigen. Freiburg 1965, 113-151; B. Casper u.a., Besinnung auf das Heilige. Freiburg 1966; J.Grand'Maison, Die Welt und das Heilige. Salzburg 1970; H. Mühlen, Entsakralisierung. Paderborn 1971. - Vom Standpunkt der vergleichenden Religionswissenschaft vgl. M. Eliade, Die Religionen und das Heilige. Salzburg 1966; J.A. Cuttat, Asiatische Gottheit - christlicher Gott. Einsiedeln 1971.

[18] Von einer anderen Seite her wird hier auch die Verhältnisbestimmung von Philosophie und Theologie bzw. deren Analogaten sowie von Philosophie und Religion aufschlußreich. Außer den Kap. 7.A/B in diesem Band vgl. H. Nakamura, Ways of Thinking of Eastern Peoples: India - China-Tibet - Japan. Honolulu ²1964; W. Halbfass, Indien und Europa. Basel

(5) Eine Eigentümlichkeit, die die heutige Säkularisierung vor allen früheren Säkularisierungsprozessen auszeichnet, besteht darin, daß aufgrund der modernen Technik und Kommunikationsmöglichkeiten der Säkularisierungsprozeß heute in der Tat keinen rein regionalen Charakter mehr trägt, sondern weltweites Ausmaß angenommen hat. Deshalb stellt sich das Problem nicht mehr nur innerhalb eines bestimmten Kulturraumes und unabhängig von allen anderen Kulturräumen, sondern in dem Maße, als alle miteinander kommunizieren, bildet sich eine einheitliche Weltzivilisation, in der sich die genannten Probleme auf weltweiter Ebene neu stellen: die Pluralität der Weltanschauungen und die Weltgesellschaft - das Verhältnis von Weltanschauung und Gesellschaft - gesamtmenschheitliche Selbstbestimmung, Welt- und Zukunftsgestaltung und Religionimmanente Glückserfüllung und Transzendenzerfahrung - innerweltlich geschlossene Gesellschaft und ekstatische Erfüllungshoffnung u.a.m. In dem Maße, als innerweltliche Heilsverheißungen in ihrer Aporetik offenkundig sind, sehen sich die verschiedenen Religionen miteinander zur Verständigung herausgefordert.

In dieser Situation hat das Christentum allen Anlaß, nicht mit falscher Selbstüberheblichkeit und Rechthaberei den anderen Religionen gegenüberzutreten. Im Sinne des von der Menschheit geforderten Dienstes muß es *zunächst* sehen und hören, was andere Religionen in dieser Situation zu sagen haben, *dann* kritisch fragen und sich fragen lassen und *schließlich* den eigenen Beitrag vorstellen, der in der heutigen Situation bei aller Säkularisierung die Welt eine menschlichere Welt werden läßt.

3. Religionen und Säkularisierung in den Ländern Asiens

Asien im allgemeinen gibt es nicht. Der Kontinent besteht vielmehr aus einer Mehrzahl von Völkern und Staaten, Kulturen und Sprachgruppen, die alle ihre je eigene politische und religiöse Geschichte haben. Es gibt Länder, in denen *eine* Religion vorherrscht, andere, in denen es im Laufe der Geschichte zum Neben- und Miteinander von verschiedenen Religionen gekommen ist, die miteinander konkurriert und koexistiert haben

1981; M. Abe, Zen und Western Thought. Honolulu 1985; H. Waldenfels/Th. Immoos (Hg.), Fernöstliche Weisheit und christlicher Glaube. Mainz 1985; H. Waldenfels, Interkulturelle Religionsphilosophie: A. Halder u.a.(Hg.), Religionsphilosophie heute III. Düsseldorf 1988, 225-241.

und es weithin immer noch tun. Eine Reihe von Ländern hat eine koloniale Phase durchlaufen, ehe sie sich zu politischer Selbständigkeit und Eigenstaatlichkeit befreite. Andere Länder wie Japan sind von kolonialistischen Einflüssen fast ganz unberührt geblieben. Es gibt auch Länder wie Korea, die gegen ihre asiatischen Nachbarn ihre Identität suchen und behaupten mußten.

Säkularisierung in Asien hat es zu tun mit der Säkularisierung des Staates und der Politik und schließt in hohem Maße das Element des Nationalismus ein. In religiöser Hinsicht impliziert sie das Bekenntnis zu religiöser Neutralität. Religiöse Konkurrenz bis hin zu Verfolgungen hat es freilich auch in Asien gegeben[19]. Wo der religiöse Pluralismus für ein Volk nicht zum Problem wurde, bleibt die Frage, wie sich die vorherrschende Religion, Hinduismus, Buddhismus, Islam oder auch - im Falle der Philippinen - das Christentum je auf ihre Weise auf den modernen Prozeß technischer Entwicklung und Industrialisierung einzustellen sucht.

a) Indien

In Indien scheint auf den ersten Blick kein Gegensatz zwischen dem weltlichen Staat und der Religion zu bestehen. Häufig werden die Worte S. Radhakrishnans zitiert:

> Es mag merkwürdig erscheinen, daß unsere Regierung weltlich sein soll, während unsere Kultur in spirituellen Werten verwurzelt ist. Säkularismus besagt hier nicht Areligiosität oder Atheismus oder die Betonung materiellen Wohlstands. Es bedeutet vielmehr, daß die Betonung auf der Universalität der spirituellen Werte, die auf vielfältigen Wegen erlangt werden können, liegt.[20]

Ähnlich äußert sich P.B. Gajendragadkar:

> Notwendigerweise ist zu betonen, daß der indische Säkularismus nicht in die negative Kategorie fällt. Tatsächlich erkennt der indische Säkularismus sowohl die Relevanz wie die Gültigkeit der Religion für das

---

[19] Vgl. z.B. das Verhältnis zwischen dem Islam und den asiatischen Religionen, die Behandlung des Buddhismus in China zwischen 842 und 845 n. Chr., die religiöse Situation in Japan während der Tokugawa-Zeit sowie in der Zeit des modernen Militarismus u.a.m.

[20] So im Vorwort zu Abid Husain, The National Culture of India. Bombay 1961, VII, zitiert von M. Ul Haqq, Religion, Secularism and Secular State. The Muslim Case: Religion and Society XVIII/3 (1971) 36; vgl. ebd. 48. Zur Gesamtproblematik vgl. H.-J. Klimkeit, Der politische Hinduismus. Wiesbaden 1981.

> menschliche Leben an ... Im Kontext der Verfassung bedeutet Säkularismus, daß alle in Indien praktizierten Religion ein Recht auf gleiche Freiheit und gleichen Schutz besitzen.[21]

Er vertritt die Ansicht, daß die grundlegende Philosophie des indischen Säkularismus mit der uralten indischen Überzeugung übereinstimmt, daß die Wahrheit eine ist, aber viele Seiten besitzt, so daß weise Menschen sie in unterschiedlicher Weise beschreiben können.

Immer wieder wird betont, daß zwischen dem rationalen Denken und der Religion, zwischen Spiritualität und Rationalität Harmonie herrsche. So schreibt der japanische Indologe H. Nakamura:

> Tatsächlich gründet die indische Religion in philosophischer Kontemplation, und Indiens Philosophie läßt sich von Religion nicht unterscheiden. Wie Masson-Oursel bemerkt hat, gibt es in Indien und China keinen Antagonismus zwischen Religion und Philosophie, Religion und Wissenschaft. Die Inder sind traditionellerweise ein religiöses und zugleich ein philosophisches Volk.[22]

Ähnlich sagt Radhakrishnan:

> Eine spirituelle Sicht gründet nicht nur in Einsicht, sondern wird zugleich unterstützt durch eine rationale Philosophie und gesunde gesellschaftliche Institutionen.[23]

Beide Elemente waren entsprechend auch im Säkularisierungsprozeß der Unabhängigkeitsbewegung wirksam:

> Die indische Freiheitsbewegung bestand zur selben Zeit aus einer Mehrzahl von Dingen: Sie war eine Reform, eine sogenannte Renaissance, und eine nationale Bewegung, aber auch eine Bewegung zugunsten eines Hindunationalismus, der eine religiöse Erneuerung besagte. Diese verschiedenen und gelegentlich unverträglichen Aspekte unserer Unabhängigkeitsbewegung haben den Charakter des modernen Indiens geformt. Die Sozialreform Gokhales und die religiös-soziale Erneuerung Tilaks reflektierten eine grundlegende innere Spannung im Prozeß der Staatwerdung Indiens: Die innerlich verwobenen Be-

---

[21] P.B. Gajendragadkar, The Concept of Secularism: Secular Democracy. New Delhi. Annual Number 1970, 71, zit. von M. Ul Haqq, Religion 37.

[22] H. Nakamura, Ways of Thinking (Anm. 18) 117; vgl. St. Kramrisch, Natural Science and Technology in Relation to Cultural Patterns and Social Practises in India: Ch.A. Moore (ed.), Philosophy and Culture East and West. Honolulu 1968, 156-171; S. Radhakrishnan, The Indian Approach to the Religious Problem: ebd. 255-262: A. Fonseca, Secularization in India: Ateismo e Dialogo V/1 (1970) 15-23, bes. 18.

[23] Eastern Religions and Western Thought. Oxford 1940, 76, zitiert nach Ch.A. Moore (ed.), Philosophy 236.

> wegungen für Nationalismus und Freiheit erzeugten Kräfte, die für den Säkularismus freundlich und feindlich zugleich waren. Die nationalistische Bewegung ist ihrer Natur nach ein weltlicher Prozeß: Außerhalb des weltlichen Kontexts hat der Nationalismus keine Bedeutung; dennoch veranlaßten im spezifisch indischen Rahmen der Geschichte die modernen politischen Kräfte von Anfang an einen hinduistischen Nationalismus, der genau genommen einen Widerspruch in sich darstellt. So merkwürdig dieser Begriff von Nationalismus auch ist, - er war unvermeidlich unter den spezifischen Bedingungen der indischen Geschichte und der Hindureligion. Und diese Bedingungen sind keineswegs reine Vergangenheit. ... Eine der bedeutendsten Kräfte gegen den Säkularismus ist heute gerade die Verbindung der zwei heterogenen Ideen: Hinduismus und Nationalismus.[24]

Selbst bei so unterschiedlichen Vorkämpfern der indischen Unabhängigkeit wie M. Gandhi und P. Nehru zeigt sich die Verbindung beider Elemente. Schon 1931 legte Nehru auf einem Kongreß in Karachi eine Resolution vor, nach der der Staat gegenüber allen Religionen Neutralität wahren solle. 1951 definierte er den weltlichen Staat dahingehend, daß er alle Religionen schütze, keine auf Kosten der anderen bevorzuge und keine zur Staatsreligion erkläre[25]. Sodann solle das säkularistische Ideal auf alle Bereiche des gesellschaftlichen Lebens Anwendung finden. Ein einheitliches Gesetz solle das sogenannte Personalrecht, welches bislang von Gemeinde zu Gemeinde, von Ort zu Ort, von Sekte zu Sekte, von Kaste zu Kaste unterschiedlich war, ersetzen[26]. In diesem Sinne ist der Begriff der Säkularisierung auszudehnen auf eine soziale Struktur, in der der einzelne sich nicht gesellschaftlichen Ungleichheiten aufgrund religiöser Sanktionen ausgesetzt sieht. Nehru erklärte:

> Die von der Kastenordnung bestimmte Gesellschaft ist nicht wirklich weltlich. Glaubensüberzeugungen, die die gesellschaftliche Struktur des Lebens bestimmen, sind nicht weltlich.[27]

Schließlich sind im indischen Säkularismus die fundamentalen Rechte aller Bürger ohne Rücksicht auf die religiöse Zugehörigkeit zu garantieren.

---

[24] Vgl. A.K. Saran, Secular-Sacred Confrontation. A Historical Analysis: Religion and Society XVIII/3 (1971) 9-35; Zitat: 16.

[25] Vgl. P.K. Sundaram, Hinduism (Anm. 12) 16.

[26] Vgl. ebd. 16.18-21; vom islamischen Standpunkt M. Ul Haqq, Religion (Anm. 20) 40-44; A. Fonseca, Secularization (Anm. 22) 20f.

[27] P.K. Sundaram, Hinduism (Anm. 12) 16, zitiert diese Worte aus einem Rundschreiben an die Komitees des Pradesh-Kongresses 1954.

Die drei genannten Aspekte - Neutralität des Staates gegenüber den Religionen, Anwendung des säkularistischen Ideals auf alle Gesellschaftsbereiche, Beseitigung aller religiös bedingten gesellschaftlichen Ungleichheiten - beweisen freilich auch, einen welch starken Einfluß das westliche Säkularisierungsverständnis auf den indischen Säkularismus ausgeübt hat. Zu beobachten ist eine zunehmende Hochachtung der menschlichen Individualität und Persönlichkeit, der Freiheit[28] des Menschen und seiner grundlegenden Rechte, unabhängig vom ewigen Dharma, von der Zugehörigkeit zu einer spezifischen Kaste aufgrund des Gesetzes der Reinkarnation. Entsprechend sucht der Staat seine nationale Identität und sein Selbstverständnis, seine Beziehung zu anderen Staaten, neue Gemeinschaftsformen, die Verwirklichung der Gleichheit von Mann und Frau u.ä. zu verwirklichen.

Trotzdem ist die Verwirklichung des säkularen Staates in vieler Hinsicht immer noch mehr Ideal als Wirklichkeit. Die ökonomischen Entwicklungen gehen trotz allem langsam voran. Das Kastenproblem, auch das der Unberührbaren, ist zwar theoretisch durch die Konstitution gelöst, doch bleibt die große Zahl der Unberührbaren arm; sie leben in den Landbezirken Indiens, haben keinen eigenen Grund und Boden, sind verschuldet und in ihrem Lebensunterhalt abhängig von anderen. Wohl aber gibt es die Freiheit der Meinungsäußerung und der politischen Gruppenbildung, der religiösen Zugehörigkeit und der privaten Eigentumsbildung. Die Regierung ist grundsätzlich demokratisch. Dennoch kann nur von einem "Beginn des Säkularisierungsprozesses" gesprochen werden[29].

Wie auch bei anderen asiatischen Staaten verdient in Indien der sogenannte *Sozialismus* besondere Aufmerksamkeit. Hier geht es ganz allgemein weniger um einen Sozialismus ideologischer Prägung als um ein Modell, nach dem die Ungleichheiten der Bürger eines Landes beseitigt werden sollen, konkret um Maßnahmen zur Schaffung eines höheren Lebensstandards für alle, eine höhere Wachstumsrate in industrieller und landwirtschaftlicher Produktion, die Beeinflussung und Kontrolle der Bevölkerungsexplosion, Landreformen, die Verhinderung der Konzentration von Reichtum und Gütern in den Händen weniger u.a.m.

---

[28] Genau genommen ist weniger die Rede von "Freiheit" als von "Befreiung", die E.A. Burtt so umschreibt: "des Menschen Befreiung von allem, das seinem Fortschritt zur Selbstverwirklichung und zur Wahrnehmung der Wahrheit in ihrer Fülle, die eine solche Verwirklichung bringt, im Wege steht", in: Ch.A. Moore (ed.), Philosophy (Anm. 22) 676f.

[29] Vgl. A. Fonseca, Secularization (Anm. 22) 15; auch 20f.

Trotz der optimistischen Bemerkungen über die Harmonie von Religion und Wissenschaft in Indien dürften die Eingriffe in die natürlichen Abläufe der Dinge, die 5-Jahres-Pläne, die landwirtschaftlichen Reformen, die Entwicklung des Erziehungssystems u.a. auf die Dauer nicht ohne eine stark entsakralisierende Wirkung auf die gesamte Lebensauffassung der Inder bleiben. So betont A.K. Saran ausdrücklich, es sei für Indien ein Irrtum zu glauben, die Säkularisierung im Sinne einer Koexistenz von Staat und Religion könne trotz ihrer Trennung bestehen, ohne daß die Säkularisierung im Sinne radikaler Autonomie angenommen werde[30]. Säkularisierung im Sinne von Autonomie besagt aber die Ablehnung einer sakralen, mythologischen, transzendenzorientierten Weltanschauung und eines hierarchischen Gesellschaftssystems und ersetzt diese durch das Versprechen einer rein wissenschaftlichen, humanistischen, empirischen, relativistischen, immanentistischen und evolutionären Weltanschauung und eines offenen, egalitären Gesellschaftssystems:

> In dieser Sicht des Säkularismus ist die letzte Grundlage aller Autorität historisch und rational, nicht transzendent, göttlich und mystisch. Er verkündet die Autonomie und die Zentralstellung des Menschen (des *Homo faber*, nicht des *Homo religiosus*).[31]

Diskutiert wird in Indien, ob es nicht - analog zu einem christlichen Sozialismus - einen hinduistischen Sozialismus geben könne. A.K. Saran schließt das aus. Den entscheidenden Grund dafür sieht er in der Tatsache, daß im politischen Ansatz Nehrus die Zukunft Indiens allein auf dem Wege moderner Wissenschaft, Technik und wirtschaftlicher Entwicklung durch eine zentral geplante rapide Industrialisierung verwirklicht werden sollte. In der Tat bedarf Indien einer umfassenden Modernisieruung. Doch, obwohl offiziell - in einer gewissen Parallele zu ähnlichen Äußerungen im Japan des 19. Jahrhunderts - "Indiens Plan einer Modernisierung nicht die Säkularisierung oder Verwestlichung seiner wesentlichen Werte, nicht die Ablehnung seiner traditionellen Religiosität akzeptiert"[32], ist es nur schwer zu begreifen, wie das geplante neue sozio-ökonomische System gelingen soll, ohne die tradi-

---

30 Vgl. A.K. Saran, Confrontation (Anm. 24) 12.

31 Ebd. 11.

32 Vgl. ebd. 27. Bekannt sind in Japan u.a. der Slogan des Sh. Sakuma (1811-1864) *tōyō no dōtoku, seiyō no gijutsu* ("östliche Ethik, westliche Technik") oder *wakon yōsai* ("japanischer Geist, westliche Fertigkeit"); der zweite Ausdruck wurde zunächst im Blick auf die Chinesen gebraucht: *wakon kansai* ("japanischer Geist, chinesisches Können").

tionellen Wertsysteme zu tangieren. Saran zögert denn auch nicht festzustellen:

> ... die Idee des geplanten sozio-ökonomischen Systems, gegründet auf humanistischen Werten, ist die Idee eines totalen Systems, unversöhnlich mit jedem *anderen totalen System wie Hinduismus oder Islam*[33].

Gibt es aber eine nicht-säkularistische Alternative, die in der Lage ist, die drängenden Nöte Indiens, Armut, Krankheit und Hunger, zu steuern? Zweifellos muß alles getan werden, um die unmittelbaren Nöte zu lindern, ja zu tilgen. Es fragt sich nur: Muß die Lösung dieser Notzustände und Indiens weiterer Entwicklung in Maßnahmen versucht werden, die vielleicht den Leib retten, doch am Ende die Seele Indiens zerstören?

Auffallenderweise hat in einer Zeit, in der es in verschiedenen Ländern der Welt, nicht zuletzt in dem säkularisiertesten Land Asiens Japan, zur Gründung neuer Religionen oder religiöser Bewegungen gekommen ist, das Mutterland religiöser Anstöße Indien kaum neue religiöse Impulse aufzuweisen[34]. Das gilt, auch wenn außerhalb Indiens indische Religiosität zu wirken beginnt[35].

Die folgenden beiden Überlegungen beleuchten je auf ihre Weise die Situation Indiens. Denn Pakistan wäre nicht ohne Indien; die Entstehung dieses Staates hängt ihrerseits mit der indischen Säkularisierungsdebatte zusammen. Sri Lankas Entwicklung ist gleichfalls nicht losgelöst von der Entwicklung Indiens zu sehen, zumal einerseits ethnische Verbindungen zum Festland bestehen, andererseits die Unabhängigkeit Sri Lankas heute in ihrer Verbindung mit dem Theravāda-Buddhismus nicht nur eine Abgrenzung gegenüber dem kolonialistisch-christlichen Einfluß darstellt, sondern auch gegenüber dem festländischen Hinduismus.

b) Pakistan

Historisch gesehen kam die Idee eines indischen Nationalismus, der eine sozio-politische Einheit mit notwendig nicht-

---

[33] A.K. Saran, Confrontation (Anm. 24) 29; anders M.M. Thomas, Patterns of Modern Man's Search for Salvation: Religion and Society XI/2 (1964) 8-15; A. Singh, Secularism in the Sikh Faith: ebd. XVIII/3 (1971) 48-54; S. Saberwal, Secularism: A Threat to Religion?: ebd. 55-58.

[34] Vgl. E. Benz, Neue Religionen. Stuttgart 1971, 10.44ff.

[35] Vgl. R. Hummel, Indische Mission und neue Frömmigkeit im Westen. Stuttgart u.a. 1980.

religiöser Basis für ganz Indien anstrebte, zu einer Zeit auf, als sich die Hindus erfolglos gegen eine muslimische Vorherrschaft zur Wehr setzten; erst zur Zeit der britischen Kolonialherrschaft wurden Hindus und Moslems auch "brothers-in-suffering"[36]. Das Fundament eines für Hindus und Moslems gemeinsamen indischen Nationalismus bildete am Ende aber doch die gemeinsame hinduistisch geprägte Vergangenheit des Landes. Nicht ohne Grund stellte B.G. Tilak (1856-1920), einer der frühen Vorkämpfer für die nationale Einheit und Unabhängigkeit Indiens, den Shivaji-Kult wieder her[37]. M. Gandhi glaubte seinerseits an eine höhere religiöse Einheit, die beiden Hauptformen indischer Religiosität, Hinduismus und Islam, Genüge leisten könnte; er wollte Freiheit für ganz Indien und zugleich seine Spiritualität retten. Erfolg hatte er jedoch in keiner Hinsicht. Denn am Ende kam es nicht zur Entstehung eines *indischen*, sondern eines *hinduistischen* und folglich auch eines *muslimischen* Nationalismus, d.h. zur Entstehung des sogenannten "Kommunalismus", der sich definieren läßt als "die Bejahung einer religiösen Gemeinschaft als politischer Gruppe"[38]. Auf diese Weise aber war eine Einheit von Hindus und Moslems nicht zu erreichen. Selbst wenn man die Gründung eines unabhängigen Pakistan auf einen Akt der britischen Regierung zurückführt, so bleibt doch die Tatsache bestehen, daß sie für die Inder als bewußte Loslösung aufgrund der religiösen Zugehörigkeit erscheinen mußte. Denn während der indische Kongreß trotz seiner Hindumajorität die islamische Minorität als volle Bürger des indischen Staates anerkannte und sich daher auch dagegen wehrte, Indien zu einem Hindustaat zu erklären, bekannte sich Pakistan in seinen Konstitutionen von 1956 und 1962 zu dem Ziel, den indischen Moslems eine Heimat zu bieten, wo sie in der Lage seien, individuell und kollektiv ihr Leben nach den Lehren und Erfordernissen des Islam, des Koran und der Sunna, auszurichten[39].

---

36 So A.K. Saran, Confrontation (Anm. 24) 13.

37 Zu B.G. Tilak vgl. H.-J. Klimkeit, Hinduismus (Anm. 20) 226-243; zu Shivaji (1627-1680), der, von seiner Mutter als strenger Hindu erzogen, sein Land von der Macht der islamischen Moghul-Herrscher befreite und das Maratha-Reich begründete, ebd. 228f.

38 Vgl. A.K. Saran, Confrontation (Anm. 24) 17-21; auch S. Saberwal, Secularism (Anm. 33) 56f.; R. Thapar, Indianization: Ateismo e Dialogo VI/4 (1971) 5-8.

39 Vgl. dazu R.A. Bütler, Secularizing Tendencies in Pakistan: Ateismo e Dialogo V/2 (1970) 16-24, bes. 16. Der Herausgeber der "Katholischen Missionen", Bonn, Dr. L. Wiedenmann SJ, stellte mir freundlicherweise das ungekürzte Manuskript des Artikels zur Verfügung; wir zitieren aus diesem Manuskript: Ms.

Betrachtet man die heutige Situation Pakistans, so stellt sich die Frage, wie sich ein islamischer Staat in unmittelbarer Nachbarschaft zu einem verfassungsmäßig säkularen Staat entfalten kann. R.A. Bütler, der mit großer Sorgfalt die pakistanische Szene, das Denken der Intellektuellen, die ethischen Verhaltensmuster, die Literatur, die konkrete Politik u.a.m. untersucht hat, stellt auch für Pakistan starke Säkularisierungstendenzen fest. I.H. Qureshi von der Universität in Karachi sagt den Oberschichten seines Landes eine Bewußtseinsspaltung nach: Zwar komme es zu keiner klaren Entscheidung gegen den Islam, doch die Religion spiele keine bedeutende Rolle in ihrem Leben[40]. M.A. Jinnah (1876-1948), einer der frühen Vertreter muslimischer Unabhängigkeit, sagt seinerseits:

> Unser tragender Pfeiler und Anker ist der Islam ... Pakistan bedeutet nicht nur Freiheit und Unabhängigkeit, sondern die islamische Ideologie, die es zu bewahren gilt ... und von der wir hoffen, daß andere sie mit uns teilen.[41]

Andererseits betrachtet er die Religion aber als eine rein individuelle Angelegenheit:

> Sie sind frei. Sie sind frei, in ihre Tempel zu gehen ..., in ihre Moscheen oder zu einem anderen Platz der Gottesverehrung in diesem Staat Pakistan. Sie mögen zu jeder Religion oder Kaste, zu jedem Glaubensbekenntnis gehören, - es hat nichts mit den Geschäften des Staates zu tun.[42]

Natürlich läßt sich der Islam im modernen Leben Pakistans nicht übersehen. Doch die Haltung des Islam gegenüber den sozio-ökonomischen Transformationen der modernen Zeit ist ungelöst. Dabei gehen bedeutsame gesellschaftliche Änderungen vor sich. Die traditionellen Bindungen an Familie und Sippe lösen sich, der Urbanisierungsprozeß nimmt langsam, aber stetig zu. Stadtleben und Industriegesellschaft aber setzen neue moralische Maßstäbe. Noch bildet die Kastenordnung, die Pakistan aus seiner indischen Zeit übernommen hat, ein retardierendes Moment, das sich auf das Familienleben ebenso wie bei der Heirat und Berufswahl auswirkt. Die Unsicherheit des Stadtlebens ist für die Religion die Chance, ihrerseits Schutz und Hilfe anzubieten. Die pakistanische Regierung hat sich 1965 erstmals mit den Gefahren gesellschaftlicher Desin-

---

[40] R.A. Bütler, Tendencies 17.

[41] Khurshid Ahmad, Educational Reforms for Pakistan: Jamia Educ. Quart. (Oct. 1962) 14, zitiert nach R.A. Bütler, Ms. 14.

[42] W.A. Wilcox, Pakistan, the Consolidation of a Nation. New York 1963, 9; zitiert nach R.A. Bütler, Ms. 14.

tegration befaßt und dabei eine "Social Security Ordinance" vorgelegt, die versucht, "weltliche Lösungen der Probleme, die Tradition und Sitte nicht ausreichend zu lösen fähig sind, mitzuverwenden"[43].

Eines der wichtigsten Probleme, die ein islamischer Staat zu lösen hat, ist die Emanzipation der Frau. In Pakistan haben die Frauen in zunehmendem Maße Anteil am Erziehungsprozeß[44]. Die Folge davon ist, daß sich in Zukunft die Rolle der Frau nicht mehr auf den Bereich des Hauses, des Ehe- und Familienlebens beschränken läßt, sondern daß die Frauen auch im beruflichen Leben und in der Öffentlichkeit eine Rolle spielen möchten. Weitere Konsequenzen wie die freie Partnerwahl, Änderungen in den institutionellen Formen wie der Polygamie und der Ehescheidung, die Familienplanung und Kritik am Brauch der Verschleierung (*pardah*) führen notwendig zur Diskussion islamischer Gesetze und Bräuche.

Zahlreiche Kritiker werfen im übrigen dem Islam vor, er habe es weder verstanden, die pakistanische Bevölkerung dem wachsenden Bildungsstand entsprechend über die sozialen Werte und Tugenden des Islam zu informieren noch die traditionellen Lehren in einer modernen, sich ändernden Situation sachgerecht zu interpretieren und zu diskutieren. Dazu bemerkt der frühere Präsident des Staates M. Ayub Khan:

> ... nachdem wir Pakistan gebildet haben, haben wir es verpaßt, unser Leben in Übereinstimmung mit seiner Ideologie zu gestalten. Der Hauptgrund dafür ist, daß wir es verpaßt haben, diese Ideologie auf einfache und verständliche Weise zu definieren ... In unserer Ignoranz haben wir begonnen, die islamische Ideologie für synonym zu halten mit Heuchelei und Theokratie, und unbewußt haben wir begonnen, uns von ihr abzusetzen[45].

Und B.H. Siddiqi schreibt:

> Nachdem wir Pakistan gebildet haben, haben wir alles vergessen, was unsere Verpflichtungen dem Volk gegenüber betrifft, mit dem Ergebnis, daß wir den Islam heute ernsthafter von innen als von außen bedroht sehen. Der Einfluß der westlichen Begriffe wie Säkularismus, Naturalismus und ökonomischer Determinismus ist in der Tat weniger gefährlich als die innere Schwächung

---

[43] R.A. Bütler, Tendencies 19.

[44] R.A. Bütler, Ms. 14-20, nennt die Zahlen von besonderem Interesse: a) etwa 85% sind noch Analphabeten, b) knapp 40% der Kinder im Grundschulalter besuchen die Schule, c) zwischen 50 und 60% der Bevölkerung Pakistans sind unter 20 Jahre alt.

[45] M. Ayub Khan, Friends, not Masters. Karachi 1967, zitiert von R. A. Bütler, Ms. 5.

> des religiösen Bewußtseins ... Der Islam hat seine starke Vitalität verloren, mit der er das Leben seiner Anhänger inspirierte und gestaltete.[46]

c) Sri Lanka

Ceylon bzw. seit 1972 Sri Lanka ist ein sprachlich-ethnisch wie religiös vielschichtiges Gebilde. Die einheimische Bevölkerung wurde im 5. Jahrhundert v.Chr. von Eroberern aus Nordindien, die die singhalesische Sprache sprachen und ein singhalesisches Reich gründeten, überlagert. Unter König Devanampiyatissa kam es im 3. Jahrhundert v.Chr. zur Verbreitung des Buddhismus, der praktisch zur Staatsreligion wurde, bis Ceylon 1815 im Vertrag von Kandy britische Kronkolonie wurde. Seit dem 2. vorchristlichen Jahrhundert gibt es immer wieder Auseinandersetzungen mit den südindischen Tamilen, die sich ebenfalls auf der Insel festsetzten und den Hinduismus mitbrachten, die Vormachtstellung des Buddhismus aber nicht brechen konnten. Im nachchristlichen Mittelalter kamen dann islamische Eroberer auf die Insel. Zu ihnen gesellten sich seit 1505 die Portugiesen, durch die das Christentum nach Ceylon Eingang fand, das dann später durch Holländer und Engländer weiter verbreitet wurde.

Gegen Ende der britischen Kolonialzeit ergab sich folgendes Bild: Die Hauptgruppe der Bevölkerung bestand aus buddhistischen Singhalesen, die sich durch die christlichen Kolonialherren unterdrückt sahen; das grundlegende Prinzip der kolonialen Wirtschaftspolitik schien ihnen der Kapitalismus zu sein. Als sich schließlich 1948 die ceylonesische Unabhängigkeitsbewegung durchsetzte, kollaborierte die Mehrheit der Bevölkerung (Singhalesen) mit der zahlenmäßig stärksten religiösen Gruppe (Buddhisten), und als Gegenbewegung zum westlichen Kapitalismus entstand eine ceylonesische Form des Marxismus/Sozialismus. Da jedoch die hinduistischen Tamilen, die islamischen Malaien wie auch die Christen bedeutende Gruppen der Inselbevölkerung darstellten[47], suchte der Staat sich zunächst religiös neutral zu verhalten. Doch zur selben Zeit stärkte die buddhistische Renaissance des Landes die gesellschaftlich-politische Stellung der Bonzen derartig, daß

---

[46] B.H. Siddiqi, Philosophy and the Community, in 12th Session: Pakistan Philos. Congress (Lahore 1965) 137; zitiert nach R.A. Bütler, Ms. 5f.

[47] Bei der Volkszählung 1953 ergab sich folgendes Bild: Buddhisten 64%, Hindus 20%, Christen 9%, Moslems 7%.

die Privilegien des Buddhismus zusammen mit einer Reihe von Maßnahmen gegen die christliche Kolonialkirche dem Buddhismus schließlich eine staatsreligionsähnliche Position verschafften. Nach H. Bechert kann man jedoch seit 1956 "von einer strikten Neutralität des ceylonesischen Staates in religiösen Fragen nicht mehr sprechen"[48], da alle Regierungen sich auf die Verpflichtung festlegten, den Buddhismus in Ceylon zu fördern und ihm den "ihm gebührenden Platz" im Lande zu geben. Der Staat bemüht sich seither um die religiöse Unterweisung der Buddhisten in den sogenannten "Dhamma-Schulen", einer Art buddhistischer Sonntagsschulen[49], ernannte 1953 das "Buddhist Committee of Inquiry", das die Reform des buddhistischen Sangha in Sri Lanka vorbereiten sollte, und unterstützt finanziell auch die buddhistische Auslandsmission[50].

Die Frage, ob der Buddhismus Staatsreligion werden solle oder nicht, wurde vor allem diskutiert, als U Nu in Birma 1960 mit dem Slogan "State Religion" seinen überwältigenden Wahlsieg errang[51]. Der am 25.9.1959 von einem buddhistischen Mönch getötete Ministerpräsident Bandaranaike verstand es jedenfalls, sich der politischen Wirksamkeit der Bhikkus zu bedienen. Er wurde der Schöpfer des neuen Ceylon, indem er "die neuen Kräfte und Entwicklungen in Bewegung gesetzt hat, die nun unwiderruflich das politische Leben des Landes bestimmen":

> Dazu gehören nicht bloß die singhalesische Sprachenpolitik, die staatliche Förderung religiöser buddhistischer Institutionen und die unter seiner Regierung vorbereitete, wenn auch erst später durchgeführte Verstaatlichung des Schulwesens, sondern auch der Aufbau eines Genossenschaftswesens zur Förderung der Landwirtschaft, Ansätze zu einer Bodenreform und die Nationalisierung großer Teile des Transportwesens.[52]

Die verschiedenen Punkte der Regierungspolitik Bandaranaikes zeigen die Zwiespältigkeit der Situation Sri Lankas: Einerseits ist in keinem anderen ehemaligen Kolonialland Asiens der Einfluß der alten Religion so ungebrochen wie hier. M. Fernando bemerkt dazu:

---

[48] Vgl. H. Bechert, Buddhismus. Staat und Gesellschaft in den Ländern des Theravada-Buddhismus. Frankfurt/Berlin 1966, I 197-375; Zitat: 295.

[49] Zwischenzeitlich folgte Sri Lanka 1966 dem Poya-Wochen-System mit den vier Poya-Tagen als Feiertagen ("Poya" bezeichnet die vier Mondphasen), kehrte aber schließlich doch wieder zum Siebentage-System mit dem Sonntag als Feiertag zurück.

[50] Vgl. H. Bechert, Buddhismus (Anm. 48) I 267-293.296f.

[51] Vgl. dazu ebd. 294-300; über Burma ebd. II 73-86.

[52] Ebd. I 340f.

> Obwohl Buddha ein Säkularisierer war, der den äußerlichen brahmanischen Riten und Ritualien seiner Zeit jeden religiösen Wert absprach und eine innerliche Religion des Geistes befürwortete, ist der Volksbuddhismus Sri Lankas doch voll von religiösen Praktiken, die dem Volkshinduismus entlehnt sind.[53]

Andererseits kommt auch Sri Lanka nicht umhin, das Land zu modernisieren. Dabei adaptiert das Land solche Maßnahmen, die für die Bevölkerung eine egalisierende Wirkung oder aber eine größere Leistungsfähigkeit durch Modernisierung versprechen.

Auffallend ist, daß sich die Buddhisten des Landes der Beschäftigung mit dieser Aufgabe nicht entziehen[54]. Daß gerade der Theravāda-Buddhismus sich fähig zeigt, sich trotz des ihm nachgesagten Weltpessimismus in der modernen Zeit zu behaupten, ist ein Anlaß, die vielfach klischeehaften Vorstellungen hinsichtlich des Buddhismus zu überprüfen. Zugleich bietet Sri Lanka den Beweis dafür, daß die Religion in der modernen Säkularisierung nicht einfachhin zum Schweigen verurteilt ist. M. Fernando faßt die Situation folgendermaßen zusammen:

> Ceylon ist ein typisches Beispiel der traditionellen Religiosität des Ostens (der das gesellschaftliche und politische Leben einschließt), die mit der von Wissenschaft und Technik inspirierten weltlichen Kultur des Westens zusammenstößt. Der 'Invasion' des Westens begegnet man mit einem 'reaktionären Rückfall in die Vergangenheit' - einer bewußten gesellschaftspolitischen Bejahung der traditionellen (buddhistischen) Religion. Hoffentlich wird die Synthese dieser These und Antithese bewahren, was in beiden von Wert ist, und eine Kultur und ein Ethos erzeugen, die mehr zur Erfüllung des Menschen beitragen als alle anderen in der Geschichte des Menschen.[55]

d) Japan

Im Hinblick auf Japan ist zu beachten, daß es zu den wenigen asiatischen Ländern, die niemals vom Abendland kolonialisiert wurden. Aus seiner geographischen Isolation heraus hat das Inselreich eine eigentümliche Dialektik der Öffnung und Abkapselung gegenüber Fremdeinflüssen entwickelt und auf diese

---

[53] Vgl. M. Fernando, Secularization in the Religious, Social and Political Life of Ceylon: Boll. del Segr. per i non Credenti IV/4 (1969) 37-41; Zitat: 40.

[54] Vgl. H. Dumoulin (Hg.), Buddhismus der Gegenwart. Freiburg u.a. 1970, 58-65; G. Rothermundt, Buddhismus für die moderne Welt. Die Religionsphilosophie K.N. Jayatillekes. Stuttgart 1979.

[55] M. Fernando, Secularization 41.

Weise verstanden, Aufgeschlossenheit für Neues mit einer entsprechenden Selbstbehauptung zu verbinden.

Zu der einheimischen Religion, dem Shintō, gesellte sich während der Nara-Zeit unter Prinz Shōtoku (574-622) der Buddhismus, der in der Zeit der chinesischen Sui-T'ang-Dynastien von China her über Korea nach Japan eingeführt wurde. Etwa um dieselbe Zeit erreichte auch die konfuzianische Ethik Japan. Schließlich landete Franz Xaver 1549 in Japan und begann die erste christliche Missionstätigkeit. Damit zeigt sich, daß in Japan zusammen mit dem einheimischen Shintō verschiedene religiöse und ethische Systeme miteinander wetteiferten bzw. koexistierten[56]. Dennoch kann nicht eigentlich von einem religiösen Pluralismus gesprochen werden. Denn die Frage nach einer eindeutigen religiösen Zugehörigkeit ist im Grunde genommen erst durch die westliche Religionssoziologie und das Christentum importiert worden. So ist denn die große Zahl sogenannter japanischer "Atheisten" - nicht nur, aber - auch eine Verlegenheitsauskunft, weil viele Japaner persönlich nicht sagen können, wo sie religiös stehen[57]. Die Tatsache, daß die Addition der Mitglieder der verschiedenen religiösen Richtungen die Bevölkerungszahl übersteigt, beweist dasselbe[58]. Japaner können sich in mehreren Religionen zugleich beheimatet fühlen.

Schon früh entwickelten Shintō und Buddhismus eine eigentümlich japanische Form von Amalgamation, die in Japan unter den Bezeichnungen *ryōbushintō* und *honjisuijaku* diskutiert werden[59]. Der Mahāyāna-Buddhismus zeigte sich dabei genauso aufnahmefähig wie der Shintō anpassungsfähig. Das aber hatte zur Folge, daß die religiösen Organisationen, obwohl es sie natürlich in Verbindung mit dem Schrein- und Tempelwesen gibt, zweitrangig blieben gegenüber dem atmosphärischen Einfluß ethisch-ästhetischer Art. Das gilt sowohl für den Shintō

---

[56] Vgl. zur Analyse der verschiedenen religiösen und ethischen Elemente des Nationalcharakters J.J. Spae, Japanese Religiosity. Tokyo 1971, 57-149.

[57] Vgl. die statistischen Angaben in J.J. Spae, Christianity encounters Japan. Tokyo 1968, 15-56.

[58] J.J. Spae bemerkt ebd. 19, daß etwa 40% sich als Anhänger von mehr als einer Religion betrachten.

[59] Bei den beiden Bezeichnungen geht es einmal von shintoistischer, sodann von buddhistischer Seite um eine Interpretation der Interpenetration der beiden religiösen Grundsysteme bzw. um frühe Theorien interreligiösen Umgangs. Vgl. dazu S. Sakamaki, Shintō. Japanese Ethnocentrism: Ch.A. Moore (ed.), The Japanese Mind. Honolulu 1967, 24-32; H. Nakamura, Ways of Thinking (Anm. 18) 388-392; A. Matsunaga, The Buddhist Philosophy of Assimilation. Tokyo/Vermont 1969.

und den Konfuzianismus wie für den Buddhismus, zumal den Zen-Buddhismus, der sich in vielerlei Gestalt im japanischen Leben widerspiegelt.

Die letzte bedeutsame Gestalt des japanischen Buddhismus, Nichiren (1222-1282), wurde zum Vorkämpfer der Sendung Japans und damit des heutigen Nationalismus[60]. Auf den japanischen Feudalismus der Tokugawa- und Edozeit folgte das Zeitalter des japanischen Bürgertums mit einer ausgeprägten säkularistischen Mentalität. Die feinen Künste ebenso wie die Literatur dieser Zeit reflektieren deutlich die Weltlichkeit der zusehends bourgeoisen Lebenseinstellung. Die konfuzianische Ethik erwies sich ihrerseits als eine Art "weltlicher" Ethik, die sich zwar im privaten und gesellschaftlichen Bereich auswirkte, jedoch keine religiösen Formen ausbildete. Die Säkularisierungsprozesse gerade dieser Zeiten verdienten im Hinblick auf die europäischen Dispute eine eingehende Untersuchung.

Während desselben Zeitraumes, von 1639 an, war das Inselreich aufgrund einer politischen Entscheidung nahezu völlig von ausländischen, japanfremden Einflüssen abgeschnitten. Erst als 1853 die USA die Öffnung Japans zu erzwingen drohten, sorgten innere Umstände und der äußere Druck gemeinsam dafür, daß die japanische Seklusionspolitik (jap. *sakoku*) zusammenbrach. Die Zeit des sogenannten *sakoku* war begleitet von der Ausbildung eines starken japanischen Nationalismus, der die alte Religion des Shintō von den Symbiosen mit dem Buddhismus zu befreien suchte. Damit aber wurden gleichzeitig jene Entwicklungen eingeleitet, die dahinführten, daß während der Meiji-Reform der Tennō mit dem Nimbus der Göttlichkeit umgeben und der Shintō zur Staatsreligion erhoben wurde.

In gewissem Sinne fanden Prozesse, die sich in anderen asiatischen Ländern, wo trotz religiöser Neutralität die einheimischen Religionen eine Zeit der Repristination durchmachen, heute zeigen, in Japan von der Meiji-Zeit bis zum Ende des II. Weltkrieges statt. Weil der Shintō als Staatsideologie in der Niederlage Japans von 1945 zum Untergang verurteilt war, war aber nach 1945, als der eigentliche Modernisierungsprozeß Japans einsetzte und das Land zur drittgrößten Industrienation der Welt aufstieg, von seiten des Shintō keine religiöse Erneuerung mehr zu erwarten. Es entstand ein spirituelles Vakuum, das zunächst das Christentum als Religion der westlichen Welt schließen zu können schien. Diese

---

60 Über den Einfluß des Nichirenismus auf den modernen Buddhismus vgl. H. Dumoulin (Hg.), Buddhismus (Anm. 54) 153-187.

Hoffnung aber trog. Der Einfluß des Christentums blieb oberflächlich, der erwartete, auch zahlenmäßig greifbare Erfolg stellte sich nicht ein[61]. Auf der anderen Seite fehlte dem Buddhismus in einer modern organisierten Gesellschaft die eigene Organisation, die in der Öffentlichkeit hätte wirksam werden können. Im Vergleich zu dem eher monastischen Theravada-Buddhismus wirkte sich die mit dem Mahāyāna-Buddhismus gegebene Aufhebung des Unterschiedes von Laien und Bonzen, die in der dritten Säule des mittelalterlichen japanischen Buddhismus, dem amidistischen Nembutsu-Buddhismus, ihre ausgeprägteste Gestalt gefunden hatte, eher negativ auf die Öffentlichkeitswirksamkeit des Buddhismus aus. Ansätze zu einer reaktiven Religiosität, die dem totalen Säkularisierungsprozeß entgegenwirkt und zugleich den verborgenen religiösen Sehnsüchten breiter Bevölkerungsschichten entgegenkommt, finden sich folglich am ehesten in den sogenannten "neuen Religionen" Japans[62]. In ihnen kann man eine antizipierte praktische Kommentierung der Säkularisierungsdebatte erblicken, die von H. Cox, P. Berger u.a. eingeleitet wurde: Sie scheinen zu beweisen, daß die Coxsche "Secular City" ohne das "Fest der Narren" nicht existieren kann[63].

Unberührt von den religiösen Bedürfnissen und Bewegungen aber entwickeln sich die japanische Politik, der Industrialisierungsprozeß, die Erziehungsreformen, die Städteplanungen, der Bau der japanischen Megalopolis und Technopolis. Wie weit die Säkularisierung des japanischen Staatswesens vorangeschritten ist, zeigt die Tatsache, daß 1965 die Regierung Ito es für richtig erachtete, in eigener "weltlicher" Regie den Entwurf eines "japanischen Menschenbildes" durch eine offiziell eingesetzte Kommission des Erziehungsministeriums erarbeiten zu lassen[64]. Auch wenn man die Problematik einer sol-

---

[61] Vgl. Literatur zum Thema bei J.J. Spae, Christianity (Anm. 56).

[62] Vgl. W. Kohler, Die Lotus-Lehre und die modernen Religionen in Japan. Zürich 1962; H. Thomsen, The New Religions of Japan. Tokyo 1963; H. Waldenfels, Moderne religiöse Bewegungen in Japan als Impulse für eine christliche Theologie?: Verbum SVD 13 (1972) 155-172; I.Y. Wendt, Buddhistische und Schamanistische Elemente im Säkularisierungsprozeß des Modernen Japan: ZRGG 23 (1971) 319-338; P. Gerlitz, Gott erwacht in Japan. Freiburg u.a. 1977.

[63] Vgl. H. Cox, Stadt ohne Gott. Berlin/Stuttgart 1966; ders., Das Fest der Narren. Stuttgart/Berlin 1970; inzwischen ders., Licht aus Asien. Stuttgart 1978; zur Debatte vgl. O. Schatz (Hg.), Religion (Anm. 14) 49-82; J. Swyngedouw, Between the Religious and the Secular: The Northeast Asia Journal of Theol., Sept. 1970/March 1971, 1-20; ders., Secularization and Japanese Religion: The Japan Miss. Bull. XXIV (1970) 421-426.479-488.582-587.

[64] Vgl. dazu J.J. Spae, Christianity (Anm. 56) 121-139.

chen Prozedur auf sich beruhen läßt, so bleibt doch bestehen, daß die Sache selbst eine harte Kritik an allen in Frage kommenden Religionen Japans bedeutet[65]. Es macht auf die Unfähigkeit der traditionellen Religionen - das Christentum eingeschlossen - aufmerksam, mit der modernen Situation Japans fertig zu werden.

An dieser Stelle sei nochmals wiederholt, daß der japanische Säkularisierungsprozeß nicht erst mit dem Ende des *sakoku* einsetzt. J.J. Spae sagt ausdrücklich:

> ... Wenn wir über die Säkularisierung Japans sprechen, sollten wir nicht vergessen, daß sie im Grunde ihre Wurzeln im Rationalismus des Konfuzianismus hat, der sich auf die gegenwärtige Welt konzentriert unter Ausschluß aller anderweltlicher oder metaphysischer Interessen.[66]

Schon während des 17. Jahrhunderts "endete der akute Konflikt zwischen Religion und Politik ... letztlich in einem völligen Sieg der politischen Macht", und "die Unterordnung der Religion unter die politische Macht war sicherlich eine günstige Bedingung für eine schnelle Modernisierung": "Durch die Adoption des Konfuzianismus änderte sich der Charakter der japanischen Kultur von einem religiösen zu einem ethischen. Das Interesse des Volkes verlagerte sich von der Religion zur Politik und dem Verlangen zu lernen. Vom Konfuzianismus erhielt das Volk sowohl intellektuelle wie ethische Disziplin."[67] Was in der Zeit des Militarismus und des Staatsshintō unterbrochen wurde, setzte sich endgültig mit dem Ende des Pazifischen Krieges durch.

Auffallenderweise beurteilt J.J. Spae die Entwicklung des modernen Japan keineswegs negativ. Er vertritt vielmehr die Meinung, daß die Entideologisierung und Säkularisierung der traditionellen japanischen Religionen als Schritt zu einem höheren Standard persönlicher und nationaler Moralität gewertet werden kann:

> Die japanische Indifferenz gegenüber der "Religion" ist im Grunde die Weigerung anzunehmen, was ein unannehmbarer ideologischer Zwang zu sein scheint. Indirekt ist sie eine Bejahung der eminent christlichen Lehre, daß

---

[65] Vgl. die Kommentare über das Christentum ebd. 143-190.

[66] Ebd. 10.

[67] Vgl. R. Minamoto: Y. Kuyama/N. Kobayashi (Hg.), Modernization and Tradition in Japan. Nishinomiya 1969, 9-20; Zitate: 13. Zur Diskussion über das moderne Japan und sein Selbstverständnis vgl. auch den in Anm. 59 genannten Band von Ch.A. Moore; ferner J. Roggendorf (Hg.), Das moderne Japan. Tokyo 1963, 151-158; H. Nakamura, Ansätze modernen Denkens in den Religionen Japans. Leiden 1982; M. Abe, Zen and Western Thought. Honolulu 1985.

> jeder Glaube persönlicher Glaube ist und alle Wahrheit ohne Akte der Liebe unannehmbar und unbeweisbar bleibt. Wo Liebe ist, da ist Wahrheit.[68]

Und noch einmal:

> Die Säkularisierung Japans ist äußerst ambivalent, sofern es um die christlichen Werte geht. Man erkennt in seinem Inneren eine Entmythologisierung oder Rationalisierung der religiösen Bräuche, die historisch zu Shintō und Buddhismus gehören. Man kann damit rechnen, daß in Zukunft ethische Fragen weniger ausschließlich im Lichte von Japans eigener Kultur gesehen werden. Größere Aufmerksamkeit wird wahrscheinlich dem internationalen und allgemeinmenschlichen Gesichtspunkt geschenkt. Dies würde zu einer reflektierteren Moralität führen, die weniger auf gesellschaftlichen Werten und Sanktionen als auf individueller Verantwortung und auf dem persönlichen Gewissen beruht.[69]

Der Altbischof von Urawa L.S. Nagae schloß seinen Bericht auf einem Regionaltreffen des Sekretariats für die Nichtglaubenden im Juni 1969 mit der Feststellung:

> Wir können nicht leugnen, daß es in diesem Land einen Säkularisierungsprozeß gibt. Ob dieser Prozeß zur Ideologie des Säkularismus und des Unglaubens oder zu einer Vertiefung des Glaubens führt (oder schon geführt hat), ist eine Frage, die wir nicht beantworten können. Sie hängt zu einem großen Teil von den japanischen Religionen selbst ab, ob sie noch genügend innere Kraft und Vitalität besitzen, um den religiösen Nöten des japanischen Menschen zu begegnen. Sie hängt auch vom Christentum ab, ob wir diesem Land einen Glauben präsentieren können und ein Engagement, das sich von der westlichen Kultur löst und frei genug ist, um sich in die Kultur des Ostens zu inkarnieren.[70]

---

[68] J.J. Spae, Religiosity (Anm. 56) 167.

[69] Ebd. 54. Vgl. zu dieser Problematik auch H. Waldenfels, Absolutes Nichts. Freiburg u.a. ³1980, 121-154; M. Abe, Zen (Anm. 67).

[70] Vgl. L.S. Nagae, General Report on Secularization in Japan: Boll. del Segr. per i non Credenti IV/3 (1969) 9-15; Zitat: 15; auch I. Munakata, The Transformation of Belief-System in Modern Japan: Ateismo e Dialogo V/4 (1970) 21-36; M. Miyata, Mündigkeit und Solidarität. Gütersloh 1984; Y. Terazono/H.E. Hamer (Hg.), Brennpunkte in Kirche und Theologie Japans. Neukirchen-Vluyn 1988.

Kap. 9: Islam

A. Einführung

1. Zur Entstehungsgeschichte des Islam

Im Blick auf das Christentum nimmt der Islam insofern eine einzigartige Stellung ein, als er die - bislang- einzige nachchristliche Weltreligion ist. Der Islam geht auf eine historische Gründergestalt zurück, nach der die Anhänger gewöhnlich "Mohammedaner" genannt werden. Diese Bezeichnung ist analog zur Bezeichnung "Christen" gebildet worden, wird aber von den Anhängern des Islam selbst zurückgewiesen. Diese nennen sich vielmehr in Anlehnung an "Islam" "Muslim(e)" oder "Moslems".

a) Muhammad

Der Gründer Muhammad wurde um 570 n.Chr. in Mekka geboren und war schon früh Waise. Bedeutsam für sein religiöses Leben waren vor allem zwei Daten: sein Berufungserlebnis 609/610 und seine Auswanderung nach Medīna *(Hiğra)* 622; mit dem Jahr 622 beginnt die islamische Zeitrechnung.
Der Inhalt des Berufungserlebnisses Muhammads hat seinen Ausdruck gefunden in dem von allen Muslim ständig wiederholten Glaubensbekenntnis (= *šahāda*):

"Es gibt keinen Gott außer Gott,
und Muhammad ist sein Prophet."

Muhammad kündet somit in polytheistischer Umwelt seinen arabischen Landsleuten einen monotheistischen Glauben. Damit stellt er sich an die Seite der benachbarten Juden und Christen und macht zugleich sein Volk zu einem von Gott erwählten Volk, dem dieser sich offenbarend und wegweisend zugewandt hat.
Die Vergeblichkeit der Bemühungen des Muhammad, seine Landsleute für seinen Gottesglauben zu gewinnen, veranlassen ihn schließlich, nach Medīna zu emigrieren. Dort aber kommt es zur Gründung der "*Umma*", jener eigentümlichen Verquickung von religiöser Gemeinde und staatlicher Gemeinschaft, die Muhammad in gleicher Weise zu einem politischen Führer und religiösen Propheten werden läßt.
Während sich Muhammad anfangs noch um die Sympathie der Juden mühte, kam es 624 endgültig zum Bruch mit ihnen. Ausdruck fand dieser darin, daß die Gebetsrichtung geändert wurde und das Gebet sich nicht mehr an der Lage von Jerusalem, sondern an der von Mekka orientierte. 630 wurde Mekka von Medīna aus nach mehreren vergeblichen Versuchen erobert.

Muhammad starb 632. Nachdem er mit 25 Jahren Ḫadīğa, eine Kaufmannswitwe, geheiratet und mit ihr bis zu deren Tode in glücklicher Einehe gelebt hatte, folgte er später den Sitten seines Landes und hinterließ nach seinem Tode vier legitime Frauen und mehrere "Ehrenfrauen".

b) Islam

Das Wort "Islām" stammt von der Wurzel "slm", die die Bedeutungen "sicher, heil sein, einwilligen, übergeben, ausliefern" hat. In theologischem Sinn bedeutet "Islām" "Unterwerfung unter" bzw. "Hingabe an den Willen Gottes". Anhänger des Islam = *Muslim* sind folglich diejenigen, die die Hingabe an den Willen Gottes üben.

Die Gottesbezeichnung "*Allāh*" geht auf den auch im Arabischen bekannten Gattungsbegriff für "Gott" "ilāh" zurück, verwandt mit dem hebräischen "elōah". Mit dem bestimmtem Artikel versehen, wird daraus "al-ilāh" = "der Gott", in der kontrahierten Form "al-lāh". Die Wissenschaft vertritt heute, daß dieser Ausdruck sich zur Zeit Muhammads schon weithin durchgesetzt hatte, so daß in gewissem Sinne der Monotheismus bereits darin enthalten war.

Die Grundvollzüge des Islam werden in fünf sogenannten "Säulen" (= *arkān*) vorgestellt:
(1) das Glaubensbekenntnis (vgl. 1.a.),
(2) das täglich fünfmal zu bestimmten Zeiten zu verrichtende Ritualgebet (= *ṣalāt*),
(3) die Almosensteuer (= *zakāt*),
(4) das Fasten (= *ṣaum*) im Monat Ramadan, dem 9. Monat des islamischen Mondjahres,
(5) die Wallfahrt nach Mekka (= *ḥağğ*).

Der Anspruch des Islam findet seinen für alle Anhänger eindeutigen und verpflichtenden Ausdruck in der Heiligen Schrift, dem Koran.

2. Der Koran

Das heilige "Buch" des Islam besteht aus 114 Abschnitten oder "*Suren*", die nach der Eröffnungssure in abnehmender Länge geordnet sind. Nach islamischer Tradition enthält das Buch die Offenbarungen des Propheten aus mekkanischer und medinischer Zeit. Allerdings bestand bei seinem Tod noch keine vollständige Sammlung der Texte. Die heutige Koranausgabe geht auf den dritten Nachfolger Muhammads 'Uṯmān (gest. 656) zurück und wurde somit rund 45 Jahre nach der Berufung des Propheten abgeschlossen.

Die Bezeichnung des Buches *Qu'rān* ist nicht restlos geklärt, wird jedoch zumeist mit "Lesung, Vortrag" wiedergegeben. Damit würde der in Sure 96,1-5 angesprochene Auftrag Gottes zu "rezitieren" aufgenommen:

Im Namen des barmherzigen und gütigen Gottes.
Trag vor im Namen deines Herrn, der erschaffen hat,
den Menschen aus einem Embryo erschaffen hat!
Trag vor! Dein Herr ist edelmütig wie niemand auf der Welt,
(er) der den Gebrauch des Schreibrohrs gelehrt hat,
den Menschen gelehrt hat, was er (zuvor) nicht wußte.
(Übersetzung R. Paret)

Mit der Rezitation des heiligen Textes schafft Muhammad für seine Landsleute eine heilige Schrift, wie sie die "Leute der Schrift", Juden und Christen, vor ihnen bereits besaßen. In Sure 3,2-4 stehen Thora, Evangelium und Koran nebeneinander:

Gott (ist allein einer). Es gibt keinen Gott außer ihm. (Er ist) der Lebendige und Beständige.
Er hat die Schrift mit der Wahrheit auf dich herabgesandt als Bestätigung dessen, was (an Offenbarungsschriften) vor ihr da war. Er hat auch die Thora und das Evangelium herabgesandt,
(schon) früher, als Rechtleitung für die Menschen. Und er hat die Rettung herabgesandt ... .

Im Ringen um Anerkennung durch die beiden anderen Schriftreligionen verweist Muhammad auf die Tatsache, daß ihr aller Stammvater Abraham ist. Der Dreiheit der Religionsstifter:

Mose und Judentum
Jesus und Christentum
Muhammad und Islam

vorgeordnet, steht Abraham aber nach Ansicht des Propheten doch seinen Anhängern am nächsten:

Ihr Leute der Schrift! Warum streitet ihr über Abraham, wo doch die Thora und das Evangelium erst nach ihm herabgesandt worden sind? Habt ihr denn keinen Verstand?
Ihr habt da über etwas gestritten, worüber ihr (an sich) Wissen habt. Warum streitet ihr nun aber über etwas, worüber ihr kein Wissen habt? Gott weiß Bescheid, ihr aber nicht.
Abraham war weder Jude noch Christ. Er war vielmehr ein (Gott) ergebener Ḥanīf.
Die Menschen, die Abraham am nächsten stehen, sind diejenigen, die ihm (und seiner Verkündigung seinerzeit) gefolgt sind, und dieser Prophet (= Muhammad) und die, die (mit ihm) gläubig sind. Gott ist der Freund der Gläubigen. (Sure 3,65-68)

Die Übersetzung von Ḥanīf ist umstritten. Ursprünglich dürfte das Wort einfach einen Heiden bezeichnet haben. Dann würde von Abraham gesagt sein: Er ist ein Heide, der "nicht beigesellt", das heißt: nur einen Gott verehrt, ein gottgläubiger monotheistischer Heide.

Während Abraham über Isaak eine Reihe prophetischer Nachkommen besitzt, steht in der Nachfolge des verjagten Ismael, des Sohnes der Hagar und Ahnherrn der arabischen Stämme, nur ein Nachkomme, der zum Prophetenamt

berufen ist, Muhammad, das "Siegel" oder der Letzte der Propheten.
Mit Hilfe der Abrahamslegende wird Abraham sogar mit dem Zentralheiligtum (= *ka'ba*) in Mekka in Verbindung gebracht, wo er im Auftrag Gottes zusammen mit Ismael das Zentralheiligtum wiederherstellte und für die Wallfahrt reinigte.

Auf diesem Hintergrund ist der Koran für die Muslim authentisches Gotteswort, von Gott "herabgesandt" und nach göttlichem Diktat durch Muhammad verkündet und niedergeschrieben. Nach islamischer Überzeugung ist die Göttlichkeit des Koran schon aus seiner literarischen Unübertrefflichkeit ersichtlich.
Die Absolutheit des koranischen Anspruchs mußte in der Zeit nach dem Tode des Propheten gerade bei radikaler Gläubigkeit der Anhänger zu einschneidenden Konflikten führen. Diese entspannen sich vor allem an zwei Punkten:

(1) an der Interpretation des Koran,
(2) an der Frage der Nachfolge des Propheten.

Zu (1): Ein interpretierender Lichtstrahl fällt auf das Verständnis des Koran von der "*Sunna*" = der Lebensführung und Handlungsweise des Propheten. Diese finden sich vor allem in den sogenannten "ḥadīṯ" = Mitteilungen über Aussprüche und Handlungen des Propheten, die sich nicht im Koran finden, deren Authentizität aber durch die Anführung der Überlieferungskette bzw. -autoritäten sichergestellt ist.
Etwa 90% aller Muslim sind heute Anhänger der Sunna und nennen sich folglich *Sunniten*.

Zu (2): Zu unterscheiden sind:
- *Imām* = Vorbild, Führer:
Als solche werden bezeichnet:
(a) die Vorbeter beim gemeinschaftlichen Ritualgebet,
(b) die geistlichen Oberhäupter der islamischen Schulen und Richtungen,
(c) der oberste Leiter der islamischen Gemeinde.
- *Kalif* = Nachfolger, Stellvertreter:
Der Titel wird im Laufe der Geschichte unterschiedlich gebraucht, ist häufig austauschbar mit Imām in der dritten Bedeutung, wird aber in späterer Geschichte immer mehr für den weltlich-politischen Herrscher des Islam verwendet; in diesem Sinne endet das Kalifat 1924 durch die Machtübernahme Kemal Atatürks in der Türkei.
Nach Ansicht der Mehrzahl der Muslim ist die Nachfolgefrage des Propheten im Koran nicht geregelt. Zwei grundsätzliche Einstellungen stehen einander gegenüber:
(a) Vor allem die Sunniten sind der Ansicht: Die Wahl des Nachfolgers ist Sache der gläubigen Gemeinde bzw. ihrer rechtmäßigen Vertreter. Die Nachfolger selbst sind im Grunde nur Verwalter der islamischen Ökumene und zum Schutz der Gemeinde eingesetzt.
(b) Dagegen vertreten die Schiiten (von *šī'a* = Parteinahme): Die Entscheidung über die Nachfolge Muham-

mads ist Sache Gottes, und diese hat der Prophet auch verkündigt. Der erste rechtmäßige Nachfolger war sein Vetter und Schwiegersohn 'Alī, der von den Sunniten als 4. rechtmäßiger Kalif - nach Abū Bakr, 'Umar und 'Uṯmān - gezählt wird. Doch auch in der späteren Geschichte der Schiiten bleibt die Gottgesandtheit des Imām ein prägender Gesichtspunkt. Die starke Betonung der göttlichen Einsetzung und Bestätigung gibt diesem einerseits eine gewichtige gesellschaftliche Position, führt aber andererseits, weil die Frage der Verwirklichung des Grundkriteriums oft genug umstritten ist, zu neuen Spannungen und Spaltungen, ja auch zu extremen und radikalen Reaktionen, die bei der eigentümlichen Verflechtung von Religion und Staat sich auch entsprechend häufig im politischen Raum auswirken.

3. Muslim

Auf dem Hintergrund der Herkunftsgeschichte und des Selbstverständnisses kann die Frage gestellt werden, was Islam im Hinblick auf die Sinnfrage des Menschen bedeutet. Diese Frage findet ihre Beantwortung im Verständnis des Muslim. Der Muslim als ein die völlige Unterwerfung unter den Willen Gottes Übender erfüllt eine Reihe von Voraussetzungen:

- Er orientiert sich und sein Leben an dem einen und einzigen Gott, der der Schöpfer und Richter der Welt ist.
- Er akzeptiert Muhammad als denjenigen, der die "Religion vervollständigt" hat (Sure 5,3) und damit "das Siegel der Propheten" (Sure 33,40) geworden ist.
- Er glaubt an den Tag des kommenden Gerichts, an dem die Toten auferstehen und Gott allen Vergeltung zuteil werden läßt.

> Außer den genannten Glaubensartikeln werden in der Regel ausdrücklich noch der Glaube an Gottes Engel und an die geoffenbarten Schriften, zumal den Koran genannt. Die Nennung einer Mehrzahl von Propheten und geoffenbarten Schriften läßt im Sinne der christlichen Theologie einen heilsgeschichtlichen Vergleich zu.

Die Glaubensüberzeugung der Muslim findet ihren Ausdruck in der Beobachtung der religiösen Vorschriften sowie in der Verwirklichung des islamischen Rechts.

Die immer gültigen religiösen Vorschriften sind, soweit sie den einzelnen Gläubigen betreffen, in den schon genannten "fünf Säulen" zusammengefaßt (vgl. 1.b). Für die ganze islamische Gemeinschaft kommt hinzu die Verpflichtung zum "ǧihād".

> Was zumeist mit "heiliger Krieg" übersetzt wird, heißt zunächst nur "Bemühung" auf Gottes Weg. Ziel dieser "Bemühung" ist die Herrschaft des Islam als der Unterwerfung der Welt unter Gottes Gesetz. Wo die Verkündigung dieses Gesetzes nicht ausreichte, gab es

in der Geschichte zwei Möglichkeiten: *Entweder* waren die Adressaten der Botschaft schon Anhänger von Schriftreligionen, *oder* sie waren Abgefallene oder Heiden. Im ersten Fall konnten sie bei ihrem religiösen Kult verbleiben, wurden aber - politisch - tributpflichtig; im zweiten Fall wurden sie im eigentlichen Sinne bekämpft und unterworfen.
In der Praxis sind aber sowohl der "heilige Krieg" des Islam wie die "Kreuzzüge" des Christentums dunkle Kapitel der Religionsgeschichte.

Die Verflechtung von religiöser Gemeinschaft und politisch-staatlicher Gesellschaft im Islam führt dahin, daß für den Muslim der Islam nicht nur Religion, sondern auch Staat und Kultur ist. Die Verwirklichung des Islam erfordert dann aber, daß, abgesehen von den Glaubensverpflichtungen im engeren Sinne, auch die den jeweiligen Lebens- und Zeitumständen angepaßten Rechtsvorschriften beobachtet werden.

Die hier gemeinten Vorschriften umfassen den Gesamtbereich der Ethik. Dabei handelt es sich aber nicht allein um das Weltverhalten bzw. das zwischenmenschliche Verhalten, sondern an der Spitze der Hierarchie der Rechte und Pflichten stehen vielmehr erneut die Rechte Gottes, denen der Mensch Geltung zu verschaffen hat. Erst dann kommen die Rechte, die der Mensch sich selbst gegenüber hat, die andere Menschen über ihn haben, sowie die Rechte alles dessen, was Gott dem Menschen zu seinem Wohle dienstbar gemacht hat.

Glaubenslehre, religiöse Praxis *(dīn)* und Rechtsvorschriften *(šarī'a)* bilden für den Muslim einen festgefügten Rahmen, in dem er sowohl sein irdisches Leben gestalten wie seinen Weg in kommende endgültige Erfüllung vorgezeichnet sehen kann. Trotz des stark rechtlichen Rahmens islamischen Lebens geht von der Lehre eine starke Faszination aus, da die Welteinstellung, auch die Einstellung zu den Entwicklungen der modernen Welt, grundsätzlich von Optimismus geprägt ist. Die Welt ist Gottes Schöpfung. Was böse ist und erscheint, rührt vom Widerspruch gegen das göttliche Gesetz her. Je mehr Menschen und je schneller alle Menschen zur Beobachtung des göttlichen Willens gebracht werden, um so besser wird die Weltsituation. Es bedarf daher auch keiner Erlösung durch einen göttlichen Heilsbringer; denn es gibt keine Erbsünde, und jeder Mensch hat es in seiner Hand, nach dem Willen Gottes zu leben, wie er ihm in den vielerlei Vorschriften vorbuchstabiert wird.

Im Grundoptimismus des Islam und in der von ihm angebotenen "Leichtigkeit", nicht "Oberflächlichkeit" des Weges findet folglich auch die erstaunliche Kraft und Ausbreitung des Islam im außereuropäischen Raum ihre Erklärung.

4. Der Islam und wir

a) Verständigungsprobleme

Die Nähe von Christentum und Islam hat im Laufe der Geschichte zu zahlreichen Belastungen geführt, die eine Verständigung oder gar einen Dialog bis heute recht schwierig erscheinen lassen. Zu bedenken sind folgende Punkte:

- Der Islam ist nachchristlich entstanden und stellt für Christen schon deshalb eine Herausforderung dar.
- Der Koran nimmt nicht nur zum Judentum, sondern auch zum Christentum, zur Rolle Jesu sowie zu grundlegenden Lehren des Christentums Stellung; er bestreitet den universalen Heilsanspruch Christi.
- Die Begegnung von Christentum und Islam stand lange Zeit (und steht stellenweise auch heute noch) im Zeichen von Eroberung und Abwehr: Die Ausbreitung des Islam hat im frühen Mittelalter in Kleinasien und Nordafrika zum Untergang blühender christlicher Kirchen geführt und ist auch später als Bedrohung empfunden worden.

Umgekehrt belasten die christlichen Kreuzzüge das Verhältnis beider Religionen.

- Fraglich ist auch, ob der Islam wirklich dialogfähig und -bereit ist oder ob - ein ähnlicher Verdacht besteht vielfach ja auch noch gegenüber der christlichen Dialoghaltung - nicht "Dialog" nur ein Mittel zum Zweck ist, das überall dort Anwendung findet, wo der Islam noch eine wenig beachtete Minderheit darstellt und der Raum für die Verwirklichung des "ǧihād" erst geschaffen werden muß.
- Zusätzliche Belastungen für den Dialog sind die Verflechtung von Religion und Politik im Islam, das fehlende Gegenüber zur kirchlichen Gemeinde und zur Kirche überhaupt, die Schwierigkeit, authentische Gesprächspartner zu finden, die verbindlich für den Islam sprechen können.

b) Der Islam im II. Vatikanischen Konzil

Angesichts dieser Situation kommt den Aussagen des II. Vatikanischen Konzils über den Islam verstärkte Bedeutung zu. Ausdrücklich nennt *Lumen gentium* 16 die Muslim, wo die Ausrichtung des Evangeliums auf alle Menschen beschrieben wird. Im Anschluß an die Aussage über die Juden heißt es:

> Der Heilswille umfaßt aber auch die, welche den Schöpfer anerkennen, unter ihnen besonders die Muslim, die sich zum Glauben Abrahams bekennen und mit uns den einen Gott anbeten, den barmherzigen, der die Menschen am Jüngsten Tag richten wird ... .

Ausführlicher als zu den großen asiatischen Religionen nimmt sodann die Erklärung *Nostra aetate* 3 zum Islam Stellung.

In einem ersten Abschnitt nennt der Text grundlegende Punkte des islamischen Glaubensbekenntnisses und der Glaubenspraxis. Die Bezeugung der Hochachtung gegenüber dem Islam stellt zweifellos einen Markstein im Wandel der christlichen Einstellung zum Islam dar. Diese Tatsache bleibt auch bestehen, wenn man dem Text nachsagen kann, daß er kritische Fragen offensichtlich unerwähnt läßt. Das gilt sowohl hinsichtlich des Prophetentums Muhammads und des von ihm verfaßten Koran wie auch hinsichtlich einer Reihe kritischer Fragen zur Moralauffassung der Muslim, zumal im Bereich der Ehe.

Im zweiten Abschnitt werden Ansatzpunkte zum Dialog genannt:

- Heilung der immer noch vorhandenen Wunden,
- Bemühen um gegenseitiges Verstehen,
- Einsatz für humane Ziele.

Erst wo ein gewisser Grad gegenseitiger Sympathie und Kooperation gewachsen ist, wird langsam auch der Weg frei für einen theologischen Dialog und den Austausch geistlicher Erfahrungen. Schon heute hat das neue Interesse an Meditation und Mystik auch erneut auf die islamische Mystik und ihre großen Vertreter aufmerksam werden lassen.

> Mit Hochachtung betrachtet die Kirche auch die Muslim, die den alleinigen Gott anbeten, den lebendigen und in sich seienden, barmherzigen und allmächtigen, den Schöpfer Himmels und der Erde, der zu den Menschen gesprochen hat. Sie mühen sich, auch seinen verborgenen Ratschlüssen sich mit ganzer Seele zu unterwerfen, so wie Abraham sich Gott unterworfen hat, auf den der islamische Glaube sich gerne beruft. Jesus, den sie allerdings nicht als Gott anerkennen, verehren sie doch als Propheten, und sie ehren seine jungfräuliche Mutter Maria, die sie bisweilen auch in Frömmigkeit anrufen. Überdies erwarten sie den Tag des Gerichtes, an dem Gott alle Menschen auferweckt und ihnen vergilt. Deshalb legen sie Wert auf sittliche Lebenshaltung und verehren Gott besonders durch Gebet, Almosen und Fasten.
>
> Da es jedoch im Lauf der Jahrhunderte zu manchen Zwistigkeiten und Feindschaften zwischen Christen und Muslim kam, ermahnt die Heilige Synode alle, das Vergangene beiseite zu lassen, sich aufrichtig um gegenseitiges Verstehen zu bemühen und gemeinsam einzutreten für Schutz und Förderung der sozialen Gerechtigkeit, der sittlichen Güter und nicht zuletzt des Friedens und der Freiheit für alle Menschen. (NA 3)

c) Zum Jesusbild im Koran

Einen wichtigen Berührungspunkt zwischen Christentum und Islam stellt das jeweilige Jesusbild dar. War man jahrhundertelang davon überzeugt, daß Muhammad nur eine mangelhafte Kenntnis des Christentums gehabt habe, so zeigen neuere Untersuchungen, daß er sich zwar nicht mit den Lehrentscheidungen der alten Konzilien auseinandergesetzt hat, daß sich aber jüdische und judenchristliche, aber auch manichäisch-gnostische, nestorianische wie monophysitische Einflüsse feststellen lassen. Wie es dem Islam um den rechten Weg zu Gott geht, so sind auch diese Gestalten des Christentums stärker als das paulinische und hellenistische Christentum von der Vermittlung des rechten Weges geprägt. Entsprechend wäre dann einmal festzustellen, daß die Jesusgestalt aus der Reihe der Propheten deutlich herausragt, sodann aber die Kritik an der christlichen Trinitätslehre und der Deutung des Kreuzestodes Jesu zu prüfen.

Zweimal findet sich im Koran eine Schilderung der Verkündigung Jesu: Sure 19,16-21 und 3,45-48. Beide Texte bezeugen das christliche Bekenntnis: "Geboren aus Maria der Jungfrau:" Beide sprechen kritisch vom Wesen Jesu. In Sure 19,30 sagt Jesus von sich selbst:

> "Ich bin der Diener Gottes. Er hat mir die Schrift gegeben und mich zu einem Propheten gemacht."

Dem folgt Muhammads Feststellung:

> "Es steht Gott nicht an, sich irgendein Kind zuzulegen.
> Gepriesen sei er! (Darüber ist er erhaben.) Wenn er eine Sache beschlossen hat, sagt er zu ihr nur: sei!, dann ist sie." (19,34)

Zu beachten ist aber, daß der Koran hier nicht von "Sohn", sondern von "*Kind*" spricht, folglich eine Gottessohnschaft ablehnt, die die Einzigartigkeit Gottes gefährdet.
In Sure 3,49 nennt Jesus sich "Zeichen von eurem Herrn", von dem Gott selbst wiederum sagt:

> "Jesus! Ich werde dich verklären und zu mir (in den Himmel) erheben und rein machen, so daß du den Ungläubigen entrückt bist." (3,55)

Muhammad vergleicht dann seinerseits Jesus mit Adam:

> "Jesus ist (was seine Erschaffung angeht) vor Gott gleich Adam. Den schuf er aus Erde. Hierauf sagte er zu ihm nur: sei!, da war er." (3,59)

Die entschiedenste antitrinitarische Stelle findet sich in Sure 4,17f. Auch hier geht es um Jesu Wesen. Muhammad lehnt die "Dreiheit" ab: Es gibt nur einen Gott, nicht drei; denn Gott zeugt keinen "Sohn" (im Sinne einer biologischen Gottessohnzeugung). Auch hier aber findet sich das Wort "Gottesknecht", das von Paulus im Philipperbrief 2 mit der Einsetzung zum "Herrn" im Kreuzestod verbunden wird:

> Ihr Leute der Schrift! Treibt es in eurer Religion nicht zu weit und sagt gegen Gott nichts aus, außer der Wahrheit! Christus Jesus, der Sohn der Maria, ist (nicht Gottes Sohn. Er ist) nur der Gesandte Gottes und sein Wort, das er der Maria entboten hat, und Geist von ihm. Darum glaubt an Gott und seine Gesandten und sagt nicht (von Gott, daß er in-

> einem) drei (sei)! Hört auf (solches zu sagen! Das ist) besser für euch. Gott ist nur ein einziger Gott. Gepriesen sei er! (Er ist darüber erhaben) ein Kind zu haben. Ihm gehört (vielmehr alles), was im Himmel und auf Erden ist. Und Gott genügt als Sachwalter. Christus wird es nicht verschmähen, ein (bloßer) Diener Gottes zu sein, auch nicht die (Gott) nahestehenden Engel ... .

In derselben Sure 4,155-159 ist auch die Rede von der Kreuzigung Jesu. Muhammad greift dabei in den Streit um Jesus ein. Den Juden spricht er ab, Jesus gekreuzigt zu haben. Juden wie Christen wirft er vor, nicht die wahre "Gnosis", d.h. das wahre "Wissen" von Jesus zu haben. Dieser ist von Gott zu sich erhoben worden und wird am Tage der Auferstehung Zeuge im Gericht sein.

> ... Und diejenigen, die über ihn uneins sind, sind im Zweifel über ihn. Sie haben kein Wissen über ihn, gehen vielmehr Vermutungen nach. Und sie haben ihn nicht mit Gewißheit getötet. Nein, Gott hat ihn zu sich (in den Himmel) erhoben. Gott ist mächtig und weise... . (4,157f.)

Als Ergebnis kann festgehalten werden:
(1) Nach Muhammads Lehre kann Jesus nicht "Sohn Gottes" genannt werden, da ein solcher Glaube den Glauben an den einen Gott zerstört.
(2) Das Verhältnis Jesu zu Gott ist aber im Koran dahingehend beschrieben, daß Jesus ganz von Gott, seiner Mächtigkeit und seinem Willen bestimmt und umfangen ist.

B. Religion der Nichterwählten und Unterprivilegierten?

Die Konzilsaussage zum Islam in *Nostra aetate* 3 endet mit der Mahnung an "alle, das Vergangene beiseite zu lassen, sich aufrichtig um gegenseitiges Verstehen zu bemühen und gemeinsam einzutreten für Schutz und Förderung der sozialen Gerechtigkeit, der sittlichen Güter und nicht zuletzt des Friedens und der Freiheit für alle Menschen".

Nach seiner Veröffentlichung wurde der Konzilstext weithin begrüßt. Wo allzulange das Trennende und Unterscheidende herausgestellt wurde, betonte er das Verbindende. Dies erschien tragfähig genug, um gemeinsam mit anderen Religionen in der Welt für die Rechte des Menschen - Gerechtigkeit, sittliches Verhalten, Friede und Freiheit - einzutreten.

Nur wenige Jahre später zeigt sich freilich, daß Stichworte wie "soziale Gerechtigkeit", "Friede" und "Freiheit", selbst "Gottesglaube" und "Gottesverehrung" offensichtlich doch nicht unbedingt den gemeinsamen Nenner abgeben, der für Christentum und Islam, vor allem aber für Christentum, Islam und Judentum, verbindlich sein müßte. Die Spannungen im Nahen Osten sind in keiner Weise ausgeräumt. Vor allem aber hat die islamische Revolution des 1989 verstorbenen Ayatollah Khomeini im Iran viele, die an die Zukunft des christlich-islamischen Dialogs glaubten, aufgeschreckt. Inzwischen stellt sich bereits wieder die Frage: Wie dialogfähig sind Christentum und Islam tatsächlich?

1. Warum eine neue Botschaft?

Die Erinnerung an die Gründung des Islams durch den arabischen Propheten Muhammad führt uns in ein Land, in dessen Nachbarschaft bereits Juden und Christen lebten. In ihrer Umgebung erhebt sich ein Mann mit dem Anspruch, der eine und alleinige Gott, der Schöpfer Himmels und der Erde, habe zu ihm gesprochen und ihn zum Propheten eingesetzt, sein Wort zu künden und es für sein Volk niederzuschreiben. Das provoziert die Frage:

Warum eine neue Botschaft Gottes, wenn Gott schon zu Juden und Christen gesprochen hat? Wenn aber eine neue Botschaft, wie konnte sie in der Konkurrenz zu Christen und Juden bestehen?

Zu Recht erinnert *Nostra aetate* daran, daß der islamische Glaube sich gerne auf Abraham beruft. In der Tat ist der Stammvater Abraham jene Gestalt, auf die sich Juden, Christen und Muslim als die Urgestalt des Glaubens beziehen. In diesem Sinne ist er weder Jude noch Christ noch Muslim, denn jede Religion hat ihren eigenen, von Abraham verschiedenen Gründer: Mose, Jesus und Muhammad. Wohl aber hatte Abraham zwei Söhne: den der Verheißung, Isaak, von seiner Frau Sara, und zuvor bereits Ismael, den Sohn der Sklavin Hagar, den Sara mit seiner Mutter in die Wüste vertreiben ließ (vgl. Gen 16; 21). Ausdrücklich aber betont das Alte Testament, daß auch Ismael als Nachkomme Abrahams gesegnet sei. Sowohl an Abraham wie an Ismael erging die Verheißung. Dieser Ismael aber ist der Stammvater der arabischen Völker. Nach der dem Islam eigentümlichen Tradition, die in Sure 2 niedergelegt ist, hat Abraham zusammen mit Ismael gemäß göttlichem Auftrag das Heiligtum in Mekka vom Götzendienst gereinigt, dort den wahren Gottesdienst eingerichtet und dann gebetet:

> Herr! Nimm es von uns an! Du bist der, der alles hört und weiß. Und mach, Herr, daß wir beide dir ergeben sind, und mach Leute aus unserer Nachkommenschaft zu einer dir ergebenen Gemeinde! Und zeig uns unsere Riten! Und wende dich uns gnädig wieder zu! Du bist ja der Gnädige und Barmherzige. Und laß, Herr, unter ihnen einen Gesandten aus ihren eigenen Reihen auftreten, der ihnen deine Verse verliest, sie die Schrift und die Weisheit lehrt und sie von der Unreinheit des Heidentums läutert! Du bist der Mächtige und Weise. (2,128-130)

Das Gebet des Abraham im gereinigten Heiligtum von Mekka wird zum Ausdruck der stillen Sehnsucht der arabischen Völker nach einem eigenen Propheten, einer eigenen Heiligen Schrift und einer eigenen Verheißung. Es verbindet als koranischer Text die Erfüllung dieser Sehnsucht in Muhammad mit Abraham, dem gemeinsamen Vater aller Völker im Nahen Osten. Betrachtet man die Namen der Propheten, die im Koran aufgeführt werden, so zeigt sich: In fast allen Fällen handelt es sich um Männer, die aus dem jüdischen Alten Testament bekannt sind; was darüber hinaus genannt wird, hat kein Gesicht.

"Alter Bund" aber bedeutet: Erwählung Gottes, Herausgehobensein aus allen anderen Völkern, Gegenwart und Treue Gottes gegenüber dem erwählten Volk - und das auch in der Zeit der Prüfungen, ja selbst der Untreue des Volkes. Das Volk der Erwählung besitzt zugleich ein schriftliches Dokument, aus dem heraus es lebt. In ihm besitzt es das Zeugnis vom Umgang Gottes mit seinem Volk, die Rede von seinen Befreiungstaten, aber auch von der Verheißung des Landes.

Demgegenüber sprechen die Christen von einem "neuen Bund", aber eben auch von einem "Bund". Auch sie haben ihr heiliges Buch, in dem von ihrem Gründer als Befreier und Erlöser die Rede ist. Bundestreue Gottes und seine Verheißung zeigen sich in noch weiteren Dimensionen: Die Trennungswand zwischen Juden und Heiden, Beschnittenen und Unbeschnittenen fällt (vgl. Eph 2,14-18; Gal 3,28f.). Heil wird allen verheißen, nicht nur auf dieser Erde, sondern über die Trennwand des Todes hinaus, nicht nur im Fortleben des Volkes, sondern in einem neuen Leben, das jedem einzelnen über seinen Tod hinaus verheißen ist.

2. "Wildeselmenschen"

Das Schicksal Ismaels und seiner Nachkommen ist zunächst offensichtlich anderer Art. Schon in der Verheißung hatte es geheißen: "Er, Ismael, wird ein Wildeselmensch sein. Seine Hand wird gegen alle sein und die Hand aller gegen ihn." (Gen 16,12) "Wildeselmensch" bedeutet: frei und ungebunden wie ein Wildesel leben, aber auch gestoßen und umhergetrieben werden wie ein Wildesel in der Wüste.

Der eigentümliche Tonfall, der hier in der koranischen Redeweise von den "Leuten der Schrift" liegt, läßt aufhorchen: Die "Wildeselmenschen" waren in einer eigentümlichen Weise arm. Sie hatten keine Heilige Schrift, kein sicheres Wort der ihnen geschenkten Verheißung. Sie müssen auch von der Botschaft der gefallenen Trennwände zwischen Juden als auserwähltem Volk und Nichtjuden als Nichterwählten nicht erreicht worden sein. Die Wissenschaft bemüht sich heute sehr darum herauszufinden, welcher Form von Christentum Muhammad und seine Volksgenossen wohl begegnet sein mögen. Feststeht, daß Muhammad den Menschen in der Wüste eine Botschaft erschloß, die diesen den Mut gab, die Konkurrenz mit den Leuten der Schrift zu suchen. Muhammad gab seinen Landsleuten den Blick auf die Tatsache frei, daß auch *sie* Kinder Abrahams sind, folglich unter dem Wort der Verheißung stehen und diese heute aufgrund des göttlichen Diktats im Koran, der dritten der Heiligen Schriften neben Thora und Bibel, niedergeschrieben besitzen[1].

---

[1] Zum theologischen Disput vgl. M. Borrmans, Wege zum christlich-islamischen Dialog. Frankfurt 1985; H. Busse, Die theologischen Beziehungen des Islam zu Judentum und Christentum. Darmstadt 1988; G. Riße, "Gott ist Christus, der Sohn der Maria". Bonn 1989.

Auch wenn hier nicht die Geschichte des Islam und das Verständnis seiner Lehre weiter ausgeführt wird, so sollte doch bewußt sein, daß Muhammad in der Anfangsphase seiner religiösen Bewegung um ein Einverständnis mit Juden und Christen gerungen hat, dieses jedoch nicht herstellen konnte. Der Bruch mit den Juden hatte eine allen sichtbare Konsequenz: Muhammad änderte 624 die Richtung der Gebetshaltung; nicht mehr in Richtung Jerusalem, sondern in Richtung der Ka'ba in Mekka sollte zu den vorgeschriebenen Zeiten gebetet werden.

Von den Christen trennte Muhammad vor allem deren Einschätzung Christi. Zwar war er bereit, in Jesus einen einzigartigen Propheten anzuerkennen, aber wie für die Juden ist Jesus auch für die Muslim weder der Sohn Gottes noch der Erlöser und alleinige Vermittler des Heils. Hier dürfte der Grund dafür zu suchen sein, daß sich auch nach der Niederreißung der Trennwand zwischen Juden und Heiden durch Christus die "Menschen in der Wüste" nicht eingeladen fühlen. Setzte sich nämlich der alleinige Heilsanspruch Christi im kirchlichen Anspruch "außerhalb der Kirche kein Heil" fort, so bedurften alle, die "draußen" bleiben, erneut des Ortes der Gottfindung und Gottverheißung. Gerade angesichts der neuen Sicherung, die die Zugehörigkeit zur Kirche zu geben schien, besitzt der folgende Hadith, ein Wort der frühen islamischen Tradition, starke Aussagekraft:

> Der Islam ist in der Fremde geboren, und er wird als Fremder enden; selig sind die, die sich zu diesem Schicksal unter Fremden bekennen.[2]

Man kann leicht ermessen, welche Wirkung eine solche Seligpreisung derer "draußen" und "in der Ferne" Lebenden heute unter den unterprivilegierten Völkern und Rassen der Erde zeigen kann. Zwischen dem Beginn der islamischen Bewegung und unserer Gegenwart liegen über 13 Jahrhunderte eines wechselvollen Umgangs von Christen und Muslim, der reiche Spuren in der Geschichte der europäischen Völker hinterlassen hat. Das Christentum, das heute dem Islam begegnet, ist jedoch nicht mehr das orientalische Christentum einiger heute weithin unbekannter Gruppierungen, sondern das Christentum des Abendlandes. Dieses aber stellte bis in die Gegenwart mit seinem Hegemonieanspruch nicht nur das morgenländische Christentum als Ganzes in den Schatten, sondern suchte sich auch den an-

---

[2] Zitiert nach Y. Moubarac, Fragen des Katholizismus an den Islam: H. Vorgrimler/R. Vander Gucht (Hg.), Bilanz der Theologie im 20. Jahrhundert I. Freiburg u.a. 1969, 433.

deren Religionen gegenüber als die "absolute Religion" zu erweisen[3].

Die Verbindung des Christentums mit dem Abendland ist schon deshalb in besonderer Weise hervorzuheben, weil der neuzeitliche Herrschaftsanspruch des Christentums nicht abstrakt ist, sondern sich in abendländischer Gestalt vollzogen hat. Es ist nicht zu übersehen, daß die neuzeitliche Ausbreitung des Christentums verbunden war mit den im Abendland entwickelten Möglichkeiten der Fortbewegung, mit technischen Erfindungen und wirtschaftlichen Interessen, mit den Möglichkeiten der Expansion der politischen Einflußsphäre, mit der Machtentfaltung in den verschiedensten Bereichen menschlicher Existenz. Die christliche Religion - das sehen wir heute deutlicher - ist zwar von ihrem Ursprung her und in ihrem Wesen stets die Religion der Mühseligen und Geplagten. Doch trat sie in der außereuropäischen Welt der Neuzeit als Religion der neuen Herren auf. Sie war Herrenreligion, Europas Religion[4]. Wo aber die Verkündigung der christlichen Botschaft in Indien und Südostasien, in Afrika und Lateinamerika parallel zur Eroberung, Unterwerfung und stellenweise gar zur Ausrottung der einheimischen Stämme und Völker verlief, verdunkelte die Praxis derjenigen, die sich Christen nannten, häufig eher die Theorie der christlichen Lehre, als daß sie sie erhellte. Die Gleichung "Christentum = europäische Religion", "Christentum = Religion der Weißen", "Christentum = Religion der Sieger und Unterdrücker" kommt dem Abendland erst heute in stärkerem Maße zum Bewußtsein, da die Zeiten der Kolonialherrschaft endgültig zu Ende gegangen sind und aus den früheren Kolonien - in einem teilweise schmerzlichen Ablösungsprozeß - junge Völker und Nationen entstehen.

Walbert Bühlmann, einer der engagiertesten Beobachter der geistigen und politischen Entwicklungen in der Welt, hat darauf aufmerksam gemacht, daß wir in einer Zeit leben, in der das Abendland seiner zentralen und beherrschenden Stellung verlustig geht und die Völker der Erde sich nicht mehr an *einem* Zentrum, sondern multizentral und in einer verwirrenden Zahl von Kreuz- und Querverbindungen neu orientieren[5]. Für ihn stellt diese Situation eine Provokation, aber auch eine Chance des Christentums dar:

---

[3] Vgl. ausführlicher H. Waldenfels, KF 193-199, sowie in diesem Band Kap. 11 und 12.

[4] Vgl. A.A. Roest Crollius (Hg.), Islam und Abendland. Düsseldorf 1982.

[5] Vgl. W. Bühlmann, Wo der Glaube lebt. Freiburg u.a. 1974, 73-77.

Eine *Provokation*, weil das Christentum in seiner Verflechtung mit dem Schicksal Europas nicht mehr den eindeutigen Rahmen abstecken kann, in dem sich die Völker der Erde zu orientieren haben. Es muß sich vielmehr in der Konkurrenz mit Religionen und Ideologien um eine neue gemeinsame Basis menschlicher Orientierung bemühen und dabei selbst erst wahre Weltreligion werden.
Eine *Chance*, weil der Beitrag zur Suche nach der gemeinsamen, alle Menschen und Völker verbindenden Basis nicht ohne Rückbesinnung auf den ursprünglichen religiösen Impuls geleistet werden kann. In diesem Sinne muß sich das Christentum selbst erneut zur befreienden Kraft Christi befreien lassen. Dieser Prozeß ist zwar in Gang gekommen, stößt jedoch weithin auf eine Haltung kritisch-abwartender Beobachtung.

3. Die Chance der "Wüste"

Welche Konsequenzen ergeben sich daraus für den Islam? In der Krise des abendländisch-europäischen Hegemonieanspruchs, in die das Christentum aufgrund seiner stark abendländisch geprägten Basis mit hineingezogen ist, hat der Islam insofern eine einzigartige neue Chance, als er auf jeden Fall keine abendländisch-europäisch geprägte Religion ist. Die mittelalterlichen Auseinandersetzungen haben ihm letzten Endes den Eingang nach Mitteleuropa verwehrt. Wenn die Anhänger des Propheten in Frankreich und anderen westeuropäischen Ländern inzwischen dennoch die zweitgrößte, in der Bundesrepublik neben den beiden christlichen Konfessionen die drittgrößte religiöse Gruppe bilden, so ist doch nicht zu übersehen, daß die Muslim sich aus solchen Volks- und Berufsgruppen rekrutieren, die der durchschnittliche Mitteleuropäer mit dem Tonfall des Überlegenen "Gastarbeiter" nennt. Muslim sind auch heute das, was sie von der ersten Stunde an waren: Gläubige in der "Wüste", Gläubige im "Abseits".

Die "Wüste" und das "Abseits" der Menschen sind heute weithin in der sogenannten "Dritten Welt" zu suchen. Die Stunde des Islam hat daher auch nicht im Abendland geschlagen, sondern gerade in jenen afroasiatischen Staaten, wo Menschen jahrhundertelang in ihrer eigenen Heimat gleichsam als Fremde gelebt haben, und wo heute junge Nationen befreit von der politischen Bevormundung durch westliche Mächte, um ihr neues Selbstverständnis und ihre wahre Identität ringen. Die überwiegende Anhängerschaft Allahs und seines Propheten lebt in den Ländern der "Dritten Welt" und besteht aus Menschen farbiger, dunkelhäutiger Rassen. Wo sich der Islam an die Spitze der Befreiung stellt, geht es immer auch um die Befreiung aus der abendländischen Umklammerung, die sich in wirtschaftlicher, politischer, kultureller und selbst religiöser Überfremdung gezeigt hat. Der Islam vermittelt heute ganzen Völkern das Gefühl, zu einer unübersehbar großen Gemeinschaft von Menschen vor dem "einen Gott" zu gehören, dessen Willen sich alle in gleicher Weise zu unterwerfen haben. Wo der Islam missionarisch werbend tätig wird, tut er es mit dem Ziel, den göttlichen Willen zu verbreiten und eine neue, gottgewollte Gesellschaft zu schaffen.

Läßt man den Sonderfall Iran beiseite, dem nur das Verdienst zukommt, die an religiösen Bewegungen eher uninteressierte Weltöffentlichkeit auf die seit längerem zu beobachtende Neubelebung islamischer Expansion aufmerksam gemacht zu haben, so läßt sich feststellen: An die Spitze der neueren islamischen Missionsbewegung, von der die einen als "Re-Islamisierung", die anderen als "islamische Renaissance" sprechen, haben sich zumal jene arabischen Staaten gestellt, die inzwischen zu Wirtschaftspartnern der westlichen Welt geworden sind. In ihrer Art, zu einer neuen, an Selbstbewußtsein und Eigenständigkeit gewinnenden, nichtwestlichen Kulturwelt heranzuwachsen, werden sie zu Vorbildern für die nach genuiner Eigenständigkeit suchenden Völker auf dem schwarzen Kontinent wie auch im mittel- und südostasiatischen Raum. So wie sich die wirtschaftlich stärksten westlichen Länder bis heute finanziell und personell für die Ausbreitung des Christentums in aller Welt einsetzen, bemühen sich inzwischen die reichen islamischen Länder der arabischen Halbinsel und Nordafrikas auf jede mögliche Weise um die Verbreitung des Islam.

Nun ist eine solche Tätigkeit nicht denkbar, ohne daß diejenigen, die zur Ausbreitung des Islam beitragen wollen, sich selbst in ihrer islamischen Glaubenshaltung erneuern. Eine solche Erneuerung kann sich aber nicht mit einer intensiveren Beobachtung der geforderten Gebetsübungen, Lebensregeln und Gesetzesvorschriften begnügen. Sie muß vielmehr die gesellschaftliche Relevanz der Religion des Propheten in die Betrachtung einbeziehen[6]. Das hat zur Folge, daß für den isla-

---

[6] Vgl. zur politischen Seite des Islam P. Antes, Der Islam als politischer Faktor. Hannover 1980; H.A. Fischer-Barnicol, Die islamische Revolution. Stuttgart u.a. 1980; B. Tibi, Die Krise des modernen Islam. München 1981; W. Ende/U. Steinbach (Hg.), Der Islam in der Gegenwart. München 1984, 155-547; Th. Meyer (Hg.), Fundamentalismus in der modernen

mischen Staat der Vorrang des islamischen Rechts, der *Scharia*, gefordert und vielfach bereits durchgesetzt worden ist. Entsprechend bemühen sich Staaten mit einer mehrheitlich islamischen Bevölkerung, zu einem verfassungsmäßig verankerten islamischen Staat zu werden.

Eine hervorstechende Konsequenz der die Totalität der Lebensbereiche des Menschen einfordernden islamischen Mission ist - im Gegensatz zur starken Privatisierung des Religiösen im vormals christlichen Abendland - eine starke Politisierung des Religiösen im islamischen Einflußbereich. Es ist daher auch heute schon fast leichter, unter den gläubigen Staatsführern der nichtwestlichen Welt gläubige Muslim aufzuführen als gläubige Christen.

Einen Schwerpunkt der Solidarisierung im Islam haben wir zuvor genannt: die Befreiung aus der abendländischen Umklammerung aus wirtschaftlicher, politischer, kultureller und selbst religiöser Überfremdung. Religiös vertritt der Islam diese Befreiung vor allem dadurch, daß die Religion sich zunächst als große Gemeinschaft von Menschen anbietet, die in gleicher Weise sich dem Willen Gottes unterwerfen und demgegenüber organisatorische Formen eher zweitrangig erscheinen.

Das fehlende Erlebnis von "Kirche" als religiöser Organisation ist offensichtlich durch das Gefühl, zu einer unüberschaubar großen Gemeinschaft zu gehören, voll aufgewogen. Für eine solche Gemeinschaft bringt man auch Opfer. Sie ist nicht - wie für viele westliche Menschen - zu jener bedrängenden Instanz geworden, der gegenüber der einzelne seine Personalität und seine persönlichen Rechte schützen müßte. Der westliche Mensch wird tunlicherweise auch über die "Einfachheit" des Glaubensbekenntnisses und die angeblich wenig anspruchsvollen Regeln des moralischen Verhaltens mit Vorsicht urteilen.

4. Afrika

Die Hauptstoßrichtung der modernen islamischen Missionstätigkeit richtet sich auf Afrika[7]. Angefangen hat die Islamisierung Afrikas bereits in der Zeit nach Muhammads Tod, als zwischen 638 und 644 muslimische Araber ins Niltal vorstießen

---

Welt. Frankfurt 1989, 83-100.

[7] Vgl. A. Ahmad u.a., Das Vermächtnis des Islams I. Zürich/München 1980, 133-145; W. Ende/U. Steinbach (Hg.), Islam (Anm. 6), 344-358.384-439.

und Ägypten und anschließend die nordafrikanischen Länder eroberten. Der Islam wurde dann überall dort heimisch, wo arabische Kaufleute an den Handelsstraßen Afrikas Niederlassungen gründeten.

Inzwischen kann man sieben islamische Kulturbereiche in Afrika unterscheiden, von denen drei in verschiedenem Ausmaß die arabische Sprache und Kultur angenommen haben: Ägypten, der "Maghreb", d.h. - im Unterschied zum "Maschrik", dem arabischen Osten - der Westen der arabisch-muslimischen Welt (Tunesien, Nordalgerien, Marokko), und der Nordsudan. Die anderen vier Bereiche mit stärker afrikanischer Eigenkultur sind Westafrika, das Gebiet Tschad-Nordnigeria-Nordkamerun, Äthiopien-Somalia und die suahelische Küste.

Die jüngste Aktivierung der missionarischen Tätigkeit des Islam in der Zeit nach dem Zweiten Weltkrieg steht in Verbindung mit der Gewinnung der politischen Unabhängigkeit der islamischen Länder und steht im Zeichen der Identitätssuche der von der Kolonialherrschaft freigewordenen Völker. Seit dieser Zeit spielen die großen theologischen Hochschulen von Fes in Marokko, Constantine in Algerien und Tunis in Tunesien zusammen mit der ägyptischen Al-Azhar-Universität eine bedeutende Rolle in der Ausbildung afrikanisch-muslimischer Studenten, die dann als Missionare sowie als Lehrer des Islam und der arabischen Sprache und Kultur für eine vertiefte Verwirklichung der religiösen Praxis, aber auch für eine stärkere Durchdringung der gesellschaftlichen Ordnungen mit den Prinzipien des Korans und der islamischen Gesetzlichkeit Sorge tragen.

Unter den Ländern, die ihr religiöses Engagement durch finanzielle Hilfsmaßnahmen auf politischer und wirtschaftlicher Ebene unterstreichen, sind in Afrika selbst vor allem Ägypten, Algerien und Libyen zu nennen. Von den arabischen Staaten ist Saudi-Arabien in besonderer Weise zu erwähnen, doch beteiligen sich auch Irak, Iran, Kuwait und die Vereinigten Arabischen Emirate an den finanziellen Entwicklungsprogrammen. Diese Programme beinhalten u.a. Rundfunksendungen, die der Unterweisung im Koran gewidmet sind, die Errichtung von Hochschulen und Institutionen, in denen Missionare in Afrika ausgebildet werden, die Unterrichtung in der arabischen Sprache und zentrale Einrichtungen zur Förderung des Islams und der arabischen Kultur.

Die bleibende Frage ist nur: Dienen die finanziellen Hilfen einer grundlegenden religiösen Erneuerung, oder signalisieren sie am Ende doch nur, wie es ein früherer Mitarbeiter des hingerichteten pakistanischen Ministerpräsidenten Bhutto,

Detlef Khalid, formuliert hat, "das Ende des Eurozentrismus im überwiegenden Teil der Dritten Welt"[8]?

5. Asien

Das Gegenbeispiel zur afrikanischen Islamexpansion stellt die Ausstrahlung des Islam nach und in Asien dar[9]. Hier handelt es sich einmal um Afghanistan mit 99% Muslim unter der Gesamtbevölkerung, Pakistan (97%), Bangladesh (85%), Indonesien (90%), Malaysia (50%), Brunei (60%). Beachtliche Minderheiten gibt es in Indien (13%), Singapur (15%), Sri Lanka (7%), aber auch in Burma (4%), Thailand (4%) und auf den Philippinen (5%). Dabei sind noch nicht die Gruppen im kommunistischen Machtbereich, in der UdSSR und der Volksrepublik China, genannt, die von den neueren Bewegungen des Weltislam nicht unberührt sind.

An dieser Stelle soll nun nicht wiederholt werden, was schon im afro-arabischen Verhältnis in Erscheinung trat: die Verflechtung von wirtschaftlich-politischen und religiös-kulturellen Faktoren, die Ausnutzung des wirtschaftlichen Gefälles zur Erweiterung der politischen Einflußsphäre der arabischen Welt, der Einsatz der Mekka-Wallfahrt, die in den letzten Jahren einen ungeheuren Aufschwung genommen hat, zur Stärkung der arabischen Anbindung. Zweifellos reiht sich die asiatische Szene in die Neubesinnung der Dritten Welt auf die eigenen geistigen Werte ein, wobei der Islam auch das Vakuum nutzen kann, das die Reserve gegenüber dem Christentum in seinen ursprünglich abendländischen Formen - dem römisch-lateinischen ebenso wie dem protestantischen Christentum - erzeugt hat.

Unter den Ländern Asiens verdient *Pakistan* insofern besondere Beachtung, als dieser Staat aus dem Ringen um die Gestalt eines unabhängigen Indiens 1947 als zweiter Staat des indischen Subkontinents und zwar auf islamischer Grundlage hervorgegangen ist. In der Entwicklung Pakistans zeigt sich deutlicher als in den Entwicklungen Afrikas, daß es nicht nur ein Ringen des Islam mit den Kräften der Säkularisierung des Westens, mit dem kommunistischen Sozialismus und der kapitalistischen Wirtschaftsordnung gibt, sondern daß sich im Islam

---

[8] Vgl. D. Khalid, Das Wiedererstarken des Islams als Faktor sozialer Umwälzungen : Das Parlament (Beilage) vom 10.3.1979, 3-17.

[9] Zur asiatischen Situation vgl. A. Ahmad u.a., Vermächtnis (Anm. 7) 146-191; W. Ende/U. Steinbach (Hg.), Islam (Anm. 6) 236-329.

selbst widerstreitende Kräfte zeigen, wenn es gilt, die rechte Einstellung zu den modernen Geistesbewegungen, Wissenschaftserkenntnissen und Lebensformen zu finden[10].

Auf eine vielfach übersehene Unterscheidung hat der schon genannte pakistanische Gelehrte D. Khalid hingewiesen. Nach seiner Beobachtung hat es der *Scharia-Islam*, d.h. der Islam der islamischen Rechtsgelehrten, verstanden, sich weithin als die offizielle Form des Islam zu präsentieren und zu etablieren. Zu ihrer ausgeprägten Gestalt gehört dann einmal das Festhalten an erkennbaren religiösen Übungen, sodann die Betonung von Gesetzesvorschriften, deren Beobachtung oder Nichtbeobachtung überprüfbar bleibt, ferner eine ausgeweitete Führungsschicht von Rechtsgelehrten, die zur Durchsetzung ihrer religiösen Haltung sich entsprechend um die Besetzung der politischen Schaltstellen bemühen.

Demgegenüber steht der zu wenig beachtete *Ṭarīqa-Islam*, d.h. jene Form des Islam, die den Weg der mystischen Gotteserkenntnis sucht[11], sich in religiösen Bruderschaften organisiert, dabei zwar im Volk vielfach den eigentlichen religiösen Mutterboden bildet, gegenüber den Vertretern der Scharia jedoch aufgrund der wenig straff gezogenen Außenlinien im gesellschaftlichen Messen der Kräfte eher zurücksteht. Interessanterweise stammte der hingerichtete Bhutto aus dieser mehr volkstümlichen Form des Islam. Sein Ideal eines "islamischen Sozialismus" war denn auch stärker auf die Verbesserung der Lebensverhältnisse des einfachen Volkes abgestellt, wirkte auf die "Rechtgläubigen" nahezu laizistisch und rief schon deshalb den Widerstand der islamischen Rechtsgelehrten hervor. Er scheiterte in einem innerislamischen Streit.

Während der zweiten Vollversammlung der Föderation der Asiatischen Bischofskonferenzen im November 1978 in Kalkutta kamen auch die Erfahrungen mit den Anhängern des Islam in den verschiedenen asiatischen Staaten zur Sprache. Auffallend war, daß das Gespräch darüber in eher furchtsamer, verdeckter Weise geführt wurde, als ob zu entschiedene und deutliche Äußerungen sich nachteilig für den Bestand der christlichen Gemeinden auswirken würden. Übergriffe kommen immer wieder vor. Wo der Islam in der Mehrheit ist, sind seine Anhänger privilegiert. Beklagt wurde fast durchweg, daß die politische

---

[10] Vgl. auch in diesem Band Kap. 8.3.b.

[11] Vgl. zur islamischen Mystik G.C. Anawati/L. Gardet, Mystische Muselmane. Paris ^{2}1968; A. Schimmel, Mystische Dimensionen des Islam. Aalen 1979; zu den verschiedenen Gruppen und Bruderschaften W. Ende/U. Steinbach (Hg.), Islam (Anm. 6) 470-504; F. Taeschner, Zünfte und Bruderschaften im Islam. Zürich/München 1979.

Ausstrahlung des Islam stärker sei als die spirituelle. Die Vertreter Indonesiens erwähnten ausdrücklich, daß es leider fast keine sufistischen Muslim gebe. Der Wille zur Arabisierung der Indonesier sei entschiedener als der Versuch, den Islam in Indonesien heimisch zu machen. Das aus der christlichen Mission bekannte Wort "Inkulturation" findet islamisch im asiatischen wie im afrikanischen Raum keine Entsprechung.

6. Dialog als Friedensdienst

Der Dialog zwischen Muslim und Christen wird in Zukunft das Kriterium der Praxis berücksichtigen müssen. Gewiß ist die Vergangenheit, zumal die neuzeitliche Geschichte der christlichen Expansionsbewegung, keine leicht abzutragende Hypothek, da sie, vor allem in ihren gesellschaftlichen Konsequenzen, nur zu sehr dem ursprünglichen Anspruch widersprochen hat. Dennoch sollte man die *Marxsche* Beobachtung nicht überhören:

> Das religiöse Elend ist in einem der Ausdruck des wirklichen Elends und in einem die Protestation gegen das wirkliche Elend. Die Religion ist der Seufzer der bedrängten Kreatur, das Gemüt einer herzlosen Welt, wie sie der Geist geistloser Zustände ist.[12]

Auch hier geht es ja um das Christentum. Doch offensichtlich hält der Vorwurf, zumal aus der Dritten Welt, das Christentum sei eine Religion der Herren und der Sieger, nicht aber der Untergehenden und der Besiegten, aufs Ganze gesehen nicht stand.

Das führt abschließend zu einigen Bemerkungen zum christlich-islamischen Dialog:

1. Eine wahre religiöse Renaissance des Islam braucht ebensowenig dialogfeindlich zu wirken wie eine wahre Erneuerung der Christen im christlichen Geist.
2. Der christlich-islamische Dialog bedarf hinreichender Vorkenntnisse bzw. der unbedingten Bereitschaft, den Partner als den zu erkennen, der er ist und sein will[13]; bei aller grundlegenden Identität entspricht aber der Vielfalt eines christlichen Selbstverständnisses auch eine Mehrzahl islamischer Ausrichtungen.

---

[12] K. Marx/Fr. Engels, Werke I (hg.v. ZK der SED). Berlin 1970, 378.

[13] Vgl. dazu auch H. Zirker, Christentum und Islam. Theologische Verwandtschaft und Konkurrenz. Düsseldorf 1989.

3. Angesichts der neueren Entwicklungen bedarf das Verhältnis von Religion und Politik in Christentum und Islam einer gründlichen Überprüfung.
4. In beiden Religionen sollten diejenigen, die den Frieden und den Kontakt mit dem Anhänger der anderen Religion wollen, nicht gehindert werden, ihn zu suchen, zumal wenn sie sich aufgrund ihrer religiösen Gottverbundenheit für den anderen öffnen.
5. Christen und Muslim müssen wissen, daß sie keinen sinnvollen, zukunftsträchtigen Dialog mehr führen können unter Ausschluß der Juden; in gewissem Sinn entscheidet sich die Zukunft aller drei Religionen am Schicksal des Ursprungslandes aller drei Abrahamsreligionen.
6. In der Ismaelverheißung der Genesis heißt es: "Seine Hand wird gegen alle sein, und die Hand aller gegen ihn." (Gen 16,12) Der Konzilstext mahnt, gemeinsam einzutreten für die Förderung des Friedens und der Freiheit aller Menschen. Das gibt uns Veranlassung, auf ein besonders dringendes Gebot der Stunde hinzuweisen: die Verwirklichung des Friedens[14]. Ohne Zweifel haben es Nichterwählte nicht leicht, ihr Recht gegen die Erwählten durchzusetzen, die Entrechteten nicht, Gerechtigkeit zu finden. Wer hat, gibt selten freiwillig ab, zumal wenn das, was er besitzt, ihm auch noch zu Unrecht zugefallen ist. Der Ruf nach Gerechtigkeit verbindet sich oft mit dem Ruf nach wirksamen Mitteln; oft ist es Gewalt. Auch die Geschichte der Abrahamsreligionen ist geprägt von gewaltsamen Auseinandersetzungen, dem Ruf nach "heiligen Kriegen" und dem Vergessen der Liebe um des Rechtes und der Wahrheit willen.

Müßte es aber nicht eine ausdrückliche Forderung an Christen, Muslim und auch Juden - die Anhänger der dritten Abrahamsreligion - sein, ihren Beitrag zum Frieden in der Welt auf allen Ebenen zu leisten, auf denen sie sich begegnen? Schon die kleinsten Schritte würden helfen, die Glaubwürdigkeit der Botschaft von der Liebe Gottes zu allen Menschen zu bestärken.

---

[14] Vgl. Die Friedensgebete von Assisi. Freiburg u.a. 1987.

C. Maria zwischen Talmud und Koran

1. "Natus ex Maria virgine"

Die neuerliche Diskussion um die Person der Gottesmutter legt es nahe, nach Wegen Ausschau zu halten, die die gestellten Fragen den vordergründigen Animositäten zwischen Rechtgläubigen und Zweiflern entziehen. Nun ist aus dem Blickwinkel des Fundamentaltheologen bei allen dogmatischen Fragestellungen ein doppelter Ansatz zur Kenntnis zu nehmen: Alle Fragen des christlichen Glaubensverständnisses können mit den Augen des Gläubigen wie des Ungläubigen angesehen werden. Es gibt eine Sicht der Sache von außen und von innen[1]. Konkret heißt das: Was der gläubige Mensch als Großtat Gottes bekennt, erscheint einem Nichtgläubigen vielfach entweder unmöglich oder wird von ihm auf andere Weisen erklärt. Die Frage des Ansatzes erhält zusätzliche Brisanz, wo wir auf den Widerstreit von Glauben und Unglauben im Bereich des Christentums selbst, u.U. gar im selben Menschen stoßen und wo das reformatorische *simul iustus et peccator* seine Fortsetzung im *simul fidelis et infidelis* findet[2].

Ein Anwendungsfall soll hier die kurze Formel des Apostolischen Glaubensbekenntnisses sein:

"natus ex Maria virgine".

Der Streit um das Verständnis der Jungfräulichkeit Mariens findet heute keineswegs nur zwischen Christen und Nichtchristen statt, sondern wird im Raum des Christentums selbst ausgetragen. Der traditionelle Glaube verstand die Formel weithin wörtlich, bezog sie auf die körperliche Unversehrtheit der Gottesmutter im Geschehen der Menschwerdung Jesu und schloß entsprechend die Mitwirkung Josephs bei der Zeugung Jesu aus. Das bedeutete nicht, daß nicht gefragt wurde, wie es zu einem solchen "Wissen" kommen konnte. Auch wurden relativ früh schon Analogien zu anderen religionsgeschichtlichen Zusammenhängen zur Kenntnis genommen. Der Widerspruch gegen ein "wörtliches" Verstehen der einschlägigen Texte der Kindheitsgeschichten bei Matthäus und Lukas und der Einwand, daß eine entsprechende Aussage in anderen Strängen des Neuen Te-

---

[1] Vgl. das entsprechende Verfahren in den Kontextkapiteln 2 zu den Teilen II-III von H. Waldenfels, KF.

[2] Vgl. ebd. 326-328.

staments fehle, verbinden sich in unserer Zeit vorrangig mit der historisch-kritischen Forschung.

Unser eigenes Interesse hier gilt aber nicht dieser Forschung, sondern Beobachtungen, die auf eigentümliche Weise einen Beitrag zur ganzen Fragestellung darstellen. Beide dem Christentum unmittelbar benachbarten Religionen - Judentum wie Islam - kennen die Rede von der jungfräulichen Geburt Jesu, kommen aber zu völlig entgegengesetzten Deutungen. Sie repräsentieren auf ihre Weise die beiden zuvor genannten Blickrichtungen von außen und von innen. Dabei steht das Judentum mit seinen Bemerkungen im Talmud dem modernen Menschen näher, während der Islam die Christen warnt, den Standpunkt des Glaubens zu eilfertig preiszugeben.

2. Maria im Talmud

Im Traktat Schabbat 104b des babylonischen Talmud finden wir folgenden Text[3]:

> Es wird gelehrt: Rabbi Elieser sagte zu den Weisen: Hat denn Stadas Sohn Zauberkünste aus Ägypten mitgebracht durch Ritzungen auf seinem Fleisch? Sie sagten zu ihm: Er war ein Narr, und von Narren erbringt man keinen Beweis.
>
> Stadas Sohn? Panderas Sohn! Raw Chisda sagte: Der Mann hieß Stada, der Liebhaber hieß Pandera. - Ihr Mann war doch Papos, Jehudas Sohn? Seine Mutter hieß Stada!- Seine Mutter war doch Mirjam die Frauenhaarflechterin? Das ist es, was wir in Pumbedita sagen: Diese war ihrem Mann untreu.

Diese Stelle enthält eine Reihe von Motiven, die auch in apologetischen Texten von Kirchenvätern und Kirchenschriftstellern eine Rolle spielen[4]: Mirjam, die Mutter Jesu, eine Handarbeiterin - Pandera oder Pantheras, der natürliche Vater Jesu - Jesu Aufenthalt in Ägypten - seine Zauberkünste. So berichtet Origenes in seiner Schrift *Contra Celsum* I 28 von einem jüdischen Gewährsmann, nach dem die Jungfrauengeburt Jesu erdichtet und Jesus tatsächlich aus einer ehebrecheri-

---

[3] Wir zitieren den Text nach: Der Talmud. Ausgewählt, übersetzt und erklärt von R. Mayer. München [5]1980, 202. Zur Frage nach der Identität von Ben Stada, Be Pandera und Jesus von Nazareth vgl. die Hinweise in J. Maier, Jesus von Nazareth in der talmudischen Überlieferung. Darmstadt 1978 (Register).

[4] Das einschlägige Material findet sich in J. Maier, Jesus (Anm. 16) 251-267. Vgl. auch ders., Jüdische Auseinandersetzung mit dem Christentum in der Antike. Darmstadt 1982.

schen Beziehung seiner Mutter hervorgegangen sei. Diese Aussage wird in I 32f dahingehend ergänzt, daß der uneheliche Vater Jesu ein gewisser Soldat Pantheras gewesen sei. Hier stellt sich heute einmal die Frage, ob der rabbinische Ben Stada-Ben Pandera-Komplex von Anfang an auf Jesus bezogen war, sodann die andere Frage, ob der von Origenes erwähnte Gewährsmann die in den Talmud eingegangene Tradition oder andere rabbinische Überlieferungen gekannt hat.

Die Panther-Gestalt taucht aber auch sonst bei den Kirchenvätern auf. So heißt es in den *Eclogae propheticae* III 10 des Eusebius von Caesarea, "daß unser Erlöser und Herr Jesus Christus von einem Panther gezeugt worden sei". Der Name "Panther" erscheint sodann dort, wo die mit den Differenzen der beiden Stammbäume Jesu bei Mt und Lk auftretenden Schwierigkeiten diskutiert werden und eine Schwagerehe als Lösungsmöglichkeit eingesetzt wird. Hier hat der Panther-Name dann freilich sehr wenig mit unserer Ausgangsfrage zu tun. Er findet sich - genau genommen - auch nicht in den Spekulationen über die zu Joseph führenden Stammbäumen Jesu, sondern in Verbindung mit dem Stammbaum Mariens. So ist bei Andreas von Kreta und anderen Marias Vater Sohn eines gewissen Bar-Panther[5].

Viel diskutiert worden ist die Bedeutung des Namens "Panther". Die Frage scheint jedoch angesichts der nach wie vor weithin hypothetischen Zusammenhänge letztlich ungelöst zu sein. Johann Maier, der in einer minutiösen Untersuchung den verschiedenen Deutemöglichkeiten nachgegangen ist, schließt auch den für unseren Kontext interessanten Deutungsvorschlag, daß "Panther" eine Verballhornung des griechischen *parthenos* sei, ausdrücklich aus[6].

So schwierig auch die Herleitung des aufgezeigten Textzusammenhangs ist, so unübersehbar ist bis heute die jüdische Tendenz, das, was sich unter der Rede von der Jungfrauengeburt Jesu verbirgt, auf natürliche Vorgänge zurückzuführen. Angesichts des historischen Dunkels, das Jesu leibliche Herkunft begleitet, spricht etwa Schalom Ben-Chorin von dem "naheliegenden Schluß einer unehelichen Geburt" auf Seiten seiner Gegner. Und nachdem er die talmudische Pandera- oder Panthera-Tradition genannt hat, fügt er an:

> In dem zumindest distanzierten Verhältnis Jesu zu seiner Mutter, die er nie anders als "Weib" anredet,

---

[5] Vgl. J. Maier, Jesus (Anm. 3) 260-264.
[6] Vgl. ebd. 264-267.

> ... mag sich etwas von dem peinlichen Bewußtsein einer illegitimen Abkunft spiegeln. Jesus ehrt seine Mutter nicht und negiert seinen leiblichen Vater, da er offenbar um seine uneheliche und fremde (nichtjüdische) Herkunft wußte.[7]

Selbstverständlich plädieren wir hier nicht für die Annahme der von Ben-Chorin vorgetragenen Ansicht. Sie lehrt aber einmal, daß man, wenn man schon mit kritischen Augen die Geburt Jesu betrachtet, die Texte der Heiligen Schrift nicht mit den Augen bürgerlicher Vorurteile lesen darf, sondern sich dann schon eher mit den jüdischen Augen dem Phänomen des Ausbruchs aus solchen Lebenszusammenhängen stellen muß. So schockierend es klingen mag - man muß sich doch fragen dürfen, ob eine - für das natürliche Auge - uneheliche Geburt Jesu wirklich soviel "schlimmer" ist als der - ebenfalls für das natürliche Auge gegebene - Verbrechertod Jesu am Kreuz. Könnte es nicht sein, daß die in Verbindung mit dem talmudischen Text zu erkennende Polemik gegen Jesus am Ende dem schockierenden Ereignis der Menschwerdung Jesu näher steht als jene menschlich so beruhigende Deutung, daß Jesus letztlich doch nur ein Mensch war wie jeder andere, daß sein Vater Josef und seine Mutter Maria hieß und er mit ihnen eine wohlbehütete Familie bildete?

Wenn man sich nicht mit allerlei Hilfskonstruktionen helfen will, scheint die bekannte Stelle Mk 6,3, in der die Leute von Nazaret zueinander sagten:

> Ist das nicht der Zimmermann, der Sohn der Maria und der Bruder von Jakobus, Josef, Judas und Simon?

doch als Echo eines Geredes in Nazaret ihre "natürlichste" Erklärung zu finden. Es dürften daher auch die Veränderungen der Stelle bei Mt (13,55) in:

> Ist das nicht der Sohn des Zimmermanns? Heißt nicht seine Mutter Maria, und sind nicht Jakobus, Josef, Simon und Judas seine Brüder?

und lapidar bei Lk (4,22) in:

> Ist das nicht der Sohn Josefs?

eher Beweis für das Unbehagen sein, das sich bei der Formel "der Sohn der Maria" einstellen mußte. Wenn es daher in der Anmerkung, die die Neue Jerusalemer Bibel zu Mk 6,3 macht, heißt, die "Bible de Jérusalem" sehe in der Formel "einen versteckten Hinweis auf die jungfräuliche Geburt Jesu", dann ist dem wohl nur zuzustimmen, wenn man in der Unehelichkeit

---

[7] Vgl. Schalom Ben-Chorin, Bruder Jesus. München ^{2}1969, 34; dort auch das folgende Zitat.

Jesu gleichsam die "natürliche" Kehrseite des christlichen Glaubens an die jungfräuliche Geburt Jesu erblickt.

Der Vollständigkeit halber ist anzufügen, daß das moderne Judentum in der Regel die Frage einer unehelichen Herkunft Jesu nicht weiterverfolgt. Pinchas Lapide, der das Jesusbild in israelischen Schulbüchern analysiert hat, erwähnt, daß von zehn geprüften Büchern sechs sich mit Jesu Geburt, Familie, Kindheit und Erziehung befassen und dabei die "plausiblen Tatsachen" vom "späteren Legendenkranz" unterscheiden. Danach wäre Jesus dann Sohn einer Tischlerfamilie in Nazaret, der Sohn Josefs und seiner Frau Miriam gewesen[8]. Lapide selbst macht auch in seinem letzten Jesusbuch keinen Hehl daraus, daß er selbst dieser Meinung zuneigt[9]. Auch ihm erscheint Jesu Beziehung zu seiner Mutter gestört; "ob das Dunkel seiner Geburt ein Motiv für dieses gespannte Verhältnis war, bleibt im Bereich der Vermutungen"[10]. Dennoch singt Lapide das Lied dieser Mutter, weil es zur Natur der Mutterschaft gehört, "daß niemand so eng mit Jesus verbunden war wie Maria".

3. Maria im Koran

In einem Punkte unterscheiden sich Juden und Muslim nicht: Wie Jesus für sie nicht Gottes Sohn ist, so ist auch Maria für sie nicht Muttergottes. Doch ist das für den Propheten Muhammad kein Hindernis, Maria auf einzigartige Weise in den Plan Gottes mit der Menschheit verwoben zu sehen. Nicht weniger als dreimal - in den Suren 3,33-48 (Imrans Familie); 19, 1-4 (Maria) ; 21,89-94 (Die Propheten) - finden wir die - kanonisch - aus dem Lukasevangelium bekannte Folge von Verkündigungen an Zacharias und Maria. In der von Claus Schedl als "mekkanisches Kindheitsevangelium"[11] bezeichneten Textgruppe der Sure 19 Marjam lauten die unmittelbar die Menschwerdung Jesu betreffenden Verse in Schedls Übersetzung:

---

[8] Vgl. P. Lapide, Ist das nicht Josephs Sohn? Stuttgart/München 1976, 53, auch 63.

[9] Vgl. P. Lapide, Wurde Gott Jude? München 1987, 19-25.

[10] Ebd. 26; dort auch das nächste Zitat.

[11] Vgl. C. Schedl, Muhammad und Jesus. Die christologisch relevanten Texte des Koran. Neu übersetzt und erklärt. Wien u.a. 1978, 178.

16 <u>Gedenke im Buch auch Marjams!</u>
Als sie sich von ihrer Sippe zurückzog an einem östlichen Ort,
17 und die Arbeit aufnahm an dem von ihnen aufgetragenen Vorhang,
da sandten wir zu ihr unseren Geist,
der ihr als wohlgestalteter Mann erschien.
18 <u>Sie sprach:</u> Ich suche beim Erbarmer Zuflucht vor dir!
So wahr du Gott fürchtest!
19 <u>Er sprach:</u> Ich bin doch deines HERRN Gesandter,
dir einen Knaben zu schenken.
20 <u>Sie sprach:</u> Woher soll ein Knabe mir werden,
da mich kein Mann berührt
und ich keine Dirne bin!
21 <u>Er sprach:</u> A l s o s p r i c h t d e i n H E R R:
Das ist ein Leichtes für mich!
WIR machen ihn für die Menschen zum Zeichen,
(zum Zeichen) des Erbarmens von uns;
es ist ein beschlossenes Wort!
22 Und sie empfing
und zog sich mit ihm zurück an einen fernen Ort.
23 Da überkamen sie die Wehen am Stamme der Palme,
<u>und sie sprach:</u> Wär' ich doch vorher gestorben,
und wär'ich vergessen, vergessen!
24 <u>Da rief er ihr von unten her zu:</u>
Sei doch nicht traurig;
denn ein Bächlein macht dir dein HERR unter dir!
25 Schüttle zu dir her den Stamm der Palme,
und frische, saftige (Datteln) fallen auf dich.
26 Dann iß und trink und sei frischen Auges!
Und wenn du von den Menschen einen erblickst,
<u>so sprich:</u> Ich hab dem Erbarmer ein Fasten gelobt
und spreche heute mit niemand!
27 Da kam sie mit ihm zu ihren Leuten, ihn tragend;
<u>sie sagten:</u> O Marjam, du hast Unerhörtes getan!
28 O Schwester Harūns,
ein schlechter Mann war dein Vater nicht,
und deine Mutter keine Hure.
29 Da deutete sie auf ihn hin.
<u>Sie sagten:</u> Wie sollen wir mit einem sprechen,
der noch ein Wiegenkind ist?!
30 <u>Er sprach:</u> Ich bin Allāhs Diener!
ER gab mir das Buch und machte mich zum Propheten.
31 ER machte mich zum Segen, wo immer ich bin.
ER befahl mir Gebet und Almosen, so lange ich lebe.
32 Liebevoll zu meiner Mutter,
nicht trutzig und stolz machte er mich.
33 Heil mir am Tag der Geburt und am Tage des Todes,
am Tage, da ich lebendig erstehe!
34 <u>Solcher Art ist ʿIsā, Marjams Sohn,</u>
<u>das Wort der Wahrheit, über das sie zweifeln.</u>[12]

Der Schlußsatz des zitierten Abschnitts zeigt, daß es in die-

---

[12] Ebd. 179f.

sem Text um eine Glaubensaussage geht gegen solche, die eine andere Meinung über Jesus vertreten; aus dem weiteren Verlauf der Sure ergibt sich, daß es konkret um die Ablehnung der Gottessohnschaft geht. Darauf ist hier nicht näher einzugehen.

In der Verkündigungsszene begegnen wir zunächst Altbekanntem. Auch wenn man bei ihr zunächst an das Lukasevangelium denkt, lassen sich Einflüsse der apokryphen Evangelien, zumal des Jakobusevangeliums[13], nicht übersehen. Zu den auffallenden Unterschieden gehört, daß im Gegensatz zu Lk 1,27 der Verlobte Mariens - Josef - im Koran nirgends Erwähnung findet. Dafür könnte der Hinweis auf den "östlichen Ort" eine Erinnerung an Ez 44,1f sein, wo es heißt:

> Dann führte er mich zum äußeren Osttor des Heiligtums zurück. Es war geschlossen. Da sagte der Herr zu mir: Dieses Tor soll geschlossen bleiben, es soll nie geöffnet werden, niemand darf hindurchgehen; denn der Herr, der Gott Israels, ist durch dieses Tor eingezogen; deshalb bleibt es geschlossen.

Die Rede vom östlichen Tor wurde in typologischer Exegese später auf den jungfräulichen Schoß der Gottesmutter übertragen[14]. Die Beschreibung der Szene erinnert im übrigen stark an die in Ost- und Westkirche übliche Ikonographie. Der "Gesandte Gottes" tritt dort zwar in sinnlich greifbarer Gestalt zu Maria, doch will das arabische Wort <u>bašar</u>, das mit "Mann" übersetzt wird, im Grunde aber "Fleisch" bzw. überhaupt "Mensch" bedeutet, bereits das ansagen, was im lukanischen wie im koranischen Dialog Mariens mit dem Engel zur Sprache kommt: Es gibt keinen Mann im Leben Marias; <u>wie</u> soll sich dann die Menschwerdung Jesu vollziehen? Die Antwort des geheimnisvollen WIR klingt apodiktischer als bei Lukas:

> A l s o s p r i c h t d e i n H E R R,

und noch einmal:

> Es ist ein beschlossenes Wort.

Die zentrale Stelle, die hier das Wort Gottes erhält, hat gelegentlich dahin geführt, daß man im 2. Satz einen entfernten Anklang an Joh 1,14 glaubte vernehmen zu können. Überzeugender dürfte allerdings aufgrund der Tatsache, daß im weiteren Umkreis der Stelle in Sure 19,9, aber auch in Sure 3,59 das Sprechen Allāhs im Zusammenhang mit seinem Schöpfungswort gesehen wird, sein, auch diesen Textabschnitt mit Gottes Schöp-

---

[13] Vgl. Text und Kommentar in <u>W. Schneemelcher</u> (Hg.), Neutestamentliche Apokryphen in deutscher Übersetzung I. Evangelien. Tübingen [5]1987, 334-349.

[14] Vgl. dazu <u>C. Schedl</u>, Muhammad (Anm. 11) 192; ausführlicher <u>R. Paret</u>, Der Koran. Kommentar und Konkordanz. Stuttgart u.a. [2]1977, 323.

ferwort in Verbindung zu bringen[15]. Damit würde dann für Muhammad die Antwort auf die Frage Mariens in nichts anderem als in Gottes souveräner Freiheit und Allmacht beschlossen sein. Hier ergäbe sich eine deutliche Paralelle zu Lk 1,37:

> Denn für Gott ist nichts unmöglich.

Diese Deutung findet eine zusätzliche Stützung in 19,35, wo es heißt:

> Wenn er - Allāh - einen Befehl beschloß,
> so spricht er "Es werde!", und es wird.

Interessanterweise bleibt Bethlehem im Koran völlig ausgeblendet. In Sure 19 gebiert Maria ihren Sohn in der Wüste. Die Geburt ist für sie genauso eine Stunde tiefer Not wie die erste Begegnung mit "ihren Leuten". Maria und das Kind lassen für Maria "Unerhörtes" ahnen. Maria selbst ist voller Sorge, und die Bemerkungen der Leute über ihre Eltern bestätigen auf ihre Weise Marias Sorge. Die Antwort gibt in beiden Fällen das sprechende Kind. In der Wüste findet Maria - ähnlich wie auf der im Ps.-Matthäus 20 geschilderten Flucht nach Ägypten[16] - eine Früchte tragende Palme. Wie in der Wüste spricht das noch unmündige Kind auch zu Mariens Landsleuten. Es offenbart sich - nicht als Sohn Gottes, sondern - als Gottesknecht, als Gründer des Buches (gemeint ist das Evangelium), als Propheten, als Muslim, der auf die beiden islamischen Hauptgebote "Gebet" und "Almosengeben" setzt. Eigens hervorgehoben wird Jesu Liebe zu seiner Mutter[17]. Jesu Rede an die Leute endet dann in der Aussage, daß es Segen und Heil gibt am Tage seiner Geburt, seines Sterbens und seines Wiedererstehens. Inhaltlich stimmt dieser Segensspruch mit dem Lobpreis bei der Geburt des Täufers Johannes überein (19, 15), doch während im Lob des Johannes dieser in 3. Person genannt ist, ruft Jesus hier selbst den Heilsspruch aus.

Was wir im "mekkanischen Kindheitsevangelium" genauer bedacht haben, kehrt mit einigen Varianten in Sure 3, die in ihrer Ganzheit als *Summa Islamica* angesprochen werden kann[18], wieder. In einen größeren Zusammenhang eingebettet, wird in dieser den medinischen Suren zuzurechnenden Sure auch die Jesusfrage erneut behandelt. Wir beschränken uns hier auf die Beschreibung der Varianten zur mekkanischen Sure[19].

---

[15] Vgl. C. Schedl, Muhammad (Anm. 11) 194f.

[16] Vgl. W. Schneemelcher (Hg.), Apokryphen (Anm. 13) I 368.

[17] Vgl. zur Textexegese C. Schedl, Muhammad (Anm. 11) 190-199.

[18] Vgl. zu dieser Sure ebd. 374-454.

[19] Auf den knappen Text über Maria in der (mekkanischen) Sure 23 gehen wir nicht eigens ein. Der entscheidende Vers 50 lautet:
Und WIR machten Marjams Sohn und seine Mutter zum Wunderzeichen.

Ausführlicher als in Sure 19 werden zunächst Szenen aus dem Marienleben geschildert, die aus den apokryphen Evangelien und der von diesen beeinflußten Kunst und Liturgie bekannt sind: Marias Geburt (3,33-36), ihre Darstellung im Tempel, wo Zacharias ihr Betreuer wird (3,37), ihre Vermählung, bei der der Partner ungenannt bleibt (3,42-44). Die Verse zu Marias Vermählung beginnen mit dem Engelsspruch (V. 42):

O Marjam, Allāh hat dich erwählt und gereinigt,
dich erwählt vor allen Frauen der ganzen Welt!

Die Ansage der Würde Mariens verbindet sich mit einer Aufforderung, die im lukanischen:

Ich bin die Magd des Herrn;
mir geschehe, wie du gesagt hast. (1,38)

ihre Entsprechung hat:

O Marjam, sei demütig deinem HERRN ergeben,
wirf dich nieder und verneige dich mit denen,
die sich verneigen! (3,43)

Es folgt dann unmittelbar darauf die Szene der Verkündigung, dieses Mal nicht durch den, sondern durch die Engel (3,45-48):

45 O Marjam, Allāh verkündet dir ein Wort von sich:
sein Name ist Messias ʿIsā, Sohn Marjams.
Herrlich ist er in der Welt und im Jenseits,
einer von denen, die (Gott) nahe stehn.
46 Er spricht in der Wiege zu den Menschen
schon wie ein Erwachsener.
Er ist einer von den Frommen.

Auch hier fragt Maria - aber dieses Mal nicht die Engel, sondern den Herrn:

47 Mein HERR, woher soll ich ein Kind bekommen,
da mich ein Mann nicht berührt!
Er sprach: So sei es! Allāh schafft, was er will!
Wenn er ein Werk beschlossen,
spricht er zu ihm "Es werde", und es wird.
48 Und er wird ihn das Buch und die Weissagung,
die Torah und das Evangelium lehren.

Auch in diesem Zusammenhang bleibt offen, ob das Eingangswort der Engel:

O Marjam, Allāh verkündet dir ein Wort von sich

im Sinne des Johannesprologs verstanden werden kann oder besser im Sinne des auch hier anschließend gemeinten Schöpfungswortes Gottes zu deuten ist[20]. Feierlich ist die Nennung des

---

Wir gewährten ihnen Zuflucht auf einer Höhe, voll Erquickung
und Quellen.

[20] Vgl. dazu C. Schedl, Muhammad (Anm. 11) 423.

Namens des Kindes: "Messias Jesus", "Christus Jesus", "Sohn Marias". Im Gegensatz zu der für Mk 6,3 angenommenen abschätzigen Bedeutung der Formel ist sie hier eindeutig als Hinweis auf die wunderbare Empfängnis und Geburt Jesu aus Maria der Jungfrau zu verstehen.

An dieser Stelle sei auf den einschneidenden Unterschied zwischen den koranischen und den christlichen Verkündigungstexten aufmerksam gemacht, der in der Konzilserklärung *Nostra aetate* 3 sein Echo gefunden hat:

> Jesus, den sie - die Muslim - allerdings nicht als Gott anerkennen, verehren sie doch als Propheten, und sie ehren seine jungfräuliche Mutter Maria, die sie bisweilen auch in Frömmigkeit anrufen.

Bis zur Frage Mariens an die himmlische Gesandtschaft, somit bis zum christlichen Bekenntnis zur Jungfräulichkeit Mariens stimmen die koranischen Texte mit den christlichen Vorlagen überein. Der Unterschied bricht auf, wo Muhammad die ihm bekannte christliche Überlieferung im Sinne seines eigenen dogmatischen Jesusverständnisses neuformuliert, wonach Jesus, durch Allāhs allmächtiges Wort geschaffen, nicht Gottes Sohn, sondern Gottes Knecht ist.

Zur Abrundung des koranischen Marienbildes seien zwei kurze Texte wenigstens genannt. Was in Sure 66,12 (Das Verbot) über Maria die Jungfräuliche als Beispiel einer heiligen Frau gesagt wird, könnte als Zusammenfassung dessen dienen, was der Koran über Maria zu sagen weiß:

> Sodann Marjam, die Tochter ʿImrāns, die ihren Schoß verschloß.
> WIR hauchten unseren Geist hinein.
> Sie traute dem Wort ihres Herrn und seinen Schriften
> und gehört (daher) zu den Gehorsamen (Dienerinnen).

Was an Maria geschehen ist, ist Werk des Geistes Gottes. Was sie auszeichnet, ist, daß sie eine folgsame Dienerin im Dienste des göttlichen Wortes war.

Hinter diese Aussage kann die Auseinandersetzung mit der christlichen Trinitätslehre, wie sie in Sure 5 (Der Tisch) stattfindet und in der Muhammad offensichtlich an den christologischen Auseinandersetzungen seiner Zeit teilnimmt[21], zurücktreten. Deutlich wird hier, daß, wo immer Jesus als "Sohn Marias" angesprochen wird, dieser Titel stets auch ein Gegenargument gegen die Gottheit Jesu in sich birgt. Im Blick auf das Konzil von Ephesus kann von Muhammads Verständnis ge-

---

[21] Vgl. dazu die Hinweise ebd. 525-527, die freilich der Vertiefung bedürfen. Leider geht auch H. Stieglecker, Die Glaubenslehren des Islam. Paderborn 1962, auf die vom Koran gestellten Fragen zur Dreifaltigkeit nicht ein; vgl. 261-276.

sagt werden, daß nach ihm Maria zwar Christusgebärerin, nicht aber Gottesgebärerin ist. Hinsichtlich der Frage der Jungfräulichkeit Mariens hat diese Unterscheidung im Islam jedoch keine Bedeutung. Im Gegenteil, es wäre eine reizvolle Aufgabe, die koranischen Texte mit den marianischen Hymnen etwa Ephräms und anderer Kirchenväter des Ostens zu vergleichen, um zu erkennen, wie groß die Nähe zwischen Christen und Muslim an dieser Stelle ist[22].

4. Abschließende Überlegungen

Es hat sich bestätigt, was einleitend gesagt wurde: Die Frage der Jungfräulichkeit Mariens kann sowohl mit "natürlich-weltlichen" wie mit vom Glauben gelenkten Augen betrachtet werden. Im ersten Fall ruft die Geburt Jesu aus Maria nach innerweltlichen Erklärungen und das umso mehr, wenn der Gottesglaube total entfällt. Da die Geburt Jesu aus Maria aber so oder so ein Ereignis in der Menschheitsgeschichte war, kann auch eine "natürliche" Sicht der Dinge nicht an den geschichtlichen Bezeugungen dieses Ereignisses vorbei. Zu diesen grundlegenden Bezeugungen gehören - gleichgültig, wie im einzelnen Text Sprachformen, Intention des Verfassers u.ä. zu beurteilen sind, - die biblischen Texte. Sie sind, wie sie vorliegen, bereits ein geschichtliches Dokument. Die Deutung der Texte muß dann freilich bemüht sein, den Intentionen der Verfasser gerecht zu werden. Dazu sind alle verpflichtet: diejenigen, die nicht glauben können oder wollen, und diejenigen, die glauben. Auch der Glaubende hat aber seinen Standpunkt jedem gegenüber zu rechtfertigen, der nach einer solchen Rechtfertigung verlangt. Es führt denn auch zu keinem befriedigenden Ergebnis, wenn der Glaubende einem Nichtglaubenden nur seinen Unglauben attestiert, anstatt im Sinne von 1 Petr 3,15 ernsthaft bemüht zu sein, Rechenschaft von seinem Glauben zu abzulegen.

Hier aber sind dann Judentum und Islam hilfreich. Gewiß kommen die beiden Religionen sachlich in der Einschätzung der Jungfräulichkeit Mariens zu unterschiedlichen Ergebnissen. Die jüdischen Interpretation repräsentiert eher den "natürlichen" Blick, die koranische Darstellung den gläubigen Blick. Doch kommen beide darin überein, daß es ihnen in der Beschäf-

---

[22] Vgl. dazu G. Riße, "Gott ist Christus, der Sohn der Maria". Bonn 1989.

tigung mit der Geburt Jesu um die Geburt einer historischen Gestalt geht. An der Widerständigkeit der Geschichte zerbricht denn auch jede Analogie der Jungfräulichkeit Mariens zu vergleichbaren Erzählungen im religionsgeschichtlich-mythologischen Kontext[23]. Weder für den Talmud noch für den Koran haben mythologische Analogien irgendeine Rolle gespielt.

Diese Feststellung trifft sich mit dem, was zwei Theologen unserer Tage, die wir nicht ohne Grund aussondern, auf ihre Weise zur Sache festgehalten haben. Von Joseph Ratzinger wird häufig folgender Satz aus dem Gesamtzusammenhang genommen:

> Die Gottessohnschaft Jesu beruht nach dem kirchlichen Glauben nicht darauf, daß Jesus keinen menschlichen Vater hatte; die Lehre vom Gottsein Jesu würde nicht angetastet, wenn Jesus aus einer normalen menschlichen Ehe hervorgegangen wäre.[24]

Sehr ähnlich heißt es bei Leonardo Boff:

> Ohne Zweifel und logischerweise ist die Inkarnation Gottes nicht wesensmäßig an die jungfräuliche Empfängnis gebunden. Gott hätte ruhig jemanden, der unter den Bedingungen menschlicher Liebe gezeugt worden war, nehmen und die Inkarnation seines einziggeborenen Sohnes sein lassen können. Jesus wäre nicht weniger Sohn Gottes, weniger Befreier und weniger göttlich als jetzt, da er aus der jungfräulichen Maria zur Welt gekommen ist.[25]

Nicht zu übersehen ist aber, daß beide Autoren hier *hypothetisch* sprechen. Tatsächlich gehen jedoch beide von den für das Christentum maßgeblichen Texten aus und denken von ihnen her in einer Weise auf die Kontexte des Christentums hin, daß nicht diese zum Maßstab des christlichen Selbstverständnisses werden, sondern umgekehrt auf sie das Licht des Evangeliums fällt.

So betont Joseph Ratzinger, daß "die unmittelbaren Anknüpfungspunkte der neutestamentlichen Berichte von der Geburt Jesu aus der Jungfrau Maria nicht im religionsgeschichtlichen Raum, sondern in der alttestamentlichen Bibel liegen"[26]. Aus diesem Blickwinkel aber gehört die Rede vom "Sohn Gottes" "der Erwählungs- und Hoffnungstheologie des Alten Bundes zu und kennzeichnet sie Jesus als den wahren Erben der Verhei-

---

[23] Vgl. in jüngster Zeit vor allem E. Drewermann, Dein Name ist wie der Geschmack des Lebens. Freiburg u.a. 1986, 32-66.

[24] J. Ratzinger, Einführung in das Christentum. München 1968, 225.

[25] L. Boff, Das mütterliche Antlitz Gottes. Düsseldorf 1985, 146.

[26] J. Ratzinger, Einführung (Anm. 24) 224.

ßungen, den König Israels und der Welt. Damit wird aber nun der geistige Zusammenhang deutlich sichtbar, aus dem heraus unser Bericht zu verstehen ist: der Hoffnungsglaube Israels, der, wie gesagt, von den heidnischen Hoffnungen auf wunderbare Geburten kaum völlig unberührt geblieben ist, ihnen aber eine völlig neue Gestalt und einen gänzlich verwandelten Sinn gegeben hat"[27].

Ähnlich weist L. Boff die eigenmächtigen menschlichen Gedanken zur Geburt Christi zurück und auf die Texte hin:

> Die Theologie hat nicht über das Produkt unserer Wünsche nachzudenken, sondern über die Heilstatsachen, so wie die Evangelien sie uns überliefern. In der Tat spricht die Bibel von dem Paar Maria und Josef; aber sie erzählt auch, daß zu deren Überraschung Jesus empfangen worden sei, während Maria noch Jungfrau war. Wenn Josef der Vater Jesu gewesen wäre, dann hätte man ihm eine heilsgeschichtliche Bedeutung und eine Verehrung zuteil werden lassen, die zumindest denen Marias gleichgekommen wären.[28]

Und zum Verhältnis von Mythos und Heiliger Schrift bemerkt er - übereinstimmend mit J. Ratzinger -:

> Auf die Unterschiede zwischen den Mythen und den Erzählungen des Neuen Testaments kommt es an. Hier handelt es sich nicht wie in den Mythen, in denen es durchaus nicht zimperlich zugeht, um geschlechtliche Beziehungen. Der Heilige Geist wird nicht als Vater, sondern als zeugende Kraft (Lk 1,35) geschildert. Jesus entsteht aus der Schöpfungskraft Gottes und der freien Annahme Marias und nicht aus einem sexuellen Handeln.[29]

Für beide Theologen ist die Empfängnis Jesu aus der Jungfrau Maria "Neuschöpfung"[30], "Neubeginn der Welt"[31]. In gewissem Sinne berühren sich hier noch einmal Judentum und Islam. Im alttestamentlichen Kontext stellt die Jungfräulichkeit keinen Eigenwert dar, und die Unfruchtbarkeit macht eine Frau verachtungswürdig. Kinderlose Frauen werden auch in der Zeit Marias von ihrer Umgebung geringgeschätzt. Umgekehrt erblickt der Islam in Maria eine Frau, an der Gott Großes getan hat und die zudem schon deshalb ein Beispiel ist, weil sie auf so unbedingte Weise zu Gottes Willen Ja gesagt hat. Was Talmud und Koran zu Maria sagen, findet in den beiden zentralen Sätzen des Magnifikat, im Lobgesang der niedrigen Magd auf die Größe ihres Herrn, einzigartigen Ausdruck:

---

[27] Ebd. 227.
[28] L. Boff, Antlitz (Anm. 25) 146f.
[29] Ebd. 147f.
[30] J. Ratzinger, Einführung (Anm. 24) 225.
[31] L. Boff, Antlitz (Anm. 25) 150-157.

Auf die Niedrigkeit seiner Magd hat er geschaut.
Siehe, von nun an preisen mich selig alle Geschlechter.

Denn der Mächtige hat Großes an mir getan,
und sein Name ist heilig.

Soll das Salz des Evangeliums nicht schal werden, darf der Christ sich in einer Zeit, in der die Religionen miteinander in einen neuen Wettstreit eingetreten sind, um der Welt Frieden, Heil und Wahrheit zu künden, im Ernst, mit dem Menschen auf die Mächtigkeit Gottes setzen, von niemandem übertreffen lassen. Die Art, wie mit dem Glaubenssatz *natus ex Maria virgine* in Theologie und Verkündigung, aber auch im Denken und Reden gläubiger Christen umgegangen wird, könnte dafür ein Prüfstein sein.

Kap. 10: Neureligiöse Bewegungen

Die religiöse Situation unseres Landes ist inzwischen nicht mehr sachgerecht beschrieben, wenn sie einseitig als Zug zu religiöser Indifferenz, zur Säkularisierung und zu wachsendem Verlust an religiöser Substanz und Gottesglauben gekennzeichnet wird. Gewiß ist eine starke Abnahme an christlicher Glaubenssubstanz, christlichem Glaubenswissen und Lebensgefühl unübersehbar. Doch darf nicht übersehen werden, daß eine wachsende Zahl von Menschen eine religiöse Orientierung im außerchristlichen Bereich sucht. Zugleich stoßen nichtchristliche religiöse und parareligiöse Angebote ihrerseits in das entstandene geistig-geistliche Vakuum vor. Was seit der Mitte des letzten Jahrhunderts sich zunächst in Intellektuellenkreisen einen Raum zu schaffen suchte, setzt sich inzwischen in breitere Bevölkerungsschichten hinein fort. Dazu gehört nicht zuletzt der undifferenzierte Einfluß asiatischer Religiosität.

Ein Phänomen, das diese Situation beleuchtet, ist das Auftreten der sogenannten "Jugendreligionen", "Jugendsekten" oder "destruktiven Kulte", wie es in einem unglücklicherweise aus dem Englischen übernommenen Begriff heißt, der die aggressive Abwehr des Phänomens schon an sich trägt.

1. "Jugendreligionen"

Der Begriff *Jugendreligionen* ist freilich nicht unproblematisch. So hat im August 1985 das Oberverwaltungsgericht Münster in einer einstweiligen Anordnung entschieden, daß die Bundesregierung die Transzendentale Meditation (TM) nicht mehr als Jugendreligion oder Jugendsekte bezeichnen darf[1]. Tatsächlich ist der Begriff nur bedingt brauchbar. Er erinnert a) an die Tatsache, daß die Mehrzahl der so bezeichneten Gruppen, in der amerikanischen Jugendszene der sechziger Jahre populär geworden, auch Eingang nach Europa gefunden haben, b) daß sie in besonderem Maße in Jugendkreisen auf Resonanz gestoßen sind und c) in der Regel auch vorwiegend Jugendliche zu ihrer Zielgruppe gemacht haben. In dieser Situation hat der evangelische Pfarrer F.-W. Haack 1974 von "Jugendreligio-

[1] Az.: V B 453S/85; vgl. Rheinische Post (Düsseldorf) vom 10.8.1985.

nen" gesprochen und geschrieben[2]. Diese Bezeichnung hat sich dann im politischen, juristischen und apologetischen Raum stark eingebürgert. Inzwischen ist aber festzustellen, daß die Mitgliedschaft keineswegs mehr auf die Jugendlichen beschränkt ist. Viele der als Jugendliche Eingetretenen sind inzwischen Erwachsene. Zudem bemühen sich die gemeinten Gruppen darum, die Zielgruppenvorstellung zu erweitern.

Noch ungeeigneter erscheint der dem englischen Sprachgebrauch entlehnte Begriff *destruktive Kulte*. Er ist nicht zuletzt nach dem grauenvollen Massenselbstmord von rund 800 Anhängern der amerikanischen Volkstempel-Sekte in Jonestown 1978 von Elterninitiativen und anderen Gruppen in Anwendung gebracht worden. Gegen diesen Begriff spricht, a) daß der im Deutschen ungewohnte Gebrauch des Begriffs "Kult" für Religion im allgemeinen, selbst für den Fall, daß das Kultische im Sinne der Gottesverehrung überhaupt keine Rolle spielt, irreführend ist und b) die Qualifizierung von "Religion" bzw. "Kult" als "destruktiv" eine Vorverurteilung besagt, ehe die Sache selbst vorgestellt und zur Sprache gebracht ist.

Auch auf die Gefahr hin, daß mit dem Begriff neue Unschärfen auftreten, plädieren wir für den Begriff *neue religiöse Bewegungen und Gruppierungen*. Für den Begriff spricht, daß er ein sowohl religionswissenschaftlich wie gesellschaftspolitisch verwendeter Begriff ist. Dazu sei vor allem auf die sogenannten *Shinkō-shūkyō* = neuentstandene Religionen in Japan verwiesen. *Neu* setzt die gemeinten Religionen vor allem von den "alten" und "klassischen" Religionen einer Landschaft ab. Ihnen gegenüber bedeuten "neue Religionen" immer auch eine Herausforderung, die nicht einfach zurückzuweisen, sondern auf die zu antworten ist. *Bewegungen und Gruppierungen* besagt in der doppelten Bestimmung, daß es sich um gesellschaftlich greifbare, organisierte, aber doch zugleich unfertige, in diesem Sinne noch eigentlich in "Bewegung" befindliche, aber zugleich andere in diese "Bewegung" mitreißende Menschengruppen handelt, die - als "*religiöse* Bewegungen" - entweder den Anspruch erheben, als Religionen wirksam zu werden (Selbsteinschätzung), oder doch in ihren Erscheinungsweisen dem Religiösen zuzurechnen sind (Fremdeinschätzung).

---

[2] Vgl. v.a. das ausführliche Werk von F.-W. Haack, Jugendreligionen. Ursachen, Trends, Reaktionen. München 1979.

2. "Klassische" Gruppierungen

Mehrere Landesregierungen sowie auch die Bundesregierung haben sich in getrennten Sachstandsberichten und Stellungnahmen zu den sogenannten "Jugendreligionen" geäußert. Dabei werden zumeist folgende acht genannt, die der 2. Sachstandsbericht der Landesregierung von Nordrhein-Westfalen als "klassische Gruppierungen" anspricht[3]:

(1) Ānanda Mārga Pracaraca Samgha (AMPS oder AM)
(2) Neo-Sannyas-Bewegung (Bhagwan)
(3) Divine Light Mission (DLM/Mission des göttlichen Lichts)
(4) Familie der Liebe (Kinder Gottes)
(5) International Society for Kṛṣṇa Consciousness (ISKCON/ Hare-Krishna)
(6) Scientology Kirche Deutschlands - Hubbard Scientology Organisation München e.V. (SC)
(7) Internationale Meditationsgesellschaft - Deutscher Verband e.V. (IMS) - Transzendentale Meditation (TM)
(8) Vereinigungskirche e.V. (VK/Mun-Sekte).

Die Größenordnung dieser Gruppierungen hat die Bundesregierung in der Drucksache 9/1932 vom 23.8.1982 in Beantwortung einer kleinen Anfrage aus der Bundestagsfraktion der CDU/CSU folgendermaßen angegeben:

(1) AM: etwa 200 festintegrierte Mitglieder
(2) Bhagwan: etwa 25000-35000 Mitglieder, davon 900 Vollzeitmitglieder
(3) DLM: etwa 500 festintegrierte Mitglieder
(4) Familie der Liebe: etwa 200 festintegrierte Mitglieder
(5) ISKCON: etwa 200 festintegrierte Mitglieder
(6) Scientology: etwa 70000 Kursteilnehmer, 3000-4000 feste Mitglieder
(7) TM: etwa 100000 in die Meditation Eingeführte, davon 50000 noch Meditierende, 5000 in weiterführenden Kursen, etwa 1000 TM-Lehrer
(8) VK: etwa 2500 Mitglieder, 800 Missionare.

Die Bandbreite zwischen einem harten Kern von etwa 5000 bis zur hochgerechneten Mitglieder- bzw. Kursteilnehmerzahl von 200000 markiert das ungefähre Ausmaß der Größenordnung, um die es bei den sogenannten Jugendreligionen geht. Vergleichsweise wurde die Zahl der Anthroposophen zu Beginn der achtziger Jahre mit 20000 angegeben[4]. 1984 gab es in der Bundesre-

---

[3] Vgl. im 2. Sachstandsbericht der Landesregierung von NRW: Jugendreligionen. Düsseldorf 1983, den Abschnitt B.1.1, dem dann in B.1.2 "andere Gruppierungen" (Bachofen e.V./Aktionsanalytische Organisation (AAO), die Europäische Arbeiterpartei (EAP), Eckankar, Mahikari, The Way International) angereiht werden.

[4] Für diese und die folgenden Zahlen vgl. H. Reller/M. Kießig (Hg.), Handbuch Relgiöse Gemeinschaften. Freikirchen, Sondergemeinschaften-Sekten, Weltanschauungen - Missionierende Religionen des Ostens, Neureli-

publik rund 105000 Zeugen Jehovas, etwa 24500 getaufte Mormonen, 69000 Baptisten und etwa 10000 Mitglieder der Heilsarmee. Oder - um eine andere Vergleichszahl zu nennen - es leben 1,8 bis 1,9 Millionen Muslim unter uns, davon rund 1,5 Millionen Türken. Erst im Vergleich mit solchen Zahlen ergibt sich ein sachgerechtes Gefühl für die wahren Proportionen der neuen religiösen Gruppierungen.

Herkunftsmäßig stammen fünf der "klassischen Gruppierungen" aus Indien, zwei aus den USA, eine aus Süd-Korea. Alle Gruppen sind über die USA nach Europa gelangt. Auch wenn die verschiedenen Gruppen hier nicht im Detail vorgestellt werden, können einige charakteristische Eigenschaften einen gewissen Eindruck vom Wollen und Wirken der sogenannten Jugendreligionen vermitteln. Wir ordnen sie nach ihren Herkunftsländern in der Reihenfolge ihres Auftretens in der Bundesrepublik an, die im wesentlichen auch mit der Reihenfolge ihrer Entstehung übereinstimmt.

3. Hinduistische Gurugemeinschaften

Die hinduistischen Gemeinschaften[5] kommen darin überein, daß an ihrem Anfang eine starke Führerpersönlichkeit als Gründer steht, die in der Folgezeit für die Mitglieder ein vertrauenswürdiger Guru bleibt, dem sie sich unterwerfen und folgen. Für AM ist es Prabhāt Ranjan Sarkar, genannt Shrii Ānandamūrti (geb. 1921), für TM Maheś Prasād Varmā, genannt Maharishi Mahesh Yogi (geb. 1918), für DLM Śrī Hans und nach dessen Tod 1966 dessen Sohn Guru Mahārāj Ji (geb. 1957), für ISKCON Abhay Charan De, genannt Bhaktivedānta Swāmī Prabhupāda (1896-1977), für Bhagwan Rajneesh Chandra Mohan, genannt Bhagwan (1931-1990).

Alle hinduistisch orientierten Bewegungen kommen darin überein, daß sie den Menschen von seinem falschen Ich zu lösen und zu seinem wahren Ich, das dann in der Regel in das kosmische Bewußtsein eingebettet ist, zu befreien suchen. Sie

---

gionen. Gütersloh [3]1985, 414.347.307.44.131.

[5] Vgl. zum Folgenden ausführlicher R. Hummel, Indische Mission und neue Frömmigkeit im Westen. Stuttgart 1980; im Anschluß daran H. Waldenfels, Zur Entwicklung und Beurteilung der neureligiösen Bewegungen in der Bundesrepublik Deutschland: ZMR 65 (1981) 103-120; sodann auch R. Hummel, Gurus in Ost und West. Hintergründe, Erfahrungen, Kriterien. Stuttgart 1984.

versprechen zumeist nicht nur dem einzelnen ein neues, geklärtes und gereinigtes Bewußtsein, sondern auch Wirkungen im gesellschaftlichen Raum, in der Lebens- und Umwelt. Die Unterschiede zwischen den Gemeinschaften liegen überwiegend im Bereich der praktisch vermittelten Methoden.

a) Transzendentale Meditation

Dem volkstümlichen Kurznamen der Internationalen Meditationsgesellschaft entsprechend, vermittelt diese seit 1960 in der Bundesrepublik tätige Gesellschaft vorrangig eine Meditationspraxis, die als eine vereinfachte Form von Mantra-Yoga bezeichnet werden kann. Die Technik wird in einer Serie von Kursen (mit entsprechend wachsenden Gebühren) vermittelt. Beim Übergang von Indien nach USA und Europa hat TM in Anpassung an die westlichen Verhältnisse versucht, sich als eine weltanschaulich-religiös neutrale, auf reiner Wissenschaftlichkeit beruhende Yogapraxis anzubieten. Auf diesem Wege hat TM - wie auch andere Yogaübungen - nicht selten Zugang zu öffentlichen Einrichtungen wie Volkshochschulen u.ä. gefunden. Die Betonung der Wissenschaftlichkeit hat lange Zeit die hinduistisch-religiösen Wurzeln der TM verdeckt. Die Bindung an den Veda wurde dahingehend erklärt, daß dieser nicht nur das Indien gemeinsame "Wissen", sondern das Menschheitswissen enthält. Religiös orientiert bleibt aber der Initiationsritus ("Pūjā"), in dem der TM-Lehrer seine Unterweisung im Namen der bei den Hindugottheiten beginnenden und zu Maharishi Yogi führenden Traditionslinie anfängt, dem Übenden das Mantra, ein geheimes Sanskritwort, als innersten Kern der meditativen Übung mitteilt und ihn so in die dem Maharishi Yogi folgende Lehrer-Schüler-Beziehung aufnimmt. Der Innenbereich der Bewegung, sowohl der sogenannte "wissenschaftliche", der auf Erweiterung des Bewußtseins und die Entwicklung aller menschlichen Fähigkeiten abzielt, wie auch der organisatorische, unterliegt der Geheimhaltung gegenüber Außenstehenden. Die Bewegung sucht im übrigen nicht zuletzt mit der Verheißung gesellschaftlicher Wirkungen der TM - bei 1% Meditierender in einer Stadt sinkt die Kriminalitätsrate, gehen die Verkehrsunfälle zurück u.ä. - zu imponieren. Den Beweis ist sie bislang schuldig geblieben.

b) Ānanda Mārga

Auch Ānanda Mārga, der "Pfad der Glückseligkeit", seit 1963 in Deutschland tätig, verfolgt eine doppelte Zielrichtung: die Einweisung des einzelnen Mitglieds ("Margii") in den Weg letzter Einheit mit dem Weltengrund (Brahma) und eine politisch-gesellschaftliche Veränderung, die freilich mehr durch negative Programmpunkte (Ablehnung des Kapitalismus, Abschaffung des Kastenwesens und der Korruption u.ä.) als durch positive Zielbeschreibungen gekennzeichnet ist. Das Leben der Nachfolge Ānandamūrtis (Verkörperung der Glückseligkeit) ist einmal geprägt von Meditations- und Yogaübungen, sodann von einem 16-Punkte-Programm, das den Tageslauf, auch Essen, Schlafen und Hygiene, detailliert regelt und über dessen Einhaltung das Mitglied sich und anderen Rechenschaft geben muß. Wenig geklärt ist die Frage der Gewalt. In Indien stand die Bewegung in der Anfangszeit im Konflikt mit der Regierung. 1978 geriet AM in die Schlagzeilen, als Mitglieder in Berlin zum Mittel der Selbstverbrennung griffen.

c) Hare Krishna

Die "Hare Krishna" rezitierenden, gelbgekleideten Anhänger der "International Society for Kṛṣṇa Consciousness" (ISKCON), seit 1969 in Deutschland, waren durch ihr exotisches Auftreten in den Großstädten jene Gruppe, die als erste in der breiteren Öffentlichkeit die Aufmerksamkeit auf sich zog. Für zusätzliche Publizität sorgte ein spektakulärer, aufs ganze aber nicht sehr ergiebiger Prozeß 1979 in Frankfurt. Der Einfluß von ISKCON ist aber schon deshalb eher begrenzt, weil die Gesellschaft, ordensmäßig organisiert, von den Mitgliedern ein streng geordnetes Gemeinschaftsleben fordert. Dieses ist von vier Prinzipien bestimmt: Verbot (1) von Fleisch, Fisch, Eiern, (2) von Rauschmitteln (Drogen, Nikotin, Tee, Kaffee), (3) "unerlaubter" Sexualität (eheliches Zusammenleben wird bestimmten Mitgliedern von der Leitung zur Erzeugung von Nachwuchs gestattet), (4) von Glücksspiel und Sport. Ziel der Bemühung ist - im Anschluß an die Bhagavadgītā - die Erweckung des Krishna-Bewußtseins im Menschen als Konsequenz der Hingabe des Menschen an Krishna, der als höchster persönlicher Gott verehrt wird. Die Hingabe (Bhakti) vollzieht sich weniger in einer stillen Meditation als im ekstatischen "Chanten" des Gottesnamens, dem eingangs erwähnten rhythmischen Ruf des "Hare Krishna".

d) Divine Light Mission

Stark auf die Person des Guru fixiert ist das Leben der Mitglieder ("Premies") der DLM, die seit 1973 in der Bundesrepublik tätig ist. Diese möchte "knowledge" vermitteln mit Hilfe der vier "kriyās" genannten Meditationen des Lichtes, des Klangs, des Nektars und des Wortes, mit denen der göttliche Urgrund erfahren wird und die "ewige Energie", Brahman, sich in jedem Menschen entdecken läßt. Dreierlei fordert der Guru jeden Tag von den Mitgliedern: Satsaṅg, den abendlichen Erfahrungsaustausch im Ashram bzw. in der Ortsgruppe, die Meditation als Vorgang des ganzen Tages und "Service", ein freiwilliges Tätigwerden zugunsten der DLM und des Guru.

e) Bhagwan

Zu den auch heute noch populärsten Gruppen gehört die seit 1974 in Deutschland tätige und durch die Bekehrung einer Reihe von medienbekannten Personen ihrerseits in den Medien häufig behandelte Bhagwan-Bewegung. Ursprünglich in Poona/Indien heimisch, bis zur Ausweisung des Gründers mit dem Zentrum in Oregon/USA, bietet die Bewegung eine Lehre, die sich synkretistisch aus hinduistischen und fernöstlichen (Taoismus, Zen), aber auch gnostisch-esoterischen sowie sufistischen Elementen zusammensetzt und zudem stark von der als "Human Potential Movement" bezeichneten, in den USA entstandenen westlichen psychologischen Praxis durchsetzt ist. Auch bei Bhagwan geht es um die Überwindung des falschen Ich, doch unter weitgehendem Verzicht auf das, was traditionellerweise auch in Indien mit Askese bezeichnet wird. Nicht auf dem Wege der Repression und Sublimierung, sondern im aktiven Loslassen des falschen Ich (Gewalttätigkeitstrieb, Sexualtrieb) und somit im Einsatz des Körpers wird die Befreiung zum wahren Ich gesucht. Im Mittelpunkt auch dieser Bewegung steht die Gestalt des Bhagwan, eines früheren Dozenten für Philosophie und Psychologie. Auf ihn und seine Lehre berufen sich die Leiter der in vielen Städten angebotenen kostenpflichtigen Kurse. Die Bewegung ist in den letzten Jahren auch durch die Einrichtung von Diskotheken in westdeutschen Städten bekannt geworden.

4. Scientology Church

Auch wenn es sich bei der SC um eine amerikanische Gründung handelt, ist sie von ihrer Zielsetzung her im Anschluß an die hinduistischen Gurugemeinschaften zu behandeln. In gewissem Sinne wirkt SC wie ein psychosomatisches Therapieunternehmen zur Leistungssteigerung (*Scientology*) mit religiösem Anspruch bzw. Serviceangebot (*Church*). Solchen, die es wünschen, bietet SC auch einen religiösen Service an, für den es ein eigenes Ritualbuch gibt. Im Mittelpunkt aber steht auf der Grundlage des vom Gründer, dem Amerikaner Lafayette Ronald Hubbard (1911 - 1986), verfaßten Standardwerks *Dianetik - die moderne Wissenschaft der geistigen Gesundheit* ein verzweigtes, ähnlich wie bei TM in den Kosten steigendes Kursangebot, in dem es um "Clearing", einen von Blockaden und Verletzungen ("Engrammen") freien Geist ("mind") geht. Diese Blockaden werden behoben in einem Prozeß des sogenannten "Auditing", einer Gesprächstherapie, bei der der Therapeut einen Apparat, E-Meter genannt, einsetzt, der häufig mit einem Lügendetektor verglichen wird. In der SC wird die Reinkarnationslehre vertreten. Es geht darum, daß der im Menschen inkarnierte Geist, "Thetan" genannt, in seine ursprüngliche, vollkommene Freiheit überführt wird, so daß er in Freiheit gegenüber der Welt des Körperlichen dennoch innerhalb dieser Welt frei agieren kann. Die Organisation ist im Innern straff militärisch geformt und entwickelt nicht selten auffallend aggressive Züge, wo es zu Rückfragen angesichts des pseudowissenschaftlichen Gehabes der SC kommt.

5. Vereinigungskirche

Wie ein Stück "Religion aus der Retorte" wirkt angesichts der religionswissenschaftlichen Beschäftigung mit der Entstehung einer immer noch im Entstehen begriffenen Religion[6] die 1954 von dem Koreaner San Myung Mun in Korea gegründete VK. Unter allen bislang aufgetretenen neuen religiösen Gruppen ist sie vermutlich die schillerndste. An ihr werden in der Regel alle

---

[6] Vgl. G. Kehrer (Hg.), Das Entstehen einer neuen Religion. Das Beispiel der Vereinigungskirche. München 1981; dazu H. Waldenfels, Zur Entstehung einer neuen Religion. Anmerkungen zu einem Buch über die Vereinigungskirche: StdZ 200 (1982) 398-408.

jene Züge exemplifiziert, die die sogenannten Jugendreligionen von ihrem ersten Auftreten in Europa an in Verruf gebracht haben: die Werbetechniken, die Entfremdung Jugendlicher von Elternhaus und Umgebung, die Einbindung in ein autoritäres System, die Auslieferung an eine Führergestalt, der nicht widersprochen werden kann, Finanzmanipulationen u.a.[7]. Demgegenüber bemüht sich keine andere Gruppe so entschieden, den Charakter einer Jugendreligion zu verlieren und als eine seriöse, wissenschaftlich ernst zu nehmende alternative Religion zu erscheinen[8], wie die VK. Nicht absichtslos sucht sie den Eindruck zu vermitteln, eine neue christliche Konfession zu sein. Mun, ein vom Buddhismus in seiner Jugend zur presbyterianischen Kirche konvertierter Nordkoreaner mit einer stark antikommunistischen Einstellung, beruft sich für seine Gründung auf eine Christusvision zu Ostern 1936. Dennoch ist das, was er geschaffen hat, eine neue Religion, in der sich eine neue Heilsgeschichte, mit konfuzianisch-buddhistischen, stellenweise gnostischen Elementen durchsetzt, erkennen läßt.

Grundlegend für das Selbstverständnis der VK ist das Buch "Göttliche Prinzipien", das zusätzliche Klärungen in den Reden Muns findet. Die Lehre Muns kann als koreazentrische Heilsgeschichte angesprochen werden, weil im Ungenügen der Erlösungstat Jesu - er starb gewaltsam, ohne die ideale Ehe eingegangen zu sein und so das gestörte Mann-Frau-Verhältnis wiederhergestellt zu haben - ein neuer Messias und Erlöser notwendig wurde, der nach den "Göttlichen Prinzipien" von Korea seinen Ausgang nimmt und von dort in die ganze Welt hinein wirkt. Dieser neue Messias (griech. Christus!) ist niemand anderer als Mun, der 1960 mit seiner jetzigen Frau die "Hochzeit des Lammes" vollzog und die reine Familie gründete. Von hier aus wird verständlich, daß die Eheschließung zu den zentralen Ereignissen im Leben der Munies gehört. Da die Ehen der Munies eine Weiterführung der reinen Ehe Munies

---

[7] Vgl. O. von Hammerstein, Ich war ein Munie. Tagebücher und Berichte einer Befreiung aus der Mun-Sekte. München 1980.

[8] Hierzu dienen jährlich veranstaltete regionale und internationale wissenschaftliche Kongresse, bei denen es der VK gelingt, nicht nur in theologischen Fragen, sondern auch in gesellschaftsethischen Fragen renommierte Wissenschaftler aus aller Welt zusammenzuführen. Für den theologischen Bereich sei auf die Bände der "God"-Serie verwiesen: F. Sontag/M.D.Bryant (Hg.), God. The Contemporary Discussion. New York 1982; J. Duerlinger (Hg.), God. Ultimate Reality and Spiritual Discipline. New York 1984; B.L. Clarke/E.T. Long (Hg.), God and Temporality. New York 1984; M.D. Bryant/R.H. Mataragnon (Hg.), The Many Faces of Religion and Society. New York 1985; F. Ferré/R.H. Mataragnon (Hg.), God and Global Justice. New York 1985; J.K. Roth/F. Sontag (Hg.), The Defense of God. New York 1985.

sein sollen, hat dieser sich auch vorbehalten, die Partner füreinander zu bestimmen. Es entspricht dem Denkansatz, zu einer Erneuerung des Christentums und seines Weltauftrags beitragen zu wollen (all das allerdings im Sinne Muns verstanden), wenn Mitglieder nicht gezwungen werden, aus ihren Herkunftskirchen auszutreten. In der VK verbindet sich eine sehr hohe Anforderung an das einzelne Mitglied, gestützt durch eine starke emotionale Bindung an Mun, mit dem Versuch, den laufenden Prozeß der Entwicklung mit einer intensiven theologischen Selbstreflexion zu verbinden.

6. Familie der Liebe

Die einzige jesuanisch orientierte, in ihrem Wesen jedoch als eine Perversion des Christentums anzusprechende Gruppe unter den sogenannten Jugendreligionen sind die "Kinder Gottes" oder - wie sie sich heute nennen - die Familie der Liebe. Die Bewegung wurde 1968/69 durch den protestantischen Prediger David Berg, von den Anhängern Mose David bzw. kurz Mo genannt, in den USA gegründet. In seiner fundamentalistischen Bibelauslegung - vermittelt in sogenannten Mo-Briefen- drängt er die Mitglieder, auch über das Angebot sexueller Hingabe ("Flirty-Fishing") neue Mitglieder dem verlorenen "System" dieser Welt zu entreißen und sie durch Einbindung in die Familie der Liebe vor dem Untergang zu retten. Die Anhänger leben in "Kolonien" zusammen, brechen den Kontakt mit ihrer alten Umwelt durch Annahme neuer Namen radikal ab und wenden sich an die Außenwelt in der Regel nur, wenn sie missionieren. Ihre Wirksamkeit in der Bundesrepublik scheint allerdings abzunehmen.

7. Alternative Religiosität

Fragt man nach den Momenten, die in unserer Gesellschaft, nicht zuletzt auf junge Menschen, faszinierend und einladend wirken, so lassen sich vor allem drei nennen:
(1) *Eine zentrale Führergestalt:* Am Anfang aller aufgeführten Gruppierungen steht eine Gründerpersönlichkeit mit einer starken Ausstrahlungskraft, die Menschen vor allem auch emotional in ihren Bann zieht. Nicht selten kommt es hier zu einem blinden Gehorsam. Am deutlichsten zeigte sich das beim

Gründer der Kinder Gottes Mo (vgl. "Flirty Fishing" als Weise missionarischer Prostitution) - Mo ist freilich heute verschwunden - sowie bei Reverend Mun, dem selbst die in den USA abgebüßte Gefängnisstrafe wegen Steuerhinterziehung für Anhänger nichts von seiner Glaubwürdigkeit zu nehmen vermag. Wichtig bleibt in den neuen Gemeinschaften, daß sie immer wieder Kontakt zu ihrem Meister finden. In dem Maße, als dieser Kontakt ausfällt - etwa weil der Gründer tot ist (Hare Krishna) oder verschollen (SC, Familie der Liebe) oder die Organisation zu groß wird -, füllt entweder eine starke, in hohem Maße bestimmende, nicht selten autoritäre Organisation (TM, SC, Bhagwan, VK) das Vakuum oder läßt der Einfluß nach. Zu beachten ist jedenfalls, daß im Widerspruch zum neuzeitlichen Freiheitspathos nach wie vor viele Menschen nach Leitfiguren und praktischen Lebensorientierungen Ausschau halten.

(2) *Ein praktisches Lebensprogramm:* Alle neuen religiösen Gruppierungen kommen darin überein, daß sie zumeist in detaillierter Weise dem Menschen konkrete Lebenshilfen auf dem Weg zu seiner Erfüllung zu vermitteln suchen. Sieht man von der VK, in gewissem Sinne auch von der Familie der Liebe ab, so steht weniger eine geschichtstheologische Schau im Vordergrund, spielt Theologie als Rede und Lehre von Gott eine sekundäre Rolle. Im Mittelpunkt steht vielmehr der Mensch, die Überwindung seines Unvermögens, die Erweckung seiner immanenten Fähigkeiten, die ihn zugleich seines kosmischen Grundbezugs innewerden und die kosmische Energie nutzen lassen (TM, SC, Bhagwan - Hare Krishna). Entscheidend ist dabei die schrittweise Anleitung zu einem praktischen Fortschreiten auf dem gewiesenen Weg. Die Anleitungen können sich einmal auf das innere, spirituelle Leben beziehen (Meditation), sodann aber auch auf die konkreten Tagessituationen und die Bewährung im gesellschaftlichen Leben (Ernährung, Hygiene, Beruf, menschlicher Umgang).

(3) *Ein neues Gemeinschaftsgefühl:* Alle Gruppen vermitteln ein Gefühl neuer Gemeinsamkeit und Gemeinschaft und bilden nicht selten in einer anonymen Massengesellschaft Zellen der Freundschaft und Geborgenheit. Unverstandene fühlen sich verstanden, innerlich und äußerlich Einsame finden neue Freunde. Der zunächst unkritisch akzeptierte Sog nach innen, zur immer volleren Teilnahme, aber auch Teilgabe in der Gemeinschaft hat aber zumindest in der Vergangenheit häufig zur völligen Lösung des einzelnen Mitglieds aus all seinen Herkunftsbindungen, Elternhaus, Freundeskreis, Beruf, Studium u.a., geführt. Dieser Zug zur Lösung aus alten Bindungen wird nicht selten von den Gruppen selbst zusätzlich forciert und betrie-

ben. Eine wichtige Rolle spielt dabei einmal der Griff nach den finanziellen Sicherungen des einzelnen (Gehalt, Vermögen, Erbschaft), sodann die Beobachtung und Kontrolle der Außenkontakte. Die Beschränkungen in den Kontakten mit früheren Lebensgefährten, Eltern und Freunden wird dann in der Regel mit der Gefährdung des neubegonnenen Lebensprozesses durch die alten Kontakte begründet.

8. Verhältnis zum Christentum

Das Verhältnis der neureligiösen Gruppen zum Christentum ist selten aggressiv, doch zutiefst ambivalent. Kritik am Christentum wird selten ausdrücklich geäußert, doch lebt sie in vielen Mitgliedern insofern, als ihre Zuwendung zur alternativen Relgiosität stets auch besagt, daß sie das anderweitig Gefundene im Christentum, in den konkreten Gemeinden, nicht gefunden, vielleicht gar vermißt haben. Einige Religionen wie VK und Familie der Liebe geben vor, eine radikalisierte Gestalt des Christentums zu verkörpern. Bei der VK ist dabei aber auf die Zweideutigkeit des Messiasbegriffs zu achten: Mun ist nach Jesus Christus der neue Messias (= Christus).

Ein eigenes Problem wird in Zukunft die in einer Reihe von neureligiösen Gruppen mögliche Doppelmitgliedschaft darstellen (SC, TM, VK). Es sind Fälle bekannt geworden, daß Mitglieder neuer religiöser Gruppen innerkirchliche Funktionen wahrzunehmen oder auch innerkirchliche Medien zur Werbung einzusetzen versucht haben. Unter TM-Kursteilnehmern gibt es Beispiele, die bezeugen, sie hätten in TM die Einweisung in ein meditatives Leben erblickt und von dorther zu einem vertieften sakramental-kirchlichen Leben zurückgefunden. In diesen Fällen erschienen die hinduistischen Elemente (Mantra, Pūjā, u.a.) ausgeblendet.

Doch auch wo das Christentum auf eine eher passive Resistenz stößt, ist nicht zu übersehen, daß es zumeist synkretistisch eingeordnet gesehen wird. Unübersehbar verliert es dabei sein eigentliches Wesen. Andererseits wird das Christentum gut daran tun, sich nicht mit einer rein apologetischen Haltung zu begnügen und das Fremde und Neue abzulehnen, sondern die kritischen Impulse auf sich selbst zu beziehen und auf eine Aufarbeitung der aufgedeckten Defizienzen hinzuarbeiten. Diese treten in den drei zuvor beschriebenen Faszinationspunkten alternativer Religiosität unübersehbar zu Tage.

Dabei geht es nicht zuletzt um die Wiedergewinnung der spirituellen Dimension christlichen Lebens[9].

9. Kritik an den neuen religiösen Gruppen

Kritik an den neureligiösen Gruppen erfolgt in der Öffentlichkeit weniger aus kirchlichen Kreisen, dafür um so nachdrücklicher von seiten betroffener Eltern, die sich zu Elterninitiativen zusammengeschlossen haben, sowie von politischer Seite auf kommunaler, Landes- und Bundesebene im Anschluß an parlamentarische Initiativen. Inzwischen macht eine kurzatmige, vordergründige Kritik sowohl einer diagnostischen Besinnung auf das individuelle wie gesellschaftliche Umfeld, das den Einfluß der neuen Religionen begünstigt, Platz wie auch therapeutischen Überlegungen, wie evtl. Geschädigte aufgefangen bzw. wie ihnen geholfen werden kann. Die Kritik betrifft hauptsächlich einmal die dunkle Kehrseite der zuvor besprochenen Faszinationspunkte alternativer Religiosität, sodann auch das Finanzgebaren und die Werbetechnik bestimmter Gruppen.

a) Autoritäre Leitungsstrukturen

Nicht selten erweist sich die Bindung an eine charismatische Führergestalt als Beginn einer kritiklosen, bedingungslosen Unterwerfung unter ihre Weisungsgewalt. Diese findet ihre Verstärkung und Fortsetzung in den hierarchisch-straff gegliederten Organisationen, in denen nachgeordnete Führungskräfte an die Stelle des großen Meisters treten. So gegliederte Gruppen lassen echte Diskussionen nicht zu. Entsprechend entsteht im Kreis derer, die sich zur Gruppe bekennen, ein Konformitätsdruck, der sich in dem Maße verstärkt, als ein freier Umgang mit Außenstehenden praktisch unterbunden wird. Widerstände werden nicht selten mit Drohungen und Repressionen gebrochen. Austritte werden möglichst erschwert.

---

[9] Der Fortgang der Auseinandersetzung findet sich inzwischen eingebettet in die Standortbestimmung angesichts des New Age, der Postmoderne u.a. Vgl. dazu u.a. H.-J. Ruppert, New Age. Endzeit oder Wendezeit? Wiesbaden 1985; J. Sudbrack, Neue Religiosität. Mainz 1987; M. Kehl, New Age oder Neuer Bund? Mainz 1988; auch die Überlegungen in Lebendige Seelsorge 39,5/6 (1988); A. Schilson (Hg.), Gottes Weisheit im Mysterium. Mainz 1989.

Eine zusätzliche Sicherung der Binnenstruktur wird häufig dadurch gewährleistet, daß Außenstehenden der Einblick verwehrt und eine Art Arkandisziplin geübt wird.

b) Bewußtseins- und Persönlichkeitsänderungen

Die Kehrseite der Einweisung in einen neuen Lebensprozeß ist die Möglichkeit, die angestrebte Bewußtseinsänderung zu manipulieren und Willen und Einsicht unter Ausschaltung des Kritikvermögens zu lenken. Das vom Normalverhalten abweichende Benehmen vieler Jugendlicher, die zu den sogenannten Jugendreligionen gefunden haben, ihre abrupte Abkehr vom Elternhaus, die Aufgabe des Berufes oder der Berufsausbildung, die oftmals gesellschaftskritisch-weltflüchtige Haltung u.ä., werden häufig nicht nur als Persönlichkeitsveränderungen, sondern als ein krankhaft gestörtes Bewußtsein interpretiert, das der den Gruppen eigentümlichen Indoktrination zugeschrieben wird. Kaum zu leugnen ist, daß sich bei einer Großzahl von Mitgliedern eine Verminderung des freien Willens und des kritischen Bewußtseins, ein verengter Blickwinkel, verbunden mit einer Minderung des Realitätsbezugs, einstellen.

Umstritten ist, ob und in welchem Ausmaß der Einfluß bestimmter neuer religiöser Gemeinschaften zu seelischen Schäden und zur Persönlichkeitszersetzung führt. Vor allem ist nicht geklärt, ob der Prozentsatz religionsbedingter pathologischer Fälle, die es unbestreitbar gibt, tatsächlich im Falle der neureligiösen Gruppen wesentlich höher ist als im Fall der herkömmlichen Religionen. TM hat auch in diesem Punkte in der früher erwähnten einstweiligen Anordnung des Oberverwaltungsgerichts Münster erwirkt, daß die Bundesregierung nicht weiterhin behaupten darf, TM könne zu psychischen Schäden oder zu einer Persönlichkeitszersetzung führen. Damit sind freilich jene Untersuchungen nicht ausgeräumt, die im Teil 3.3: "Zur Pathogenität der Jugendreligionen" im 2. Sachstandsbericht NRW aufgeführt werden und die gerade der TM attestieren, daß der prozentuale Anteil der Meditierenden, die während ihrer TM-Zeit einen Arzt oder Psychiater aufsuchen mußten, auf 43% anstieg. Hier wird man tunlicherweise dem kritischen Urteil von Medizinern eher Rechnung tragen als dem Urteil von Soziologen, die dieses Faktum übersehen.

c) Kommunikationsstörungen

Wird einerseits das Erlebnis neuer Gemeinschaft von vielen Mitgliedern positiv beschrieben, so wird dieses - wie schon gesagt - vielfach erkauft durch Kommunikationsverluste und -abbrüche. Eine verhängnisvolle Rolle spielen dabei die nicht selten von ehemaligen Mitgliedern berichtete Verteufelung der alten Umwelt sowie die Erzeugung von Schuldkomplexen bei denen, die sich als unfähig erweisen, sich ganz aus ihrer alten Welt zu lösen, oder die die Gruppe wieder verlassen wollen. Die Mitglieder sind in der Mehrzahl der Gruppen auch insofern dem System ausgeliefert, als in ihnen die im heutigen Staatswesen aufgebauten sozialen Sicherungen wie Krankenversicherung u.ä. nicht gewährleistet sind und nicht zuletzt wirtschaftlich-finanzielle Abhängigkeiten entstehen. Die Reintegration ehemaliger Mitglieder dokumentiert zudem, daß es solchen Menschen oft nur mühsam gelingt, in den freien Kommunikationsprozeß eines demokratischen Staatswesens zurückzufinden. Psychologische Belastungen treten denn auch nicht selten zutage bei dem Versuch, sich von einer Gruppe innerlich und äußerlich zu lösen.

d) Werbung und Finanzierung

Eine negative Presse hat den neuen religiösen Gruppen nicht zuletzt ihr Finanzgebaren sowie einigen die Straßenwerbung, verbunden mit Bettelei, eingetragen. Die gegen bestimmte Gruppen angestrengten Prozesse (z.B. Hare Krishna, VK) hatten es stets auch mit Verstößen gegen die Sammelbestimmungen, Steuerhinterziehungen u.ä. zu tun. Eine Reihe von Gruppen fordert von den Mitgliedern, daß sie ihre Erbansprüche und andere Einnahmen auf die Gemeinschaft übertragen. TM, SC u.a. werben mit einem kostenlosen, unverbindlichen Einstiegsangebot, um dann den Kursteilnehmer in immer teurere Kurse hineinzuziehen. Wer in Zahlungsschwierigkeiten gerät, kann sich von diesen dadurch befreien, daß er seine Arbeitskraft der Organisation zur Verfügung stellt. Wie die Übertragung der Erbansprüche schafft auch die Übertragung der Arbeitskraft ein hohes Maß von Abhängigkeit, die nur schwer zu überwinden ist. Die das einzelne Mitglied belastenden Finanzierungsmaßnahmen werden heute vielfach dadurch verdeckt, daß für die Öffentlichkeit die Einnahmen vorrangig aus Verkaufsläden, vegetarischen Restaurants und Diskotheken oder auch aus eigenen Handels- und Industrieunternehmen (VK) herrühren. Doch darf der gerade die Finanzierung betreffende, von den Mitgliedern geforderte persönliche Einsatz nicht übersehen werden. Schatten fällt auf die Seriosität einer Reihe von Gruppen auch durch den aufwendigen Lebensstil der Führungsgruppe, der sich dann wesentlich von dem des durchschnittlichen Mitglieds abhebt.

10. Abschließende Bemerkungen

Es ist zu begrüßen, daß Staat, Kirchen und private Initiativen sich heute bemühen, Menschen, die durch den Eintritt in eine neue religiöse Bewegung Schaden genommen haben oder sich doch von ihr zu lösen suchen, die Rückkehr in die Gesellschaft, in das Berufsleben u.a. zu ermöglichen. Doch darf nicht übersehen werden, daß die meisten mit bestimmten Idealvorstellungen und Träumen zu den neuen religiösen Bewegungen und Gruppen gegangen sind und geglaubt haben, dort zu finden, was ihnen ihre frühere Umgebung schuldig geblieben ist: Führung, Ideale und Ziele, Wegweisung, Geborgenheit, Gemeinschaft und Freundschaft. Was geschieht, wenn die Sehnsucht nach diesen Idealen erneut aufbricht und sie wiederum nicht erfüllt wird in der Familie (weil sie vielleicht zerbrochen ist), in der menschlichen Umgebung (weil sie keine geistigen Ideale schätzt), in den Kirchengemeinden (weil sie in ihren Größenordnungen selbst schon wieder die Anonymität fördern und über den vielerlei Aktivitäten oft der einzelne und das Wesentliche doch wieder zu kurz kommen)?

Die neuen religiösen Gruppen bleiben stets auch Appelle an die konkrete Lebenswelt, in der wir uns bewegen. Für die etablierten Großkirchen treten sie zugleich an die Seite, stellenweise an die Stelle der Sekten. Hier ist dann zu beobachten, wie sie in der Mehrzahl nicht - ähnlich den Sekten - eine Reform des Christentums verkünden, sondern an die Stelle des Christentums eine alternative Religiosität setzen. Das ist auch dann der Fall, wenn das, was wir im Christentum unter Religion verstehen, nämlich die Gottesverehrung, aufs ganze bei den neuen Gruppen eine eher zweitrangige Rolle zu spielen scheint. Jedenfalls tritt das Kultisch-Rituelle weitgehend in den Hintergrund.

Bedenkt man aber, daß Religionen stets Wege waren, die zu einem endgültigen Ziel führen wollen, dann verwirklichen die meisten neuen Gruppen vordergründig wenigstens insofern das Wesen von Religion, als sie Menschen scheinbar auf einen Weg der Erfüllung schicken. Fragwürdig wird jedoch jede Bewegung, auch wenn sie vorgibt, religiös zu sein, dann und in dem Maße, als sie den Menschen nicht zu einem freien Menschen in einer frei bejahten vorgegebenen Ordnung erlöst, sondern ihn nur in noch größere Unfreiheit verstrickt. Den Eindruck dieser Fragwürdigkeit aber trägt bislang die Mehrzahl der neuen religiösen Bewegungen und Gruppierungen noch als Stigma an sich.

Bei den meisten der neureligiösen Bewegungen wird im übrigen auch die Grenze der verbreiteten Dialogbemühung sichtbar. Christen müssen zur Kenntnis nehmen, daß nicht alle fremdreligiösen Gruppen den Dialog suchen und begrüßen. Gerade wo es dem Christentum selbst um die Unterscheidung der Geister gehen muß, darf über der Bemühung um Dialogfähigkeit die andere um Protestfähigkeit nicht vergessen werden. Christen sollten beides sein: dialogfähig und protestfähig.

TEIL III: ZUM CHRISTLICHEN SELBSTVERSTÄNDNIS

Kap. 11: Der Absolutheitsanspruch des Christentums und die Weltreligionen

Es gibt in der menschlichen Alltagssprache Feststellungen, die wir mit großer Selbständigkeit treffen, ohne viel über sie nachzudenken. Dazu gehört etwa der Satz: "Wir leben im Jahre 1990." Dieser Satz schließt unmittelbar andere Sätze ein: "Wir leben im Jahre 1990 nach Christi Geburt." "Die Geburt Christi stellt eine Zäsur in der Menschheitsgeschichte dar, durch die diese in zwei Hälften geteilt wird, die Zeit vor und nach Christus."

Dem folgt eine weitere Beobachtung: Obwohl es andere Zeitbestimmungen gegeben hat und immer noch gibt, hat sich selbst in solchen Teilen der Welt, in denen das Christentum keine große Rolle spielt, diese als - zumindest eine - offizielle Zeitrechnung durchgesetzt. Die Frage ist, was entscheidend zu der Tatsache beigetragen hat, daß die christliche Zeiteinteilung zur am weitesten in der Welt verbreiteten Zeitbestimmung geworden ist. War es die Einsicht, daß das Christentum und die Gestalt des Stifters die allesbewegende Kraft der Geschichte geworden ist? Oder war es die Technologie, die im Westen ihren Ausgang genommen, in einem grandiosen Siegeszug die Welt erobert und dabei - mehr im Sinne einer Zufälligkeit - der Welt die im Abendland übliche Zeitrechnung weitervermittelt hat?

Gegen die erste Lösung spricht, daß die Menschen im Westen trotz der planetarisch-technischen Einhelligkeit heute das Gefühl haben, daß es eine geistige Einheit der Welt nicht gibt und sie dort, wo sie bestanden hat, zerbricht[1]. Zwar hat die Botschaft des Christentums lange Zeit als die allgemeingültige Antwort auf die Menschheitsfragen nach dem Sinn von Leben und Tod, nach dem Sinn von Geschichte und der Hoffnung dieser Erde in der abendländischen Welt Gültigkeit gehabt. Doch die Allgemeingültigkeit des christlichen Glaubens wird heute nicht nur in den sogenannten christlichen Ländern in Frage gestellt, sondern auch bei denen, die noch als Christen

---

[1] Vgl. dazu ausführlicher H. Waldenfels, Glauben hat Zukunft. Freiburg u.a. 1970, 9-17; ders., KF 448-450.

getauft sind, machen sich Zweifel breit, ob sich der Anspruch des Christentums angesichts der vielfältigen Antwortversuche, die es neben dem christlichen gibt, noch mit der Absolutheit vortragen läßt, mit der es geschieht[2].

In der Vielfalt der Formen, in denen nichtchristliche Antworten auf die menschlichen Grundfragen auftreten, lassen sich zwei Richtungen unterscheiden: die religiöse, wie sie in den vielen Religionen der Erde ihre Artikulierung findet, und die nicht-religiöse, die in den humanistischen, politischen und wissenschaftsgläubigen Ideologien in Erscheinung tritt. Unser Hauptaugenmerk gilt hier den Religionen und dem Anspruch, den das Christentum angesichts dieser Religionen erhebt.

1. Der moderne Mensch und die Religionen

J. Ratzinger hat die Einstellung des heutigen Zeitgenossen zur Religion mit Recht folgendermaßen beschrieben:

> Es gibt also eine Art von religiösem Weltbürgertum, das Zugehörigkeit zu einer bestimmten 'Religionsprovinz' nicht aus-, sondern einschließt, das einen Wechsel der religiösen 'Staatsangehörigkeit' nicht oder nur für demonstrative Einzelfälle wünscht, jedenfalls der Idee einer Mission höchst reserviert und im Grund ablehnend gegenübersteht.[3]

Zwei Gedanken beherrschen weithin das religiöse Denken der Menschen:

(1) "Es gibt viele Religionen."

"Viele Wege führen nach Rom", sagen die Abendländer. "Viele Wege führen auf den Fuji", sagen die Japaner. Wie Buddha es in seinem Gleichnis von den Blinden und dem Elefanten erzählt[4], berühren wir alle wie Blinde den einen Elefanten, doch wenn wir sagen sollen, wie er beschaffen ist und aus-

---

[2] Die Diskussion konzentriert sich inzwischen auf die Heilsbedeutsamkeit Jesu Christi und die Rolle der Kirche. Vgl. im deutschsprachigen Raum R. Panikkar, Der unbekannte Christus im Hinduismus. Mainz [2]1985; J. Hick, Gott und seine vielen Namen. Altenberge 1985; P. Knitter, Ein Gott - viele Religionen. München 1988; zur Diskussion meine Beiträge: Modelle christlicher Soteriologie in außereuropäischem Kontext: ZMR 71 (1987) 257-278; "Gleich-gültigkeit" oder Exklusivität des Christentums?: Pastoralblatt für die Diözesen Aachen u.a. 41 (1989) 69-79; auch ZMR 73 (1989) Heft 3.

[3] Vgl. J. Ratzinger, Der christliche Glaube und die Weltreligionen: J.B. Metz u.a. (Hg), Gott in Welt. Freiburg u.a. 1964, II 287-305; Zitat: 291.

[4] Vgl. Udana VI 4.

sieht, gibt es Streit: Weil jeder den Elefanten an einer anderen Stelle berührt, gewinnt jeder einen anderen Eindruck. Am Ende haben alle recht und unrecht zugleich. Wer aber soll entscheiden, welche der vielen Religionen die wahre ist? Auch der Christ ist sich seiner Sache nicht mehr sicher. Es gibt Streit und Uneinigkeit auch unter Christen, doch der Streit der Konfessionen kennt keinen ersten und letzten Sieger. Das Ergebnis ist, daß die Unsicherheit sich in den Bereich der Religionen hinein fortsetzt. Am Ende haben alle Religionen auf ihre Weise recht, doch zufriedenzustellen vermag keine ganz. Aus dem Satz: "Es gibt viele Religionen" wird der zweite:

(2) "Alle Religionen sind gleich."

Der Zweifel gegenüber allen Religionen wird positiv umgemünzt in die Überzeugung von der Gleichheit aller Religionen. Hierbei kommt es darauf an, ob die Religionen als reines Menschenwerk oder als Gottes Initiation angesehen werden.

Wird die Religion als reines *Menschenwerk* beurteilt, so kann sie mit K. Barth, der darin der Feuerbachschen Religionskritik nachgibt, als verkehrtes menschliches Handeln[5] oder als gutgemeinter Annäherungsversuch des Menschen an das unsagbare Geheimnis hinter allen Dingen und als Zeichen der Hoffnung, daß dem Menschen eine endgültige Antwort auf seine Fragen bereitsteht, gedeutet werden. Vielfach aber wird die Religion - dem Anspruch vieler Religionen entsprechend - als *Gotteswerk* gesehen, insofern die Religion sich von Gott ausgelöst weiß und nichts anderes darstellt als die gottgewirkte Antwort des Menschen auf das, was die christliche Theologie als Gottes Offenbarung bezeichnet.

Wird die Religion so unterschieden betrachtet, dann erhält die Behauptung: "Alle Religionen sind gleich" eine neue Akzentuierung. Denn wo der Mensch in seinem Inneren nach Antwort sucht, fordert er die Freiheit, zunächst vor allen Religionen stehen zu dürfen. Im neuzeitlichen Pathos heißt es dann: "Alle Religionen sind gleichberechtigt." Wo sich aber der einzelne in seiner Entscheidung für eine Religion gegen die anderen frei fühlt und nochmals frei ist, seine Entscheidung zu begründen oder nicht, heißt es: "Religion ist Privatsache."

Die Einstellung des modernen Menschen ist so im Hinblick auf die Religion von verschiedenen Rücksichten bestimmt. Die Tatsache, daß er in seiner eigenen Gesellschaft einer Viel-

---

[5] Vgl. K. Barth, Kirchliche Dogmatik I/2. Zürich 1947, 304-397 (§ 17).

zahl von religiösen Angeboten gegenübersteht, verbietet ihm als denkendem Menschen eine naive, unkritische Zugehörigkeit zur traditionellen Religion. Wenigstens sollte er das Bewußtsein gewonnen haben, keine bessere Alternative zu seiner religiösen Einstellung zu wissen. Naiv und unkritisch ist aber auch eine religiöse Indifferenz. Denn die Feststellung, daß alle Religionen gleich sind, ist entweder ein Zeichen für Blindheit oder Denkunwilligkeit oder aber bereits die Option für eine entsprechende Ideologie, die aber dann einer kritischen Befragung standhalten muß.

Die These, die hier vertreten wird, geht dahin, daß Religionen nur insofern ein Recht haben, miteinander zu konkurrieren, als sie mit unterschiedlichen Ansprüchen auftreten und entsprechend nicht alle denselben Weg zur Erreichung menschlicher und menschheitlicher Sinnerfüllung verkünden. Gerade in den Unterschieden der Religionen offenbart sich ihre Faszination, auch wenn die Gemeinsamkeit im Willen, dem Menschen und der Menschheit, Welt und Geschichte eine positive Erfüllung zu vermitteln, der Konkurrenz ihre versöhnliche Note belassen sollte. Daß dann das Christentum ein Mehr an Versöhnlichkeit zeigen und gerade darin seine Faszination aufleuchten müßte, sei angesichts der eigenen Option für den christlichen Glauben vorweg angedeutet.

2. Die Faszination der Weltreligionen

Wer von den Weltreligionen spricht, muß von den großen Religionen Asiens sprechen und vom Islam, der als einzige Weltreligion nach Christus entstand und bis an den Rand der Neuzeit die einzige große, die abendländische Christenheit bedrohende religiöse Bewegung war. Hinduismus, Buddhismus und Islam sind heute je auf andere Weise unter uns wirksam. Einen abwartend-friedlichen Eindruck machen die asiatischen Religionen-trotz Vietnam und Sri Lanka. Aggressiv erscheint nach wie vor der Islam, auch wenn die Anhänger des Propheten, die heute in großer Zahl auch in Europa leben, nicht weniger friedfertige Menschen sind als die durchschnittlichen Christen.

Im folgenden geht es darum, an einigen Stellen sichtbar zu machen, inwiefern jene religiösen Angebote auch für uns bedeutsam werden, vielleicht gar so sehr, daß sie zu einer Versuchung zu werden vermögen.

a) Hinduismus: Die mystische Versuchung

W. Heisenberg hat 1973 in einer Rede vor der Katholischen Akademie in Bayern von zwei Grenzvorstellungen gesprochen, "die beide in der Geschichte des menschlichen Denkens außerordentlich fruchtbar geworden sind, denen aber doch keine echte Wirklichkeit entspricht":

> Das eine Extrem ist die Vorstellung einer objektiven Welt, die unabhängig von irgendwelchen beobachtenden Subjekten in Raum und Zeit gesetzmäßig abläuft; sie war das Leitbild der neuzeitlichen Naturwissenschaft. Das andere Extrem ist die Vorstellung eines Subjekts, das mystisch die Einheit der Welt erlebt und dem kein Objekt, keine objektive Welt mehr gegenübersteht; sie war das Leitbild der asiatischen Mystik. Irgendwo in der Mitte zwischen diesen beiden Grenzvorstellungen bewegt sich unser Denken; wir müssen die Spannung, die aus den Gegensätzen resultiert, aushalten.[6]

In den genannten Grenzvorstellungen begegnen sich vordergründig nachchristlicher Westen und vorchristlicher Osten, ohne daß das Christentum ausdrücklich genannt wird. Der geistige Reichtum Indiens reicht in seinen Anfängen in Zeiten zurück, die als vorgeschichtlich anzusprechen sind. Die in Jahrtausenden gewachsene Geistigkeit war aber zugleich so geschichtsprägend, daß sie alle späteren Aufbrüche entweder zu überwinden oder zu absorbieren verstand. Die stärkste neue Bewegung Indiens, der Buddhismus, wurde nach einer Blütezeit praktisch aus Indien verbannt. Der Islam hat sich zwar festzusetzen verstanden, aber ebenso wie das Christentum das Antlitz Indiens im tiefsten nicht umzugestalten vermocht.

Das Beispiel *Rāmakrishnas* (1836-1886) ist für die Religiosität Indiens symptomatisch geblieben. Dieser "Hindu der Hindus"[7], in dem der moderne Hinduismus eine seiner großen Führergestalten erblickt, bekannte von sich, in mystischen Visionen nacheinander die geistige Einheit mit Kālī, der Mutter des Weltalls, mit Shiva und dem All-Einen der Vedānta erfahren und dann in späteren Erfahrungen auch die islamische Mystik verwirklicht zu haben und mit Christus einsgeworden zu sein. Er rühmte sich, die drei Religionen Indiens durchlebt zu haben, und war schließlich der Überzeugung, daß die mystische Erfahrung im tiefsten alle Unterscheidungen transzen-

---

[6] Vgl. Naturwissenschaftliche und religiöse Wahrheit: Chronik der Katholischen Akademie in Bayern 1972/73. München 1974, 89-100; Zitat: 99.

[7] Vgl. S.J. Samartha, Hindus vor dem universalen Christus. Stuttgart 1970, 56-59; S. Radhakrishnan, Die Gemeinschaft des Geistes. Darmstadt o.J., 327.

diert und alle Religionen nur viele Wege zu dem ewigen All-Einen darstellen. Damit aber war er Hindu geblieben.

Was Rāmakrishna gelebt hat, übergab er seinen Jüngern als Botschaft. Sein Nachfolger *Vivekānanda* (1862-1902), hat auf dem Weltkongreß der Religionen 1893 in Chicago diese Einheitssicht der Religionen vorgetragen. Insofern als in der Preisgabe alles Selbstischen - das Selbst, die Person wird in der Regel rein negativ als Begrenzung gewertet[8] - die Einigung mit dem - unpersönlichen[9] - All-Einen hingebend erstrebt wird und der Hinduismus mit seinen asketischen und meditativen Wegen - Yoga - diese Einigung lehrt, bietet sich der moderne Hinduismus bei aller Toleranz gegenüber anderen Wegen als die umfassendste und offenste Religion an. Das gilt auch hinsichtlich des Christentums, das vom Hinduismus aus gesehen mit seiner Lehre von einem personalen Gott auf einer Vorstufe letzter Einigung stehenbleibt.

Der Anspruch des Hinduismus läßt sich nicht mit dem Stichwort "Synkretismus" abschließend negativ beurteilen[10]. Auch läßt sich nicht übersehen, daß die These von der Gleichheit aller Religionen angesichts des unterscheidungslosen All-Einen, das im Durchbruch durch alle Unterscheidungen und im Aufgehen des eigenen Selbst erfahren wird, inzwischen auch in unseren Breiten ihre Wirkungen zeitigt. Die leidige Vielheit unterscheidender Lehren wird in ihr damit überwunden.

Dafür steht die Verheißung der Erfahrung einer neuen Freiheit im Raum. Wir brauchen in diesem Zusammenhang nur hinzuweisen auf die Sehnsucht nach transzendenten Erfahrungen mit Hilfe der Drogen, auf den stillen Protest gegen die gesellschaftlichen Zwänge, denen junge Menschen in der ganzen Welt mit Hilfe meditativer Übungen zu entfliehen suchen, aber auch auf das Versagen der Christenheit, wo es um Einübung in die Meditation geht - ein Versagen, das die protestantische Christenheit stärker trifft als die katholische, doch auch letztere insofern, als erst spät die Erkenntnis der Gefahren einsetzte, die die Rationalisierung und Protestantisierung des Liturgischen, die Hypertrophie des Wortes gegenüber der

---

[8] Eine eigene Untersuchung verdiente in diesem Zusammenhang das Verständnis von Person und Persönlichkeit bei *Śrī Aurobindo*; vgl. O. Wolff, Sri Aurobindo. Reinbek 1967.

[9] J.A. Cuttat hat das "Unpersönliche" mit Recht dahin präzisiert, daß er von einer Personblindheit spricht bzw. im "Impersonalismus" eine vorpersonale Haltung erblickt; vgl. Asiatische Gottheit - christlicher Gott. Einsiedeln 1971, 42ff.65-73.

[10] Zum heutigen Verständnis vgl. Art. Synkretismus (K. Hoheisel): LexR 626-628.

Handlung, aber auch gegenüber dem Schweigen, den Verlust der Symbolik u.ä. begleiten[11].

Jede Versuchung hat ihre Süße, Attraktion und Faszination. Eine Versuchung ist noch keine Sünde. Sie kann auf einen Irrweg führen, sie vermag aber auch neue Kräfte wachzurufen. Das meditativ-mystische Angebot des Ostens kann du-, gesellschafts-, weltflüchtig machen und den Menschen gefühllos gegenüber den Leiden dieser Welt werden lassen. Doch muß das nicht sein, und es muß auch nicht unbedingt das, was etwa in Indien eine Gefahr darstellt, unbedingt im Abendland zu einer Gefahr werden.

Viele Menschen des Westens sehen im meditativen Angebot des Ostens eher eine Einladung, eine Ergänzung und Bereicherung. Es läßt sich darüber diskutieren, ob und wieweit die östliche Methodik ohne die dahinterstehende Philosophie Verwendung finden kann. Doch selbst wo Menschen in ihrer religiösen Entfremdung sich in letzter Konseqenz dem Denken und der Sprache Indiens zuwenden, ist das im Blick auf das Erscheinungsbild des abendländischen Christentums nicht unverständlich. Freilich sollte niemand die Illusion hegen, man wähle mit dem meditativ-mystischen Weg notwendig einen leichteren Weg.

b) Buddhismus: Die Versuchung der Eigenmächtigkeit

Zur Zeit seiner Entstehung stellte der Buddhismus eine Form der Aufklärung gegen den Ritualismus und das Übergewicht des hinduistischen Brahmanentums dar[12]. Verschiedene Schulen wetteiferten miteinander; das Verständnis der breiten Massen in den anderen Kasten des Volkes stand zurück hinter dem esoterischen Wissen der kundigen Priester- und Brahmanenkaste.

Nicht ohne Grund wird bis auf den heutigen Tag darum gestritten, ob der Buddhismus eine Religion oder eine Philosophie ist. Der Buddha, jener im 6. vorchristlichen Jahrhundert am Fuß des Himalaja im Nordosten Indiens geborene Fürstensohn, der Frau und Kind zurückließ und die Heimatlosigkeit wählte, beansprucht nur ein Mensch zu sein. Er geht aus von der leidvollen Erfahrung menschlicher Existenz. Er beruft sich auf keinen Gott, der ihm zur Hilfe kommt und in dessen

---

[11] Vgl. dazu ausführlicher H. Waldenfels, An der Grenze des Denkbaren. München 1988.

[12] Vgl. zum Folgenden ausführlicher H. Waldenfels, Faszination des Buddhismus. Mainz 1982.

Namen er zu den Menschen spricht und an ihnen wirksam wird. Er beantwortet keine theoretischen Fragen, deren Beantwortung den Menschen nicht weiser macht, weil sie ihn der leidvollen Situation nicht zu entreißen vermögen. Er verweist selbst bei seinem Tode die Jünger von sich fort auf die Lehre hin. So mahnt er sie vor seinem Tod:

> Darum aber, Anando, wahrt euch selber als Leuchte, selber als Zuflucht, ohne andere Zuflucht, die Lehre als Leuchte, die Lehre als Zuflucht, ohne andere Zuflucht. Wie aber, Anando, wahrt der Mönch sich selber als Leuchte, selber als Zuflucht, ohne andere Zuflucht, die Lehre als Leuchte, die Lehre als Zuflucht, ohne andere Zuflucht? ... (Es) wahrt der Mönch sich selber als Leuchte, selber als Zuflucht, ohne andere Zuflucht, die Lehre als Leuchte, die Lehre als Zuflucht, ohne andere Zuflucht.[13]

Die Lehre des Buddhismus wird in vier Kernsätzen vorgetragen:

(1) Alles Leben ist leidvoll.

(2) Die Wurzel des Leidens ist die Begierde, die Unwissenheit.

(3) Das Leiden ist nur zu überwinden, wo die Begierde zum Erlöschen gebracht wird und der Mensch von seiner Unwissenheit zum großen Wissen erwacht: Nirvāṇa, Erleuchtung.

(4) Zur Überwindung des Leidens führt der achtteilige Pfad, dessen letzter Schritt das rechte Sichversenken ist.

Am Ende ergeben sich gewisse Parallelitäten zum modernen Hinduismus. Das eigentlich Neue des Buddhismus aber lag zur Zeit seiner Entstehung darin, daß ein Mann, der nicht zur Brahmanenkaste gehörte, sich nicht an die Lehren von Göttern, Opfern und Beschwörungen, auch nicht an die vielen theoretischen Überlegungen gebunden sah und sein Leben von diesen her verstand, sondern für sich in Anspruch nahm, mit eigenem Einsatz und eigener Kraftanstrengung seine eigene Existenz und die der Welt von der Wurzel her, radikal zu verändern. Der Buddha lehrte eine Praxis, nicht zunächst die Theorie einer Praxis. Über Theorien läßt sich streiten, über die Praxis nicht: Eine Praxis wird entweder geübt oder nicht.

Somit ist der Buddhismus eine Bewegung, an deren Anfang im Gegensatz zum Hinduismus eine historische Person steht. Diese Person aber will bei aller Herausforderung Mensch und nichts als ein Mensch sein, der als der Erleuchtete und Vollendete die Menschen einlädt, wie er den Weg zur Erleuchtung zu gehen.

---

[13] Dīgha-Nikāya 2.127/8; zitiert nach K.E. Neumann, Die Reden Gotamo Buddhos II. Zürich/Wien [4]1957, 253.

Was für den Anfang des Buddhismus im Hinblick auf den Hinduismus gegolten hat, gilt aber heute auch im Hinblick auf das Christentum. Für den aufgeklärten Menschen der Gegenwart ist das Christentum weithin eine Religion, die die Menschen mit Dogmen und Lehren, Gesetzen und Geboten, Riten und Formeln, der Kirche und ihrer hierarchischen Ordnung eher bindet als befreit. Wo außerdem der Gottesglaube fragwürdig und die Gestalt Christi in ihrem Anspruch als mythologisch abgelehnt wird, sieht sich der Mensch auf sich selbst und seine Kräfte zurückgeworfen. Wo dann eine Religion sich selbst - von den Naturwissenschaften über die Gesellschaftswissenschaften bis hin zum marxistischen Sozialismus[14] - als wissenschaftskonform erklärt, hat sie erneut die verführerische Chance, den Menschen zu locken. Diese Chance ist um so größer, wo die bekannte Wirklichkeit der eigenen Lebenswelt mit dem Idealbild in einer fremden Welt verglichen wird, nicht jedoch die gesellschaftliche Wirklichkeit hier mit der gesellschaftlichen Wirklichkeit dort oder aber das Ideal hier mit dem Ideal dort.

c) Islam: Die Versuchung des Ekstatisch-Fanatischen

Verfolgt man die Geschichte des Islam bis in seine Ursprünge zurück, so erkennt man, daß das Verhältnis zwischen Islam und Christentum von Anfang an vielfältig belastet ist. Selbst ein mit hoher Sympathie beobachtender Orientalist wie Y. Moubarac stellt fest:

> Der Islam hat das Christentum von seinem semitischen Ursprung und vom Heiligen Land abgeschnitten. Er hat das ursprüngliche afrikanische Christentum entweder verkümmern lassen (in Ägypten) oder vernichtet (in Nordafrika) und gleichzeitig Äthiopien isoliert. Er hat die morgenländische Kirche byzantinischer Obödienz neutralisiert, die sich nur noch in Richtung auf die slawische Welt hin ausbreiten konnte. Er hat den Katholizismus praktisch auf seinen lateinischen Bereich reduziert und hat dadurch zu seinem Auseinanderbrechen zur Zeit der Reformation beigetragen ...
> Ebenso wie der Islam das Christentum von seinem Ursprung abgeschnitten hat, hat er es von den Massen der Völker Afrikas und Asiens ferngehalten.
> Man kann also den Islam als das größte Unwetter anse-

---

[14] Vgl. E. Cornelis, Fragen von Buddhismus und Christentum aneinander: H. Vorgrimler/R. Vander Gucht (Hg.), Bilanz der Theologie im 20. Jahrhundert I. Freiburg u.a. 1969, 391-405; T. Ling, Buddha, Marx und Gott. München 1972.

hen, das jemals über die Geschichte der Kirche niedergegangen ist.[15]

Zugleich hat der Islam - zusammen mit dem Judentum - im Christentum jene unguten Reaktionen mitausgelöst, die diesem seither ständig vorgehalten werden: Kreuzzüge, Inquisition, Ketzerverbrennungen, Wahrheitsfanatismus, Intoleranz. All das hat aber zugleich dahin geführt, daß der Islam bis heute nicht aufgehört hat, eine Herausforderung für das Christentum darzustellen.

Y. Moubarac hat vorgeschlagen, den Islam als einen negativen, in der Wüste verharrenden Abrahamismus zu bezeichnen, "der besonders auf Juden und Christen als eine marianische, eschatologische und ökumenische Herausforderung abzielt"[16].

Um diesen Satz zu verstehen, muß man sich klarmachen, daß der Islam eine nachchristliche Religion ist, die nicht nur als Reaktion auf den arabischen Polytheismus, sondern auch als Reaktion auf das im palästinischen Raum beheimatete Judentum und Christentum entstanden ist. Wie Christentum und Judentum fühlt sich der Islam an einen Gott gebunden, der als der ganz Andere sich der Verfügung der Menschen entzieht, aber in Freiheit über die Menschen verfügt. Muhammad aber war ein Mensch, den Gott aus sich selbst und seiner Eigenmächtigkeit in die Ekstase des Prophetischen herausrief und in seinen Dienst nahm. Die Berufung dieses "letzten der Propheten" war es, seinem Volke das von Gott her zu vermitteln, was Judentum und Christentum ihm vorauszuhaben schienen: eine eigene Heilige Schrift, eine eigene Offenbarung und Verheißung.

Auch die Völker, die nicht als auserwählte Völker gelten, stehen nach Muhammad unter der liebenden Zuwendung Gottes. So erblickte er auch in seinem Volke Nachkommen Abrahams, nicht nur Söhne und Töchter des in die Wüste verbannten Ismael; auch Ismael war ja Sohn Abrahams, nicht nur Isaak. Die Heilszuversicht, die die Anhänger des Muhammad auf jede Weise zu verbreiten suchten, muß daher auch unter der Rücksicht der Reaktion auf den selbstbewußten, exklusiven Anspruch der Juden und Christen betrachtet werden. Gegen das bekannte "Außerhalb der Kirche kein Heil"[17] setzen sie ihre Botschaft vom Heil der Menschen in der Wüste:

---

[15] Vgl. Y. Moubarac, Fragen des Katholizismus an den Islam: H. Vorgrimler/R. Vander Gucht (Hg.), Bilanz (Anm. 14) I 422-456; Zitat: 451.

[16] Ebd. 428.

[17] Zur Geschichte und Deutung des Ausspruchs vgl. H. Küng, Die Kirche. Freiburg 1967, 371-378; ders., Wahrhaftigkeit. Freiburg 1968, 182-192; J. Ratzinger, Das neue Volk Gottes. Düsseldorf 1969, 339-361; auch H. Waldenfels, KF 394f; H. Sonnemans, Gottesglaube und Heilswahrheit. Frankfurt u.a. 1989, 149-168.

> Der Islam ist in der Fremde geboren, und er wird als Fremder enden; selig sind die, die sich zu diesem Schicksal unter Fremden bekennen.[18]

Diese Wahrheit vertreten sie mit Begeisterung bis in einen blinden Fanatismus[19] hinein.

An dieser Stelle erscheint das Konkurrenzverhältnis zwischen den prophetischen Religionen in einem neuen Licht. Prophetische Religionen erzeugen einen Zwiespalt. Sie treten auf als Offenbarungsreligionen, erhalten ihren Anstoß aus einem mit Geist erfüllenden, begeisternden Handeln Gottes und sie fordern entsprechend eine begeisternde Antwort und Reaktion, eine Entscheidung. Sie locken heraus in die Freiheit des Geistes - Ekstase -; sie können aber auch in ihrem Überschwang herauszwingen und um des Glaubens willen fanatisch werden, freiheitsberaubend, als könne und müsse man die Menschen zu ihrem Glücke zwingen. Fanatismus ist in diesem Sinne die negative Seite des Enthusiasmus.

Fragt man die christlichen Kirchen nach ihrer Begeisterung, erlebt man weithin Müdigkeit, Resignation, Ängstlichkeit[20] und kritische Selbstbespiegelung. Gegenüber dem Islam wirken sie wohletabliert in ihren Organisationsformen und Institutionen, über deren Fortbestand es zu wachen gilt. Die Organisation des Islam wirkt dagegen leichtfüßiger. Der Islam ist eine Religion des Weges, des Aufbruchs, der Zukunft, ausgerichtet am Worte Gottes, wie es an den Propheten ergangen und von diesem aufgezeichnet ist. Vielleicht könnte er - das meint Moubarac mit dem Stichwort "ökumenische Herausforderung" - auch ein Zeichen der Hoffnung für alle in der Wüste sein, die Glaubensunfähigen und Glaubensunwilligen unserer Zeit, und zugleich eine Aufforderung zur Selbstbescheidung einer christlichen Theologie, die auch nach Christus Gott Gott sein lassen muß und ihn nicht zu einem wissenschaftlichen Forschungsobjekt machen kann, das sich dann doch den Händen der Menschen entzieht.

3. Von der Faszination des Christentums

Angesichts der konkurrierenden Wegangebote muß sich das Christentum nach der eigentümlichen Faszination des Christlichen

---

[18] Zitiert nach Y. Moubarac, Fragen (Anm. 15) 433.

[19] Vgl. Art. Fanatismus (K. Goldammer): RGG^3 II 873.

[20] Vgl. hierzu H. Waldenfels, Grenze (Anm. 11) 28-37; auch die analytischen Beiträge von M. Blasberg-Kuhnke, R. Hummel u.a. in A. Schilson, Gottes Weisheit im Mysterium. Mainz 1989.

fragen lassen. Im Hinblick auf diese Antwort kehren wir zunächst vom Christentum her zu den drei genannten Impulsen der Religionen zurück.

a) Christentum und Mystik

Fragt man vom hinduistisch-buddhistischen Angebot der Meditation und der entsprechenden Hinführung zur Mystik her nach Meditation und Mystik im Christentum, so ist zu unterscheiden zwischen Theorie und Praxis. Für die Praxis gilt:

> ... das mit Meditation Gemeinte reicht ... von einer durch Yoga-Übungen und durch Suggestionspraktiken ermöglichten leib-seelischen Technik und Therapie über die schlichte geistige und personale Besinnung bis zu Hochformen religiöser und allumfassender Gegenwärtigung, die schließlich das Gebet im engeren Sinne übersteigt und Transzendenz offenbar werden läßt.[21]

Die Bedeutsamkeit der asiatischen Religionen für die Wiederentdeckung des Meditativen im Raum des Christentums wird inzwischen ausdrücklich anerkannt:

> Das immer intensivere Erschließen der ausgeprägt meditativen Geisteshaltung östlicher Hochreligionen wie auch die Auswertung vor allem der Erkenntnisse der Tiefenpsychologie zusammen mit den Erfahrungen der Praxis der Psychotherapie können die großen überlieferten meditativen Erfahrungen des 'thesaurus sapientiae' der Kirche kritisch bewähren wie auch aus teilweiser Vergessenheit befreien und entgegen manchen Fehlentwicklungen christlicher Spiritualität zu neuer Wirkkraft erwecken.

Auch das Bekenntnis zur Mystik ist eindeutig. K. Rahner schreibt:

> Ein absolutes Dilemma zwischen Mystik einerseits, Offenbarung und Glaube anderseits kann von einem katholischen Verständnis dieser Begriffe nicht anerkannt werden.[22]

Im einen Fall - *Meditation* - wird somit erinnert an das, was viele Zeitgenossen erst langsam wieder lernen, daß nämlich a) auch im Christentum eine reiche Tradition des Meditativen seit der Väterzeit über das Mittelalter und die Geistlichen Übungen des Ignatius von Loyola bis hin zu Charles de Foucauld, ja selbst in das protestantische Christentum hinein vorhanden ist, daß aber b) die im Christentum gelehrten Medi-

---

[21] Vgl. z.B. Art. Meditation (E. Simons): K. Rahner (Hg.), Herders Theologisches Taschenlexikon. Freiburg 1973, V 16-20; dieses und das folgende Zitat: 16.

[22] Vgl. Art. Mystik (K. Rahner): Ebd. V 137-146; Zitat: 145.

tationspraktiken durch ihren starken Zug zum Rationalismus, zur Objektbindung und Wortverhaftetheit immer mehr ihre Ausrichtung auf den ganzen Menschen als Leib-Seele-Wesen mit Verstand, Wille und Emotionalität verloren und damit ihre Wirkkraft eingebüßt haben. Was nützt im übrigen die beste Tradition, wenn die christlichen Meister der Einübung nahezu ausgestorben sind und wir somit auf geistliche Entwicklungshilfe durch Gurus des Ostens angewiesen sind?

Im anderen Fall - *Mystik* als bewußte Erfahrung der Transzendenz und (christlich) als Erfahrung der gnadenhaften Selbstmitteilung des dreifaltigen Gottes - weiß die Theologie um die theoretischen Abgrenzungen, doch die mystische Praxis blüht, sofern sie vorhanden ist, im Verborgenen, weil diejenigen, die solche Erfahrungen machen, es sich kaum leisten können, unbefangen in der Kirche über sie zu sprechen. Nimmt es wunder, daß auch hier Menschen, die nach religiösen Erfahrungen verlangen, innerlich oder gar äußerlich emigrieren?

Allerdings ist auch dieses zu sagen: In einer Zeit, in der der Mensch vieles über die ihn umgebende Welt und Gesellschaft, weniges jedoch über sich selbst weiß, tun dem Menschen Wege zu sich selbst not. Die große Gefahr ist jedoch, daß der technisch geprägte moderne Mensch in den meditativen Wegen vor allem Techniken erblickt, die er erlernt, und daß er den Fortschritt in der Anwendung dieser Methoden und Techniken unbewußt noch einmal unter den Zwang des Leistungsprinzips stellt. Hier treten dann die Herausforderungen von Hinduismus und Buddhismus, Einladung zu meditativ-mystischen Erfahrungen und Eigenmächtigkeit, vereint auf. Das bleibt auch der Fall, wo als Ziel die Auflösung von Ich und Selbst in die Erfahrung der großen Leere und Einheit aller Dinge gelehrt und damit ausdrücklich die Deutung der letzten Erfahrung im hinduistisch-buddhistischen Sinne vorgetragen wird.

Es bleibt vor allem nicht zu übersehen, daß Meditation heute im außerkirchlichen Raum fast durchweg als naturale Meditation gelehrt wird, die dann zwar offen sein mag für die Erfahrung der Ergriffenheit des Menschen durch Gott, oft genug aber auch nicht als solche angesprochen, ja gelegentlich ausdrücklich als solche verneint wird. Im Hinblick auf die konkrete Hinkehr zur Meditation sind daher sondierende Überlegungen unvermeidlich[23], so sehr man zugleich wünschen möch-

---

[23] Vgl. H. Waldenfels, Grenze (Anm. 11) 111-188; auch Art. Meditation/Mystik VII (H. Waldenfels): LexR 400-403. Daß es aber in diesem Bereich noch immer einen Theorieüberhang gibt, zeigt ein Buch wie das in Anm. 20 genannte Werk von A. Schilson, das im Untertitel verspricht, von "vergessene(n) Wege(n)(!) christlicher Spiritualität" zu handeln.

te, die Menschen, die heute außerhalb der Kirchen nach Hinführung zur Meditation suchen, könnten dies im Bewußtsein tun, daß sie sich damit einen Schatz zuwenden, um dessentwillen sie sich nicht vom Christentum abzuwenden brauchen.

Noch ein anderes sei nicht verschwiegen: Die Meditation, wie sie uns aus Asien vermittelt wird, wird zumeist ausdrücklich als Individualtherapie angeboten. Meditation mißverstanden steht aber auch in der Gefahr, das Gift der Gleichgültigkeit gegenüber Welt und Mitmenschen, ja Welt- und Menschenflucht zu spritzen. Zwar sind die großen Meditationsmeister auch Beispiele für intensives Mitleid und Menschenliebe, doch steht mit Recht die Frage im Raum, ob die Meditation in Asien selbst hinreichende Kräfte der gesellschaftlichen Veränderung im Sinne der Überwindung sozialer Not und Ungerechtigkeit freigesetzt hat, und zwar nicht nur im Sinne duldenden Aushaltens, sondern vor allem im Sinne tätiger Umgestaltung der Welt. Diese Frage wird man nicht sehr schnell bejahend beantworten.

b) Christentum und Glaube

Während Meditation und mystische Erfahrung im Maße der erreichten Tiefe und der bewußt vollzogenen Wahrnehmung für unterschiedliche Erkenntnisgrade und unterschiedliche reflektierende Deutungen offenbleibt und der Gegensatz zwischen Christentum und asiatischen Religionen dabei kein absoluter sein muß[24], erfordert die Aufforderung zu radikalem Eigentun unter Verleugnung eines dieses Tun des Menschen umfassenden Handelns eines anderen eine entsprechend radikale Option des Menschen für oder gegen das Christentum. Interessant ist allerdings, daß selbst innerhalb des Buddhismus, zumal im sogenannten Großen Fahrzeug, sich eine Strömung gebildet hat, die das radikale Bauen auf sich selbst zugunsten einer vertrauenden Hingebung an die Gestalt des Bodhisattva, jenes Vollendeten, der sich voll Mitleid den um Erleuchtung und Erlösung Ringenden helfend zuwendet, mildert[25].

Die eigentliche Herausforderung für den modernen westlichen Menschen liegt jedoch nicht im sogenannten Amida-Buddhismus, sondern in den radikalsten Formen eines metaphysikfeindlichen, gott-losen, praxisbetonten ursprünglichen Buddhismus. Gerade das Leben in einer Welt, die nach D. Bonhoef-

---

[24] Vgl. dazu die Veröffentlichungen von J.A. Cuttat, Begegnung der Religionen. Einsiedeln 1956, sowie das in Anm. 9 genannte Werk.

[25] Vgl. dazu Ch. Langer-Kaneko, Das Reine Land. Leiden 1986.

fer eine Welt "etsi Deus non daretur" (als wenn es keinen Gott gäbe) ist[26], macht diese "religionslose Religion"[27] attraktiv. Die Aufhebung von Diesseits und Jenseits, die Versammlung der Geschichte im jeweiligen Jetzt, die Überwindung der Gegensätze von Ich und Du, Individuum und Gesellschaft, Gesellschaft und Welt sind Ideale, die den Menschen anziehen: Sie versprechen ihm, im Diesseits jenseits zu stehen. Damit ergibt sich eine Haltung der Endgültigkeit, die im modernen Hinduismus bei Radakrishnan ihren Ausdruck findet: "Der absolute Monismus ist die Vollendung des Dualismus, mit dem das fromme Bewußtsein anfängt."[28]

Gegenüber dieser Haltung, stellt die christliche Botschaft eine nicht leicht zu vermittelnde Alternative dar. Das Gegenüber von Gott und Mensch ist ebensowenig überholbar wie der Primat eines handelnden Gottes gegenüber dem auf das Handeln Gottes antworthaft folgenden Handeln des Menschen. Anders gesagt: Das Handeln des Menschen ist in einem Gott-Mensch-Verhältnis sekundär, antworthaft gegenüber dem nicht einforderbaren und damit geschenkhaften Handeln Gottes, das wir Gnade nennen.

Ohne hier auf die christlichen Glaubensaussagen über das Schöpfertum Gottes, den Primat des Geistigen gegenüber der Materie, der Gnade gegenüber der Materie, der Gnade gegenüber dem menschlichen Tun näher einzugehen, sei folgende Bemerkung angefügt:

Zu den menschlichen Grunderfahrungen gehören die Erfahrungen bleibender Abhängigkeit, die Erfahrung nicht einforderbarer Liebe, die Erfahrung geschenkten und verweigerten Vertrauens. Diese Erfahrungen werden zwar dort, wo wirklich mündiges Leben gelebt wird, mit zunehmendem Alter vielfach verdeckt von der Erfahrung persönlicher Entscheidung und eigenmächtigen Handelns, und diese nachträglichen Erfahrungen können gar ideologisch Verwendung finden, als entwickele sich grundsätzlich die Menschheit als ganze aus der Kindheitsphase der Abhängigkeit zu einer mündigen Erwachsenenphase völliger Selbstbestimmung. Jedoch beweist das Leben des Menschen als ganzes das Gegenteil. Der Mensch wächst aus einer Zeit unbewußter, vitaler Abhängigkeit durch eine Zeit erfahrener Freiheit hinein in eine Zeit bewußter, frei zu akzeptierender Ab-

---

[26] Vgl. die Gefangenschaftsbriefe D. Bonhoeffers, Widerstand und Ergebung, etwa die Eintragung vom 16.7.1944.

[27] Der Ausdruck soll einmal an das Bonhoeffersche "religionslose Christentum" erinnern, sodann aber das Schillernde des Buddhismus andeuten, demgegenüber die Bezeichnung "Philosophie" zu wenig, die volle Bezeichnung "Religion" zu viel besagt.

[28] Zitiert im Art. Hinduismus II (H.-W. Gensichen): RGG[3] III·351.

hängigkeit. Diese Abhängigkeit ist aber dann nicht nur die Vielfalt geschichtlicher Abhängigkeiten, des einzelnen von seiner Welt, der Menschen untereinander, des Jetzt vom Gestern und auf das Morgen hin. Es gibt vielmehr das Gefühl völliger Abhängigkeit, in ihr aber die Erfahrung immer neuer Zuwendung, die dankbar angenommen oder auch übersehen werden kann[29].

Das Christentum stellt dem Anspruch, die Erfahrung der All-Einheit sei das Letztgültige, den anderen Anspruch entgegen: Das Letztgültige ist die Einheit im liebenden Zueinander von gegenseitigem Hingegeben- und Angenommensein, somit die Erfahrung des Bauens auf und Stehens in einem Anderen, mit einem Wort: der Glaube.

Zwei Gesichtspunkte gehören hier zusammen: das Bauen-auf, Setzen-auf, Vertrauen und Glauben im Anschluß an das hebräische "aman" sowie der "Fels", auf den wir bauen, setzen, vertrauen, an den wir uns halten[30]. Glaube bedeutet somit nicht Herauslösung, sondern Verankerung des Lebens. Es geht nicht primär um das Fürwahrhalten von Satzwahrheiten, die den Bereich des Wissens erweitern, sondern um den ganzen Menschen. Die Hinführung zum Glauben besteht denn auch nicht zunächst in einer Übung des Denkens, sondern in einer grundlegenden Neueinstellung des Menschen auf die ganze Wirklichkeit. Der christliche Glaube aber stellt insofern eine Herausforderung dar, als er dem Menschen zu verstehen gibt, daß er nicht auf sich selbst bauen kann, sondern auf einen anderen setzen muß.

Bei der großen Not der Einsamkeit und Vereinsamung, unter der Menschen heute leiden, sollte man meinen, eine solche Herausforderung stelle in sich bereits eine Hilfe dar. Dennoch gibt es viele Menschen, die lieber aus der Not eine Tugend machen und heroisch ihr Alleinsein als die höchste Verwirklichung menschlichen Daseins betrachten. Sie fürchten ihre Abhängigkeit, weil Enttäuschungen sie mißtrauisch gemacht und ihnen den Mut geraubt haben, es noch einmal mit dem Glauben zu versuchen.

Wo Glaube einen Raum haben soll, muß der Mensch erkennen, daß er nicht Sache von Schwächlingen ist. Der Glaube muß vielmehr wieder als die Haltung realistischer und beglückender Wirklichkeitseinschätzung angesehen werden: *realistisch*, weil ich erkenne, daß ich allein nicht bin und sein kann; *beglückend*, weil ich mir sagen darf, daß nicht der Verlust oder

---

[29] Zu den Voraussetzungen der Gotteserfahrungen vgl. H. Waldenfels, KF 50-62.139-164.

[30] Vgl. ebd. 289-303; auch ders., Grenze (Anm. 11) 28-37.

das Aufgehen meines Selbst in die Gesellschaft, die Welt, den Kosmos - ähnlich einem Tropfen im Meer - die letzte Möglichkeit des Menschseins darstellt, sondern das gnadenhafte Angenommensein durch einen, der die letzten Möglichkeiten des Menschen "aufhebt" und erfüllt, ohne den Menschen als Menschen zu zerstören.

Die Hinkehr zu diesem Einen - Gott - ist dem Menschen heute nicht das Selbstverständliche. Sie bedarf in der Tat eines immer neuen Denkens, einer "Revolution" des Denkens, traditionell gesagt: der Metanoia oder Bekehrung. Ist aber das Wagnis dieses Umdenkens wirklich soviel risikoreicher als das Verharren auf dem eigenen Standpunkt, der längst keiner mehr ist, wenn man sich umhergetrieben sieht von vielfältigen anonymen menschlichen und gar unmenschlichen Mächten? Das Wort "Manipulation" ist nicht ohne Grund eines der Schrekkensworte unserer Zeit.

Hier ist erneut auf die letzte prophetische Weltreligion - nach Judentum und Christentum -, den Islam, in ihrer Herausforderung zu achten. Der Ruf nach "Ekstase" ist unüberhörbar; er muß nur recht verstanden werden. "Ekstase" meint hier nicht die absonderlichen Erscheinungen, die man in der Regel mit dem Begriff verbindet. "Mut zur Ekstase" besagt vielmehr die Bereitschaft, sich aus dem eigenen Gefängnis befreien und von dem ganz Anderen "ergreifen" zu lassen: Ruf nach "Ergriffenheit". Gemeint ist damit die Haltung all derer, die es verstehen, sich immer wieder aus der Routine ihrer Alltagsgewißheiten herauslocken zu lassen.

Muhammad konnte sich nicht damit abfinden, daß Arabien und die Nachkommen des in die Wüste vertriebenen ungeliebten Abrahamssohnes ohne jede Verheißung sein sollten. Damals schon muß es das Christentum verpaßt haben, auch für diese Völker vernehmbar die Universalität des Heilszuspruches Gottes zu verkünden. Muhammad wurde in der Wüste zum Propheten. "Der Geist weht, wo er will" (Joh 3,8).

Für das Christentum bleibt der Islam seit jener Stunde die ständige Aufforderung, die Universalität seiner Verheißung nicht zu verraten. Das aber geschieht überall dort, wo Katholisch-sein Grenzen aufrichtet und nicht abbaut - "Denn er ist unser Friede; er hat die beiden Teile eins gemacht und die trennende Scheidewand - die Feindschaft - beseitigt" (Eph 2,14) - und wo die Kirche zu einer sich abschließenden und exklusiven Gesellschaft geworden ist und sich nicht bemüht, jene offene Gemeinschaft zu sein, die um der universalen Heilsverheißung willen in allen Unheilssituationen der Welt gegenwärtig und wirksam sein möchte und folglich auch in all denen, die an der Überwindung der vielfältigen Ungerechtigkeiten, Nöte und Verzweiflungen dieser Erde arbeiten, Weggenossen erblickt.

Moubaracs Stichworte "marianisch, eschatologisch, ökumenisch" verdeutlichen das Gemeinte:

"Marianisch": Der Primat des Empfangens vor allem Tun ist nicht Fluch, sondern Chance des Menschen. Es darf in diesem Zusammenhang gefragt werden, ob die Abnahme einer marianischen Frömmigkeitshaltung im Christentum nicht auch ein Krisenzeichen und ein Hinweis auf eine Abnahme der Glaubenshaltung ist.

"Eschatologisch": Das letzte Wort hat der, der das erste Wort hatte. Wer nicht Gott dieses Wort zuschreiben möchte, - "Im Anfang war das Wort, das Wort, es war bei Gott, und dieses Wort war selber Gott" (Joh 1,1) -, muß zur Kenntnis nehmen, daß nichts darauf hinweist, daß der Mensch das erste Wort gehabt hat, sondern daß das erste Wort Schweigen lautet und auch das letzte Wort Schweigen sein wird. Die letzten Dinge sind dem Menschen genauso wie die ersten entzogen.

"Ökumenisch": Katholizität und ökumenisches Denken verpflichten in gleicher Weise zu einem Denken, das sich offenhält für die Möglichkeiten nicht sosehr des Menschen, sondern dessen, der nicht Mensch ist, aber Menschen erst Menschen sein läßt: im Ursprung, den der Christ wie der Muslim Schöpfung nennt, und am Ende in der Hoffnung lebenspendender Verheißung.

Diese radikale Offenheit des Menschen für die Möglichkeiten Gottes schließt aber die radikale Offenheit der Menschen für ihre eigenen Möglichkeiten nicht aus, sondern ein. Diese Möglichkeiten muß der Mensch entdecken in seiner jeweiligen Zeit und auf seiner jeweiligen Entwicklungsstufe.

Die Hinkehr des Menschen zu seiner jeweiligen Gegenwart ist aber zugleich eine Haltung, die eine bessere Zukunft ersehnt. Hier muß sich das Christentum fragen lassen, ob es hinreichend auf die Zukunft bezogen denkt und handelt. J. Ratzinger hat vor Jahren formuliert:

> Das Christentum nimmt in seiner Theologie der Religionsgeschichte nicht einfach Partei *für* den Religiösen, *für* den Konservativen, der sich an die Spielregeln seiner ererbten Institutionen hält; das christliche Nein zu den Göttern bedeutet eher eine Option für den Rebellen, der den Ausbruch aus dem Gewohnten um des Gewissens willen wagt: Vielleicht ist dieser revolutionäre Zug des Christentums allzulang unter konservativen Leitbildern verdeckt worden.[31]

---

[31] Vgl. J. Ratzinger, Glaube (Anm. 4) 290.

c) Jesus Christus

Die Religionen der Erde fordern auf unterschiedliche Weise das Christentum heraus. Es gibt die radikale Herausforderung einer gott-losen, religions-losen Religion. Es gibt den Hinweis darauf, daß ureigenste Anliegen des Christentums wie das Kindsein vor Gott, das abwartende Hören, die Freiheit in empfangender Gnade, Gebet und Meditation, Geist und Notwendigkeit ständiger Bekehrung im Raum des Christentums oft genug verdeckt sind. Es gibt den Ruf derer in der Wüste, wobei der Muslim für alle Menschen in den vielfältigen Wüsten aller Zeiten steht, die nach einem Wort der Verheißung und der Hoffnung verlangen.

In der Besinnung auf diese Herausforderungen wird wie im Spiegel etwas von der eigentümlichen Strahlkraft des Christentums sichtbar. Dennoch können Christen nicht von der Faszination des Christentums sprechen, ohne von Jesus Christus zu sprechen. Wahrscheinlich hat das Christentum nicht zuletzt deshalb soviel von seiner Faszination eingebüßt, weil es zu wenig von Jesus Christus spricht.

Dabei hat das Christentum nach Paulus den Auftrag, Jesus Christus zu verkünden, den Gekreuzigten (vgl. 1 Kor 1,23ff; 2 Kor 4,5 u.a.). Jesus Christus aber erhebt einen Anspruch, den weder Buddha noch Muhammad erhoben haben. Den Anspruch hat das Christentum durch die Zeiten in das Bekenntnis gebracht, daß Jesus Christus *das* Wort Gottes, *die* Menschwerdung Gottes, *die* Offenbarung des Vaters, *der* Sohn Gottes ist.

Das heißt: Jesus Christus versteht sich und sein Leben voll und ganz von Gott her. In seinem Leben und Sterben ruft er seinerseits zu einem radikal neuen Denken Gottes auf. Er zeigt einen Gott, den die Menschheit so vorher nicht gesehen hat:

- einen Gott, der Gott und Mensch nicht im Herr-Knecht-Verhältnis sieht, sondern in einem Verhältnis, in dem Gehorsam Hören und Folgen Freiheit bedeutet,
- einen Gott, der auf die Seite der Menschen tritt, um sie in jeder Hinsicht frei zu machen,
- einen Gott, der selbst ein Menschenantlitz trägt und die Menschen zu radikaler Geschwisterlichkeit verpflichtet, weil in jedem Menschenantlitz sich das leidend-mitleidende Antlitz Gottes widerspiegelt,
- einen Gott, der eine neue Welt will und sie allen Widerständen zum Trotz auch im Tod des Todes, wie er sich in der Auferweckung Jesu zeigt, durchzusetzen vermag,
- einen Gott, der die Menschen aus ihrer Verkrampfung und Selbstsicherheit auf den Weg in eine immer neue Selbständigkeit ruft und sie anweist, auf ein Reich der Freiheit und Gerechtigkeit, der Liebe und des Friedens hinzuwirken.

Das neue Gottesbild Jesu aber hat Konsequenzen:
Wo Gott in seiner Menschwerdung so radikal auf die Seite der Menschen tritt, fällt das Gegenüber des Menschen zu einem fernen Gott zugunsten einer neuen Gemeinschaft von Gott und Mensch in einer neuen Bruderschaft der Menschheit.
Die Welt in ihrer Leidhaftigkeit wird von diesem Gott, den das Christentum als einen "gekreuzigten Gott" verehrt[32], als seine Welt angesehen, angenommen.
Das eigentlich Böse dieser Welt wird weder als Naturereignis hingenommen noch wissenschaftlich erklärt; in beiden Fällen gibt es keine wahre Befreiung vom Bösen. Im Christentum bleibt das Böse als verantwortetes Fehlverhalten des Menschen - Sünde - offen für eine radikale Befreiungstat, die dort, wo die Kräfte des Menschen in Ohnmacht versagen, in der befreienden Zuwendung Gottes endgültig überholt wird. Selbst die Lehre von der Sünde kann im Sinne der "felix culpa" (selige Schuld) der Osternachtsliturgie dann zu einer frohen Botschaft werden.

Der in Jesus Christus gekreuzigte Gott zeigt so dem Menschen, wer er ist. Die Ohnmacht Gottes offenbart die Ohnmacht der Menschen. Die Freiheit der Zuwendung Gottes aber offenbart die Möglichkeiten des Menschen. In der Zuwendung Gottes aber bleibt dem Menschen seine Grenze bewußt. Zur vollen Freiheit kann der Mensch nur befreit werden (vgl. Gal 5,1).

Muß angesichts all dessen von einem Absolutheitsanspruch des Christentums geredet werden? Reicht es nicht aus, daß das Christentum auch dort das große Fragezeichen bleibt, wo die anderen Religionen ihre Grenzen erreichen, das große Ausrufungszeichen aber dort, wo Menschen sich glaubend auf Christus und seinen Weg eingelassen haben? Ein Fragezeichen wirkt beunruhigend, ein Ausrufungszeichen aber herausfordernd, alarmierend und inspirierend zugleich. Was nottut, ist die Begeisterung, um auf dem Wege weiterzugehen, anstatt sich ängstlich einzumauern.

"Die Zukunft gehört den Mutigen, die stark hoffen und handeln, nicht den Kleinmütigen und Unentschlossenen."

(Pius XII.)

---

[32] Vgl. J. Moltmann, Der gekreuzigte Gott. München 1972; K. Kitamori, Theologie des Schmerzes Gottes. Göttingen 1972; H. Waldenfels, Der Gekreuzigte und die Weltreligionen. Zürich u.a. 1983.

Kap. 12: Thesen zum Absolutheitsanspruch des Christentums

These 1:

> Das Sprechen vom Absolutheitsanspruch des Christentums ist eine Stellungnahme zur neuzeitlichen Erfahrung der zerbrochenen Zuordnung von Religion und Gesellschaft, der Bewußtwerdung der Pluralität weltanschaulicher Richtungen und des betont geschichtlichen Denkens.

Von einem Absolutheitsanspruch des Christentums wird, streng genommen, erst dort gesprochen, wo ein gegenteiliger Anspruch erhoben wird, das heißt dort, wo das Christentum selbst relativiert und in Beziehung zu anderen Ansprüchen gesetzt und eingeordnet wird. Absolutheitsanspruch des Christentums ist daher keine ursprüngliche Aussage, sondern eine Reaktion auf vorgegebene Aussagen, gegen die sich das Christentum zur Wehr setzt. In diesem Sinne rührt der Begriff Absolutheitsanspruch des Christentums aus der Philosophie des deutschen Idealismus[1]. Aus der Vielzahl von Gesichtspunkten, die zur Entstehung eines solchen Begriffs beitrugen, seien drei genannt.

1. Der zerbrochene Ordo

Bis ins Mittelalter hinein lebte der Mensch des Abendlandes im Bewußtsein der einen Ordnung, die, platonisch als ewige Idee Gottes vorgegeben, sich in dieser Welt entfalten soll. Das politisch-weltliche Reich war auf das geistliche Reich hingeordnet und bildete den Raum, in dem sich das Gottesreich beziehungsweise seine irdische Gestalt, das Christentum, als die letztgültige Welt-Anschauung durchsetzen sollte. Die natürliche Ausweitung des politischen Reiches war stets von einer entsprechenden Ausbreitung des geistlichen Reiches begleitet. In dieser Sicht der Dinge sind Wachstumsstörungen nicht zu vermeiden. Es gibt einerseits Kriege, anderseits führen Unverstand und Bosheit zu Abirrungen vom einmal eingeschlagenen Weg der wahren Lehre, zu Schisma und Häresie[2]. Letztere werden jedoch um der Ausrichtung auf das eine Reich Gottes willen nicht lange geduldet. Es ist ja auch einsich-

---

[1] Vgl. J. Hessen, Der Absolutheitsanspruch des Christentums. München 1963; W. Kasper (Hg.), Absolutheit des Christentums. Freiburg u.a. 1977; auch H. Waldenfels, KF 193-199.

[2] Vgl. K. Rahner, Was ist Häresie?: Schriften zur Theologie V 527-576; Art. Häresiegeschichte (K. Rahner): SM II 562-572 (Lit.).

tig: *Wenn* man den wahren Weg kennt und zugleich weiß, daß alle anderen Wege ins Verderben führen, dann ist man verpflichtet, den Irrenden seiner Gefahr zu entreißen.

Der Ordnungsgedanke aber war überall spürbar: in der Systematisierung der Lehre, in den theologischen Summen des Hochmittelalters, in der Kodifizierung der kirchlichen Rechtsordnung, in der Architektur der mittelalterlichen Dome, nicht zuletzt auch in der Entfaltung der kirchlichen Organisation und der hierarchischen Ordnung. Ordnung bedeutete aber zugleich Herrschaftsanspruch[3], der zwar häufig in Frage gestellt, doch zunächst nicht wesentlich erschüttert wurde. Der Zusammenbruch erfolgte schließlich stoßweise. Schon früh spaltete der Riß zwischen Ost- und Westkirche die eine Kirche. Doch blieb das "Heilige Römische Reich Deutscher Nation", das die römischen Päpste als Rechtsnachfolger des römischen Staates unter diesem Titel anerkannten, vorerst religiös eins. Zur Zeit der Reformation konnte Karl V. noch von seinem Reich sagen, die Sonne gehe in ihm nicht unter. Mit der Reformation zerbricht aber auch innerhalb des einen Reiches die innerkirchliche Einheit endgültig. Doch eine gewisse Zuordnung von Gesellschafts- und kirchlicher Ordnung bleibt bestehen, deutlich ausgesprochen im Augsburger Entscheid von 1555: "Cuius regio, eius et religio"[4], sichtbar bis in unsere Tage im evangelischen Landeskirchentum.

Doch die Auflösung der einen Ordnung geht weiter. Die Französische Revolution, in der der Versuch einer rein humanistischen Religion gemacht wird und die christlichen Feiertage zugunsten neuer, humanitärer Feste abgeschafft werden sollen, zerstört den Ordnungsgedanken noch nicht vollends. Erst wo die radikale Religionskritik einsetzt und die bekannte Umkehr des Genesiswortes "Der Mensch schuf Gott nach seinem Bild"[5] die totale Umkehrung der Weltsicht ins Bewußtsein hebt, wird unübersehbar klar: Die Ordnung ist endgültig zerbrochen. Aus einer theozentrischen Welt ist die anthropozen-

---

[3] Zum Thema "Macht" vgl. R. Guardini, Die Macht. Versuch einer Wegweisung. Würzburg 1951; K. Rahner, Theologie der Macht: Schriften IV 485-508; weitere Literatur: Handbuch der Pastoraltheologie II/2. Freiburg 1966, 337-341; H. Waldenfels, Der Mensch und die Macht : StdZ 198 (1980) 750-758.

[4] Vgl. dazu E. Iserloh, Die deutsche Fürstenreformation: H. Jedin (Hg.), Handbuch der Kirchengeschichte IV. Freiburg 1967, 309f., Anm. 27.

[5] Zur Feuerbachschen Religionskritik vgl. u.a. H. Gollwitzer, Die marxistische Religionskritik und der christliche Glaube. München ²1967, 47-66; I. Fetscher, Der Marxismus. München 1967, 51-53.82f.; auch E. Bloch, Das Prinzip Hoffnung. Frankfurt 1967, 1515-1534 u.ö.; ders., Atheismus im Christentum. Frankfurt 1968, 279-284 u.ö.

trische geworden[6]. Die Zuordnung von Gesellschaft und Religion ist zerstört, ja letztere ist, wie die Marxsche Religionskritik sagt, Opium des Volkes, das den Menschen einlullt und von der Bewältigung seiner Aufgaben in und an dieser Welt abhält[7].

2. Die Pluralität der Weltanschauungen

Der in der alten Welt zerbrechende Ordo war allerdings zunächst von einer imposanten Expansion des Westlichen in die ganze Welt neuentdeckter Kulturen hinein begleitet, religiös gesehen: von einer entsprechenden Ausbreitung des Christentums. Die Problematik der auf den ersten Blick so imponierenden Missionstätigkeit ist aber heute nicht mehr zu übersehen. Einmal stellt der zahlenmäßig katholischste Erdteil Lateinamerika heute für die katholische Kirche die denkbar größte Belastung dar. Zum anderen ist das, was in beiden Amerikas durch stellenweise harte Unterdrückungsmaßnahmen gelang, in Asien nicht gelungen. Hier verhinderte die innerkirchliche Auseinandersetzung, die es hintergründig bereits mit der Einstellung zur Neuzeit zu tun hatte, eine positive Einstellung zu den Hochreligionen Asiens. Vordergründig endete der Kampf mit der zeitweiligen Unterdrückung der Gesellschaft Jesu 1773, letzten Endes jedoch mit dem Scheitern der Missionstätigkeit in Asien.

Inzwischen hat sich das Zerbrechen der Zuordnung von Religion und Gesellschaft in der alten Welt auf die Begegnung der verschiedenen Kulturkreise ausgewirkt. Denn was der Religion des Westens nicht mehr gelingen will, gelingt der im Westen freigesetzten Technik und Industrialisierung: Sie ist mit ihren Folgeerscheinungen zu einem - trotz allem - völker- und kulturverbindenden, die Welt einenden Faktor geworden. Sie zwingt ihrerseits die Religionen in die gegenseitige Auseinandersetzung. Denn diese stehen inzwischen in gleicher Weise vor den Fragen der Religionskritik und sind trotz aller Unterscheidungsmerkmale weithin einander gleichberechtigt. Die Ansprüche aber, die in den einzelnen Religionen laut werden, werden damit zunächst einmal relativiert.

Es folgt ein weiteres: Selbst in der alten Welt stößt der Anspruch des Christentums, der zwar konfessionell seit der

---

[6] Dazu J.B. Metz, Christliche Anthropozentrik. München 1962.

[7] Zum Opium-Wort vgl. H. Gollwitzer, Religionskritik (Anm. 5) 23-28; W. Post, Kritik der Religion bei Karl Marx. München 1969, 157-172.

Reformation gebrochen ist, doch im tiefsten immer noch einer war, auf die Pluralität weltanschaulicher Angebote. Zwar sind die Konversionen zu anderen Religionen nicht sehr zahlreich, doch ist das Bewußtsein, daß das Christentum nur eine Religion unter vielen ist, allerorts spürbar. Die mangelnde Kenntnis der anderen Religionen und die radikalen Weisen der Kritik an den Quellen und am Entwicklungsgang der eigenen Religion erhöhen zudem nicht den Grad der Sicherheit und Geborgenheit, den der einzelne Mensch in seiner eigenen Religion sucht.

Schließlich führt das Zerbrechen der Zuordnung von Religion und Gesellschaft bzw. die Säkularisierung der modernen Welt zu neuen Formen religionsloser Weltanschauungen[8]. Dieser Zug zu religionslosen, das heißt an keiner der bestehenden Religionen orientierten Weltanschauungen aber dürfte infolge des zunehmenden Einverständnisses der Kulturen untereinander zu einem verbindenden Element der kommenden Zeit werden.

3. Die Geschichtlichkeit des Christentums

Fragt man nach der Stärke und dem Skandal des Christentums, so stößt man auf seinen Anspruch, das Einzelleben eines bestimmten Menschen in all seiner Relativität besitze Universalgeltung und absolute Bedeutsamkeit für die gesamte Menschheitsgeschichte. In Lessings bekanntem Wort: "Zufällige Geschichtswahrheiten können der Beweis von notwendigen Vernunftswahrheiten nicht werden"[9], vernehmen wir den Widerhall dieses Skandals.

Die neuzeitliche Entwicklung ist hier doppelsinnig. Auf der einen Seite hat sich gerade in der positiven Hinkehr zur Geschichte und Geschichtlichkeit des Menschen die anthropo-

---

[8] Es ist zu beachten, daß der Begriff "Religion" in fast allen Kulturen ein relativ später Begriff ist, durch den die Einzelreligion relativiert und der der einzelnen Religion innewohnende Absolutheitsanspruch eingeordnet wird. Da "Religion" ihrem Begriff nach einer späteren Reflexionsstufe angehört, kann auch unterschiedlich über sie geurteilt werden. Je nachdem, wie der Begriff verstanden wird, kann "Religion" unausrottbar mit dem Wesen des Menschen verknüpft sein oder aber auch, zumal wenn man von bestimmten historischen Erscheinungsweisen ausgeht, untergehen. Das gilt es beim Sprechen von "religionslosen Weltanschauungen" zu bedenken.

[9] G.E. Lessing, Über den Beweis des Geistes und der Kraft: Werke, Bd. VI. Neubearb.v. F. Fischer. Frankfurt u.a. 1965, 285.

zentrische Wende vollzogen. Der Mensch sieht sich hineingewoben in das Spiel vielfältiger Kräfte und Entwicklungen seiner Herkunftsgeschichte, von denen er sich niemals restlos befreien kann. Zudem ist er Akteur und Gestalter an einer unübersehbaren Zukunftsgeschichte[10]. Auf der anderen Seite zieht die Neubewertung des Geschichtlichen das Christentum selbst in den Strudel der Relativität, des Nicht-Notwendigen und Nicht-Unüberholbaren. Sie macht einem Menschen, der vor einer Unzahl von Möglichkeiten seiner Zukunft steht, die er selbst nicht überblickt, die Behauptung, sein Leben, ja das der ganzen Menschheit sei trotzdem schon endgültig angefordert, zu einer Zumutung. In die beschriebene Situation hinein erhebt das Christentum seinen Absolutheitsanspruch.

These 2:

> Der Absolutheitsanspruch des Christentums äußert sich in einem breiten Spektrum von Aussagen und Praktiken, das von der Stellungnahme zur Wahrheit über den gesellschaftlichen Anspruch der Wahrheit bis zur Behauptung der Allgemeingültigkeit einer menschlichen Einzelexistenz für andere und deren gesellschaftliche Ausprägung reicht; die Akzentuierung des Absolutheitsanspruchs unterliegt selbst geschichtlicher Entwicklung und geschichtlichem Wandel.

Die Weisen, in denen sich der Absolutheitsanspruch des Christentums äußert, sind vielfältig. Einige davon hat er mit dem Absolutheitsanspruch anderer Weltanschauungen gemeinsam[11], andere sind dem Christentum eigentümlich. Gerade die Breite der Ausdrucksmöglichkeiten schafft aber dann die nötige Distanz zur persönlichen Stellungnahme gegenüber dem Absolutheitsanspruch des Christentums.

---

[10] Es ließe sich zeigen, daß die Neubewertung des Geschichtlichen, das nicht nur "Akzidens", "Zufälliges", an einem unveränderlichen, zeitlosen Wesen "Mensch" ist, wie es mittelalterliches Denken noch meinte, erst durch die Erfahrung des Christentums freigesetzt wurde. Schließlich wird erst im Christentum dem "Zufälligen" eines Einzelschicksals absolute Geltung für das Ganze dieser Welt zugesprochen.

[11] Daß der Absolutheitsanspruch an sich kein typisch christliches Phänomen ist, ist vielfach betont worden. Vgl. dazu etwa J. Ratzinger, Der christliche Glaube und die Weltreligionen: Gott in Welt II. Festschrift K. Rahner. Freiburg 1964, 287-305; ders., Das neue Volk Gottes. Düsseldorf 1969, 362-375; J.A. Cuttat, Begegnung der Religionen. Einsiedeln 1956; G. Mensching, Die Religion. München o.J., 114ff.339f. u.ö. Letzterer unterscheidet einen inklusiven Absolutheitsanspruch, der mit formaler und inhaltlicher Toleranz zusammengehen kann, von einem exklusiven Absolutheitsanspruch.

4. "Ewige Wahrheiten", "göttliche Gesetze"

Der Ordnungsgedanke des Mittelalters war wesentlich darin begründet, daß die Grundidee dieser Welt in Gott beheimatet ist, der Mensch aber die Möglichkeit hat, diese Grundgedanken nachzudenken. Wahr ist dieses Denken insoweit, als es zu einer Angleichung des Verstandes an den Sachverhalt kommt (*adaequatio intellectus et rei*).

Aus der Einsicht in das Wesen der Dinge, die als in Gott vorgegebene Ideen unveränderlich und damit auch der Zeitlichkeit entzogen sind, ergeben sich die Gesetze der Naturabläufe und des menschlichen Handelns. So wird in doppelter Weise von Naturgesetzen bzw. göttlichen Gesetzen gesprochen, je nachdem, ob es sich um den untermenschlichen oder den bewußtmenschlichen Bereich handelt. Insofern als die organischen Naturabläufe auch den Menschen in seiner Körperlichkeit betreffen, ist auf den Menschen hin das Sprechen von Naturgesetzen nochmals doppeldeutig: Es kann die biologischen Abläufe meinen oder das sittliche Verhalten des Menschen.

Daß bei einer statischen Auffassung von Naturgesetzen, die in einem unveränderlichen Wesen gründen, alle Veränderlichkeit "zufällig", akzidentell, jedenfalls "unwesentlich" wird; daß die individuelle Verwirklichung des einen Wesens "Mensch" nicht in der Wesensform, sondern in der in sich inintelligiblen Materie grundgelegt ist[12]; daß es entsprechend nicht zu einer positiven Auswertung der geschichtlichen Situation und Entwicklung kommt - all das wird heute mit Recht kritisch eingewendet. Denn der Mensch von heute ist eben doch bei aller Bejahung einer wesentlichen Identität mit dem Menschen von gestern zugleich wesentlich[13] anders als der von gestern.

Doch nicht nur die "Ewigkeit" und "Unveränderlichkeit" der Gesetze und Wahrheiten bilden ein Problem. Zu fragen ist auch, was unter "Wahrheit" zu verstehen ist. Denn tatsächlich war ja auch im Ursprung des Christentums der Wahrheitsbegriff differenzierter, als der aus der griechischen Philosophie überkommene Begriff es auf den ersten Blick verrät. Wahrheit ist im hebräischen Verständnis mehr als die theoretische Ein-

---

[12] Vgl. Art. Einzelne, Das (J.B. Lotz): W. Brugger, Philosophisches Wörterbuch. Freiburg [16]1981, 79f.

[13] Allerdings wandeln sich hier auch die Begriffe "Wesen" und "wesentlich".

sicht in das unverborgene Sein der Dinge ("Aletheia"); sie ist festes Stehen und Bauen auf die von Gott her sich zeigende Treue und Zuverlässigkeit. Wahrheit-Aletheia wäre zu vergleichen mit Wahrheit-Emet. Wo von "emet", das von "aman" kommt und sich im "Amen" der liturgischen Gebetsantwort ausspricht, die Rede ist, "handelt (es) sich immer um etwas, das sich ereignet hat oder ereignen wird, nicht um etwas, das von Natur ist, so ist und so sein muß"[14].

Die Akzente ändern sich hier. Wahrheit kann im hebräischen Verständnis nicht mehr nur gesagt, sondern auch getan werden (vgl. Joh 3, 21). Sie ist nicht mehr nur Nachvollzug einer Idee hinter uns, sondern Beschreiten eines Weges vor uns[15]. Das Sprechen von "ewigen Wahrheiten" wäre von hier aus zu korrigieren.

5. Intoleranz gegenüber dem Irrtum

Intoleranz gegenüber dem Irrtum ist eine logische Folgerung des zuvor genannten Ansatzpunktes. Beruhen die Wahrheiten und Gesetzmäßigkeiten dieser Erde auf ewigen Ideen, so müssen sie allgemeinverbindlich für jedermann zu jeder Zeit sein. Da aber die menschliche Gesellschaft ein Interesse daran haben muß, daß sie ihren inneren Gesetzmäßigkeiten entsprechend voranschreitet, ist die vielfältige Unterdrückung des Irrtums beziehungsweise des Widerstandes gegen die Gesetzmäßigkeiten verständlich, ja sie erscheint sogar geboten[16].

Die Intoleranz gegenüber dem Irrtum äußert sich in doppelter Weise:

Einmal in der Verbreitung der Kenntnis der Wahrheiten und Gesetzmäßigkeiten überall dort, wo sie nur unvollkommen bekannt sind: Dieser Tätigkeit liegt die Einsicht zugrunde: Es gibt Wahrheitserkenntnis und ein Wachsen in der Wahrheitserkenntnis; die Wahrheit muß also nicht von vornherein als allseitig bekannt vorausgesetzt werden. Es gibt die Möglichkeit der Wahrheitsvermittlung, des Lernens und der Pädagogik auch in diesen grundsätzlichen Dingen.

---

[14] So H. v. Soden, zitiert nach W. Kasper, Dogma unter dem Wort Gottes. Mainz 1965, 68; vgl. ebd. 58-109 mit Lit. Den Wandel des Wahrheitsverständnisses in die Neuzeit hinein zeichnet nach J. Ratzinger, Einführung in das Christentum. München 1968, 33-53; vgl. auch H. Waldenfels, KF 354-360.

[15] Vgl. J. Ratzinger, Einführung (Anm. 14) 69.

[16] Das genannte Grundgesetz wird auch in den mannigfachen Formen autoritärer Religionsunterdrückung in der Nachfolge der marxistisch-leninistischen sowie der stalinistisch-maoistischen Religionskritik befolgt.

Dann in der Unterdrückung und Überwindung des Irrtums überall dort, wo an die Stelle der Wahrheitserkenntnis absichtlich oder unabsichtlich der Irrtum tritt: Daß im engeren Bereich der Glaubenswahrheiten ein schuldloser Verlust der Wahrheit undenkbar ist, wurde bis in unsere Tage in der Theologie ausdrücklich oder einschlußweise gelehrt oder vorausgesetzt. Entsprechend war ein schuldloser Atheismus lange Zeit nicht denkbar[17].

Von den genannten Prämissen her wäre auf der einen Seite das Verhalten den Ungläubigen gegenüber zu bedenken, die Missionstätigkeit mit ihren vielfältigen Methoden bis hin zu psychischem und in der Vergangenheit selbst physischem Zwang. Auf der anderen Seite ständen das Verhalten gegenüber den Ketzern, den Häretikern und Schismatikern, die Ketzergerichte, die Inquisition, die Ketzerverbrennungen, die Exkommunikationspraxis. Daß wir damit an bis auf den heutigen Tag fortbestehende Fragen und Probleme rühren, bedarf keiner Erläuterung.

6. Der Skandal der Menschwerdung Gottes

Bis hierher ließen sich allerdings Entsprechungen in anderen Denksystemen und Religionen, ja selbst in zeitgenössische weltanschauliche Gruppierungen hinein, aufzeigen. Wer nicht einem grundsätzlichen Skeptizismus oder Relativismus huldigt, muß für sich fordern, daß er in einigen grundsätzlichen Fragen beziehungsweise Aussagen von jedermann ernst genommen wird. Er muß aber dann für diese Wahrheit ein unverletzbares Stück Gesellschaftlichkeit fordern. Eine andere Frage ist es, ob er seine Wahrheit anderen aufzwingen darf.

Nun gehen die Religionen davon aus, daß ihr Angebot auch für andere Gültigkeit besitze und diesen Heil vermittle. Die Wahrheit, um die es geht, ist eine praktische Wahrheit, deren Erlangung zumeist vor dem Menschen liegt: sie ist Heilswahrheit[18]. Die eigentlichen Unterschiede zwischen den Religionen zeigen sich dann in der Begründung der Heilswege. Obwohl die

---

[17] Eine Wende der Sicht bahnt sich in der Pastoralkonstitution *Gaudium et Spes* 19-21, an; dazu J. Ratzinger: LThK.E III 336-349; vgl. auch K. Rahner, Atheismus und implizites Christentum: Schriften zur Theologie VIII 187-212.

[18] Auch das Sprechen von "Heilswahrheit" zeugt von einem differenzierten Wahrheitsverständnis. Zur Diskussion im 2. Vatikanischen Konzil vgl. den Kommentar A. Grillmeiers zu DV 11: LThK.E II 528-537.544-551.

Religionen in ihrem Grundanliegen mehr oder minder übereinkommen, werden die Differenzen schließlich so bedeutsam, daß erst jetzt von einem Absolutheitsanspruch gesprochen wird und dann gleichsam Anspruch gegen Anspruch steht.

Das eigentlich Skandalöse des Christentums aber besteht darin, daß es mit der Behauptung auftritt, das oder der Absolute habe sich, raumzeitlich verdichtet, in einer menschlichen Einzelexistenz derart konkretisiert, daß dieses Konkretum zum unüberbietbaren Höhepunkt, zur Norm und zum unvermeidlichen Wesensgesetz des Menschen, der Menschheit und der Menschheitsgeschichte geworden ist[19]. Dieser "zufällige" Mensch in all seiner Relativität tritt zugleich an jeden Menschen mit dem Anspruch heran, das Entscheidendste und Wesentlichste der ganzen Geschichte und auch seines Lebens zu sein, mag der einzelne Mensch es wissen und anerkennen oder nicht. Jesus von Nazaret - so lehrt das Christentum - ruft jeden Menschen in seine Nachfolge. Es wäre so schön, wenn man ihm, wie K. Jaspers es möchte[20], das Wort: "Ich bin der Weg, die Wahrheit und das Leben" (Joh 14,6), in jeder Hinsicht absprechen könnte. Doch stößt man hier auf den "unverdaulichen Rest"[21], den der Christ niemals los wird, den aber auch der Nichtchrist dem Christentum gerne beläßt.

7. "Außerhalb der Kirche kein Heil"

Die Situation des Christentums wird nicht besser dadurch, daß die Selbstmitteilung Gottes in Jesus Christus an den Menschen gesellschaftlich-sprachlich, anders gesagt: kirchlich vermittelt, herantritt. Die Provokation, die damit gegeben ist, wird seit Cyprian mit immer neuen Nuancen in das Wort gefaßt: "Außerhalb der Kirche kein Heil"[22]. Die Frage ist hier ebenso, wie wenn von der "alleinseligmachenden Kirche" gesprochen wird: Was heißt hier "Kirche"? Zwar ist die rigoroseste Interpretation "Kirche = römisch-katholische Kirche" 1949 vom Heiligen Officium in einem Schreiben an den Erzbischof von

---

[19] Vgl. dazu u.a. H. Waldenfels, Offenbarung. München 1969, 231-243 u.ö.

[20] Vgl. K. Jaspers, Der philosophische Glaube angesichts der Offenbarung. München 1962, 507f. An der genannten Stelle faßt Jaspers in klassischer Weise die Einwürfe gegen den Absolutheitsanspruch des Christentums zusammen; vgl. auch 83.

[21] Vgl. H.U. v. Balthasar, Verbum Caro. Einsiedeln 1960, 40f.

[22] Zu Geschichte und Deutung des Ausspruchs vgl. Kap. 11 Anm. 17.

Boston, R.J. Cushing, verurteilt worden (vgl. DS 3866-3873). Doch selbst wenn man den Satz interpretiert und gar antithetisch den Satz "Außerhalb der Kirche ist Heil" prägt[23], so bleibt doch bestehen, daß das Heil Christi der Welt durch das Wort der Kirche verkündigt und durch ihre sakramentalen Zeichen vergegenwärtigt wird. Wenn daher auch die konkrete Heilsfindung des Einzelnen heute weithin als offene Frage behandelt wird, so erhebt doch das Christentum den Anspruch, daß es ohne das Heilszeichen Kirche keinen gültigen Heilszuspruch an die Welt gibt.

Die Konkretionen des Absolutheitsanspruches, wie er im Satz "Außerhalb der Kirche kein Heil" laut wird, betreffen folgerichtig vordringlich Wort und Sakramente der Kirche. Einmal vertritt die Kirche die Irrtumslosigkeit der Heiligen Schrift sowie die Unfehlbarkeit des kirchlichen Lehramtes, vor allem des Papstes, in genau umschriebenen Situationen. Sodann ist die Rede von der Wirksamkeit der Sakramente *ex opere operato*, das heißt insofern die sakramentalen Zeichen Gültigkeit und Wirksamkeit unmittelbar von Gott her und nicht von der religiösen Subjektivität des Spenders und Empfängers her *(ex opere operantis)* erlangen.

Diese Punkte lassen sich zweifellos sinnvoll erklären. Dennoch haben sie zu zahlreichen Mißverständnissen wie auch zu ungerechtfertigten Eskalationen Anlaß gegeben. So hat es der Fall Galilei *auch* mit einem Mißverständnis der Inerranz der Heiligen Schrift zu tun[24]. Eskalationsversuche lassen sich seit der Definition der Unfehlbarkeit des Papstes beobachten. So ist diskutiert worden, ob und bis zu welchem Grade auch Enzykliken unfehlbare Aussagen darstellen. Auch die Blüte einer unerschöpflichen Konklusionstheologie sowie deren methodologische Reflexion, die man vor allem zwischen den beiden letzten Konzilien in der Theologie beobachten konnte, ist in diesem Zusammenhang zu nennen. Endlich ist das "Opus operatum" lange genug als Ausdruck eines magisch wirkenden Gnadenmechanismus mißdeutet worden[25].

---

[23] So z.B., allerdings recht verstanden, H.J. Türk, Was sagt das Konzil über nichtchristliche Religionen, Mission, Toleranz? Mainz 1967, 18 (Kapitelüberschrift).

[24] Vgl. O. Loretz, Galilei und der Irrtum der Inquisition. Kevelaer 1966; N. Schiffers, Fragen der Physik an die Theologie. Düsseldorf 1968, 25-39; H. Dolch, Grenzgänge zwischen Naturwissenschaft und Theologie. Paderborn u.a. 1986, 181-191.359-371 u.ö.

[25] Vielleicht müßte man heute wieder vor dem Mißverständnis eines simplen Glaubensmechanismus warnen, der sich mit der Feststellung begnügt: "Das muß man eben glauben!" und die Rechenschaft für die Hoffnung (vgl. 1 Petr 3,15) schuldig bleibt.

Die Gesichtspunkte, Formen und Weisen, in denen sich der Absolutheitsanspruch des Christentums, teilweise in Übereinstimmung mit anderen Philosophien, Denksystemen und Religionen, äußert, ließen sich vermehren. Wichtig ist zu beachten, daß diese Formen selbst dem geschichtlichen Wandel unterliegen. Heute foltern Christen als Christen niemanden mehr. Es werden keine Donareichen mehr gefällt. Die zwangsweise Eingliederung in die Kirche ist vorbei. Doch der Absolutheitsanspruch ist geblieben, vielleicht sogar entschiedener als zuvor. Die Weisen, wie er sich äußert, sind auch heute vielfach nicht zu billigen. Die Art, wie kirchlich zu Gericht gesessen wird über Theologen in aller Anonymität; die Methoden, mit denen auch heute noch Gewissen unter Druck gesetzt werden; die Intoleranz, die auch heute noch nicht schweigt; die Wege, die kirchliche Vertreter noch immer beschreiten, um selbst fehlbare Meinungen politisch durchzusetzen, inner- und außerkirchlich; die Rolle, die Denuntianten und anonyme Mitteilungen bis heute im Raum der Kirche spielen - dieses und vieles mehr steht nach wie vor kritischer Überprüfung offen.

<u>These 3</u>:

> Es gibt einen berechtigten Absolutheitsanspruch des Christentums, der in der Absolutheit der jedem Menschen abgeforderten Entscheidung über die Sinnrichtung seines Lebens besteht.

Eine ausführliche Durchführung dieser These ist deshalb unmöglich, weil dann das Ganze einer christlichen Theologie zu entfalten wäre. Es müßte die Rede sein von Jesus von Nazaret, seiner historischen Gestalt, seiner Predigt und ihrem Anspruch, seinem Leben und Sterben. Es wäre der Blickwinkel der frühchristlichen Gemeinde zu rechtfertigen, die in ihm die Erfüllung und das Ende des Gesetzes sah (Röm 10,4; vgl. Eph 2,15; Kol 2,14) und die glaubte, daß mit Jesu Auferstehung das Ende aller Zeiten angebrochen ist (vgl. 1 Kor 15). Zu bedenken wären das Sterben Jesu "für uns", die Möglichkeit und Tatsächlichkeit, daß ein Mensch ein für allemal für alle Menschen vor Gott eintritt und sie erlöst, und dann die Möglichkeiten, die dem Einzelmenschen angesichts dieses Anspruchs bleiben. Kennt der Mensch ihn, so muß er Stellung beziehen; kennt er ihn nicht, so muß er auch dann zur Sinnrichtung seines Lebens Stellung beziehen. Ist Jesus von Nazaret tatsächlich *der* sinngebende Faktor dieser Welt, allen und jeden einzelnen Lebensschicksals, dann bezieht der Mensch in der Stellungnahme zum Sinn seines Lebens tatsächlich, wenn vielleicht auch unbewußt und unwissentlich, zugleich Stellung zu Jesus von Nazaret[26]. Der einzelne Christ, der sein Christsein innerlich voll bejaht, bejaht auch den recht verstandenen Absolutheitsanspruch des Christentums mit.

In einem Exkurs seiner "Einführung in das Christentum" nennt J. Ratzinger sechs Prinzipien, die "so etwas wie die Bauformel der christlichen Existenz genannt werden dürfen und zugleich die Formel für die Essenz des Christlichen, das 'Wesen des Christentums'"[27]:

der Einzelne,
das Prinzip "Für",
das Gesetz des Inkognito,
das Gesetz des Überflusses,
Endgültigkeit,
der Primat des Empfangens.

In ihnen sieht Ratzinger zugleich das verdolmetscht, was mit dem mißverständlichen Begriff "Absolutheitsanspruch des Christentums" genannt wird. Im Anschluß an die vier von Ratzinger besonders betonten Prinzipien kann die eigentliche Sinndeutung des Absolutheitsanspruches nochmals verdeutlicht werden.

8. Der Einzelne in Leiblichkeit/Gesellschaftlichkeit

Anstoß erregt das Christentum mit seiner Betonung der Heilsvermittlung durch einen Einzelmenschen und nach ihm durch eine Kirche, die organisiert, institutionalisiert, hierarchisiert ist, die von außen an den Menschen herantritt, ihm äußere religiöse Bekundungen, Worte, Handlungen, den Vollzug von Riten und anderes abverlangt. Hat Gott das nötig? Die Antwort auf die Frage lautet: Nein. Wollte Gott das einzelne Ego retten, so brauchte er keine Vermittlung. Darüber hinaus aber sagt das Christentum - und von hier aus ließe sich auch ein Verständnis der oft so emphatischen Ablehnung des Ichs durch östliche Religionen versuchen -: Es gibt nicht den Einzelnen als Atom und Monade. Der Einzelne steht im Raum von Geschichte und Gesellschaft, und zwar gerade durch das, was ihn zugleich von allen anderen trennt, seine Leiblichkeit; schärfer formuliert: *als* Leib.

Wird der Mensch verstanden als das Wesen, das nur er selbst ist, weil es immer schon vom anderen her ist und insofern als es beim anderen ist, kann vom Menschen gar nicht so

---

[26] Vgl. K. Rahner, Zur Theologie der Menschwerdung: Schriften zur Theologie IV 137-155, bes. 153f.

[27] Vgl. J. Ratzinger, Einführung (Anm. 14) 197-221; Zitat: 220.

gesprochen werden, als sei er als der Einzelne und Einmalige schon voll verstanden. Das aber ist auch in der Erklärung des *christlichen* Personbegriffs viel zu lange geschehen[28]. Erst in der neuzeitlichen Philosophie wird der Mensch wieder als das Wesen gesehen, das durch seine Sprache in Geschichte und Gesellschaft hineinverflochten ist und sich am Medium des ihm Vorgegebenen auf seine und der Nachwelt Zukunft hin verwirklichen muß.

Die gesellschaftliche Weise, in der das Heil an den Menschen herantritt, die Kirche also, hat es mit diesem in Gesellschaft und Geschichte eingespannten Einzelmenschen zu tun. Doch die Einzigartigkeit des Menschen ist dann erneut zu betonen. Denn die Einflußnahme auf das Netz, in das die Menschen verflochten sind, ist nur durch den Einzelnen möglich, der in seiner Geistigkeit auch immerzu das Netz transzendiert und seine Mitmenschen aus einer Form der Verflochtenheit in eine andere überführen kann.

Von Jesus Christus aber lehrt das Christentum, daß er das Geflecht des Unheils in der Menschheit schlechthin für *alle* Menschen zerrissen und den Raum der Freiheit und des Heils wiederhergestellt hat. Um dieses Ziel "für alle" zu erreichen, mußte er so sehr er selbst sein, daß es ihn schließlich das Leben kostete.

9. Mitsein als Fürsein

Das menschliche Mitsein erweist sich damit als Fürsein. Die klassische Stelle, die das Fürsein im Christentum zum Ausdruck bringt, sind die Wandlungsworte der Eucharistiefeier. Die Neuformulierung dieser Worte, die sich mit der Freigabe neuer Kanontexte ergeben hat, verstärkt den Eindruck. Denn dem Brotwort "Das ist mein Leib" ist der Zusatz "der für euch hingegeben wird" angefügt worden. Im Blutwort aber heißt es statt "das für euch und für *viele* vergossen wird zur Vergebung der Sünden" jetzt, dem hebräischen Verständnis der "vielen" entsprechend, "... mein Blut, das für euch und für *alle*

---

[28] Zu einem relational statt individual bestimmten Personenverständnis vgl. u.a. meinen Exkurs in: W. Böld u.a. (Hg.), Kirche in der außerchristlichen Welt. Regensburg 1967, 134-141; auch H. Waldenfels, Offenbarung (Anm. 19) 95-103.142-152.232-236; H. Mühlen, Das Vorverständnis von Person und die evangelisch-katholische Differenz. Münster 1965. J. Ratzinger, Einführung (Anm. 14), spricht sich klar in dieser Weise aus; vgl. 123f.140-150.

vergossen wird zur Vergebung der Sünden". Die am Kreuze ausgestreckte Herrengestalt kündet von dem "für alle".

Erweist sich der Einzelmensch in der Besinnung auf seine Leiblichkeit als offen für die Mitwelt und die Mitmenschen, so wird in diesem zweiten Schritt das Mitsein selbst nochmals aufgesprengt. Der Mensch kann sich nicht damit zufriedengeben, daß er einfach "für sich selbst" lebt, gleichsam in Duldung der anderen neben sich, sondern er muß mit ihnen leben, indem er für sie lebt. Das bedeutet für dieses Leben den ständigen Exodus aus dem Ägypten selbstverschuldeter Sklaverei, ein "Hinausgehen zu Christus außerhalb des Lagers" (Hebr 13,13), das Sterben des Weizenkorns, auf daß es viele Frucht bringe (vgl. Joh 12,24).

10. Geschenk und Gnade

Diese Situation verdankt der Mensch nicht sich selbst. Zwar versucht er seit Anbeginn der Welt die Initiative an sich zu ziehen, ob er sich nicht doch sein Glück selbst schaffen könne. Adam greift nach dem Baum der Erkenntnis (Gen 2). Prometheus streckt die Hand nach dem Feuer aus. Die christliche Kirchengeschichte berichtet von einem ständigen Kampf zwischen Pelagianismus und Prädestinatianismus. Dasselbe Ringen läßt sich beobachten zwischen marxistisch-leninistischer Zukunftsutopie und christlichem Eschatologismus. Fernöstlich-buddhistisch stehen sich im Zen-Buddhismus und Amida-Buddhismus in ähnlicher Weise die Grundgestalten gegenüber: *jiriki*, das Vertrauen auf die eigene Kraft, und *tariki*, das Vertrauen auf die Kraft eines anderen[29].

In dieses Menschheitsringen um die rechte Weise dankenden Annehmens oder aktiven Selbstschaffens hinein kündet das Christentum: Der Mensch ist derjenige, der immer schon sich selbst und seine Existenz empfangen hat. Nicht ohne Grund hat Fr. v. Baader dem cartesianischen "Cogito, ergo sum" ("Ich denke, also bin ich") sein "Cogitor, ergo sum" ("Ich werde gedacht, darum bin ich") entgegengesetzt[30]. Doch hängt der Mensch nicht nur in seiner Existenz, sondern letztlich auch in seiner Heilsvollendung von einem anderen ab.

Aus dieser Einstellung zum geschenkhaft Vorgegebenen erwächst dem Christentum die positive Einstellung auch zum Ge-

---

[29] Die Unterscheidung findet sich auch in NA 2; vgl. dazu H. Dumoulin in LThK.E II 483.485.

[30] Vgl. J. Ratzinger, Einführung (Anm. 14) 200f.

ringsten und Unauffälligsten, zum Zufälligen und Geschichtlichen. Loslösung von egoistischer Selbstverkrampfung, vom falschen Ego, das sich in der Isolierung zu retten sucht (vgl. Mk 8,35), geschieht aber - das wissen auch die östlichen Religionen - *letzten Endes* nur als endgültige Befreiung.

11. Endgültigkeit

Letztlich bietet jede Religion irgendwie Ewigkeit und Endgültigkeit an. Erst der Anspruch der Endgültigkeit bewirkt dann auch den Absolutheitsanspruch. Das gilt auch, wo das Suchen als das Endgültige verkündet wird. Alles, was endgültig ist, läßt keine Überbietung mehr zu; es kann nicht aufgehoben werden, ohne damit in die Relativität und in den Widerspruch zurückzufallen. Je ausgeprägter das Gefühl endgültigen Habens und Besitzens ist, um so störender wirkt der Absolutheitsanspruch. Denn immer ist er dann von dem Vorwurf begleitet, daß die anderen "Habenichtse" sind, denen etwas fehlt. Pharisäisches Überheblichkeitsgefühl und unerträgliche Selbstsicherheit sind nicht selten die Folge. Demgegenüber wirkt der Anspruch, daß der Mensch stets auf der Suche ist, bescheiden, demütig, menschlich, sympathisch. Man versteht, daß das Christentum hier nochmals als das Unsympathische erscheint[31].

Die Endgültigkeit des Christentums wird damit begründet, daß das Unwahrscheinlichste eingetreten ist, daß nämlich der Ganz-Andere des Menschen in das Ganz-Andere seiner selbst eingetreten ist und den Menschen in seine letzte Möglichkeit übergeführt hat: Gott wird Mensch[32]. Diese Möglichkeit bietet sich nicht von seiten des Menschen her an, sondern nur von seiten Gottes. Dessen Möglichkeiten aber kann der Mensch nur gleichsam ins Nach-hinein zur Kenntnis nehmen; errechnen oder gar begrenzen kann er sie nicht. An dieser Stelle scheitert der Einspruch des Ungläubigen gegen das Christentum[33].

Jeder Mensch steht vor dem Anspruch des Christentums, daß Gott selbst die letzte Möglichkeit des Menschen und damit

---

[31] Daran muß man festhalten, will man nicht schließlich doch im Unverständnis gegenüber dem eigentlich Christlichen am Ende bei G. Mensching, Radhakrishnan u.ä. enden; vgl. dazu etwa, wie H. Halbfass, Fundamentalkatechetik. Düsseldorf 1968, 234-246 passim, den Absolutheitsanspruch des Christentums beleuchtet.

[32] Vgl. außer dem in Anm. 26 genannten Aufsatz K. Rahner, Probleme der Christologie von heute: Schriften zur Theologie I, bes. 184-194.

[33] Vgl. hierzu, was H. Thielicke, Der evangelische Glaube I. Tübingen 1968, zu den Grundtypen neuzeitlicher Theologie ausführlich darlegt.

seine Vollendung bewirkt hat, indem er selbst Mensch geworden ist und das Leben eines Menschen in menschlicher Weise, das heißt in all der damit gegebenen Relativität und der doch zugleich gegebenen Offenheit für das Absolute, zu Ende, das heißt bis zum Tode, geführt hat. Daß dieses "Schon" für die Gesamtmenschheit zugleich "noch-nicht" bedeutet, hat das Christentum niemals ganz vergessen. Auf der einen Seite geschieht Vereinigung, "Kommunion", so sehr, daß Paulus sagen kann: "Ich lebe - nein, nicht mehr ich, sondern Christus lebt in mir" (Gal 2,20). Auf der anderen Seite wartet selbst Christus als "Erstling der Entschlafenen", daß ihm "einmal alles unterworfen wird"; erst "dann wird auch der Sohn selbst sich Ihm unterstellen, der ihm alles unterworfen hat, damit Gott alles in allem sei" (1 Kor 15,27f.).

Doch auch so wird "man" sich gegen das Christentum sträuben, weil sein Anspruch so völlig unglaublich - wir sagen nicht: unglaubwürdig! - und unerwartet ist. Gegenüber der Grundsatzfrage nach Wahrheit und Lüge des christlichen Absolutheitsanspruchs klingt denn auch die Frage, ob nicht durch die Endgültigkeit der Heilstat Christi die Zukunft relativ unbedeutend wird, fast schüchtern und kleinlaut. Tatsächlich ist Jesus von Nazaret, wenn der Anspruch zutrifft, den die christliche Lehre erhebt, Anfang und Ende zugleich.

> Die Menschheit kann nicht weiter und höher kommen, als er ist, denn Gott ist das Weiteste und Höchste; jeder scheinbare Fortschritt über ihn hinaus ist ein Sturz ins Leere. Sie kann nicht über ihn hinauskommen - insofern ist Christus das Ende; aber sie muß in ihn hineinkommen - insofern ist er erst der wirkliche Anfang.[34]

Im christlichen Verständnis geht es bei der besprochenen Endgültigkeit aber um die Endgültigkeit Gottes. Er ist endgültig an der Welt wirksam geworden. Das ist der Grund der Hoffnung, die das Christentum verleiht, aber auch der Grund dafür, daß sich der Christ auf eine Zukunftsgeschichte einstellt, die bereits eine endgültige Ausrichtung hat. Letztlich aus diesem Grund gibt es für den Christen auch - bei aller Offenheit für neue Sichtweisen, Formulierungen und Aussagen - unüberholbare, endgültige Glaubenssätze[35].

---

[34] So J. Ratzinger, Einführung (Anm. 14) 215.

[35] Die an dieser Stelle offenen Fragen des Dogmas und der Dogmenentwicklung sind noch nicht abgeschlossen. Es muß aber der Eindruck vermieden werden, als sei aufgrund des magischen Wortes "Dogmenentwicklung" gleichsam jede denkbare Neuaussage, selbst gegen den ursprünglichen Glaubenssinn, nur um des Neuen bzw. der scheinbar erreichten neuen Verständlichkeit willen schon gerechtfertigt. Auch heute ist nicht jede Aussage im Raum des Christentums möglich und erlaubt. Nur sucht sich die Geschichte leider meistens ihren Weg zwischen den Extremen.

Die so verstandene End-Gültigkeit des Christentums aber versetzt den Menschen in den Stand, kritisch unterwegs zu bleiben, sich in keiner noch so endgültig erscheinenden Situation einzunisten und im Aufbruch zu neuen, unentdeckten Ufern zu verharren. In ihr dürfen wir den eigentlichen Grund für die gesellschaftskritische Funktion des Christentums erblicken[36]. Christlich ist es, sich nicht von den gesellschaftlichen Leitbildern, Slogans und Schlagwörtern einfangen zu lassen, nicht den Apparat, die Institution, das Establishment mit all seinen Gesichtern Herr über den Menschen werden zu lassen und unvertauschbarer Einzelmensch, Person zu bleiben inmitten aller Künste der Manipulation[37]. Daß all das, was christlich im Hinblick auf die menschliche Zukunft gesagt wird und vielleicht unerwartete Aspekte aufdeckt, im Blick auf Jesus Christus, genauer gesagt: von dorther gesagt wird, muß hier These bleiben.

End-Gültigkeit des Christentums darf aber nicht so mißverstanden werden, als ob das Christentum auch in seinen gesellschaftlichen Formierungen, den Kirchen und kirchlichen Gemeinschaften, zumindest der römisch-katholischen Kirche, unüberholbar sei. Zwar muß es immer Kirche geben, aber eine Kirche, die ständig der Reform und Neuformung bedarf[38].

Insofern als Gottes Wort im Menschenwort ergehen muß und Menschenwort als Menschenwort unmittelbar gesellschaftlich wirksames, operatives Wort ist, das die Menschen um das Wort Gottes sammelt, ist Kirche als Sammlung einer Gemeinde des

---

[36] Vgl. dazu J.B. Metz, Zur Theologie der Welt. Mainz 1968, 112-116. 122-126 u.ö. Metz formuliert denn auch: "Als gesellschaftlich partikulare Institution kann die Kirche ihren universalen Anspruch gegenüber der Gesellschaft nur dann ohne Ideologie formulieren, wenn sie ihn *als Kritik* darstellt und zur Geltung bringt." - Daraus ergibt sich: "*Einmal* wird sichtbar, wieso die Kirche in ihrer Definition als gesellschaftskritische Institution am Ende nicht doch zu einer politischen Ideologie wird. Keine politische Partei kann sich nämlich nur als solche Kritik etablieren, und keine politische Partei kann andererseits das zum Inhalt ihres politischen Handelns machen, was der Horizont für diese kirchliche Kritik der Gesellschaft ist, nämlich das Ganze der Geschichte unter dem eschatologischen Vorbehalt Gottes. *Zum anderen* ergibt sich gerade aus dieser kritischen Funktion der Kirche gegenüber der Gesellschaft die grundsätzliche Möglichkeit zur Kooperation mit anderen nichtchristlichen Institutionen und Gruppen..." (115).

[37] Das Problem verschärft sich, wenn man bedenkt, daß der Mensch nicht nur der Fremdmanipulation ausgesetzt ist, sondern sich auch der Möglichkeit der Selbstmanipulation gegenübersieht; dazu K. Rahner, Experiment Mensch: Schriften zur Theologie VIII 260-285.

[38] Dazu H. Küng, Die Kirche. Freiburg u.a. 1967, 399-405; K. Rahner, Sündige Kirche nach den Dekreten des Zweiten Vatikanischen Konzils: Schriften zur Theologie VI 321-347; H.U. v. Balthasar, Casta Meretrix: Ders., Sponsa Verbi. Einsiedeln 1961, 203-305.

Wortes Gottes notwendig. Insofern aber, als die Kirche Kirche von Menschen ist und alles Menschliche einerseits die Tendenz hat, sich endgültig zu setzen, sich jedoch anderseits keine feste Stätte in dieser Welt gründen darf und darum offenbleiben muß für die Zukunft, die auf den Menschen erst zukommt, steht auch die Kirche unter dem gleichen Gesetz: Sie möchte sich selbst endgültig setzen und muß doch immer neu in die Offenheit auf Zukunft hin versetzt werden. Verliert die Kirche ihre Offenheit, dann wird sie selbst unfähig, Offenheit zu erzeugen (vgl. Mt 5,13).

Die Offenheit für die Zukunft aber erfordert Mut zum Experiment. Denn in das Unbekannte hinein gibt es immer nur ein *aktives* Sich-Vorantasten. Tastende Schritte gehen nicht selten daneben. Dürfen aber Schritte verboten werden, weil die Gefahr des Danebentretens besteht? Müssen, wenn man genau weiß, daß das Suchen nach Wegen auf unbegangenem Grund immer ein mühsames Unterfangen ist, unbedingt die Warntafeln vermehrt werden? Wäre es nicht besser, daß die Kirche - wie einst die Missionare, die sich auf den Weg in unbekannte Lande machten - heute diejenigen segnete, die oft nicht ohne Bangen den Weg wagen? Ist es so verwunderlich, wenn sonst so manche der Besten zu resignieren beginnen, das Engagement in der Kirche schwächer wird und die Menschheit immer unwilliger, die Stimme der Kirche zu hören?

All diese Fragen betreffen nicht den eigentlichen Anspruch, den die Kirche in ihrer Verkündigung erhebt, wohl aber die Folgerungen, die immer neu in menschlich-allzu menschlicher Weise aus ihm gezogen werden. So geht denn das Gespräch über den Absolutheitsanspruch des Christentums weiter. Man wird sich weiter an dem unverdaulichen Absolutheitsanspruch stoßen. Das ist unvermeidlich, da das Christentum Jesus von Nazaret nicht aufgeben kann, ohne sich selbst aufzugeben.

Vielleicht kann man auch sagen, daß die Frage nach dem christlichen Absolutheitsanspruch zur Frage nach dem Verhältnis von Macht und Dienst, Autorität und Freiheit, Tradition und Charisma wird. Die Überwindung eines falschen Absolutheitsanspruchs würde dann im ständig neu zu vollziehenden Bruch mit Macht, Autoritätsmißbrauch und falsch verstandener Traditionsbindung bestehen. Der gültige Absolutheitsanspruch aber würde sich in der stets neuen Hingabe an den Dienst am Menschen, an die Freiheit und das charismatische Wirken des Geistes Christi offenbaren. An diesem Punkte aber muß man auf Rezepte verzichten.

Kap. 13: Das Christentum im Streit der Religionen um die Wahrheit

1. Die Unvermeidbarkeit der Wahrheitsfrage

Das Christentum ist heute eine Religion unter anderen. Das gilt nicht nur in einer theoretisch-wissenschaftlichen Betrachtung der Phänomene, sondern ist Teil des Erlebnishorizontes der meisten Menschen.

Angesichts der vielen religiösen wie nichtreligiösen Lehr- und Lebensangebote erhebt sich die Frage nach dem *richtigen* Weg. Die Relativierung der Richtigkeit auf "richtig *für mich*" läßt offen, ob für den einen dieser, für den andern jener Weg der richtige ist. Eine solche Einstellung öffnet sich in Toleranz dem Andersdenkenden. Religionsfreiheit ist heute schon deshalb ein gesellschaftlich notwendiges Recht, weil viele Zeitgenossen sich angesiedelt wissen im Raum *zwischen* einem Christentum, dem sie zwar durch die Kindertaufe noch organisatorisch eingegliedert sind, mit dem sie sich aber im Prozeß der Lebensreifung nurmehr partiell oder gar nicht mehr identifizieren, *und* alternativen Lebens- und Sinnentwürfen religiöser und nichtreligiöser Art.

Allerdings wird die *Wahrheits*frage hinsichtlich der Religion heute vielfach verdrängt und ersetzt. Wichtig erscheint die Frage nach dem *Heil*, dem Heilsverständnis und der Heilsbedeutsamkeit der Religionen; jedenfalls ist eine Religion ohne Heilsangebot keine wahre Religion. Die Wahrheitsfrage wird zumal dort zurückgedrängt, wo neben Theologie und Religionsphilosophie andere Wissenschaften ihre Kompetenz für die Beschäftigung mit der Religion anmelden. So fragen Human- und Gesellschaftswissenschaften weniger nach der Wahrheit als nach der *Funktion* der Religion im individuellen wie im gesellschaftlichen Leben. Dabei wird vorausgesetzt, daß das, was sich nicht funktionalisieren läßt, keinen sinnvollen Platz im Leben der Menschen hat, daß es unnütz oder gar schädlich ist. Hier wirkt sich aus, daß man sich mit dem Phänomen Religion beschäftigen kann, ohne von Religion existentiell betroffen zu sein. Das gilt in starkem Ausmaß auch für die Religionswissenschaft in ihren verschiedenen Zweigen. Vielfach wird in ihr von der Wahrheitsfrage abgesehen und das Bemühen um eine detaillierte Deskription des Phänomens in den Vordergrund gestellt. Je nachdem, welcher Begriff von Religion, Erkenntnis, Wissenschaft und Wahrheit zugrunde gelegt wird, erscheint die Wahrheitsfrage im Bereich der Religion nicht einmal mehr zulässig[1]. Doch auch wo der Mensch von der Religion betroffen ist, blockiert das Erlebnis religiöser Pluralität weithin die Wahrheitsfrage. Entsprechend vielfältig sind heute die Reaktionen auf das Phänomen der Pluralität:

- Für eine *skeptisch-verweigernde Haltung* läßt der Mangel an Information und Übersicht über das Ganze des religiösen Angebots kein abwägendes Urteil zu.
- *Pragmatischer Haltung* erscheinen alle Religionen gleichwertig; die Zugehörigkeit zu einer bestimmten Religionsform verdankt sich letztlich der zufälligen Herkunft des einzelnen, und so wird auch das Verbleiben darin bzw. der Wechsel von einer Religion zu einer anderen mehr oder weniger beliebigem Verhalten überantwortet.
- In *selektiv-synkretistischer Haltung* unterscheidet der einzelne zwischen Religionen und Religiosität und wählt für sich aus den verschiedenen Religionen, was ihm gut und hilfreich erscheint. Religion wird zur "Privatsache" erklärt und jedem gestattet, "nach seiner Fasson" selig zu werden.
- *Konservativ-ängstliche Haltung* bleibt der eigenen, vertrauten Religion verbunden. Man möchte in seiner Sicherheit nicht erschüttert werden und sperrt sich daher gegen Fremdeinflüsse.

Jede der genannten Haltungen nimmt gewollt oder ungewollt auch Stellung zur Wahrheitsfrage. Der skeptisch Sich-Verweigernde läßt die Frage nach Wahrheit offen, zumeist gar im Bewußtsein, daß sie für immer ungelöst bleibt. Der Pragmatiker begnügt sich mit einer vordergründigen Rationalität seines Verhaltens und verzichtet auf eine Lösung der letzten Wahrheitsfragen nach Woher und Wohin; er "muß ja trotzdem leben". Der Synkretist macht seine eigene Gestimmtheit zum Maßstab der religiösen Option, ohne sich *einem* Anspruch voll auszusetzen; nicht die Religion bindet hier den Menschen, sondern der Mensch bindet die Religion. Der konservativ Ängstliche schließlich steht wohl zu seiner Religion als der wahren, fühlt sich aber unfähig, sie im Streit der Wahrheitsansprüche zu vertreten.

---

[1] Vgl. D. Wiebe, Religion and Truth. Towards an Alternative Paradigm for the Study of Religion. The Hague 1981; auch J. Hick (Hg.), Truth and Dialogue. The Relationship between World Religions. London 1974; St.Ch. Neill, Die Wahrheit in den Religionen: H.-R. Müller-Schwefe (Hg.), Was ist Wahrheit? Göttingen 1965, 137-161.

So scheint die Wahrheitsfrage auch dort durch, wo sie verschwiegen wird. Gerade angesichts des pluralen Angebotes von Lehren und Wegen ist die Pilatusfrage nicht zu überhören: Was ist Wahrheit?

2. "Wahrheit" als religiöses Problem

"Kaum ein anderer Grundbegriff der philosophischen Tradition beansprucht eine so zentrale Relevanz und ist gleichzeitig einer so großen Bedeutungsschwankung und -unbestimmtheit unterworfen wie der Begriff der Wahrheit."[2] Jahrhundertelang bestand grundlegende Übereinstimmung im Verständnis dessen, was Wahrheit ist; sie ist anscheinend weithin zerfallen. Das zeigt sich in den verschiedenen Wahrheitstheorien[3].

Die verschiedenen Standpunkte kommen aber in Zustimmung, Modifikation und selbst kritischer Ablehnung an der klassischen Formel *veritas est adaequatio rei et intellectus* als Bezugspunkt nicht vorbei - auch wenn die drei Termini des Satzes *res, intellectus* sowie deren *adaequatio* je für sich und im Verhältnis zueinander problematisiert werden. Allerdings bleibt in der klassischen Formel der Standpunkt, von dem aus die *adaequatio* vollzogen wird, und damit auch das handelnde Subjekt verborgen. Wird auf das Subjekt des Wahrheitsgeschehens reflektiert, dann tritt die Frage nach dem *Sinn* in den Vordergrund der Besinnung.

Zwischen Sinn und Wahrheit besteht ein enger Zusammenhang[4]. Allerdings darf Wahrheit nicht in einer allgemeinen Sinnfrage aufgehen. Es darf auch nicht die *ratio* des Menschen zum Maßstab dessen erhoben werden, was ist und nicht ist, was sein kann und sein darf. Der Mensch muß sich als ein Wesen anerkennen lernen, das offen bleibt für das Unberechenbare, Unerwartete und Geschenkte. Ein solches Verständnis sieht Wahrheit primär als einen Grundzug dessen, was ist, und erst abkünftig davon als Eigenschaft des Erkenntnisurteils. Es ist auch dort wirksam, wo die Wahrheitserkenntnis des Menschen als Teilhabe an der Wahrheit des göttlichen *intellectus* gesehen wird und sich so - wie im abendländisch-religiösen Denken

---

2 Vgl. Art. Wahrheit (L.B. Puntel): HPhG 1649-1668; Zitat: 1649.

3 A. Schwan, Pluralismus und Wahrheit: CGG 19, 143-211, beschreibt "fünf exemplarische Grundlegungen des Pluralismus durch philosophische Wahrheitstheorien" (189-198); vgl. auch L.B. Puntel, Wahrheitstheorien in der neueren Philosophie. Darmstadt 1978.

4 Vgl. G. Sauter, Was heißt: nach Sinn fragen? München 1982.

- die Wahrheitssuche des Menschen auf Gott und seine Zuwendung zur Schöpfung bezieht.

Im Bereich des Religiösen und der Religionen hat es die Wahrheit zu tun
- mit der Grundinspiration der jeweiligen Religion,
- mit den Mythen und Symbolen, ihrer Bedeutung und Wirkung,
- mit der Lehre und ihrer Ausformung in Bekenntnissen, Sätzen und Glaubenssystemen,
- mit der persönlichen Betroffenheit und der existentiellen Aneignung der religiösen Inspiration im persönlichen und gesellschaftlichen Leben, mit Heilsfindung und Selbstverwirklichung, dem Identifizierungsprozeß, den der einzelne als religionsgebundener Mensch durchmacht.

Deshalb ist die religiöse Wahrheitsfrage nur vieldimensional zu bestimmen. Es geht um Wahrheitserkenntnis, Wirklichkeitsbezug und Selbstfindung, um Wahrheit im Sprechen wie im Handeln und Verhalten, im persönlichen Vollzug und im Religionssystem[5]. Deshalb kann der Wahrheitsstreit des Christentums mit den anderen Religionen nicht nur auf der dogmatischen Ebene entschieden werden. Die anderen Religionen werden in ihrem Anspruch verfehlt, wenn dieser einseitig mit den Maßstäben christlicher Ortho*doxie* gemessen wird auf der Ebene des Vergleichs von Lehraussagen. Gewiß sind diese nicht unwichtig, daher auch nicht "gleich-gültig". Aber das Wesen einer Religion wird nur dort getroffen, wo der sich mit ihr Beschäftigende von ihr auch "betroffen" ist.

Jede Religion ist auf ihr eigenes Verständnis von Wahrheit hin zu prüfen. Dieses hat es mit dem Wirklichkeitsverständnis im ganzen zu tun, mit der Welt, in der wir leben, ihrem Woher und Wohin, mit uns selbst nach Herkunft und Zukunft, Macht und Ohnmacht. In ihm geht es auch um die Eigenart der einzelnen Religion, ihrer Geschichte, Lehre und Praxis. Dabei zeigt sich, daß der Wahrheitsstreit eine existentielle Wahrheitssuche einschließt, die kein intellektuelles "Glasperlenspiel" (H. Hesse) ist, sondern ein "Wahrheit-Tun" (vgl. Joh 3, 21) umfaßt. In der Theologie kommt diese Horizonterweiterung dadurch zum Ausdruck, daß der Begriff "Ortho*doxie*" als "Rechtgläubigkeit" im Sinne einer richtigen Glaubenssprache durch den Begriff "Ortho*praxie*" als "Rechtverhalten" im Sinne einer der Wahrheit des Glaubens gerecht werdenden Praxis erweitert wird.

Damit sind für die Wahrheitsfrage in den Religionen folgende Gesichtspunkte vorgegeben:

---

[5] Vgl. D. Wiebe, Religion (Anm. 1) 171-228.

1) Es ist nicht ein bestimmter Wahrheitsbegriff zu unterstellen; es muß vielmehr für das Wahrheitsverständnis der Religionen aus den Religionen jeweils neu erhoben werden, was sie selbst unter Wahrheit verstehen.
2) Es reicht nicht aus, nur die expliziten Wahrheitsansprüche oder Wahrheitstheorien einer Religion zu erheben, sondern es ist in den verschiedenen geschichtlichen Religionen auf deren Grundinspiration und Wirklichkeitsverständnis und die darin enthaltene Antwort auf die Sinnfrage der Menschen zu achten und daraus der Wahrheitsbezug zu erschließen.
3) Bei der Wahrheitsfrage geht es somit nicht allein um sprachlich-satzhaft greifbare Wahrheiten, sondern immer auch um die in der menschlichen Existenz und deren umfassendem Wirklichkeitsbezug erfahrene und verwirklichte Wahrheit.
4) Die abendländischen Grundworte für "Wahrheit" - im Griechischen *alētheia* = Unverborgenheit und im Hebräischen *'emet* = Beständigkeit/Treue - sind in ihrer abendländischen Wirkungsgeschichte eine bedeutsame Hilfe für den Dialog der Religionen; gerade in ihrem verschiedenartigen Ansatz sind sie eine Hilfe dafür, daß nicht ein bestimmter Teilaspekt zur Norm des Religionsdialogs wird.

3. "Wahrheit" in den Religionen

Wir beschränken uns auf die Religionen, die in der Erklärung *Nostra aetate* zur Sprache kommen. Die Auswahl von Hinduismus, Buddhismus, Islam und Judentum ist schon deshalb nicht willkürlich, weil diesen Religionen in der Begegnung mit dem Christentum wirkungsgeschichtlich bislang die größte Bedeutung zukommt.

a) Judentum

Die Behandlung des Judentums im Kreise nichtchristlicher Religionen ist nicht unproblematisch. Einerseits schafft diese Zuordnung eine Distanz zum Judentum, das nicht nur unter dem Vorzeichen "*nicht*-christlich" betrachtet werden kann. Andererseits brächte ein Übergehen des Judentums die Gefahr mit sich, daß es in seiner Eigenständigkeit als Religion nicht ernstgenommen wird.

Tatsächlich ist die Haltung des Christentums dem Judentum gegenüber komplex:
(1) Für das Christentum ist das Judentum der bleibende Mutterboden, aus dem nicht nur Jesus von Nazaret und

seine ersten Jünger stammen, sondern dem es auch wesentliche Grundanschauungen, das Gottesbild Jesu, weithin das Welt- und Menschenbild und die daraus entwachsenden Haltungen verdankt.
(2) Dieses Grunddatum wurde dadurch verdunkelt, daß sich das Christentum schon in neutestamentlicher Zeit absetzte vom Judentum, von dem es seinerseits abgelehnt wurde. Das hatte eine lange, bittere Geschichte der Verfolgung der Juden durch Christen zur Folge bis zum "Antisemitismus" unserer Tage.
(3) Die bleibende Dialektik von Rezeption der jüdischen Religiosität - "*Altes* Testament" - und "Aufhebung" des Jüdischen im Christlichen - "*Neues* Testament" - darf dennoch nicht dahin führen, daß das Judentum nur auf das Christentum hin funktionalisiert wird; vielmehr hat das Judentum - zusammen mit den anderen Religionen- das Recht, in seiner ihm auch heute gültigen Sicht respektiert zu werden.

C. Thoma hat das Judentum umschrieben "als eine ethnische Bundesgemeinschaft mit dem Gott Israels, welche im Besitz des Landes Israel und der Sprachen Israels sowie in einer Aktualisierung der eigenen Vergangenheit und der Zukunftserwartungen ihre wichtigsten Fixpunkte besitzt"[6]. Damit bilden Bund, Land, Sprache, Vergangenheitserinnerung und Zukunftsverheißung die entscheidenden Punkte des Koordinatensystems, in dem die jüdische Religiosität sich bewegt.

Tatsächlich lassen sich diese Punkte schon überall da nachweisen, wo die Erforschung des frühen Judentums auf historisch sicheren Grund stößt. Die aus dem babylonischen Exil 538 v. Chr. nach Jerusalem Heimgekehrten verstanden sich als "Rest Israels", als Überlebende jener zwölf Stämme, die sich von ihrem Gott Jahwe aus Ägypten in das Land der Verheißung geführt glaubten. Der Bundesschluß dieses Gottes mit Israel am Sinai (um 1250 v. Chr.; vgl. Ex 19f) war für die unter Führung des Mose Ägypten verlassenden Israeliten der Beginn eines Treueverhältnisses, von dem Licht in die Vergangenheit wie in die Zukunft fiel. Vom Sinaibund her ist von einer Serie von Bundesschlüssen die Rede, zunächst mit den Patriarchen seit Abraham, dem Stammvater des Volkes, dann im umfassenderen Horizont der Noachgeschichte, schließlich beim Ursprung der Welt. War Jahwe der Bundesgott, der Israel seine besondere Liebe und Zuneigung unwiderruflich schenkte, so wurde er zusehends auch als Gott des Universums, als "Schöpfer des Himmels und der Erde", erkannt. Als Zeichen göttlicher Treue enthalten die Bundesschlüsse die doppelte Verheißung des Landes und des Fortlebens in einer großen Nachkommenschaft. Den damit eröffneten Ausblick in die Zukunft, ge-

---

[6] Vgl. Art. Judentum (C. Thoma): SM II 983-993; Zitat: 989.

lernt in wachgehaltener Erinnerung und in der Bewährung der Verheißung in der eigenen geschichtlichen Erfahrung, sah Israel bestätigt in der Herausführung wie aus der Knechtschaft Ägyptens, so aus der Zerstreuung des Volkes im Exil, wo ein heiliger "Rest Israels" sich nicht in die Siegervölker hinein auflöste, sondern am Treuebund mit seinem Gott festhielt.

Die Heilige Schrift des Judentums, die Tora, stellt in einem ein Stück Urgeschichte des Umgangs Gottes mit seinem Volk, das Gesetz des Bundes und die Lehre vor. Die damit vermittelte Grundinspiration ist bis heute in der Geschichte des Judentums erkennbar, auch wenn nicht alle Züge (etwa die Landverheißung) zu allen Zeiten in gleicher Weise bedeutsam erscheinen. Zentral bleibt Israels Bindung an den einen Gott, der gegen alle fremden Götter sich in der Geschichte seines Volkes wirksam kundtut. Für ein vertieftes interreligiöses Gespräch wird die Geschichte dieser Gottesvorstellung wachsende Bedeutung gewinnen[7]. Israel erfährt diesen Gott als einen sprechend-handelnden (vgl. Dtn 6,4: "Höre, Israel!"), zu dem das Volk seinerseits in ein dialogisches Verhältnis gesetzt ist (vgl. Ps 28,1f: "Zu dir rufe ich, Herr, mein Fels ... Höre mein lautes Flehen ..."). Bei aller Betonung seiner Nähe - Emmanuel = "Gott mit uns" - muß Israel doch zugleich bekennen, daß er nicht zur Welt gehört, sondern die Welt in ihm den "Schöpfer des Himmels und der Erde" preist. Das Verhältnis von Schöpfer und Schöpfung vollzieht sich somit in Geschichte; es ist nicht ein für allemal beschlossen, sondern geschieht je und je in der freien Zuwendung von Gott und Mensch.

Der treue Vollzug der Gott-Mensch-Beziehung macht für das Judentum die "Wahrheit" aus. Zu den im Christentum unvergessenen jüdischen Erbstücken gehört das bis heute in fast alle Sprachen unübersetzt übernommene "Amen". In früherer Zeit lautete die Übersetzung der Formel "Amen, ich sage euch" einfühlsam: "*Wahr*lich, ich sage euch".

Auch ohne genauere Untersuchung der einzelnen Begriffe[8] ist festzuhalten, daß das jüdische Wahrheitsverständnis angesiedelt ist im Umfeld von *'mn* = fest, sicher sein, sich als zuverlässig erweisen, treu sein. Entsprechend häufig werden

---

[7] Vgl. N. Lohfink, Die Religion der Patriarchen und die Konsequenzen für eine Theologie der nichtchristlichen Religionen: Ders., Bibelauslegung im Wandel. Frankfurt 1967, 107-128, auch die Zusammenfassung; ders., Das Jüdische im Christentum. Die verlorene Dimension. Freiburg u.a. 1987; M. Eliade, Geschichte der religiösen Ideen I. Freiburg u.a. 1978, 155-176.

[8] Vgl. die einschlägigen Artikel in den Nachschlagewerken von G. Kittel (1933), L. Köhler/W. Baumgartner (1958), E. Jenni/K. Westermann (1971), G.J. Botterweck/H. Ringgren (1978).

in der Septuaginta sowohl *'emet* wie *'emunah* mit dem griechischen *alētheia* wiedergegeben. Dabei umschreibt der erste Begriff grundsätzlich die tatsächliche Wahrheit eines Vorgangs oder eines Sachverhalts. Er stellt die diese Wahrheit garantierende Person als wahrhaftig hin. Wo der Begriff in der religiösen Sphäre verwendet wird, besagt er, daß der gläubige Mensch sein Verhalten auf die Treue, aber auch die Gnadenerweise und das Erbarmen und in diesem Sinne auf die Wahrheit Gottes gründet.

Im Hinblick auf den Islam ist es hilfreich zu wissen, daß sich die Sprachfelder des Hebräischen und Arabischen stellenweise überschneiden. Dann aber spielen im Hinblick auf die Wahrheitsfrage auch Begriffe der Rechtssprache eine Rolle wie *sedakah* = Gerechtigkeit, Rechtschaffenheit, Wahrheit, Heil. Auch die Gerechtigkeit wird von Gott und Menschen ausgesagt. Die Nähe von "Wahrheit sagen" und "Recht sprechen" gibt aber ihrerseits der Frage nach der Wahrheit einen die Existenz des Menschen berührenden Ernst, der in der heutigen Aussagewahrheit nicht mehr in gleicher Weise empfunden wird.

Die christliche Theologie wird im Dialog mit dem Judentum gut daran tun, sich zunächst nicht auf die Ebene nachösterlicher dogmatischer Aussagen zu begeben, sondern bei der Erfahrung Gottes in der Juden wie Christen gemeinsamen Geschichte des auserwählten Volkes anzuknüpfen. Das ist um so wünschenswerter, als auch der Islam die Prophetengeschichte nach Abraham als ein Stück seiner eigenen Geschichte im Koran rezipiert hat und so die Begegnung der drei abrahamitischen Religionen einen gemeinsamen Ausgangspunkt gewinnt. Dem weiteren Weg des Judentums gegenüber stellt sich die bleibende Frage nach dem legitimen Verständnis Jesu als des Christus mit all den Konsequenzen, die sich für ein von ihm her motiviertes, vertieftes Gottesverständnis, aber auch für das Heil des Menschen und der Welt in Jesu Tod und Auferstehung ergeben.

b) Islam

Fragen wir nach dem Wahrheitsbegriff des Islam, so stoßen wir auf die arabische Wurzel *ḥqq*, deren ursprüngliche Bedeutung mit "dauernde Bestimmung" wiedergegeben wird. *Al-Haq* ist dann eine der von den Gläubigen hochgeschätzten Bezeichnungen Gottes. Sie nennt Gott den Wirklichen schlechthin, als Wirklichen dann auch den Wahren, die Wahrheit. Nur von Gott abgeleitet ist Wirklichkeit auch von der Schöpfung Gottes aussagbar, insofern diese an Gottes Wirklichkeit teilhat. Die diesem Gott geschuldete Haltung ist das Glaubensbekenntnis, in dem der Muslim sich dem Willen Gottes unterwirft.

> Neben diesem Wahrheitsverständnis gibt es ein deutlich zu unterscheidendes zweites: Der erste Kalif Abū Bakr wird häufig Aṣ-Ṣiddīq genannt, "der Wahrheitsliebende", "der, welcher sich jederzeit der Wahrheit annimmt oder sich für sie einsetzt". Der Titel ist abzuleiten von *ṣadaqa*, einem Begriff, der nicht von Gott, sondern von den Menschen ausgesagt wird; er betrifft nicht so sehr die tragende Wirklichkeit, sondern den Umgang der Menschen miteinander. Verbal ergeben sich dabei Bedeutungen wie: die Wahrheit sagen, sein Versprechen halten, Glauben schenken, zustimmen, billigen, als Freund behandeln, eine Brautgabe festsetzen, Almosen geben. Die Wahrheit reicht hier von der wahren Aussage über den Bereich des Rechtes und der Gerechtigkeit bis zur gesetzmäßig und freiwillig geübten Barmherzigkeit.

Auch ohne einen ausführlichen Vergleich ist erkennbar, daß es zwischen dem jüdischen und islamischen Wahrheitsverständnis Berührungspunkte gibt. Für den abendländischen Christen bedeutet eine solche Beobachtung die Einladung zu einer intensiveren Beschäftigung mit den semitisch-nahöstlichen Wurzeln des Christentums.

Der Dialog zwischen Christen und Muslimen wird vordringlich bei folgenden Fragekomplexen ansetzen müssen:
(1) Die Wirklichkeit schlechthin ist Gott. Als Schöpfer des Himmels und der Erde und als Richter am Ende der Tage ist er es, der alles bestimmt und dem sich alles im Gehorsam zu unterwerfen hat.
(2) Die Wirklichkeit Gottes ist dem Christen in Fülle erschlossen in Jesus Christus, dem Muslim im Koran. Damit ergeben sich für die beiden Religionen wesentliche Unterschiede in der Deutung der Offenbarung und ihrer Vermittlung, in der Einschätzung der Propheten, entsprechend auch Jesu Christi, sowie im Umgang mit der Heiligen Schrift.
(3) Die Differenzen im zweiten Fragenbereich haben ihre Konsequenzen im Bereich der theologischen Anthropologie, bei der Bestimmung der Stellung des Menschen vor Gott und in der Schöpfung. Einerseits ist das Erscheinungsbild des Islam noch immer stark fundamentalistisch, legalistisch und rigoristisch geprägt, andererseits widerspricht dem weithin die Geschichte der islamischen Mystik.

Zu prüfen wäre auch, wieweit die Faktoren, die den christlich-islamischen Dialog nur zögernd in Gang kommen lassen, dem Islam immanent, nicht durch die Negativgeschichte christlich-islamischen Umgangs bedingt sind. Auch bei nüchterner Einschätzung der Dialogsituation muß ein 'Gespräch zu dreien' angestrebt werden. Das ergibt sich schon aus der Tatsache, daß Judentum wie Islam in ihrem Selbstverständnis eine unübersehbare Verflechtung von religiösen und politischen Rücksichten zeigen. In beiden Religionen ist der Schöpfer *in* seiner Schöpfung zu preisen.

c) Hinduismus

Indien hat in der Neuzeit große Gestalten hervorgebracht, die heute für den christlich-hinduistischen Dialog hochbedeutsam sind: Ram Mohan Roy (1773-1833), Rāmakrishna (1834-1886), Vivekānanda (1862-1902), Gandhi (1869-1949), Aurobindo (1872-1950), Radhakrishnan (1888-1975).

Bei diesen Denkern stoßen wir auf Aussagen, die uns einen Zugang zur hinduistischen Einstellung zur Wahrheit vermitteln. Gandhis Autobiographie trägt bezeichnenderweise den Titel *Experiments with Truth.* Seine Absicht war es, aus den Menschen *satyagrahis* zu machen, d.h. solche, die gegen die Unwahrheit die Kraft und Macht der Wahrheit erweisen. "Wahrheit" leitet sich hierbei ab von *satya* bzw. *sat* = Wirklichkeit, Sein, Wesen, Existenz. Wahr ist folglich, was ist. Gandhi kehrt denn auch die Formel "Gott ist die Wahrheit" in die Formel "Die Wahrheit ist Gott" um. Mit *sat-cit-ānanda* wird in der Dreiheit von *sat* = Sein/Wahrheit, *cit* = Bewußtsein, *ānanda* = Seligkeit die höchste Verwirklichung des Göttlichen ausgesprochen, die in sich selbst zu verwirklichen jeder Mensch aufgerufen ist. Die Wahrheitssuche ist damit nicht nur ein Erkenntnisprozeß, sondern zielt auf Seinsverwirklichung ab[9]. Diese wird erreicht, wo alle denkbaren Zweiheiten in der Nichtzweiheit *(advaita)* "aufgehoben" sind und *ātman = Brahman*, Einzelseele und universaler Geist eins werden. Um diese Einheit bemühen sich Hindus auf vielfältigen Lebenswegen. Die innere Überzeugung von der letztendlichen Einheit der wahren Wirklichkeit macht den Hinduismus zugleich immun gegen jede Form eines exklusiven Absolutheitsanspruchs. An dessen Stelle tritt aber ein nicht minder einfordernder inklusiver Absolutheitsanspruch. Wenn der berühmte Kālīpriester Rāmakrishna sich rühmen konnte, nicht nur als Hindupriester, sondern auch vor einem Christusbild und auf islamische Weise die meditative Versenkung vollzogen zu haben, so war dies zugleich ein Beweis für die alles umfassende Weite des Hinduismus.

---

[9] Vgl. M. Gandhi, Freiheit ohne Gewalt. Hg. v. K. Klostermeier. Köln 1968, 79-105; auch: S.J. Samartha, Hindus vor dem universalen Christus. Stuttgart 1970, 83-104.

Deutlicher als im Falle der Abrahamsreligionen steht hier für den Christen die Frage nach *seiner* Gotteserfahrung im Raum. Sie kann nicht im Rückzug aus einer von Rationalität bestimmten Weltgeschichte gewonnen werden. Eine authentische Gotteserfahrung heute muß vielmehr gleichsam durch sie hindurch und in ihr im Sinne einer neuen Horizonteröffnung ermöglicht werden. Christlicherseits ist dazu eine mystagogische, d.h. ihrer Verpflichtung zur Einführung in das Mysterium bewußte Theologie gefordert.

d) Buddhismus

Es gehört zu den grundlegenden Auffassungen des Buddhismus, daß die Wahrheitsfrage zu "nichts" führe. Denn Antworten, die auf der logischen Ebene in Begriffen bestehen, auf der existentiellen Ebene im Sein als Substanz und Subjekt, verhaften den Menschen an etwas. Das Verhaftetsein beschwört aber des Menschen leidhafte Situation herauf und läßt ihm keine Chance, aus dem Netz der Abhängigkeiten befreit zu werden. Damit ist das Schweigen, die "Leere", das "absolute Nichts" oder das *"Nirvāṇa"* der 'Ort', an dem "Erleuchtung" und mit ihr die "große Befreiung" sich ereignen[10].

> Geht man im sinojapanischen Raum der Wahrheitsterminologie nach, so gruppieren sich die verschiedenen Begriffe um das japanisch gelesene *shin, makoto* = aufrecht, zuverlässig, wahrhaftig, wahr. Unter anderem ist die Rede von *shinjitsu* = Wahrheit, Realität, Tatsache, *shinri* = Wahrheit, wahres Prinzip (wobei *ri* einmal in eine bis Indien zurückreichende Tradition einbindet, zum anderen aber auch für *ratio* steht und somit "Wahrheit" in einer doppelten Tradition denken läßt), *shinnyo* = absolute Wahrheit aller Dinge, die ewige Wahrheit, die wahre Gestalt. Vom indischen Ursprung her begegnen sich hier das schon erwähnte *satya* mit *tathatā* = wahres Wesen, Sein, wie es ist, als solches das wahre, nicht mehr sagbare Prinzip aller Dinge. In der Identitätsformel "*Tat tvam asi*" = "Das bist du" bildet es *ein* Grundverständnis von *shinri*: Wahr ist, was ist, was es in seinem Wesen ist, und was in Übereinstimmung bzw. identisch ist mit dem alles verbindenden, selbst nicht mehr 'hinterfragbaren' "*Das*".

Die knappen Hinweise sollen hier nichts erklären, sondern nur signalisieren, daß ein christlich-buddhistischer Dialog *über* die Wahrheit zum Scheitern verurteilt ist, wenn nicht die

---

[10] Vgl. K. Nishitani, Was ist Religion? Frankfurt 1982; dazu H. Waldenfels, Absolutes Nichts. Zur Grundlegung des Dialogs zwischen Buddhismus und Christentum. Freiburg [3]1980.

Bereitschaft besteht, sich auf die Mehrschichtigkeit eines Wahrheits- und Wirklichkeitsverständnisses einzulassen, das dem westlichen Denken nicht ohne weiteres entspricht und das zudem auf rein denkerischem Wege in seiner Tiefe nicht einzuholen ist.

Wie die Gottesfrage im Christentum nicht auszutragen ist, falls nicht das Denken in "An-dacht", in Frömmigkeit überführt wird, so eröffnet sich auch im Buddhismus die volle Wahrheit nur, wo die Bereitschaft besteht, das alltägliche Denken und die vordergründige Lebenspraxis zu übersteigen. In diesem Sinne ist gar gelegentlich im Mahāyānabuddhismus von einer doppelten Wahrheit die Rede[11]. Eine Verständnisbrücke bildet seit langem die abendländische Mystik, zumal in ihrer z.B. bei Eckhart noch erkennbaren neuplatonisch gefärbten Tradition. Allerdings darf das genuin Christliche nicht überspielt werden. Inzwischen kommt denn auch der Kreuzestheologie bzw. der kenotischen Christologie wachsende Bedeutung zu[12]. Die christliche Verkündigung eines sich radikal entäußernden Gottes eröffnet dem christlich-buddhistischen Dialog neue Perspektiven, deren schöpfungstheologische Seite allerdings noch kaum bedacht ist.

Die buddhistische Betonung der Erleuchtung darf aber nicht den Zusammenhang von Erleuchtung und Mitleiden übersehen lassen. Wahre Erleuchtung verbindet die radikale Loslösung mit der radikalen Zuwendung. Was hier die mahāyāna-buddhistische Gestalt des *Bodhisattva* besagt, d.h. dessen, der im Stande der Erleuchtung sich erst recht den Unerleuchteten helfend zuwendet, läßt zwar theoretisch-spekulativ Fragen zu, sollte aber vor allem den praktischen Willen zum Einsatz für die unerlöste Welt erkennen lassen und einen Ansatzpunkt für einen möglichen gemeinsamen Einsatz der Religionen auf den Leidensfeldern der Welt bilden. Christliche Liebe und buddhistisches Mitleiden berühren sich zumindest in der Praxis.

4. Der christliche Absolutheitsanspruch als Wahrheitsanspruch

Der kurze Blick auf die großreligiöse Landschaft macht deutlich, daß die Wahrheitsfrage in den Religionen unterschiedlich angegangen wird. Es kann daher geschehen, daß ein unter

---

[11] Vgl. H. Zimmer, Philosophie und Religion Indiens. Zürich 1961, 463f; H. Waldenfels, Nichts (Anm. 10) 27f., Anm. 22.

[12] Vgl. H. Waldenfels, Faszination des Buddhismus. Zum christlich-buddhistischen Dialog. Mainz 1982; ders., Der Gekreuzigte und die Weltreligionen. Einsiedeln 1983.

der Rücksicht der Wahrheit versuchter Dialog nicht zustande kommt. Zudem ist schon der Ausdruck "Dialog" nicht unproblematisch. Genau genommen ist Dialog als Gespräch nur eine, wenn auch heute für viele die erwünschteste Haltung; das Wort sagt aber weder über den Inhalt noch über den Tiefgang des Gesprächs etwas aus. In seiner Unschärfe verdeckt der Ausdruck eher die ganze Skala möglicher Einstellungen gegenüber anderen Religionen, die auch heute noch von der *Apologie* des eigenen Standpunktes über den *Protest* gegen den fremden Standpunkt zur *Tolerierung* des anderen, schließlich zum *Dialog* und, soweit sie sich in bestimmten Bereichen verwirklichen läßt, zur *Kooperation* reicht. Auch wenn bei dieser Aufreihung das Wort "Wahrheit" nicht fällt, ist die Einstellung zu anderen Religionen letztlich immer von der Frage nach Wahrheit bestimmt.

Aus dem Wahrheitsanspruch des Christentums gegenüber den anderen Religionen ergibt sich ein doppeltes Spannungsverhältnis: Das Christentum hat sich stets als Verkünder der vollen, allumfassenden Wahrheit verstanden; entsprechend hat es allzuoft alles Fremde als vor-, außer-, nicht- oder nachchristlich kritisiert. Da aber ein wahres Dialogverhältnis die wechselseitige Anerkennung von Partnerschaft voraussetzt, muß sich das Christentum seinerseits von den Religionen her kritisieren lassen. Solche Kritik erfolgt tatsächlich; die Christen haben sie noch kaum beantwortet.

Der Ausdruck des umfassenden Wahrheitsanspruchs des Christentums kleidet sich seit Hegel vielfach in die Rede von der "Absolutheit des Christentums"[13]. Nach G. Rohrmoser[14] wollte Hegel in seiner Religionsphilosophie zeigen, "daß die Wahrheit aller geschichtlichen Religionen in der geschichtlichen Bewegung des Geistes dahin tendiere, sich in der christlichen als der ... absoluten Religion aufzuheben". Hegels Versuch einer Versöhnung von Geist und Geschichte wurde von der nachfolgenden Kritik teils mißverstanden, teils zu Recht in Frage gestellt. Der "garstige breite Graben" brach wieder auf, von dem Lessing[15] schon gesprochen hatte.

Die Kritik an dem im Ursprung nicht-theologischen Begriff eines christlichen Absolutheitsanspruchs hatte für die Begegnung der Religionen zwei Konsequenzen:

---

[13] Vgl. W. Kasper (Hg.), Absolutheit des Christentums. Freiburg 1977.

[14] Subjektivität und Verdinglichung. Gütersloh 1961, 20.

[15] G.E. Lessing, Über den Beweis des Geistes und der Kraft: Werke, Bd. VI. Neubearb.v. F. Fischer. Frankfurt u.a. 1965, 285.

(a) G. Mensching machte deutlich, daß die Behauptung eines Absolutheitsanspruchs sachlich nicht auf das Christentum beschränkt werden kann. Vielmehr erhebt jede *Welt*religion je auf ihre Weise zumindest faktisch einen Absolutheitsanspruch. In seiner Unterscheidung zwischen prophetischen und mystischen Religionen, die in ihrer Anwendung diskutabel bleibt, spricht er den ersten einen exklusiven, den zweiten einen inklusiven Absolutheitsanspruch zu. Versöhnen lassen sich nach Menschings Ansicht solche Ansprüche zwar nicht, wenn Wahrheit die logisch-erkenntnismäßige Richtigkeit meint, wohl aber, wenn es um erfahrene Wirklichkeit geht[16].
(b) Theologen sprechen heute nicht selten statt von der Absolutheit von der Einzigartigkeit des Christentums. Ein solcher Anspruch ist weder für das Christentum noch für andere Weltreligionen bestreitbar. In der inhaltlichen Bestimmung des christlichen Einzigartigkeitsanspruchs kehren dann aber die Inhalte wieder, die beim Absolutheitsanspruch zur Sprache kamen. Es geht vor allem um folgende theologische Fragepunkte:
- von der Christologie her: Jesus Christus ist als "*concretum universale*" der Offenbarer und die letztgültige Offenbarung Gottes in eins (vgl. DV 4);
- von der Pneumatologie und Gnadenlehre her: Gottes universaler Heilswille erstreckt sich auf alle Menschen und bezieht sie, wo und wie immer sie das Heil erlangen, in das Heilswirken Jesu Christi ein;
- von der Eschatologie her: Das Christusgeschehen als Heilsgeschehen ist in seinem "Ein-für-allemal" letztgültig und unüberbietbar;
- von der Ekklesiologie her: Ihrem Selbstverständnis nach ist die Kirche das universale Sakrament des Heils (vgl. LG 1).

Recht besehen, zeigt sich im Raum des Christentums die doppelte Tradition des Anspruchs auf Exklusivität wie auf Inklusivität. Die Traditionslinie des *extra Ecclesiam nulla salus* hebt die Unüberbietbarkeit und Einzigartigkeit der Inkarnation Gottes in Jesus Christus "um unseres Heiles willen" hervor. Demgegenüber betont eine zweite, im Ursprung nicht minder alte Traditionslinie die unüberbietbare Extension des Heilswirkens Christi, das alle zum Heil Gelangenden umfängt. Hierbei handelt es sich um die mit der Rede von der *Begierdetaufe* beginnende und sich dann in den Diskussionen um die konkrete Gestalt des "Verlangens" (lat. *votum*) der Taufe fortsetzenden Tradition, die in unseren Tagen durch K. Rah-

---

[16] Vgl. G. Mensching, Toleranz und Wahrheit in der Religion. Heidelberg 1955, 162-168; auch Kap. 10 in diesem Band.

ners Rede von den "anonymen Christen" breite Aufmerksamkeit gefunden hat. Sie ist zwar inzwischen sowohl als Ausdruck eines spirituellen Kolonialismus getadelt wie auch durch analoge Wortbildungen wie "anonyme Buddhisten" und "anonyme Atheisten" neutralisiert worden[17]. Dennoch bleibt die Betonung der Einzigartigkeit und Letztgültigkeit des Christlichen eine spürbare Provokation für Nicht- und Andersgläubige, die ihr dadurch begegnen, daß sie entweder den christlichen Anspruch einfachhin leugnen oder sein Angebot für überflüssig erklären oder eigene überzeugendere Lösungen für die Grundfragen menschlicher Existenz anzubieten suchen.

Eine argumentative Auseinandersetzung mit der Bestreitung des Anspruchs ist schon deshalb schwierig, weil sie auf wechselnden Ebenen stattfindet. Daher sollte auch eine pauschale Beurteilung *der* Religionen aufgegeben werden. Zu leicht kann es sonst passieren, daß sich der Disput im Gestrüpp einer allgemeinen Religionskritik wiederfindet, bei der nicht mehr unterschieden wird zwischen einer von allen geschichtlichen Einzelreligionen absehenden Kritik am Religiösen überhaupt und einer Kritik an der im eigenen Lebensraum vorherrschenden Religion - das hieße bei uns: einer Kritik am Christentum, seiner Geschichte und seiner institutionellen Erscheinungsform. Entsprechend ist darauf zu achten, daß eine religiöse Religionskritik - auch eine christliche Kritik an anderen Religionen - zu unterscheiden weiß zwischen einer religiöstheologischen und einer andersartigen Motivation.

Die Einladung zu einer Haltung, die den einzelnen Religionen Gerechtigkeit widerfahren läßt, kann keinen Verzicht auf die Verkündigung der christlichen Botschaft oder auf ihren Wahrheitsanspruch bedeuten, und zwar nicht nur, weil jede Religion für ihre Wahrheit eintreten muß, sondern weil der christliche Glaube unter der besonderen objektiven und universalen Wahrheitsverpflichtung steht, deren Inhalt und Anspruch sich an die christliche Religion selbst ebenso richtet wie an die übrigen Religionssysteme. Wenn die Religionen *wahre* Heilswege sein wollen, dann müssen sie bereit sein, sich dem Kriterium der Wahrheit zu unterstellen. Das bedeutet zugleich, daß Wahrheitsansprüche bereit sein müssen, sich auszuweisen (vgl. 1 Petr 3,15). Wenn sinnvoll von einem Streit der Religionen die Rede ist, so empfängt dieser daraus seine Würde und seine Relevanz, daß es ein dem Wesen der religiösen Wahrheit angemessener Streit um die *Wahrheit der Religion* ist.

---

[17] Vgl. zur Sache Kap. 3 in diesem Band.

Kap. 14: Ist der christliche Glaube der einzig wahre? Christentum und nichtchristliche Religionen

1. G.E. Lessing: Die Ringparabel

Vor mehr als zwei Jahrhunderten, im Winter 1778/79, verfaßte Gotthold Ephraim Lessing ein dramatisches Gedicht, dessen bekanntester Teil, die Ringparabel, nichts an seiner Aktualität eingebüßt hat. Im 5. Auftritt des 3. Aufzugs stellt sich "Nathan der Weise" dem Sultan Saladin als Jude vor: "Sultan,/Ich bin ein Jud'." Dieser antwortet:

> Und ich ein Muselmann.
> Der Christ ist zwischen uns. - Von diesen drei
> Religionen kann doch eine nur
> Die wahre sein. - Ein Mann, wie du, bleibt da
> Nicht stehen, wo der Zufall der Geburt
> Ihn hingeworfen: oder wenn er bleibt,
> Bleibt er aus Einsicht, Gründen, Wahl des Bessern.
> Wohlan: so teile deine Einsicht mir
> Dann mit. Laß mich die Gründe hören, denen
> Ich selber nachzugrübeln, nicht die Zeit
> Gehabt. Laß mich die Wahl, die diese Gründe
> Bestimmt, - versteht sich, im Vertrauen - wissen,
> Damit ich sie zu meiner mache.

Der weise Nathan erzählt dem Sultan daraufhin das Märchen von den drei Ringen, die ein Vater seinen drei Söhnen im Tod hinterläßt, einen echten und zwei nachgemachte, die jedoch den echten Ring unerkenntlich werden lassen - mit dem Ergebnis, daß sich die drei Söhne zanken und schließlich vor den Richter gehen, der sie dann zu einem Wettstreit in einer "von Vorurteilen freien Liebe" auffordert, damit eines Tages in ferner Zukunft die Kraft des echten Ringes zutage trete. In diesem Sinn sagt der Richter im 7. Auftritt des 3. Aufzugs:

> Wohlan!
> Es eifre jeder seiner unbestochnen
> Von Vorurteilen freien Liebe nach!
> Es strebe von euch jeder um die Wette,
> Die Kraft des Steins in seinem Ring' an Tag
> Zu legen! Komme dieser Kraft mit Sanftmut,
> Mit herzlicher Verträglichkeit, mit Wohltun,
> Mit innigster Ergebenheit in Gott
> Zu Hilf!

Der wahre Ring bleibt bis zum Ende der Tage verborgen, falls er nicht überhaupt verloren ist und alle drei Ringe unecht sind. Die wahre Religion läßt sich nicht erkennen. Religionen bleiben folglich untereinander "gleich gültig". Entsprechend wird auch die Frage nach der wahren Religion unwichtig.

Viele Menschen unserer Tage leben nach den Konsequenzen der Lessingschen Ringparabel. Sie finden die Frage nach der Wahrheit einer Religion angesichts der religiösen Vielfalt ermüdend und ziehen sich von der Religion und den Religionen zur Religiosität zurück, sofern sie nicht überhaupt ihr Menschsein ohne bewußten religiösen Bezug, das heißt ohne Bezug auf Gott, Göttliches oder Übermenschliches, zu verwirklichen suchen. Zu häufig überzeugt das Verhältnis der Religionen bzw. der offiziellen Religionsvertreter zueinander nicht, gleichgültig, ob sie sich streiten oder einen sogenannten Dialog betreiben. Und doch bleibt die Frage: Können die Religionen bzw. kann das Christentum der Wahrheitsfrage ausweichen, wenn Religionen und Christentum sich selbst darin ernst nehmen, daß sie dem Menschen seine endgültige Bestimmung zu vermitteln haben?

Wir stellen die Frage nach der Wahrheit der Religion vom christlichen Standpunkt aus. Dabei ist es hilfreich, zunächst die verschiedenen Weisen, in denen das Christentum im Laufe der Zeiten Umgang mit fremden Religionen gepflegt hat, in Kürze in Erinnerung zu rufen. Sodann ist nach dem christlichen Selbstverständnis im Hinblick auf die heutige interreligiöse[1] Dialogsituation zu fragen. Schließlich sind unter dieser Rücksicht Heil und Wahrheit in den nichtchristlichen Religionen zu bedenken.

2. Einstellungen

Die christliche Religionsgeschichte läßt in ihrem bisherigen Verlauf vorwiegend vier Weisen erkennen, in denen sich das Christentum auf andere Religionen einstellt bzw. sich angesichts anderer Religionen gesellschaftlich verwirklicht.

---

[1] M. Seckler, Theologie der Religionen mit Fragezeichen: ThQ 166 (1986) 164-184, v.a. 170, Anm. 5, schlägt im Hinblick auf die Unterscheidung von Religiosität und Religion vor, deutlicher zwischen "interreligiös" und "interreligionisch" zu unterscheiden. So sachgerecht auch die Unterscheidung ist, so glauben wir dennoch, ohne Mißverständnisse zu erzeugen, bei der unschärferen Formel "interreligiöser Dialog" bleiben zu können, zumal der Neologismus sich in Fremdsprachen nur schwer vermitteln läßt.

a) Abgrenzung/Unterdrückung - Überbietung/Erfüllung

Die Frühphase der Christentumsgeschichte ist im Hinblick auf andere Religionen von der doppelten Haltung der Abgrenzung und Zurückweisung einerseits und der Kontinuität und Annahme alles dessen, was in ihnen gut und wahr ist, andererseits geprägt. Lange Zeit ist stärker die Abgrenzung betont worden. Dieses hatte einmal mit der Stellung des jüdischen Monotheismus und seiner Selbstbehauptung im Römischen Reich zu tun, sodann auch damit, daß die Begegnung der christlichen Botschaft mit der griechischen Welt weniger eine Begegnung mit deren Religion als mit deren Philosophie war. Philosophie bedeutete aber in ihrer Ursprungssituation ein kritisches Gegenüber zur herkömmlichen Religion, zum Kult und zur Mythologie. Die kritische Absetzung des christlich-trinitarischen Monotheismus von aller fremden Religiosität setzt sich entsprechend fort, wo das Christentum in der Folgezeit das Judentum in eine Ghettoexistenz verbannt, die Religionen Europas unterdrückt und gegen den Einfluß des Islam ankämpft-eine Einstellung, die zunächst auch dort fortlebt, wo das Christentum den Entdeckern der neuen Erdteile folgt und sich ausbreitet.

Es gehört zu den Entdeckungen unserer Tage, daß Kontinuität und Diskontinuität bereits die beiden tragenden Gesichtspunkte des alttestamentlichen Denkens waren. Auch wenn der jüdische Monotheismus sich im Lauf der Zeit entschieden von den verschiedenen Gottesvorstellungen seiner Umwelt absetzt, lebt in der Verehrung des Gottes der Väter, im Bekenntnis zum Schöpfer des Himmels und der Erde El, der Gottesglaube der umliegenden Herkunftsländer des Volkes Israel fort[2]. Die These, daß auch Ägypten auf seine Weise im alttestamentlichen Schrifttum weiterlebt, hat E. Drewermann mit Nachdruck betont[3]. Daß die heutige Neubewertung der nichtchristlichen Religionen keinen Bruch mit der kirchlichen Tradition darstellt, haben H. de Lubac und andere mit ihren Arbeiten über die Kirchenväter nachgewiesen[4]. Was das Abendland seit dem

---

[2] Vgl. N. Lohfink, Die Religion der Patriarchen und die Konsequenzen für eine Theologie der nichtchristlichen Religionen: ders., Bibelauslegung im Wandel. Frankfurt 1967, 107-128.

[3] Vgl. E. Drewermann, Tiefenpsychologie und Exegese, Bd. 1-2. Olten 1984/85; ders., Religionsgeschichtliche und tiefenpsychologische Bemerkungen zur Trinitätslehre: W. Breuning (Hg.), Trinität. Freiburg 1984, 115-142. Die von Drewermann vorgeschlagene "Ergänzung" der kanonischen durch die (apokryphen) "koptischen" Evangelien und die darin implizierte exegetische Methode bedarf einer eigenen Diskussion.

[4] Vgl. H. de Lubac, Die Kirchenväter und die nichtchristlichen Religionen: ders., Geheimnis aus dem wir leben. Einsiedeln 1967, 131-154.

Mittelalter den Arabern verdankt, tritt erst langsam in unser Bewußtsein, seitdem der Islam durch seine neue Präsenz unter uns in den letzten Jahrzehnten erneut die Aufmerksamkeit auf sich zieht[5].

Kontinuität besagt aber christlich niemals einfachhin Fortsetzung des Alten, sondern dessen Erfüllung und Überbietung. In diesem Denkrahmen sind alle anderen Religionen adventhafte Vorläufer der christlichen Botschaft. Freilich überzeugt diese Bewertung immer weniger, wo die Konkurrenz der Weltreligionen in Erscheinung tritt. Sie gilt vor allem für den Islam nicht.

b) Absolutheitsanspruch

Die neuzeitliche Kolonial- und Missionsgeschichte war teilweise eine Zeit der Zerstörung und Unterdrückung fremder Kulturen und Religionen, teilweise aber auch eine Zeit, in der die europäische Expansion an ihre Grenzen stieß. Zumal Asien, aber auch die vom Islam beherrschte Welt verschlossen sich weithin dem Christentum und seiner Botschaft. Die neue Positionsbestimmung, in der das Christentum weithin seine Überlegenheit zum Ausdruck zu bringen suchte, geschah - nicht zuletzt unter dem Einfluß der Hegelschen Religions- und Geschichtsphilosophie[6] - unter dem Leitmotiv des "Absolutheitsanspruchs des Christentums"[7].

Der Versuch des Christentums, seine Einzigartigkeit und Wahrheit als Absolutheitsanspruch auszulegen, ist freilich heute eher als gescheitert anzusprechen. Einmal ist es außerhalb des Christentums insofern zu einer Neutralisierung des Anspruchs gekommen, als auch andere Weltreligionen als *Universal*religionen ihren je eigenen Absolutheitsanspruch entdecken[8]. Religionswissenschaftlich hat G. Mensching von einem exklusiven und einem inklusiven Absolutheitsanspruch gesprochen[9]. Sodann führt die Nichtanerkennung des christlichen Absolutheitsanspruchs außerhalb des Christentums dahin, daß er inzwischen auch bei Vertretern der christlichen Theologie als

---

[5] Vgl. A. Ahmad u.a., Das Vermächtnis des Islams, Bd. 1-2. München 1980.

[6] Vgl. R. Leuze, Die außerchristlichen Religionen bei Hegel. Göttingen 1975.

[7] Vgl. Kap. 12 in diesem Band.

[8] Vgl. Kap. 11 in diesem Band.

[9] Vgl. G. Mensching, Toleranz und Wahrheit in der Religion. Heidelberg 1955, 162-168; auch H. Waldenfels, KF 33f.

ein relativer, das heißt auf die Christen beschränkter Anspruch angesehen wird. In diesem Sinn sucht etwa der amerikanische Theologe P. Knitter das Petrusbekenntnis "In keinem anderen ist das Heil zu finden. Denn es ist uns Menschen kein anderer Name unter dem Himmel gegeben, durch den wir gerettet werden sollen" (Apg 4,11f.) zu relativieren[10]. Wenn aber ein solcher Satz nur für Christen gültig sein soll, bedeutet das die Aufgabe des universalen Heilsanspruchs Jesu und zugleich eine Absage an den universalen Missions*auftrag*.

c) Säkularisierung

Die dritte Situationsbestimmung des Christentums unter den Religionen und in der Welt geht nicht von der Selbsteinschätzung des Christentums, sondern von der Welteinschätzung der Religion bzw. der Religionen aus. Was seit dem 19. Jahrhundert als "Säkularisierung" bezeichnet wird, meint nichts anderes als "den Prozeß der Loslösung der verschiedensten Elemente des menschlichen Lebensbereiches (wie Anschauungen, Sitten, Gesellschaftsformen, selbst Sachen und Personen) oder dessen Gesamtheit aus der Bestimmung durch die Religion"[11]. Damit sind wir erneut bei dem Lessingschen Szenario einer "Gleich-Gültigkeit" der Religionen, die zur Gleichgültigkeit gegenüber der einzelnen Religion führt. Die Gültigkeit der Religion reduziert sich vorrangig auf den Individual- bzw. Privatbereich. Religion wird zur Privatsache; jeder mag nach seiner Fasson selig werden. In der Öffentlichkeit wird die Religion als Normgeber bzw. als normative Kraft außer Kraft gesetzt. Weil aber die neuzeitliche Säkularisierung in Europa, also in einem vorrangig vom Christentum geprägten Kulturraum, ihren Ursprung hat, betrifft die neue Religionseinstellung zunächst das Christentum selbst. In einer säkularisierten Gesellschaft, die sich von der religiösen Autorität und Normgebung befreit, stellt sich dann die Frage nach der bleibenden Funktion der Religion[12].

Die dritte Positionsbeschreibung versetzt somit das Christentum unter die übrigen Religionen und macht es zu einer

---

[10] Vgl. P.F. Knitter, No Other Name? A Critical Survey of Christian Attitudes towards the World Religions. Maryknoll 1985; dt. (gekürzt): Ein Gott - viele Religionen. München 1988; dazu H. Waldenfels, In wessen Namen?: Christ in der Gegenwart 40 (1988) 317f.

[11] Art. Säkularisierung (A. Keller): SM IV 361.

[12] Vgl. T. Rendtorff (Hg.), Religion als Problem der Aufklärung. Göttingen 1980; A. Halder u.a. (Hg.), Sein und Schein der Religion. Düsseldorf 1983; H. Lübbe, Religion nach der Aufklärung. Graz 1986.

Religion unter anderen. Sie zwingt zugleich zu der Überlegung, wie es aus einer eher reaktiven erneut zu einer initiativ-aktiven Haltung zurückfinden kann. Dabei dürfte die Besinnung auf die Wahrheit der Botschaft von höchster Bedeutsamkeit sein.

Es kommt hinzu, daß sich unsere Zeit bei allen säkularistischen Tendenzen keineswegs als eine Zeit sterbender Religionen und sterbender Religiosität erweist. Jedenfalls darf der Entkirchlichungsprozeß in unserem Land nicht mit einer radikalen Absage an alles Religiöse gleichgesetzt werden. Freilich heißt religiös bei uns nicht mehr einfachhin christlich, eher schon synkretistisch, insofern das Religiöse immer mehr den Einsatz einer subjektiven Auswahl von "passenden" (was immer das im einzelnen und für den einzelnen bedeuten mag!) religiösen Elementen im eigenen Leben meint. Der heutige Synkretismus aber ist ein zusätzliches Motiv, nicht nur das Christentum, sondern die Religionen überhaupt nach ihrem Wahrheitsanspruch zu fragen.

d) Dialog

Daß die Säkularisierung nicht das letzte Wort im Hinblick auf die Religionen ist, zeigt schließlich die Tatsache, daß zu keiner Zeit der Ruf nach einem friedvollen Umgang der Religionen untereinander verbreiteter war als heute. Der friedvolle Umgang steht unter dem Leitgedanken des Dialogs. Der Dialog der Religionen impliziert aber, wo er nicht zu einer Allerweltsfloskel für jedwede Form interreligiöser Berührung und für heute unvermeidliche gesellschaftliche Kontakte der verschiedenen Religionsvertreter degradiert wird, sowohl Aufrechterhaltung des eigenen religiösen Anspruchs als auch Offenheit für bzw. Respekt vor den fremden Ansprüchen. Ein interreligiöser Dialog setzt die Kenntnis des Fremden ebenso voraus wie den Willen, angesichts des Fremden die Rolle des Eigenen neu zu bestimmen und dieses auch einzusetzen[13]. Der Weg, der sich dabei eröffnet, ist nicht einfach. Er kann nicht zu den Religionskriegen zurückführen, die als abschrekkende Beispiele aus der Vergangenheit überliefert werden und Spuren bis heute hinterlassen haben. Er muß aber auch das andere Extrem einer unverbindlichen Toleranz und einer nichtssagenden Koexistenz vermeiden.

---

[13] Zu den Prinzipien des Dialogs vgl. Kap. 1 in diesem Band; auch H. Waldenfels, KF 76-80 u.ö.

Wie der Weg aussehen soll, muß jede Religion zunächst für sich selbst sagen. Wir fragen daher im folgenden, wie das Christentum angesichts der unübersehbaren Pluralität religiöser Ansprüche seinen Anspruch auf eine letztgültige Wahrheit aufrechterhält.

3. Die Wahrheit des Christentums im Dialog der Religionen

a) Gottes Herrschaft und der Menschen Heil

In der zentralen Verkündigung des Christentums geht es um Gottes Herrschaft und der Menschen Heil. Auf eine kurze Formel gebracht, können wir sagen: Das Christentum verkündet die endgültige *Gottes*herrschaft als im Tod des gekreuzigten *Jesus* von Nazaret begründet und beschlossen und sieht in ihr zugleich das Suchen und Fragen des Menschen, sein Heil und seine Vollendung ein für allemal erfüllt und beantwortet.

Die christliche Botschaft verkündet so das menschliche Leben als nicht aus sich selbst verständlich und in sich, d.h. im je eigenen Ich begründet, sondern als verankert in einem unendlichen Du, das sich als Grund und Ziel allen Seins erweist: *Gott*. Dieses unendliche göttliche Du aber ist absolut eines für die ganze Welt- und Menschheitsgeschichte und ist somit der Grund für die Einheit der Welt und des Menschengeschlechts. Von ihm bekennt die Christenheit, daß es sichquer zu allen menschlichen Vorstellungen, allem menschlichen Denken, Reden und Verhalten, aller freiheitlichen Bejahung und Verneinung - in Jesus von Nazareth als der in seiner Zuwendung weder zu verhindernde noch zu überbietende Gott erwiesen hat, der folglich auch von Jesus von Nazaret her als dieser "Herr Gott" überall in der Geschichte zu erkennen sein und sich in der Nachfolge Jesu und im Leben aus dessen Geist als der Herr der Geschichte erweisen muß.

b) "Provokation"

Die knapp auf diese Weise zusammengefaßte Botschaft des Christentums von Gott über und an alle Menschen wird konsequenterweise im wörtlichen Sinn des Wortes zu einer "Provokation" für alle Menschen: sie fordert, lockt und ruft heraus[14]. Sie ist eine Vorgabe des Christentums an alle Menschen und Menschengruppen und, insofern sie als gesellschaftliche Systeme aus Menschen bestehen, auch an alle Religionen. Wo das Christentum aber mit seiner Botschaft auf die Religionen als gesellschaftliche Systeme trifft, wird die christliche Botschaft zu einer Anfrage und zur Aufforderung, zur christlichen Herausforderung Stellung zu beziehen. Denn in ihrer umfassenden Provokation wird die christliche Botschaft, unabhängig davon, ob sie das ausdrücklich will und betont oder nicht, zur kritischen Norm alles Bestehenden, auch der Religionen. Sie schafft, anders gesagt, eine Krisensituation.

Diese Krise betrifft einmal die letzte Bestimmung des Menschen, der Geschichte und Welt, christlich gesagt: das Heil der Welt, und lädt den Menschen ein, sich auf diese seine letzte Bestimmung hin zu orientieren. Sie betrifft aber auch diese letzte Bestimmung des Menschen, insofern sie sich als seine Wahrheit mitteilt und der Mensch sich ihr in der Wahrheit seines Lebens worthaft und tathaft stellt.

c) Wahrheit

In einer Zwischenüberlegung wiederholen wir die Pilatusfrage: "Was ist Wahrheit?" (Joh 18,38). Die Antwort auf diese Frage ist nicht eindeutig, die Verweigerung, sich der Frage zu stellen, vielfältig. So entziehen sich die einen der Frage, indem sie schlicht zu wissen leugnen, was Wahrheit sei, und die Frage am Ende für unlösbar halten. Pragmatiker begnügen sich mit einer vordergründigen Rationalität ihres Verhaltens und verzichten auf die Lösung der letzten Wahrheitsfragen. Synkretisten machen die eigene Gestimmtheit zum Maßstab ihrer Lebensoption, ohne sich einem bestimmten religiösen Anspruch voll auszusetzen; sie lassen sich nicht durch Religion binden, sondern binden ihrerseits die Religion. Konservativ ängstliche Menschen, die Fundamentalisten aller Richtungen, halten sich an ihre Einstellung als die wahre, bemühen sich aber nicht mehr, sich dem Streit der Wahrheitsansprüche zu stellen.

---

[14] Wenn die Nachfolgegemeinschaft sich griechisch-lateinisch "ecclesia" nennt, trägt sie in der Grundbedeutung dieses Wortes - die durch "Herausrufung" entstehende Sammlung, Bewegung, Gemeinschaft - dieser "Pro-vokation" Rechnung.

Wo das Wahrheitsverständnis der verschiedenen Weltreligionen untersucht wird[15], wird die Hinordnung auf eine grundsätzliche Übereinstimmung unübersehbar. Die Wahrheit der Religionen betrifft letztendlich eine letztgültige Übereinstimmung, ein letztes Sich-Finden oder Wiederfinden in einer gründend-tragenden Wirklichkeit, die Einheit stiftet. Insofern diese Wirklichkeit unverfügbar bleibt und sich vom Menschen nicht einfordern läßt, erweisen sich alle sprachlichen Formeln ihr gegenüber als unzulänglich, vorläufig und bruchstückhaft, bleiben Bilder, Metaphern und Vergleiche stets hinter der Wirklichkeit zurück. Die Folge davon ist, daß Menschen entweder am Ende einfachhin verstummen oder bewußt ins große Schweigen rufen[16] oder aber dennoch immer neu, wenn auch in stammelnden Worten, die unbegreifliche, unsagbare Wirklichkeit zu bezeugen suchen.

Christlich findet das Wahrheitsverständnis seinen fundamentalen Ausdruck in dem, an den Pilatus seine Wahrheitsfrage richtet und den er selbst im "Ecce homo" (Joh 19,5) - vielleicht unbewußt - als die Verwirklichung des Menschen schlechthin vorstellt. Von Jesus heißt es: "Ich bin der Weg, die Wahrheit und das Leben" (Joh 14,6)[17]. In seiner Nachfolge geht es nicht nur um die Wahrheitsrede, sondern auch um das Tun der Wahrheit (vgl. Joh 3,21). Christlich wird die Wahrheit am Menschen offenbar. In diesem Sinn hat Johannes Paul II. in seiner Enzyklika *Redemptor hominis* 14 den "Menschen in der vollen Wahrheit seiner Existenz, seines persönlichen und zugleich gemeinschaftsbezogenen sozialen Seins" den "Weg, der von Christus selbst vorgezeichnet ist und unabänderlich durch das Geheimnis der Menschwerdung und der Erlösung führt" genannt. Der Papst begründet das so:

> ... denn der Mensch - und zwar jeder Mensch ohne jede Ausnahme - ist von Christus erlöst worden. Christus ist mit jedem Menschen, ohne Ausnahme, in irgendeiner Weise verbunden, auch wenn sich der Mensch dessen nicht bewußt ist: 'Christus, der für alle gestorben und auferstanden ist, schenkt dem Menschen' - jedem einzelnen und allen zusammen - 'fortwährend Licht und Kraft durch seinen Geist, damit er seiner höchsten Berufung entsprechen kann'. (Ebd.)

---

[15] Vgl. Kap. 13 in diesem Band.

[16] Vgl. R. Sesterhenn (Hg.), Das Schweigen und die Religionen. München 1983; H. Waldenfels, An der Grenze des Denkbaren. München 1988, 69-108.

[17] Vgl. dazu ausführlicher H. Waldenfels, KF 348-369.

d) Christliche Wahrheitskriterien

Jede Religion, folglich auch das Christentum, muß das Verhältnis zu den anderen Religionen aus der eigenen Grundposition heraus bestimmen. Seit den Zeiten der Kirchenväter sind im Anschluß an das johanneische Wort vom wahren Licht, das jeden erleuchtet, der in diese Welt kommt (Joh 1,9), christliche Strahlen dieses Lichts schon bei den heidnischen Philosophen, bei Plato und den Stoikern entdeckt worden. Inzwischen ist die Deutung der Zeit und ihrer Zeichen im Licht des Evangeliums geradezu zur Umschreibung des bleibenden christlichen Auftrags geworden (vgl. GS 4). Wo das Licht Christi auf die Weltgeschichte fällt, lassen sich - auch in den Religionen - die Samenkörner des ewigen Wortes erkennen. So spricht das Zweite Vatikanische Konzil von dem, "was an Gutem in Herz und Sinn der Menschen oder auch in den jeweiligen Riten und Kulturen der Völker *keimhaft* angelegt sich findet" (AG 9), und von alledem, "was in diesen Religionen wahr und heilig ist" (NA 2).

Kriterium der Wahrheit ist nach LG 16 die Nähe zu dem in Jesus Christus wirksam und offenkundig gewordenen universalen Heilswillen Gottes, der in der durch die "Provokation" Gottes gewordenen Heilsgemeinschaft der Kirche als das "allumfassende Heilssakrament" (LG 48) den Bezugspunkt bildet, werden auch die Nichtchristen von ihrer religiösen Zugehörigkeit als Juden und Muslim, als solche, "die in Schatten und Bildern den unbekannten Gott suchen", oder auch als "Gott-lose" angesprochen. Die Menschen machen sich also als solche, die einer Religion angehören oder nicht, auf den Weg zu ihrer letzten Bestimmung. Wenn solche Menschen subjektiv ohne Schuld das Evangelium Christi nicht kennen und doch ihr Heil finden, so geschieht das bei Angehörigen einer Religion nicht *trotz*, sondern auf jeden Fall *in* ihrer Religion. Die Formel "*durch* ihre Religionen" wird der Christ freilich eher mit Zurückhaltung verwenden. Doch auch über die subjektive Heilsfindung der Menschen, die Gott "auf Wegen, die er weiß, zum Glauben führen kann" (AG 7), hinaus ergibt sich an dieser Stelle eine objektiv größere Nähe und Ferne der einzelnen Religionen zum Heilsmysterium Christi.

e) Die Wurzel

Im Jahr 1986 hat im Auftrag eines Industrieunternehmens der Bildhauer Karl Franke aus Meerbusch bei Neuss ein Bronzerelief zum Thema "Religion" entworfen[18]. Die vertikal-zentrale Achse, die aus einem geöffneten Oben gleichsam in die Geschichte der Religionen eingesenkt ist, bildet das Kreuz mit dem Gekreuzigten, dessen Bild wie ein Samenkorn erscheint, das sterben muß. Die einzig an dieser Stelle gegebene Öffnung von oben wird unterstrichen durch die Geisttaube, die wie bei der Taufe Jesu im Jordan hier bei der Bluttaufe des Herrn auf ihn herabkommt. Um das Kreuz versammelt finden sich dann in fast verwirrend großer Zahl die Symbole der vergangenen und der heute noch lebendigen Religionen. Das zentrale Motiv aber hat der Künstler dem Römerbrief 11,16 entnommen: "Wenn die Wurzel heilig ist, dann sind es auch die Äste."

Hier darf jedoch eines nicht übersehen werden: Die Wurzel, von der Paulus spricht, ist nicht das Christentum, sondern Israel, mit dem Gott einen Bund geschlossen hat, den er nicht gekündigt hat. Es gehört somit zur Wahrheit des Christentums, daß es keinen absoluten Neuanfang setzt, sondern in dem ihm selbst vorausliegenden Schöpfungs- und Heilsplan Gottes wurzelt. Der Schöpfungsplan Gottes aber betrifft dann nicht nur die Juden, sondern auch die Heiden. Es gibt in ihm ein Zueinander der Völker, die sich in die Wallfahrt des auserwählten Volkes einreihen. Schöpfungsplan Gottes aber besagt für H. de Lubac im Anschluß an die Vätertheologie:

> Gott hat den Menschen auf ein göttliches Ziel hin geschaffen: es muß also im Menschen Fundamente geben, die auf das Ziel und seine Offenbarung hin gelegt worden sind ... Auf dem Grunde der menschlichen Natur und folglich in jedem Menschen ist das Bild Gottes eingeprägt, das heißt jenes Etwas, das in ihm - noch ohne sein Zutun - wie ein geheimer Anruf ist zur Mitte der vollen und übernatürlichen, von Jesus Christus gebrachten Offenbarung.[19]

Auf dem Bronzerelief von Karl Franke wirken die anderen Religionen in der Tat wie ein Ensemble von Bemühungen und Einsichten, Erfahrungen und Intuitionen, die auf ihre von Gott bewirkte Offenlegung und Erfüllung warten. Das Licht, in dem sie christlich stehen, kommt durch die enge Pforte des Kreuzes Christi. Eine christliche Theologie der Religionen, die aus der Wahrheit und dem Licht des Evangeliums heraus nicht nur dem Judentum, sondern allen Religionen Gerechtigkeit widerfahren läßt, steht noch weithin aus. Sie müßte im Sinn des Pauluswortes zeigen, wie aus der Heiligung der Wurzel

---

[18] Vgl. die Abbildung zu Beginn des Bandes, die der Künstler dankenswerterweise zur Verfügung gestellt hat; dazu auch die Hinweise in der Einführung.

[19] H. de Lubac, Kirchenväter (Anm. 4) 135.

auch die Zweige des Baumes in der Kraft des Wahrheit schaffenden Heiligen Geistes Gott heilig sind.

4. Die Antwort der Religionen

Die "Provokation" des Christentums und sein Wahrheitsanspruch treffen in der heutigen Begegnung der Religionen aber dann auf die "Provokationen" und Wahrheitsansprüche der anderen Religionen. Gegenseitige Provokationen aber rufen nach gegenseitigen Stellungnahmen. Die jeweilige Stellungnahme kann sich aber nicht mehr auf globale Äußerungen beschränken, etwa christlich auf die Fortschreibung der Zweiheit von Juden und Heiden, sondern muß der einzelnen Religion Gerechtigkeit widerfahren lassen. Im Mittelpunkt eines ernsthaften Religionsdialogs müßten die Angelpunkte menschlichen Selbstverständnisses und menschlicher Selbstverwirklichung - christlich gesagt Gott, Mensch und Welt - stehen[20]. Im Hinblick auf diese Begegnung der Religionen, die heute stets auch eine Antwort der Religionen auf die christliche Provokation einschließt, seien einige Orientierungspunkte genannt.

a) Keine Gleichgültigkeit

Die heutige Erfahrung der Konkurrenz der Religionen beweist zunächst: Wo Religionen sich in ihrem eigenen Anspruch ernst nehmen, sind sie nicht austauschbar und "gleich gültig". Bei aller Gemeinsamkeit im Willen, dem Menschen den Weg zu seiner Erfüllung zu eröffnen, stimmen sie weithin weder in der Begründung dieser Erfüllung noch in der konkreten Wegweisung überein. Kein Wunder, daß im Extremfall selbst die Gemeinsamkeit des letzten Zieles von Mensch und Welt, nicht nur dessen Verständnis in Frage gestellt wird.

b) Ordnungsversuche

Die Unterschiede im Anspruch der Religionen bieten Anlaß zu Klassifizierungs- und Ordnungsversuchen. Vom Christentum und seinem universalen Anspruch an alle Menschen fällt der Blick

---

[20] Vgl. H. Waldenfels, Gott - Mensch - Welt: W. Strolz/H. Waldenfels (Hg.), Christliche Grundlagen des Dialogs mit den Weltreligionen. Freiburg 1983, 13-44.

zunächst auf Religionen, die ebenfalls mit einem Anspruch an *alle* Menschen herantreten, die sogenannten *Welt*religionen. Hier gibt es einmal den mit dem Christentum konkurrierenden Monotheismus des Islam, sodann den Buddhismus, der jede Gestalt des Theismus aus seiner Verkündigung ausschließt, somit ohne Gott - in diesem Sinn "a-theistisch" - jedem Menschen einen Weg zu seiner Erfüllung eröffnet.

Die Provokation der Universalreligionen drängt aber inzwischen auch andere Religionen, sich für die ganze Menschheit zu öffnen. Diese Öffnung zeigt sich sehr deutlich bei der jeweiligen Wurzelreligion des Christentums, dem Judentum, und des Buddhismus, dem Hinduismus. Gerade der Hinduismus ist durch seine Begegnung mit dem christlichen und dem islamischen Universalismus in Indien seit Jahrhunderten auf dem Weg zu einem inklusiven Universalismus, der in unserem Jahrhundert außerhalb Indiens die organisatorische Zugehörigkeit zum Hinduismus sekundär erscheinen läßt. Die Idee der Einheit des Ganzen bei gleichzeitiger Relativierung der Vielheit zur Außenseite einer alles durchdringenden und darum entscheidenden Innenseite wird heute für Monotheisten zur stärksten Provokation.

Neben den Weltreligionen gibt es schließlich Religionen in der Welt, die keinen Anspruch an alle Menschen erheben, es sei denn, daß die Menschen je in ihrer Lebenswelt ihre Lebensbestimmung entdecken sollten. Parallel zur wiederentdeckten Volksfrömmigkeit im Christentum beweisen die Wirksamkeit der afrikanischen und ozeanischen Stammesreligionen, aber auch der indianischen Frömmigkeit, selbst sich wiederbelebende totgeglaubte Frömmigkeitsformen, daß das Religiöse im Menschen nicht stirbt.

c) Die Religionen und das Christentum

Geht man von den Religionen her auf das Christentum zu, so ist dieses heute eine Religion unter anderen, jedenfalls keine Religion über den anderen. Sofern sie letzteres sein will, erzeugt sie Widerstände und Zurückweisung. Das vorgestellte Grobraster der Religionen führt aber dann zu einer gewissen Spezifizierung der Reaktionen auf das Christentum. Diese lassen sich vor allem von den Universalreligionen aussagen.

Die monotheistischen Religionen Judentum und Islam erkennen mit dem Christentum das radikale Gegenüber von Schöpfergott und Schöpfung an und sehen in Gott den transzendenten Grund der Schöpfung wie auch das ihr gesetzte Ziel. Der christliche Glaube an die Menschwerdung Gottes in Jesus von

Nazaret und das damit gegebene Eingehen Gottes in die Immanenz der Welt ist die Barriere zwischen Judentum und Islam einerseits und dem Christentum andererseits. Die monotheistisch-theozentrische Ökumene findet ihre Grenze an der Christozentrik des Christentums. Insofern aber der Geist Christi der Geist Gottes ist, kann und muß das Christentum von seiner Seite her die Tür zur Kommunikation mit allen Gottgläubigen offenhalten[21].

Das ist um so wichtiger, als der gemeinsame Schöpfungsglaube Juden, Christen und Muslim zu einem hohen Grad von gemeinsamer Welt- und Geschichtsauffassung führt. Welt und Geschichte bilden im Angesicht Gottes jenen Raum, in und an dem Menschen sich auf Gott hin zu verwirklichen haben, in dem aber auch um Gottes Willen nichts und niemand gleichgültig sein kann. Der Christ sieht sich seinerseits im Blick auf den Gekreuzigten zum Protest gegen alles unschuldig vergossene Blut dieser Welt und zum Einsatz für Gerechtigkeit und Frieden aufgerufen. Die Leidensgeschichten der Welt sind denn auch Prüfstein und Bewährungsfall aller Religionen und des Gottesglaubens selbst[22].

Das größte Gegenmodell zu der im Schöpfungsverhältnis grundgelegten dialogischen Spannung zwischen einem personalen Gott, dessen Wesen das Christentum als Interpersonalität auslegt, und der in personalen, antwortsfähigen Wesen - Menschen - kulminierenden Schöpfung ist eine Universalität, die letztlich in der Identität bzw. in der Immanenz des Göttlichen im Selbst der Welt gründet. Es tritt uns asiatisch, im klassischen und modernen Hinduismus, im Buddhismus und Taoismus entgegen. Tatsächlich erleben wir heute das christliche Drama der Weltprovokation weniger in der quantitativen Expansion des Christentums als vielmehr im Ringen um eine qualitative Transformation der Welt- und Natureinstellung. Solange buddhistisch das Leiden der Welt das Stigma allen kontingenten Seins ist und dennoch aus der Erfahrung des Buddha, des Erleuchteten, heraus dieses Leid als grundsätzlich ablösbar und überwindbar verkündet wird, gibt es auch zwischen den Vertretern der beiden religiösen Grundmodelle Partnerschaft, obgleich gerade der Buddhismus sich auf der Grenze dessen bewegt, was im Abendland bislang als Religion angesprochen wurde.

---

[21] Vgl. dazu die Überlegungen von A. Ganozcy, Schöpfung im Christentum: H. Waldenfels (Hg.), "Denn ich bin bei euch ...". Zürich 1978, 351-362; ders., Die Bedeutung des christlichen Schöpfungsglaubens für die Einheit der Menschen: W. Strolz/H. Waldenfels (Hg.), Christliche Grundlagen (Anm. 20) 127-150.

[22] Vgl. H. Waldenfels, Der Gekreuzigte und die Weltreligionen. Zürich 1983.

Im Dialog mit dem Buddhismus ist aber dann zu beachten, daß er sich im betonten Schweigen über Gott und Götter im Gegensatz zum Christentum und anderen monotheistischen und theistischen Religionen nicht auf eine Offenbarung beruft. Der Respekt vor einer Religion, die sich in einem namenlosen Absoluten, das nicht ansprechbar und apersonal ist, begründet weiß, erfordert aber eine Haltung, die nicht von voreiligen Negativurteilen lebt und zu Negativurteilen über sich selbst und das Christentum einlädt. Voreilige Urteile bzw. Vorurteile entspringen häufig einem mangelnden Umgang mit dem Fremden. Christen sind aber aufgrund ihres Wahrheitsbewußtseins verpflichtet, nach der Wahrheit im Fremden zu suchen. Die Tatsache, daß das Zweite Vatikanische Konzil den Buddhismus trotz seines fehlenden Gottesbekenntnisses unter die Religionen eingereiht hat, kann ein Wegweiser sein.

Bei der Frage nach der letzten Identität im wahren Selbst des Buddhismus ist aber zu beachten, daß dieses von jedem egoistischen Ich zu unterscheiden und nur im radikal selbstlosen Selbst zu realisieren ist. Buddhisten sprechen von "anattā", in quasi-ontologischer Übersetzung: Nicht-Ich. Es berührt sich mit "śūnyatā", jener Leere und Offenheit, die jede Verhaftung und Anklammerung ausschließt. Der japanische Philosoph K. Nishitani sieht hier Berührungspunkte mit der in Phil 2 begründeten kenotischen Christologie bzw. Theologie[23]. Er fragt allerdings, ob die christliche Kenosislehre wirklich schon im modernen Welt- und Naturumgang wirksam geworden ist. Diese Frage bleibt auch dann gültig, wenn aus christlicher Sicht Asiaten nach ihrem Geschichtsverständnis, nach ethischen Bewertungsmaßstäben im gesellschaftlich-politischen und im individuellen Bereich oder nach der Positivität von Individualität und Personalität gefragt werden.

Die Begegnung der Religionen ist ein dynamischer Prozeß, der keinen Beteiligten ohne Transformation und Neuinterpretation entläßt. Niemand, weder Christ noch Nichtchrist, geht unverändert aus dem interreligiösen Diskurs hervor. Grundvoraussetzung für alle ist, sich der gegenseitigen Provokation zu stellen in Verantwortung gegenüber einer endgültigen Bestimmung, die der Menschheit als ganzer vorgegeben ist. Bei aller Betonung ethnischer, nationaler, kultureller und religiöser Eigenheiten war das Bewußtsein, zu einer weltumfassenden Schicksalsgemeinschaft zu gehören, niemals in der Menschheit so stark ausgebildet wie in unserer Zeit.

---

[23] Vgl. K. Nishitani, Was ist Religion? Frankfurt 1982, 116ff. Zu K. Nishitanis Werk vgl. ausführlicher H. Waldenfels, Absolutes Nichts. Freiburg ³1980.

d) Verifikation

Die Versammlung so unterschiedlicher Lebenswege und Wegangebote wie Judentum, Christentum und Islam, Hinduismus und Buddhismus, Taoismus und Konfuzianismus, afrikanische und indianische Wege unter dem einen Begriff "Religion" ist nur insoweit legitim, als sich zwischen ihnen eine wesentliche Übereinstimmung ergibt. Die Konzilserklärung *Nostra aetate* 1 spricht davon, daß die Menschen "von den verschiedenen Religionen Antwort auf die ungelösten Rätsel des menschlichen Daseins, die heute wie von je die Herzen der Menschen im tiefsten bewegen", erwarten. Es sind die umfassenden Fragen des Menschen nach sich selbst, seinem Woher und Wohin, seinem Lebensziel und -sinn, seiner Erfüllung, theologisch: seinem Heil. Die Wahrheitsbewährung der Religionen liegt folglich in den Antworten, die sie auf die gestellten Menschheitsfragen geben. Diese Antworten sind - im doppelten, hier gebrauchten Sinn - nicht "gleich gültig".

Gerade aus einem Wahrheitsverständnis heraus, das sich christlich in einer Person vorstellt, muß aber dann betont werden, daß die Wahrheitsbewährung sich nicht in verbaler Auseinandersetzung und Rechthaberei oder in einem theoretisch-argumentativen Wahrheitsdiskurs erschöpft. Gewiß gibt es die Wahrheitsrede, weil der Mensch als rationales Wesen auf die Wahrheit der Rede und die worthafte Wahrheitsbezeugung ein Anrecht hat. Doch die wahre Rede findet ihrerseits ihre Bewährung in wahren Taten, die das angesagte endgültige Heil zeichenhaft vorwegnehmen: Zeichen der Heilung, der Friedensstiftung und Gerechtigkeit, der Selbstlosigkeit und Liebe oder der Treue zum gegebenen Wort.

Christen werden in aller Demut Jesus Christus als dem wahren Menschen nachzufolgen bemüht sein und seine Lebensgestalt in die Welt hinein vermitteln. Sie dürfen auch von der Konkurrenzlosigkeit seiner Wahrheit überzeugt sein. Sie werden aber dann bei aller Unterscheidung der Geister im Blick auf andere Religionen mehr als zuvor darauf hinzuwirken suchen, daß das, "was in diesen Religonen wahr und heilig ist", in seiner Leuchtkraft wächst, weil auch die Strahlen der Wahrheit eine Einladung sind, das volle Licht der Wahrheit zu suchen.

Kap. 15: Das Christentum im Pluralismus heutiger Zeit

Zu sagen: Wir leben in einer Wendezeit, gehört heute zu den Allgemeinplätzen. Fridjof Capra hat die Wendezeit zu einem programmatischen Buchtitel gemacht[1]. Hans Küng spricht von einem Paradigmenwechsel der Theologie[2], Eugen Biser von "glaubensgeschichtlicher Wende"[3]. Angesichts der Verlegenheit, die neue "Neuzeit" zu benennen, nennt man sie entweder die "Postmoderne" oder - vielleicht in der Hoffnung, daß niemand den Etikettenschwindel bemerkt - "New Age". Merkwürdigerweise wird gerade "New Age" auch im kirchlichen Raum so sehr als Provokation verstanden, daß auf den verschiedensten Ebenen inzwischen eine Art Dauerreflexion eingesetzt hat. In dieser Situation tun zwei Dinge not: (1) eine nüchterne Einschätzung der Zeit, in der wir leben, (2) eine Besinnung auf das Christentum in dieser Zeit.

1. Unsere Zeit

a) Postchristliche Moderne

Die entscheidende Zäsur unserer Tage liegt im Übergang von der europäisch-christlichen Neuzeit zu einer Zeit, die ich die "postchristliche Moderne" genannt habe[4]. Diese Unterscheidung besagt Folgendes: Während die ersten Jahrhunderte der sogenannten Neuzeit in Europa wesentlich eine vom europäischen Denken und damit - in Zustimmung oder Ablehnung- eine vom christlichen Denken bestimmte Zeit war, tritt spätestens seit dem II. Weltkrieg in immer stärkerem Maße eine Welt ins Bewußtsein, die wir mit J.B. Metz "kulturell polyzentrisch" nennen können[5]. Die neue Situation ist von zwei

---

[1] Vgl. F. Capra, Wendezeit. Bausteine für ein neues Weltbild. Bern u.a. 1982.

[2] Vgl. seine grundsätzlichen Ausführungen in H. Küng/D. Tracy (Hg.), Theologie - wohin? Zürich/Gütersloh 1984, 37-75; weitergeführt in H. Küng/D. Tracy (Hg.), Das neue Paradigma von Theologie. Zürich/Gütersloh 1986.

[3] Vgl. E.Biser, Die glaubensgeschichtliche Wende. Graz u.a.1986; ders., Glaubenswende. Freiburg 1987.

[4] Vgl. dazu ausführlicher H. Waldenfels, KF 448-450.

[5] So z.B. in seinem Aufsatz: Im Aufbruch zu einer kulturell polyzentrischen Weltkirche: ZMR 70 (1986) 140-153; vgl. auch F.X. Kaufmann/J.B. Metz, Zukunftsfähigkeit. Suchbewegungen im Christentum. Freiburg u.a. 1987, 93-165.

Momenten wesentlich geprägt: (1) Auf den verschiedensten Ebenen menschlichen wie gesellschaftlichen Lebens begegnen wir existentiell dem Pluralismus: der Vielzahl der Sprachen, der Denkweisen, der Gesellschaftsformen, der Wirtschaftssysteme, der politischen Optionen, inzwischen aber auch der Kulturen und der Religionen. (2) Dem entspricht ein starker Widerstand gegen den Alleinherrschaftsanspruch bestimmter Richtungen in Wirtschaft und Politik, aber auch in Kultur und Religion.

Was in Europa erst in den letzten Jahrzehnten aufgrund des Ausbaus technischer Möglichkeiten, der wachsenden Mobilität im internationalen Reiseaustausch wie auch des immer breiter gefächerten Informationsnetzes, zumal der audio-visuellen Technologien bewußtseinsmäßig durchschlägt, gehört in Nordamerika seit langem zu den alltäglichen Erfahrungen. Der Pluralismus, verwirklicht in einem demokratischen Herrschaftsgefüge, beschränkt die öffentlichen Wirkmöglichkeiten von weltanschaulichen Absolutheitsansprüchen. Die Konsequenzen sind in einer nicht nur christlich-konfessionell, sondern darüber hinaus weltanschaulich pluralistischen Gesellschaft unübersehbar. Gefordert wird Toleranz und Friedfertigkeit auch zwischen den Religionen. Absolutheitsansprüche jeder Art werden zurückgewiesen. Insofern als der Absolutheitsanspruch historisch vor allem mit dem Christentum verbunden wird, richtet sich an dieses mehr als an alle anderen Religionen die Aufforderung, auf einen solchen Anspruch zu verzichten. Inzwischen erreicht uns aus den USA der Aufruf zu einer "nicht-normativen Christologie" bzw. zum Verzicht, in Jesus Christus den alles entscheidenden Heilsmittler der Welt zu sehen[6].

"Postchristliche Moderne" besagt in diesem Sinne: Wir leben in einer Zeit und Welt, in der das Christentum angesichts des vielschichtigen Pluralismus aufgehört hat, positiv oder negativ als die umfassende Norminstanz angesehen zu werden, und stattdessen - konkurrierend mit anderen Normgebern - zu einer Instanz unter anderen geworden ist.

b) "New Age"

Im Zeithorizont postchristlicher Moderne ist auch das mit dem Stichwort "New Age" zusammengefaßte Spektrum vielfältiger,

---

[6] Vgl. P. Knitter, Ein Gott - viele Religionen. Gegen den Absolutheitsanspruch des Christentums. München 1988.

zum Teil unzusammenhängender Phänomene zu sehen[7]. Marilyn Ferguson, eine der großen Verkündigerinnen des "New Age", hat 1976 "die namenlose Bewegung" auf folgende Weise charakterisiert:

> Der Geist unseres Zeitalters ist voll von Paradoxien. Er ist zugleich pragmatisch und transzendent. Er respektiert sowohl Aufklärung als auch Mysterium ... Macht und Menschlichkeit ... gegenseitige Abhängigkeit und Individualität. Er ist sowohl politisch als auch unpolitisch. Bei denjenigen, die den Geist unseres Zeitalters in Bewegung setzen und aufrütteln, sind sowohl unfehlbares Establishment als auch engagierte Radikale zu finden.
>
> Innerhalb der gegenwärtigen Geschichte hat dieses 'Etwas' sowohl die Medizin als auch die Erziehung, die Sozialwissenschaft, die Naturwissenschaft und die Regierung mitsamt ihren Folgerungen angesteckt. Er wird durch in ständigem Fluß befindliche, der Schaffung hierarchischer Strukturen gegenüber widerwillige Organisation charakterisiert, die Dogmen ablehnen. Es wirkt nach dem Prinzip, daß Veränderungen nur gefördert, nicht aber verordnet werden können; es weist wenig Manifeste auf. Es scheint etwas sehr Altes anzusprechen. Indem es Magie und Wissenschaft, Kunst als auch Technologie miteinbezieht, wird es vielleicht dort erfolgreich sein, wo alles andere versagt hat.[8]

Das Zitat macht mehreres deutlich: "New Age" bedeutet ein Leben in Gegensätzen und Polaritäten, ja Widersprüchen, die mit-, in- und nebeneinander existieren. Es vermischen sich "Weltliches" und Religiöses, Gesellschaft und Individualität, Politisches und Unpolitisches. Die religiösen Begriffe sind, wo sie positiv gebraucht werden, nicht mehr christlich gebunden, wo sie aber - wie "hierarchische Strukturen" und "Dogmen" - an das Christentum erinnern, negativ besetzt. Es geht um einen Weltumgang, der von "Altem" zu lernen bereit ist, doch der Lehrmeister ist nicht mehr das Christentum. Dieses verschwindet eher namenlos unter all dem, was "versagt hat".

Günther Schiwy, der dem "Geist des neuen Zeitalters" im Hinblick auf das Christentum positive Züge abgewinnen möch-

---

[7] Aus der Fülle von hinführenden Schriften seien folgende genannt G. Trevelyan, Eine Vision des Wassermann-Zeitalters. Gesetze und Hintergründe des "NEW AGE". Freiburg 1980; M. Ferguson, Die sanfte Verschwörung. Basel 1982; E. Gruber/S. Fassberg (Hg.), New-Age-Wörterbuch. Freiburg 1986; aus den Versuchen einer Standortbestimmung H.-J. Ruppert, New Age. Endzeit oder Wendezeit? Wiesbaden 1985; G. Schiwy, Der Geist des Neuen Zeitalters. München 1987; J. Sudbrack, Neue Religiosität. Mainz 1987; H. Bürkle (Hg.), New Age. Düsseldorf 1988; M. Kehl, New Age oder Neuer Bund? Mainz 1988.

[8] M. Ferguson, Verschwörung (Anm. 7) 20f.

te[9], kommt dennoch nicht umhin, zunächst christentumskritische Momente zu nennen und auf die "Erblast des Christentums" hinzuweisen - "Kirchen ohne Spiritualität", "die Austreibung des Heiligen aus der Natur", das Verlangen nach dem "Gott in uns: (der) älteste(n) Ketzerei?" -, sodann aber deutlich zu machen, daß hier gilt: "Ex oriente lux" und somit die Bedeutung der asiatischen Religiosität zu beachten ist. Es dient nicht unbedingt dem besseren Verständnis, wenn Schiwy seinen Ausführungen nacheinander Worte von Marilyn Ferguson, Teilhard de Chardin und Karl Rahner vorausschickt.

Während meine eigene Formel "postchristliche Moderne" einen kulturgeschichtlichen Umbruch signalisiert, hat "New Age" zusätzlich einen kosmologisch-astrologischen Charakter. Ein anderer Name für "New Age" ist *Wassermannzeitalter*[10]. Dabei geht es um die Einordnung des neuen Zeitalters in die Perioden der Tierkreiszeichen, konkreter: um den Hinweis, daß der Frühlingspunkt, der sich etwa alle 2100 Jahre rückdrehend um ein Sternbild verschiebt, heute im Übergang vom Zeichen der Fische zu dem des Wassermanns steht und damit zu einem neuen Weltzeitalter einlädt. Da das Fische-Zeitalter im wesentlichen mit der Zeit nach Christus übereinstimmt, bedeutet der Eintritt in das Wassermannzeitalter seinerseits die Abkehr von den Idealen des Christentums zugunsten einer "sanften Anarchie"[11]. Dieses Urteil bleibt auch dann bestehen, wenn man das neue Zeitalter als janusköpfig versteht und die Astrologie selbst noch einmal in Frage stellt. Für Ferguson ist auf jeden Fall der Gedanke bestimmend, "daß wir nach einem dunklen, gewalttägigen Fische-Zeitalter eine Ära der Liebe und des Lichtes betreten" und in eine Zeit der "wahren Befreiung des Geistes" gelangen[12]. Anders gesagt: Die Zeit, die wir hinter uns lassen, war - trotz Christus - keine Zeit der Liebe und des Lichtes.

Auf die Grundtendenz dieses neuen Denkens muß man achten, ehe man zur Kenntnis nimmt, wie sich in den konkreten Erscheinungsweisen Begrüßenswertes mit Schädlich-Gefährlichem mischt. Dem diffusen Erscheinungsbild gerecht zu werden, ist aber schon deshalb so schwierig, weil der Einsatz rationaler Unterscheidungen weithin suspekt erscheint und diese daher vielfach nicht greifen.

---

[9] Vgl. sein in Anm. 7 genanntes Buch wie auch seinen Beitrag in dem ebd. genannten Buch von H. Bürkle 82-104.

[10] Vgl. zu beiden Stichworten die Art. von M. Fuß: LexR 458f.697f.

[11] Vgl. das Textzitat in H.-J. Ruppert, New Age (Anm. 7) 108-114.

[12] M. Ferguson, Verschwörung (Anm. 7) 22; auch H. Bürkle (Hg.), New Age (Anm. 7) 89f.

c) Ansatzpunkte

Ohne den Anspruch zu erheben, eine umfassende Phänomenbeschreibung zu versuchen, seien dennoch eine Reihe von Momenten wenigstens in Kürze genannt. Dabei zeigt sich sehr schnell, daß vieles von dem, was verständlicherweise mit Zustimmung rechnen kann, auf seiner Rückseite Züge zeigt, die nicht kritiklos hingenommen werden können.

α) *Alternativ*

Gegen eine in die Irre gegangene Vernunft und Rationalität und ihre praktischen Folgen im Umgang mit der Natur und ihren Ressourcen, in der Bedrohung der Menschheit durch mörderische Kriege, aber auch durch einen immer weiter sich steigernden Konsum gibt es die Rufe nach "alternativem Leben", nach Ausstieg, nach neuen Formen des Biologischen und Natürlichen, nach neuem Bewußtsein. Die Alternative zur Rationalität kann aber nicht Irrationalität heißen, die Alternative zu einem einseitig von den Naturwissenschaften beherrschten Weltbild nicht die Wiederherstellung des mythischen Weltbildes, die Alternative zu einer von den Göttern befreiten und zum Material menschlicher Selbstverwirklichung degradierten Welt nicht die "Wiederverzauberung der Welt" (G. Schiwy)[13] sein.

ß) *Ganzheitlich/integral*

Gegen die Vorherrschaft der einzelnen Perspektive und des ausgeprägten Spezialistentums erhebt sich auf neue Weise der Ruf nach dem Ganzen. Es ist die Rede von holistischem Denken, von integralem Bewußtsein. Insofern die Erkenntnis des Ganzen unter dem Einsatz analytischen Denkens entrinnt und das Ganze sich ohnehin dem menschlichen Begriff und Begreifen entzieht, werden "er-gänzende" Wege der Wirklichkeitserfassung wieder interessant. Solche Wege streben nach innen, ins Verborgene und Sprachlose, bedienen sich der Intuition und Meditation[14]. Der darin erreichte Bereich findet eine negative Konnotation, wo von Esoterik, auf jeden Fall, wo vom Okkulten gesprochen

---

[13] Vgl. ebd. 93.

[14] Vgl. dazu ausführlicher H. Waldenfels, An der Grenze des Denkbaren. München 1988.

wird[15]. Da viele Einübungen in die Wahrnehmung des Verborgenen mit Wortlosigkeit verbunden und die Übenden folglich an tatsächlich oder vermeintlich Wissende - Führer, Gurus, Meister - verwiesen sind, kommt den Kriterien, nach denen Praktiken und Unterweisende beurteilt werden können, immer größere Bedeutung zu. Häufig entziehen esoterische Gruppen sich dem Einblick von außen. Vielfach sind sie organisatorisch kaum wahrnehmbar. "Unerfahrenen" wird zudem der Einblick verwehrt, so daß es im Extremfall zu neuen Arkandisziplinen kommt[16].

Der Synkretismus bzw. die unterschiedslose Identifikation der Religionen als Wege in die heilende All-Einheit sind nicht selten die Kehrseite der nach Ganzheit rufenden Einstellung. Doppel- bzw. mehrheitliche Mitgliedschaften schließen sich nicht mehr aus.

γ) *Gnostisch-spirituell*

Heil, Orientierung am Umfassenden, Suche nach dem tragenden Grund sind Kategorien des Religiösen. Daß sich mit "New Age" - im Gegensatz zur Erwartung einer sich verschärfenden Säkularisierung, Religions- und Gottlosigkeit - eine neue Religiosität verbindet, ist unbestritten. In diesem Sinne hat auch das Stichwort "Spiritualität" sich neues Heimatrecht verschafft; der Begriff gehört jedenfalls zu denen, die das Christentum als ihm zugehörig zu verlieren droht[17]. Denn in dem Maße, als der Geist des Unbegreiflichen und Umfassenden eher unpersönlich und antlitzlos die Welt durchlebt, wird er nicht mehr als der in die Entscheidung rufende Geist Christi erkannt, sondern als die Mikro- wie Makrokosmos durchwehende Dynamik, Energie und Lebenskraft oder auch als der "gemeinsame mystische Urgrund des Universums und der Menschheit", der "zugleich die Religionen mit ihren Gottesbildern, Dogmen

---

[15] Vgl. dazu M. Kehl, New Age (Anm. 7) 18-21.106-117; J. Sudbrack, Religiosität (Anm. 7) (Register!). Die von M. Kehl im Anschluß an P. Zulehner eingeführte, eher akademische Unterscheidung zwischen "höherem New Age" und "Leute-New Age" halte ich nicht für sehr hilfreich (vgl. 13).

[16] In diesem Zusammenhang sind die in der Diskussion um die neureligiösen Bewegungen entwickelten Kriterien nach wie vor nicht überholt. Vgl. dazu meine Ausführungen: Zur Entwicklung und Beurteilung der neureligiösen Bewegungen in der Bundesrepublik Deutschland: ZMR 65 (1981) 103-120.

[17] Vgl. H. Waldenfels, "Spiritualität". Zur 'Wahrnehmung des Geistes' und zur 'Unterscheidung der Geister': M. Böhnke/H. Heinz (Hg.), Im Gespräch mit dem dreieinen Gott. Düsseldorf 1985, 376- 398.

und Kulten" relativiert (G. Schiwy)[18]. Ein neuer "Pantheismus" tritt in Erscheinung[19].

Das Gesetz dieser Welt aber will "erkannt" werden. Die wahre "Erkenntnis" bzw. - in der traditionellen Sprache gesagt - "Gnosis" gehört ebenfalls zu den Leitmotiven der neuen Zeit. Die Zwiespältigkeit dieses Begriffs aber ruft dringend nach Klärung[20]. Wieweit die Verwirrung reicht, zeigt ein Postulat des zum Freundeskreis Robert Spaemanns gehörenden Philosophen Peter Koslowski, der in der Beschreibung der gesellschaftlich-kulturellen Konsequenzen der technischen Entwicklung zum Ergebnis kommt:

> In der gegenwärtigen geistigen Situation stellt sich die Aufgabe einer Vermittlung zwischen dem Offenbarungspositivismus und Fideismus einerseits und den spekulativen und theosophisch-gnostischen Traditionen des Christentums andererseits. Diese Vermittlung ist weder von katholischer noch von protestantischer Seite bisher hinreichend geleistet worden. Die Erinnerung der theosophisch-gnostischen Tradition könnte zwischen den beiden konfessionellen Antipoden der Neuzeit und Moderne vermitteln. Der konfessionelle Konflikt ist ein Kind der Moderne. Die theosophisch-gnostische Tradition könnte die konfessionellen Verhärtungen der Moderne aufweichen.[21]

Spaemann selbst - das paßt in diesen verwirrenden Zusammenhang - fühlt sich als Katholik nicht veranlaßt, ein deutliches Votum gegen die Reinkarnation abzulegen. Das beweist die Einführung, die er zu dem posthumen Werk eines zum Katholizismus konvertierten Anhängers Rudolf Steiners, Valentin Tomberg (1900-1973), beigesteuert hat, der die Reinkarnation auch über seine Konversion hinaus vertreten hat[22]. Die subkutane Verbreitung eines Reinkarnationsglaubens bis in relativ breite Schichten gläubiger Christen hinein ist gleichfalls ein Signal für das Vordringen einer dem Christentum widersprechenden Religiosität.

---

[18] Vgl. H. Bürkle (Hg.), New Age (Anm. 7) 101.

[19] Vgl. G. Schiwy, Geist (Anm. 7) 40-51.

[20] Vgl. zur Begriffsklärung K. Rudolph, Die Gnosis. Göttingen 1978; Art. Gnosis/Gnostizismus (C. Scholten): LexR 210-212; E. Dassmann, Geschichtlichkeit der Offenbarung und gnostische Bedrohung: A. Görres/W. Kasper (Hg.), Tiefenpsychologische Deutung des Glaubens? Freiburg 1988, 49-66; zum Verhältnis von Gnosis und New Age J. Sudbrack, Religiosität (Anm. 7); M. Kehl, New Age (Anm. 7) 86-105. Interessanterweise wird die Gnosis sowohl in der Diskussion um New Age wie um die tiefenpsychologische Exegese (E. Drewermann!) wie um die Postmoderne zum Thema.

[21] P. Koslowski, Die postmoderne Kultur. Gesellschaftlich-kulturelle Konsequenzen der technischen Entwicklung. München 1987, 20.

[22] Lazarus, komm heraus. Freiburg 1985. Vgl. die Einführung ebd. 11-15.

2. Und das Christentum?

Wie haben Christen sich angesichts des angebrochenen Zeitalters zu verhalten? Was können sie lernen? Was kann man von ihnen erwarten? Soviel sollte schon deutlich sein: In einer Zeit, in der die Frage nach dem "Ganzen", dem "Integralen", dem "Umfassenden" neu gestellt wird, kann sich das Christentum selbst nicht mit kosmetischen Korrekturen und taktischen Maßnahmen begnügen; es muß seinerseits die eigene umfassende Botschaft in ihrer Gänze .zum Ausdruck bringen. Michael Fuß hat entsprechend seine Kurzdarstellung des "New Age" in der Forderung zusammengefaßt:

> Wenn New Age einen 'Neopaganismus' (Religion als Öko-Kultivierung) fordert und ein erstarrtes Christentum als 'Stadtreligion' (Religion der Institutionen) ignoriert, erwächst für die Christen die missionarische Herausforderung einer neuen Inkulturation ('zweite Evangelisation'), entschiedener ökumenischer Bemühungen und theologisch-pastoraler Überlegungen zu trinitarischer Ontologie, Theologie der Religionen, ökologischer Schöpfungslehre, Basisgemeinschaften. Gemäß dem Modell christlicher Gnosis-Rezeption sind heutige Bemühungen zu werten, New Age in eine christliche Erfahrung zu integrieren, nach der New Age bereits in der kosmischen Herrschaft Jesu Christi präsent ist und sich pneumatologisch in der Geschichte entfaltet (Enzyklika *Dominum et vivificantem* 53).[23]

Was M. Fuß heraussstellt, hat es mit der Gott- und Welteinstellung der Kirche zu tun, mit unserem Gottesbewußtsein und unserer Gotteserfahrung als Christen, aber auch mit unserem Umgang mit der Welt als Schöpfung und als Menschheitsgeschichte. Es geht folglich unter anderem um eine bewußtere Verwirklichung unserer christlichen Sendung aus der Sendung des Geistes Christi heraus, um unser Gottesbild und Gottesverhältnis, um Gottes Präsenz in unserer Geschichte und in der Ordnung der Welt, um eine Kirche, die sich wieder vorrangig als von Gott gerufenes Volk versteht und als Sauerteig in einer Welt wirkt, für die sie "gleichsam das Sakrament, das heißt Zeichen und Werkzeug für die innigste Vereinigung mit Gott wie für die Einheit der ganzen Menschheit" ist (LG 1).

a) Missionarische Spiritualität

Angesichts des wachsenden Pluralismus in allen Lebensberei-

[23] Art. New Age (M. Fuß): LexR 459.

chen kann sich das Christentum nicht mehr - pastoral - mit der Sicherung überkommener Verhältnisse begnügen. Es muß vielmehr - *missionarisch* - auf dem Markt der Welt in der Kraft der Botschaft des Evangeliums in den offenen Wettstreit mit allen anderen Heilsverheißungen eintreten. Der missionarische Auftrag der Kirche aber kann nicht im Vertrauen auf rechtliche Ansprüche in der Gesellschaft verwirklicht werden. Wenn die Kirche konkurrenzfähig sein will, muß die Heilsbotschaft Christi zunächst immer wieder im Leben der Christen Sauerteig und verwandelnd-erneuernde Kraft werden.

Die erneuernde Kraft des Evangeliums Jesu aber beruht nicht zunächst auf Techniken und Methoden, Organisationen und Institutionen; sie erwächst vielmehr wesentlich aus der Geistverankerung, anders gesagt: aus der *Spiritualität*. In einer so vergeßlichen Zeit wie der unseren kann sich die Kirche weder ihrer großen Traditionen rühmen noch sich gleichsam mit den noch vorhandenen gesellschaftspolitischen Privilegien beruhigen. Wenn von den christlichen Gemeinden keine geistig-geistlichen Impulse mehr ausgehen, sind sie tot. Beunruhigen sollte uns, daß Worte wie Inspiration, Kreativität und Begeisterung gleichsam aus den Kirchen ausgezogen sind, jedenfalls "Kirche" nicht mehr zu den ersten Assoziationen zählt, die sich mit diesen Worten verbindet. Es ist aber eine Lebensfrage der Kirchen, wo und wie der Geist Gottes in seinem Wirken heute erkennbar ist und wie geisterfüllt sich das Leben der Kirchen und ihrer Gemeinden der Welt präsentiert.

b) Trinitarisches Gottesbild

Paul M. Zulehner hat mit anderen von einem "ekklesialen Atheismus" gesprochen[24]. Eine kurze "Sonntagsmeditation" von Josef Fischer, die gekürzt hier wiedergegeben wird, mag verdeutlichen, was gemeint ist:

> Psalm 63. Am Sonntag früh zu singen.
> Gott, du mein Gott, dich suche ich.
> Erster Psalm am ersten Tag der Woche.
> Das ist mein erstes Wort,
> weiß die Ordnung des Stundengebets.

---

[24] Vgl. P.M. Zulehner, Das Gottesgerücht. Bausteine für eine Kirche der Zukunft. Düsseldorf 1987, 45-56.

Erster Tag der Woche -
da stock ich schon!
Montag ist doch der erste Tag der Woche!
Auf allen Kalendern!
Wenn auch erst seit ein paar Jahren,
Unbemerkt vor sich gegangene Änderung.
Umgestürzt wurde und auf den Kopf gestellt
eine jahrtausendealte Ordnung.

Unter Brüdern und Schwestern und im Meßbuch
war immer der Sonntag erster Wochentag:
"Darum kommen wir vor dein Angesicht
und feiern in Gemeinschaft mit der ganzen Kirche
den ersten Tag der Woche als den Tag,
an dem Christus von den Toten erstanden ist."
Göttliche Vorgabe.
Himmlische Vorleistung.
Einmalige Abrüstung.
Ein Tag zum Feiern.
Als Drein- und Morgengabe dem Christenvolk verehrt.
Sonntag.
Herrentag.
Kirchentag.
Kleines Osterfest.
...
Arbeit n a c h der Ruhe.
Werktag n a c h dem Feiertag.
Menschenbild n a c h Gottesbild.
Ein Schimmer vom göttlichen Bauplan der Welt.

Jetzt ist er verschwunden.
Wer? Der Bauplan? Der Schimmer? Der Sonntag?...
ER?
Dafür arbeiten Mensch und Kirche (sich zu Tode),
beginnen mit dem Montag und machen den Sonntag
zum letzten Tag (des Wochenendes):
"Ein schönes Wochenende"
wünscht der Pfarrer seiner (?) Gemeinde.
Vereinsamt liegen Stunden- und Meßbuch
verräumt in Sakristei- und Bücherschrank,
psalmodieren an gegen eine ganze Wochenendwelt
und -kirche unverdrossen am ersten Tag der Woche:
Gott, du mein Gott, dich suche ich.
...
Erster Psalm am ersten Tag der Woche.
Das ist mein erstes Wort,
äußert überrascht der kirchliche Zeitgenosse.[25]

Die Frage stellt sich in der Tat: Welche Rolle spielt Gott in der Kirche und in der kirchlichen Verkündigung? Und welchen Gott verkündigen wir eigentlich?

In der 8. Präfation für die Sonntage im Jahreskreis heißt es:

---

[25] Ebd. 26f.

> Wie du eins bist mit dem Sohn und dem Heiligen Geist, so ist deine Kirche geeint nach dem Bild des dreieinigen Gottes. Sie ist
> dein heiliges Volk,
> der Leib Christi und
> der Tempel des Heiligen Geistes
> zum Lobe deiner Weisheit und Liebe.

Die drei zentralen Bilder der dogmatischen Ekklesiologie.- Volk Gottes, Leib Christi, Tempel des Heiligen Geistes - orientieren sich in der Tat am trinitarischen Gottesbild. So unvermeidlich es ist, daß die Kirche als gesellschaftliche Größe dem Menschen auch gleichsam "von außen" zugänglich bleibt, so wichtig ist es, daß der Christgläubige weiß, daß das Wesen der Christus- und Glaubensgemeinschaft sich nicht in der Außenansicht der Kirche erschöpft bzw. daß diese ihm noch nicht das Wesen der Kirche erschließt[26]. In diesem Sinne hat das Schlußdokument der außerordentlichen Bischofssynode 1985 die Kirche als Mysterium herausgestellt und gefordert, daß wir angesichts der heutigen "Anzeichen für einen neuen Hunger und Durst nach dem, was transzendent und göttlich ist", "die Tür zur Dimension des 'Göttlichen' oder Geheimnisses öffnen" (Schlußdokument II.A.1)[27]. Kirche muß - anders gesagt - "mystagogisch" sein, den Menschen wieder einweisen in das Geheimnis Gott.

Dieser Gott aber ist - mit Pascal gesprochen[28] - der "Gott Abrahams, Isaaks und Jakobs", der "Gott Jesu Christi", "nicht der Philosophen und Gelehrten". Ist aber der Gott, von dem wir sprechen, nicht doch oft genug nur der abstrakte Gott der Philosophen? Reden wir nicht alle viel zu viel *über* Gott als *mit* Gott? Ist der Gott, mit dem wir es zu tun haben, in unserer Existenz wirklich der Gott, der uns Menschen - sich selbst offenbarend und mitteilend - angesprochen hat, so daß wir mit ihm sprechen, auf sein Wort ant-worten und uns ihm gegenüber ver-ant-wort-en?

c) Gottes Wort

Der Christ kann es sich nicht gefallen lassen, daß sein Gottesglaube eingeebnet wird in die Ebene eines alle Religionen

---

[26] Zum Blick von innen und außen vgl. fundamentaltheologisch im Hinblick auf die Kirche H. Waldenfels, KF 329-385 u.ö.

[27] Vgl. dazu H. Waldenfels, Mysterium Kirche: Pastoralblatt für die Diözesen Aachen u.a. 38 (1986) 162-170.

[28] Vgl. dazu H. Waldenfels, KF 137-139.

miteinander verbindenden Gottesglaubens. In diesem Sinne kann auch "Christus" nicht - wie es von einigen außereuropäischen Theologen geschieht - zu einem "Christusprinzip" reduziert werden, das sich dann in der Geschichte nicht nur mit Jesus von Nazaret, sondern auch mit anderen religiösen Heilsmittlern verbinden läßt, etwa mit Krishna im Hinduismus oder einem Bodhisattva im Buddhismus[29].

Kurt Koch hat auf der Jahrestagung der Jugendseelsorge in Passau im Frühjahr 1988 zu Recht auf den Zusammenhang zwischen dem Verlust christlichen Inkarnationsglaubens und dem Anwachsen des Reinkarnationsglaubens aufmerksam gemacht[30]. Es sollte aber zu denken geben, daß der bekannte Mitbegründer der anthroposophischen Christengemeinschaft, Rudolf Frieling, über Jesus von Nazaret festgestellt hat:

> Das Christus-Geschehen ist in seiner Einzigkeit Geschichte allerhöchsten Ranges, so ist es der Zufälligkeit entnommen. Es ging so vor sich, wie es nicht anders sein konnte, als Geschichte zugleich Ritus und Rune. Es ist das Wort, das im Fleische erschien.
>
> Die Einzigkeit von Golgatha schließt jegliche Anwendung der Wiederverkörperungs-Idee auf den zur sarx herabsteigenden Christus aus.[31]

Tatsächlich beobachten wir heute eine bedenkliche Verkehrung des Umgangs mit den Grundfragen christlichen Glaubens. Anstatt die Botschaft von Gottes Menschwerdung in Jesus Christus zu verkünden und von Gottes sich in Jesus Christus offenbarender und den Menschen rettender Liebe zu sprechen, nimmt man im Christentum betonte, teilweise sogar entstandene Grundbegriffe wie Offenbarung, Glaube, Heil, Liebe, Personhaftigkeit Gottes und Personwürde des Menschen und fragt etwa: Gibt es Offenbarung nicht auch in anderen Religionen? Kommen Menschen nicht auch in ihnen zum Heil? Treffen wir nicht auch in anderen Religionen auf gläubige Menschen? Finden wir nicht auch bei Nichtchristen selbstlose Liebe? Gibt

---

29 Vgl. zur Neuformulierung des "Christusprinzips" ausführlicher H. Waldenfels, Modelle christlicher Soteriologie in außereuropäischem Kontext: ZMR 71 (1987) 257-278, bes. 261-265. Das Gemeinte ist in deutscher Sprache inzwischen zugänglich in Büchern wie J. Hick, Gott und seine vielen Namen. Altenberge 1985; R. Panikkar, Der unbekannte Christus im Hinduismus. Mainz ²1986; P. Knitter, Ein Gott (Anm.6).

30 Die beiden Referate der Passauer Tagung sind als Manuskript unter dem Titel: Neues Bewußtsein - neue Spiritualität. Sanfte oder harte Verschwörung gegen die Jugendseelsorge? zugänglich.

31 R. Frieling, Christentum und Wiederverkörperung. Frankfurt 1982, 24. Vgl. zur Frage der Reinkarnation ausführlicher G. Greshake, Gottes Heil - Glück des Menschen. Freiburg 1984, 226-244; M. Kehl, Eschatologie. Würzburg 1986, 68-76; H. Waldenfels, Auferstehung, Reinkarnation, Nichts? Der Mensch auf der Suche nach seiner Zukunft: LebZeug 41 (1986) 39-50.

es nicht auch bei ihnen religiöse Persönlichkeiten?

Nun soll hier nicht der Eindruck erweckt werden, solche Fragen dürften nicht gestellt werden. Sie sind schon deshalb legitim, weil wir im christlichen Glauben davon überzeugt sind, daß Gott *wirksam* das Heil *aller* Menschen will. Gerade die Stelle des Neuen Testaments, die dieses ausdrücklich sagt - 1 Tim 2,4 -, verbindet aber diese Überzeugung mit dem Bekenntnis zu dem *einen* Gott und dem *einen* Mittler zwischen Gott und Menschen:

> der Mensch Christus Jesus,
> der sich als Lösegeld hingegeben hat für alle,
> ein Zeugnis zur vorherbestimmten Zeit (1 Tim 2,5f).

Christlich geht der Blick von diesem einen Mittler aus und richtet sich dann auf die Welt, die Geschichte, die Menschheit. Weil wir christlich an Jesus als den Heilsmittler glauben, glauben wir an Gottes universalen Heilswillen und hoffen wir - gegen allen Schein - auf das Heil der ganzen Welt. In diesem Sinne hat auch Papst Johannes Paul II. in seiner Enzyklika *Dominum et vivificantem* (53) vom 18. Mai 1986 an die Pastoralkonstitution *Gaudium et spes* 22 erinnert:

> Das Konzil spricht ausdrücklich von "allen Menschen guten Willens,in deren Herzen die Gnade unsichtbar wirkt. Da nämlich Christus für alle gestorben ist und da es in Wahrheit nur *eine* Berufung des Menschen gibt, die göttliche, müssen wir festhalten, daß der Heilige Geist allen die Möglichkeit anbietet, diesem österlichen Geheimnis in einer Gott bekannten Weise verbunden zu sein".

In den zuvor formulierten Fragen verläuft der Gedankengang aber umgekehrt. Es wird nämlich unterstellt, daß, *weil* doch Gott sich auch außerhalb des Christentums offenbart, es dort Heilsfindung gibt, gläubiges Leben und selbstlose Liebe und auch ernsthafte religiöse Persönlichkeiten, der Anspruch des Christentums für alle Welt im Blick auf Jesus von Nazareth Heil zu verkünden, überflüssig, anmaßend und gar unberechtigt sei. Die alte Frage "Cur Deus homo?" wird entsprechend im Sinne von "Warum hätte Gott Mensch werden sollen?" und, wenn schon: "Warum gerade in Jesus und nur in Jesus?" neu gestellt und negativ beschieden. Was für die Christenheit lange Anlaß zum Staunen und zur Freude war, erweist sich dann für Christen als Anlaß, sich zu schämen.

Dabei wird nur zweierlei übersehen: (1) daß die gestellten Fragen selbst schon wieder aus einem christlichen Denkhorizont heraus formuliert sind und es keineswegs sicher ist, daß sie ohne diesen überhaupt hätten formuliert werden können; (2) daß es im beginnenden Dialog mit den Religionen nicht

Aufgabe der Christen ist, sich gleichsam im Spiegel der anderen selbst überflüssig zu machen, sondern die anderen als andere zu Wort kommen zu lassen. Gerade wenn sich zeigt, wie fremd und anthropomorph Nichtchristen und in diesem Sinne Nichtgläubigen die Rede von einem Gott erscheint, der sich selbst in einem Menschen - Jesus von Nazaret - total ausspricht, Wort wird und als Wort den Menschen zur Ant-Wort einlädt, bekommen Sätze wie die des Psalmisten einen völlig neuen Klang:

> Unser Gott schweigt nicht;
> Er wird kommen und Seine Stimme erheben. (Ps 50(49),3)[32]

Gott als Wort, als Nähe, als Liebe, als Freiheit und Gnade, der dadurch daß er den Menschen anspricht, selbst zum Du des Menschen wird, provoziert immer wieder neu die Korrektur unserer eigenen Gottesbilder.

d) Gotteserfahrung

Zu den wichtigsten Provokationen des "New Age" gehört die Einladung, auf dem Weg der Erfahrung gleichsam hinter die Kulissen der vordergründigen Welt zu schauen. Die Frage nach dem, was kommt, was der Tod bedeutet und die Zukunft bringt, wo die Toten bleiben, welche Kräfte und Energien im Verborgenen wirken und für Ordnungen und Unordnungen in der Welt sorgen, beschäftigt viele Menschen, die sich auf okkulte und spiritistische Praktiken, aber auch andere alternative Lebensvollzüge einlassen. Die Hoffnung, auf dem Weg der Meditation und Innenschau zu einem tieferen Verständnis des eigenen Wesens zu gelangen und sich selbst so besser "in den Griff" zu bekommen, ist weit verbreitet.

Der Christ sieht sich hier an die reiche Tradition seiner eigenen Spiritualitätsgeschichte verwiesen, an die Einübung in das Gebet, die Meditation, den Umgang mit der Heiligen Schrift, an Gebetszyklen, das Stundengebet, aber auch an die Regelmäßigkeit der Gottesdienste. Auch in priesterarmer Zeit dürften Gottesdienste nicht zunächst als konsumorientierte Angebote behandelt werden, die entsprechend, wenn die Konsumenten ausbleiben, entbehrlich werden. Sie müssen vielmehr wieder vorrangig und zunächst als vom Menschen Gott geschuldete Verpflichtungen gesehen werden, wie es in zeitgemäßer

---

[32] Vgl. dazu ausführlicher <u>H. Waldenfels</u>, Grenze (Anm. 14) 88-108.

Unzeitgemäßheit vor allem der Lebens- und Gebetsrhythmus unserer kontemplativen Ordenshäuser zum Ausdruck bringt. Voraussetzung einer solchen Sicht der Dinge ist freilich, daß Christen in der Überwindung menschlicher Egozentrik Gott immer wieder neu als das Zentrum ihres Lebens entdecken.

"Gott im Hier und Heute" ist das entscheidende Thema, das sich auch mit dem heutigen Ruf nach Gotteserfahrung verbindet. Wie viele solcher Worte ist auch dieses Wort nicht frei von Zweideutigkeiten[33]. Gerade weil aber viele Begriffe in heutiger Zeit eher naiv als kritisch benutzt werden, ist es wichtiger darauf zu achten, was sie positiv meinen, als sich übermäßig lang bei der Kritik solcher Begriffe aufzuhalten. Wer heute "Gotteserfahrung" sagt, ist in der Regel davon überzeugt, daß das menschliche Denken allein nicht weit genug trägt, und lebt doch in der Hoffnung, daß von jenseits der "Grenze des Denkbaren"[34] her sich kundtut, was uns trägt und selbst in zerbrechenden Hoffnungen noch sinnvoll leben läßt. Die Gratwanderung führt heute zwischen der gespenstischen Maske der Gottlosigkeit und den lauten und leisen Hoffnungsrufen nach Gott hindurch.

Wie antwortet die Kirche in ihren vielen Gemeinden heute auf die Frage nach Gott? Es sind Sätze aus dem Schlußdokument der Bischofssynode 1985, die fragend festhalten:

> Wahrscheinlich sind wir nicht ganz unschuldig daran, daß besonders die Jugendlichen die Kirche als reine Institution kritisch einschätzen. Haben wir ihnen nicht sogar die Gelegenheit dazu gegeben, wenn wir zu wenig über Gott und Christus gesprochen haben? (I 4)

Unsere Überlegungen bieten so am Ende keine kurzfristigen Rezepte. Sie fordern eine Erneuerung in der Substanz. Wo die Substanz des Evangeliums nicht mehr als Sauerteig wirkt, ist auch die Kraft zur Unterscheidung der Geister gestorben. Das Christsein in der Nachfolge Jesu als des Wegs, der Wahrheit und des Lebens ereignet sich im konkreten Leben. Es kommt nur darauf an, daß Christen wissen, was für sie als Christen existentiell Weg, Wahrheit und Leben bedeuten, und das dann in der Kraft Seines Wortes und Seines Geistes im Lebensalltag bezeugen.

Ein letzter Hinweis sei dieser: Der Anfang der Weltkirche war die Zerstreuung - Diaspora - der Christen Jerusalems

---

[33] Vgl. dazu ausführlicher H. Waldenfels, KF 139-186 u.ö.; auch K.P. Fischer, Gotteserfahrung. Mainz 1986.

[34] Vgl. nochmals mein Buch: An der Grenze des Denkbaren (Anm. 14); sodann K. Hemmerle, Das Heilige und das Denken: B. Casper/K. Hemmerle/ P. Hünermann, Besinnung auf das Heilige. Freiburg 1966, 9-79.

(vgl. Apg 8,1.4; 11,19), die "kleine Herde" (Lk 12, 32). Vielleicht sind es auch heute wieder kleine Gemeinden, Gemeinschaften, Gruppen, die das Evangelium in pluralistischer Gesellschaft zum Sauerteig werden und damit die Kirche überleben lassen. Dabei muß die Kirche Europas freilich den Mut haben, unvoreingenommen die Zeichen neuen kirchlichen Lebens in anderen Teilen der Welt wahrzunehmen, und auch die Bereitschaft, selbst von jungen Kirchen zu lernen, wie diese sich mühen, in ihren Kulturen und Ländern das Evangelium zu leben. "New Age" läßt die verschiedenen Kulturen zusammenrücken. In ihrem Bewußtsein, Heil zu künden für alle Menschen, hat die Kirche Jesu Christi nichts zurückzunehmen.

E P I L O G

Die Verantwortung der Religionen für den Frieden in der Welt

Das Thema "Religion und Frieden" ist von unübersehbarer Brisanz. Einmal erwartet die Menschheit gerade von den Religionen einen entscheidenden Beitrag zum Frieden in der Welt. Wie aber wollen die Religionen einen Friedensbeitrag leisten, wenn es zwischen ihnen selbst keinen Frieden gibt, ihr Verhältnis in der Geschichte vielmehr oft genug von Krieg und Streit bestimmt ist? Noch heute lesen wir mit innerer Erschütterung, was Nikolaus von Kues 1453 nach dem Fall Konstantinopels in seiner Dialogschrift *De Pace Fidei* niederschrieb:

> Der Herr, König Himmels und der Erde, hörte das Seufzen der Ermordeten und Gefesselten und der in Knechtschaft Geführten, die dies *um der Verschiedenheit ihrer Religionen willen* erduldeten.

Wahrheitseinsatz der Religionen bedeutete in der Geschichte häufig Streit und Unterdrückung, im Extremfall Krieg und Tötung. So ist es auch nicht verwunderlich, daß H. Lübbe die Ansicht vertritt:

> Die politische Neutralisierung religiöser und konfessioneller Wahrheitsansprüche ... ist ... die Antwort auf die Frage, wie Friede unter den Bedingungen konkurrierender Wahrheitsansprüche insbesondere dann, wenn Eiferer sie vertreten, sich wiederherstellen und sichern läßt. Es ist diese Friedensraison, die der Praxis religiöser Toleranz ursprünglich zugrundeliegt.[1]

Dabei ist hinzuzufügen, daß nach Lübbe die Toleranz, auf die an sich kein Rechtsanspruch besteht, inzwischen in das Recht auf Religionsfreiheit übergeführt worden ist - ein Recht, das sich das II. Vatikanische Konzil in der Erklärung *Dignitatis humanae* ausdrücklich zu eigen gemacht hat.

Wo von der Verantwortung der Religionen für den Frieden in der Welt die Rede ist, begegnen uns somit drei Gesichtspunkte, die auf den ersten Blick keineswegs friedlich miteinander konkurrieren:

(1) die Sehnsucht der Menschen nach Frieden, die weithin keine Bedingungen mehr kennt;

(2) der Wahrheitsanspruch der Religionen, der bei allem Friedenswillen oft genug den Frieden tiefer zerstört als jeder andere Streit zwischen den Menschen;

---

[1] H. Lübbe, Religon nach der Aufklärung. Graz 1986, 76.

(3) die Neutralisierung der religiösen Wahrheitsansprüche im öffentlichen Leben der Staaten bei gleichzeitiger verfassungsrechtlicher Verankerung der Religionsfreiheit um des Friedens zwischen den Bürgern willen.

Gerade der letzte Gesichtspunkt erweist das Friedensbemühen der Religionen noch einmal als fragwürdig und problematisch. Denn die Tatsache, daß Religionen in ihrer Pluralität und in der Konkurrenz ihrer Wahrheitsansprüche - in Verkehrung der jesuanischen Seligpreisung der Friedensstifter (vgl. Mt 5,9) - selbst eher Anlaß zum Streit als zum Frieden bieten, führt dahin, daß da, wo Friede um jeden Preis gesucht wird, nach einer neuen Grundlage, die nicht Religion ist, Ausschau gehalten wird. Wie das Recht auf Religionsfreiheit selbst im Rekurs auf die unveräußerlichen Menschenrechte reklamiert wird, so werden diese immer deutlicher zur Grundlage eines friedvollen politisch-gesellschaftlichen Zusammenlebens. Welche Chance, aber auch welche Aufgabe kommt angesichts dieser Entwicklung den Religionen im Hinblick auf den Frieden dann noch zu?

1. Die Friedenssehnsucht der Menschen

Friede ist mehr als Nicht-Streit, Nicht-Krieg, auch wenn die Menschen angesichts der umfassenden Bedrohung durch die zerstörerischen Kernwaffen die Gefährdung des Friedens weithin im Gegenüber zum Krieg und seinen Folgen diskutieren. "Der Frieden ist heute" - wie es im Aufruf des 21. Deutschen Evangelischen Kirchentags 1985 hieß - "Bedingung des Überlebens der Menschheit." Die Sorge um das Überleben aber kennt eine Vielfalt von Dimensionen, von denen die Frage der Verhinderung von Kriegen eine, die Lösung der ökologischen Frage eine andere ist.

Friede ist aber vor allem eine Sache von konkreten Menschen, die miteinander umgehen. Wir sprechen vom Frieden der Völker, vom Frieden der Generationen, vom Frieden der Religionen, vom Frieden zwischen den Kirchen, vom Frieden mit der Natur, sind uns aber oft nicht genug bewußt, daß wir uns mit solchen Redensarten in unserer vermeintlichen Ohnmacht nur hinter kollektive und abstrakte Begriffe zurückziehen und uns selbst zur Untätigkeit verdammen. Es waltet in solchem Sprechen ein verborgener Entschuldigungsmechanismus, der uns selbst vom Friedenseinsatz freisprechen und anderen in ihren vielfach anonym ausgeübten Machtpositionen, den Regierenden, den Wirtschaftsführern, den Meinungsmachern, aber eben auch den Religionsführern die Verantwortung für die Schaffung des Friedens zuschieben möchte. Konkret jedoch wächst der Friede im alltäglichen Umgang der Menschen miteinander, in ihren gesellschaftlichen Bezügen, im Spannungsfeld von Gerechtigkeit und Freiheit, im Respekt vor dem anderen, in der Selbstlosigkeit und Hilfsbereitschaft, in Akten der Versöhnung und Vergebung, in der Anerkennung einer das private und das öffentliche Leben bestimmenden Ordnung.

Wo Friede allerdings in jenem umfassenden Sinne zur Sprache kommt, wie er sich mit dem für viele junge Menschen zu einem Grußwort gewordenen hebräischen Wort *Schalom* verbindet, ist zu erkennen, daß der Friede mehr ist als die Einbindung in eine vorgegebene Ordnung. Die schon genannten Leuchtspuren - Gerechtigkeit, Freiheit, Versöhnung, Selbstlosigkeit, Liebe zur Umwelt und zum Mitmenschen - ergeben in ihrer spannungsvollen Zuordnung ein Lebensgefüge, das Menschen auf dem Wege das Ziel ihrer Selbstverwirklichung erkennen läßt. *Schalom* ist in seiner Bedeutung nicht weit entfernt von jenem zentralen Begriff, mit dem die Religionen dem Menschen das Ziel vor Augen stellen, nämlich *Heil*. Heil aber tritt dort ein, wo das Leben des Menschen in seiner Gesamtheit und all seinen Bezügen "glückt".

2. Wahrheitsanspruch und Friede

Daß das Leben des Menschen nicht bedingungslos "glückt", ist eine Erfahrungstatsache, auf die die Religionen auf je eigene Weise reagieren, indem sie die Situation des Nicht-Glückens, des Unglücks und Verunglückens zu überwinden und die Chance des Glückens immer neu zu eröffnen suchen. Was Laotse im *Tao tē king* 18 schreibt, gehört zur geschichtlichen Erfahrung mit den Religionen überhaupt:

> Geht der große Sinn - das Tao - zugrunde,
> so gibt es Sittlichkeit und Pflicht.
> Kommen Klugheit und Wissen auf,
> so gibt es große Lügen.
> Werden die Verwandten uneins,
> so gibt es Kindespflicht und Liebe.
> Geraten die Staaten in Verwirrung,
> so gibt es die treuen Beamten.

Tatsächlich lädt Laotse den Menschen ein, sich von allem abzuwenden, was - im Handeln, Reden und Denken - ent"zweit", und zur Einfachheit des Lebens zurückzukehren. Eine solche Einladung fordert ein Leben in Abkehr von der Welt, im Rückzug aus der Gesellschaft, letztlich ein mönchisches Leben in Einsamkeit und Schweigen. Für das gesellschaftlich-politische Leben, für den Staat muß ein radikal alternatives Leben dieser Art freilich gefährlich und subversiv erscheinen. Daß der Taoismus für das chinesische Reich der Mitte zu allen Zeiten die kontraproduktive Gestalt einer Religion war, weil er Staat und Gesellschaft nicht bestätigend stützt, ist leicht einzusehen.

Die Frage aber ist hier: Ist es die Aufgabe der Religion, die Gesellschaft zu stützen, zumal wenn es zu den Prämissen der Religion gehört, daß das Leben der Menschen, so wie es verläuft, nicht glückt, vielleicht gar nicht glücken kann? Aus der jüdisch-christlichen Tradition heraus hat J.B. Metz knapp zur Religion formuliert: "Kürzeste Definition von Religion: Unterbrechung."[2]

D.h.: Religion gebietet - ob sie spricht oder schweigt, wenn sie nur lebt - eine Kehre, Umdenken, Bekehrung, jedenfalls Veränderung. Wo immer aber Religionen sich so im Gegensatz zum Trend verhalten, werden sie als Widerspruch erfahren und erzeugen sie Widerspruch bei allen Veränderungsunwilligen. Widerspruch gegen Widerspruch aber bedeutet Unfriede und Streit.

Es wäre unredlich, wenn wir mit den zahlreichen Worten zum Frieden in den neutestamentlichen Schriften die unüberhörbare Serie von Stellen überspielen würden, die vordergründig den Streit schüren, etwa die eindringliche Stelle, in der Jesus sagt:

> Meint ihr, ich sei gekommen, um Frieden auf die Erde zu bringen? Nein, sage ich euch, nicht Frieden, sondern Spaltung. Denn von nun an wird es so sein: Wenn fünf Menschen im gleichen Haus leben, wird Zwietracht herrschen: Drei werden gegen zwei stehen und zwei gegen drei, der Vater gegen den Sohn und der Sohn gegen den Vater, die Mutter gegen die Tochter und die Tochter gegen die Mutter, die Schwiegermutter gegen ihre Schwiegertochter und die Schwiegertochter gegen ihre Schwiegermutter. (Lk 12,51-53)

Wir sprechen von "faulem Frieden" und "wahrem Frieden" und erkennen damit an, daß der Friede nicht so bedingungslos zu haben ist, wie es von vielen heute dargestellt wird. Der Friede hat seinen Preis, zumal wenn er das Glück der Menschen und ihr Heil bedeuten soll. Der Preis des Friedens aber ist, wenn wir die Religionen miteinander vergleichen, zwischen ih-

---

[2] <u>J.B. Metz</u>, Glaube in Geschichte und Gesellschaft. Mainz [2]1978, 150.

nen umstritten. Mehrere Modelle der Friedensfindung konkurrieren miteinander:

- Der radikale Auszug aus den weltlichen Geschäften der Welt steht gegen den Willen, das Heil der Menschen in den Tätigkeiten des weltlichen Alltags zu verwirklichen.
- Die Staatsreligion war lange Zeit der Weg, den möglichen Streit zwischen einer Mehrzahl von Religionen zu vermeiden.
- Die Ablehnung der öffentlichen Anerkennung religiöser Wahrheitsansprüche durch einen religiös indifferenten Staat und ihre Verdrängung in die Privatsphäre der Bürger erscheint als pragmatische Friedenslösung, wo eine Mehrzahl von religiösen Wahrheitsansprüchen im selben Staat miteinander konkurriert.

Religionen und ihre Vertreter müssen aber ihrerseits anerkennen, daß der Wahrheitseinsatz nicht jegliche Form des Streits und der Auseinandersetzung zuläßt. Die Frage nach dem Frieden zwischen den Religionen ist um so dringlicher zu stellen, als die Religionen selbst aus Menschen bestehen und somit menschliche Züge tragen. Insofern unterliegen die Religionen ihrerseits den Tendenzen des Verfalls und des Versagens. Auch die Religionen können nicht einfachhin als geglückt angesehen werden. Aus der Perspektive christlicher Theologie hat K. Rahner es nicht unterlassen, sowohl in den nichtchristlichen Religionen wie auch im Christentum - und das konkret bis in die dogmatischen Aussagen hinein - auf die Signatur der Schuld und der Sünde hinzuweisen.

Grundbegriff der Friedensstrategie der Religionen ist in unseren Tagen der *Dialog*. Wo es zum Dialog kommt, haben sich a) Menschen etwas zu sagen, gibt es b) Gründe, daß Menschen aufeinander hören, und finden Menschen zudem c) in einem gemeinsamen Interesse zueinander. Dialog schließt das Eingeständnis ein, daß es sich lohnt, den anderen in seiner Fremdheit kennen und verstehen zu lernen. Tatsächlich ist der Dialog so einfach nicht. Wir wissen heute besser als frühere Generationen, wie schwierig es ist, Menschen in fremden Sprachen und aus fremden Kulturen zu verstehen, fremdes Denken nachzuvollziehen und in fremden Umgebungen sich so zu verhalten, daß der Fremde nicht verletzt wird.

Was im alltäglichen Umgang sich bereits als schwierig erweist, ist es in noch höherem Maße, wo es um Begegnungen auf dem Boden der religiösen Wahrheit geht. Wer ernsthaft in einen interreligiösen Dialog eintreten will, muß lange zuhören und zuschauen, auch und gerade wenn er davon überzeugt ist, selbst etwas zu sagen zu haben, was das wahre Heil betrifft. Andernfalls könnt es geschehen, daß er mit seiner eigenen Botschaft offene Türen einrennt.

Gewiß gibt es keine wahre interreligiöse Begegnung, wenn sich Menschen verschiedenen religiösen Bekenntnisses nicht im vollen Bewußtsein ihrer eigenen religiösen Wahrheit begegnen. Dennoch könnte und müßte die Art und Weise, wie sie diese Wahrheit voreinander bekennen, ein Beispiel dafür sein, wie Menschen, die Heil und Frieden für die ganze Menschheit im Auge haben, miteinander umzugehen haben. Antizeugnisse gibt es gerade in unseren Tagen in großer Zahl: die mit den Attributen "katholisch" und "protestantisch" versehenen Auseinandersetzungen in Nordirland, die Kriege im Nahen Osten, zumal auch zwischen muslimischen Ländern, der religiöse Fanatismus in Indien. Zu den abstoßenden Beispielen religiös motivierter Rechthaberei und Unversöhnlichkeit gehört bei uns selbst so manche Polemik in den Leserbriefspalten kirchlicher wie allgemeiner Presseorgane. Vielfach setzt sich darin auf niedrigerer Ebene fort, was beispielhaft auf den Leitungsebenen der Religionen, nicht zuletzt auch der christlichen und hier nochmals der katholischen Kirche, gegen den Geist friedvoller Verständigung und gerechter Konfliktlösung gesündigt wird. Für mich selbst bleibt der 7. Dezember 1965 mit seinem Gottesdienst in St. Peter in Rom anläßlich des Abschlusses des II. Vatikanischen Konzils unvergeßlich, in dem der damalige Papst Paul VI. Gott um Vergebung für alle im Konzil begangenen Sünden bat.

Das Menschliche in den Religionen, das sich oft genug gerade im Mangel an Liebe im Umgang der Religionsanhänger miteinander zeigt, kann dennoch kein Grund dafür sein, daß sie nicht doch in Treue gegenüber dem vernommenen Auftrag von der Wahrheit Zeugnis geben. Um das Verständnis der Wahrheit darf auch gerungen werden. Die Ernsthaftigkeit und Berechtigung dieses Ringens aber erweist sich dadurch, daß die Verkünder der Wahrheit sich selbst unter die Wahrheit stellen und alles unterlassen, was sie zu Beherrschern der Wahrheit werden und sie über sie verfügen läßt.

3. Friede und religiöse Neutralität

Wir haben bislang bewußt die Instanz, von der her sich ergibt, was Friede, Heil und Glück der Menschen sind, namenlos gelassen. Wohl dürfte deutlich geworden sein, daß diese Instanz sich jedem menschlichen Zugriff entzieht. Christen nennen sie mit Juden, Moslems und Vertretern vieler anderer Religionen *Gott*. Als sich auf Einladung des Papstes im Oktober 1986 Vertreter der verschiedenen Religionen in Assisi zum Gebet um den Frieden versammelten, brachten sie die Dimension des Friedens ins Spiel, die in unseren Überlegungen bisher eher wie das Negativ eines Bildes gewirkt hat.

In der Schlußansprache in Assisi nannte Johannes Paul II. zwei Gemeinsamkeiten, die die Religionen im Hinblick auf den Frieden verbindet:

> Das *erste* und der *innere Imperativ des moralischen Gewissens*, das uns einschärft, *menschliches Leben zu achten, zu schützen und zu fördern* vom Mutterleib an bis zum Totenbett, für einzelne Menschen und Völker, besonders aber für den Schwachen, den Notleidenden, den Verlassenen: der Imperativ, Selbstsucht, Gier und den Geist der Rache zu überwinden.
> Die *zweite* Gemeinsamkeit ist die Überzeugung, daß *der Friede die menschlichen Kräfte weit übersteigt*, besonders in der gegenwärtigen Lage der Welt, und daß deshalb *seine Quelle und Verwirklichung in jener Wirklichkeit zu suchen sind, die über uns allen ist.*
> Das ist der Grund, warum ein jeder von uns um Frieden betet.

Wenn führende Vertreter der Religionen auf diese Weise in Assisi und im Vorjahr erneut in Kyōto auf dem Hiei-san vor Gott und die Menschheit hingetreten sind, so haben sie damit zugleich jene pragmatische Friedensstrategie hinter sich gelassen, die im Sinne neuzeitlichen Denkens den Frieden nur auf der Basis eines religiösen Minimalkonsenses bzw. der politischen Neutralisierung der religiösen Wahrheitsansprüche glaubt verwirklichen zu können. Sie haben im Namen der Religion, die keine Privatsache ist, sondern das Antlitz der Erde erneuern will, den gemeinsamen Versuch unternommen, den Rahmen abzustecken, in dem sich der Friede der Menschheit entwickeln kann.

Assisi hat in seinen vier konkreten Vollzügen - Gebet, Schweigen, Verzichten, Wallfahrt - ein Koordinatensystem religiöser Friedensbemühungen entworfen, das ein neues Angebot auch an die Öffentlichkeit darstellt:

(1) *Friedensgebet und Friedenstat*

Die Sammlung im Friedensgebet ruft zur Friedenstat. Diese hat es mit der Welt, mit der Natur und den Menschen zu tun. Sie ist keine Sache der Innerlichkeit, sondern hat eine gesellschaftlich-politische Seite, auf der es um die Differenzen und Antagonismen der Systeme, der Rassen und Klassen, der Kulturen und der Religionen geht. Wir wiederholen: Gerade der Umgang der Religionen miteinander muß ein Beitrag zur Kultur des Friedens werden.

(2) *Schweigen und die Sprache des Friedens*

Das schweigende Hören auf die göttliche Friedensbotschaft ist der Ausgangspunkt eines Sprechens, das dem Frieden dient. Die Sprache verbindet und trennt. Wer in der Welt lebt, kann nicht radikal schweigen, sondern ist auf die Sprache angewiesen. Verantwortliches Sprechen weiß sich der Wahrheit, der Versöhnung, dem Frieden, der Heilung von geschlagenen Wunden verpflichtet. Es gibt auch "Schlag"-Worte, und den "tötenden" Buchstaben. Solange aber Menschen und Menschengruppen miteinander im Gespräch sind, ruhen die Waffen.

(3) ***Verzichten um des Friedens willen und das Haben-Wollen***
Besitzen-, Haben-, Sein-Wollen waren zu allen Zeiten Anlaß zu Unfrieden, Streit und Krieg. Eine Chance des Friedens ist das Lassen der Dinge, der Verzicht auf Ansehen, Macht und Ehre. Wer im Horizont des Todes lebt, müßte wie der, der auf die Verheißung des Lebens setzt, etwas von dem begreifen lernen, was bei Paulus zu einem "Haben, als habe er nicht" wird (vgl. 1 Kor 7).

(4) *Friedenswallfahrt und Friedensherrschaft*
In den verschiedenen Religionen gibt es Hinweise auf die verschiedenen Wege, die zum Ziel führen: Viele Wege führen nach Rom, viele Wege auch auf den Gipfel des heiligen Berges Japans, den Fuji, viele Wege nach Jerusalem. Am Ende können wir uns noch einmal an die große Vision des Nikolaus von Kues erinnern. Wie in Jesaja 2 endet die Völkerwallfahrt, anders gesagt: die Wallfahrt der Religionen in und mit den Völkern in Jerusalem. Dort wird überaus deutlich: Der eine Gott will den Frieden aller, aber er will ihn in der Freiheit der vielen Völker.

Der Christ darf seinerseits daran erinnern, daß das Bild der Völkerwallfahrt in der Geheimen Offenbarung dort eine Fortsetzung findet, wo das neue Jerusalem von Gott aus dem Himmel herabkommt und die Stimme ruft: "Seht, die Wohnung Gottes unter den Menschen!" (Offb 21). Wir Menschen befinden uns miteinander, wenn wir den anderen und uns selbst wohlwollen, auf einer Friedenswallfahrt. Diese braucht nicht abzubrechen, weil es Wege des Friedens und der Versöhnung gibt.

In St. Ludgeri in Münster hängt ein überlebensgroßes Kruzifix. Der Gekreuzigte hat in einer Bombennacht, am 30. September 1944, beide Arme verloren; zugleich durchschlug ein Bombensplitter seine Seite. Auf dem Querbalken des neuen Kreuzes stehen heute die Worte:

Ich habe keine anderen Hände als die Eueren.

Abkürzungsverzeichnis

Die Abkürzungen für biblische Bücher, für außerkanonische und außerrabbinische Schriften, rabbinisches Schrifttum sind entnommen:
S.Schwertner, Theologische Realenzyklopädie. Abkürzungsverzeichnis. Berlin/New York 1976.

I. Allgemeine Abkürzungen

a.	articulus
AaO./aaO.	am angegebenem Ort
Anm.	Anmerkung
Art.	Artikel
Az.	Aktenzeichen
Bd./Bde./Bdn.	Band/Bände(n)
Bearb./bearb.	Bearbeiter/ bearbeitet
begr.	begründet
bes.	besonders
bzw.	beziehungsweise
chin.	chinesisch
ders.	derselbe
d.h.	das heißt
dt.	deutsch
ebd.	ebenda
ed./edd.	edidit/ediderunt/editor(es)
exeget.	exegetisch(e)
f./ff.	folgende(s) fortfolgende
gest.	gestorben
Hg./hg.	Herausgeber herausgegeben
jap.	japanisch
Jh.	Jahrhundert
Kap.	Kapitel
lat.	lateinisch
Lit.	Literatur
menschl.	menschlich(e)
MS	Manuskript/Maschinenschrift
n.Chr.	nach Christus
neubearb.	neubearbeitet
o.ä.	oder ähnlich
o.J.	ohne Jahreszahl
par.	Parallelstellen
q.	quaestio
Reg.	Register
scil.	scilicet
Skt.	Sanskrit
sog.	sogenannte
theol.	theologisch(e)
u.a.	und andere(s)/ unter anderem
u.ä.	und ähnlich(es)
u.ä.m.	und ähnliche(s) mehr
u.a.m.	und anderes(s) mehr
u.ö.	und öfter
u.U.	unter Umständen
u.v.a.m.	und vieles andere mehr
v.	von
v.a.	vor allem
v.Chr.	vor Christus
vgl.	vergleiche
z.B.	zum Beispiel
zit.	zitiert
z.T.	zum Teil

II. Quellenschriften

AG = Ad Gentes- Dekret über die Missionstätigkeit der Kirche (2. Vatikanisches Konzil)

DH = Dignitatis Humanae - Erklärung über die Religionsfreiheit (2. Vatikanisches Konzil)

DV	=	Dei Verbum - Dogmatische Konstitution über die göttliche Offenbarung (2. Vatikanisches Konzil)
GS	=	Gaudium et Spes - Pastorale Konstitution über die Kirche in der Welt von heute (2. Vatikanisches Konzil)
In Sent.	=	*Thomas von Aquin*, In IV libros Sententiarum
LG	=	Lumen Gentium - Dogmatische Konstitution über die Kirche (2. Vatikanisches Konzil)
NA	=	Nostra Aetate - Erklärung über das Verhältnis der Kirche zu den nichtchristlichen Religionen (2. Vatikanisches Konzil)
S. th.	=	*Thomas von Aquin*, Summa theologiae

III. Handbücher und Lexika

DS	=	*H.Denzinger/A.Schönmetzer* (ed.), Enchiridion Symbolorum Definitionum et Declarationum de Rebus Fidei et Morum. Barcelona u.a. ^{36}1976
HDG	=	Handbuch der Dogmengeschichte, hg. v. *M.Schmaus/A.Grillmeier/L.Scheffczyk*. Freiburg u.a. 1956ff.
HphG	=	Handbuch philosophischer Grundbegriffe, hg. v. *H.Krings/H.M.Baumgartner/C.Wild*. München 1973-1974 (= TB-Ausgabe in 6 Bdn. München 1973-1974).
HWP	=	Historisches Wörterbuch der Philosophie, hg. v. *J.Ritter*, fortgeführt von *K.Gründer*. Basel u.a. 1971ff.
KF	=	*H.Waldenfels*, Kontextuelle Fundamentaltheologie. (= UTB Große Reihe). Paderborn u.a. ^{2}1988.
LThK	=	Lexikon für Theologie und Kirche, hg.v. *J.Höfer/K.Rahner*. 10 Bde. und Register.Freiburg u.a. ^{2}1957-1965.
LThK E	=	Erg.bde: Das Zweite Vatikanische Konzil. Konstitutionen, Dekrete und Erklärungen. Lat.-dt. Kommentare, hg. v. *H.S.Brechter u.a.* Bde. I-III. Freiburg u.a. 1966-1968.
LexR	=	Lexikon der Religionen, hg. v. *H. Waldenfels*. Freiburg u.a. ^{2}1988.
MySal	=	Mysterium Salutis. Grundriß heilsgeschichtlicher Dogmatik, hg. v. *J.Feiner/M.Löhrer*. 5 Bde. und Erg.bd. Einsiedeln u.a. 1965-1976 (1981).

NR = *J.Neuner/H.Roos* (Bearb.), der Glaube der Kirche in den Urkunden der Lehrverkündigung. Regensburg [10]1979 (bearb. von. *K.Rahner/K.-H.Weger*).

RGG = Die Religion in Geschichte und Gegenwart, hg. v. *K.Gallig*. 6 Bde. und Register. Tübingen [3]1957-1965.

SM = Sacramentum mundi. Theologisches Lexikon für die Praxis, hg. v. *K.Rahner/A.Darlap*. 4 Bde. Frankfurt u.a. 1967-1969.

ThWAT = Theologisches Wörterbuch zum Alten Testament, hg. v. *G.J.Botterweck/H.Ringgren (H.J.Fabry)*. Stuttgart u.a. 1973ff.

ThWNT = Theologisches Wörterbuch zum Neuen Testament, begr. v. *G.Kittel, hg. v. G.Friedrich*. 10 Bde. Stuttgart u.a. 1933-1979.

TRE = Theologische Realenzyklopädie, hg. von *G. Krause/G.Müller*. Berlin/New York 1977ff.

IV. Reihentitel

CCL = Corpus Christianorum. Series Latina. Turnholt.

CGG = Christlicher Glaube in moderner Gesellschaft. Enzyklopädische Bibliothek in 30 Teilbänden, hg. v. *F.Böckle u.a.* Freiburg u.a. 1980-1983.

QD = Questiones disputatae. Freiburg u.a.

TheolMed = Theologische Meditationen. Einsiedeln.

V. Zeitschriften und Periodica

Conc = Concilium. Internationale Zeitschrift für Theologie. Einsiedeln u.a.

EMZ.NF = Evangelische Missionszeitschrift. Neue Folge. Stuttgart.

ER = Ecumenical Review. Lausanne u.a.

EvTh = Evangelische Theologie. München.

GuL = Geist und Leben. Zeitschrift für Aszese und Mystik. Würzburg.

LebZeug = Lebendiges Zeugnis. Paderborn.

MThZ = Münchener Theologische Zeitschrift. München.

NZSTh	=	Neue Zeitschrift für systematische Theologie. Berlin.
Phil	=	Philosophy. Journal of the (r.) British institute of philosophy. London.
StdZ/StZ	=	Stimmen der Zeit. (Katholische) Monatsschrift für das Geistesleben der Gegenwart. Freiburg.
ThQ	=	Theologische Quartalschrift. Tübingen u.a.
ThGl	=	Theologie und Glaube. Zeitschrift für den katholischen Klerus. Paderborn.
ZMR	=	Zeitschrift für Missionswissenschaft und Religionswissenschaft. Münster.
ZRGG	=	Zeitschrift für Religions- und Geistesgeschichte. Köln.

Personenregister

Sachregister

Quellennachweise

Prolog: *"Wenn die Wurzel heilig ist, sind es auch die Zweige."*

Unveröffentlicht

Kap.1: *Theologie im Kontext der Weltgeschichte*

Veröffentlicht: Lebendiges Zeugnis 32/4 (1977) 5-18.

Kap.2: *Christentum und Weltreligionen in katholischer Sicht*

Als Vortrag gehalten auf der V.Ökumenischen Studientagung der Evangelischen Kirche der Union in Ost-Berlin im April 1967.
Veröffentlicht: Kirche in der Zeit (Evangelische Kirchenzeitung Düsseldorf) XXII/8 (1967) 347-358.

Kap.3: *Die Diskussion um die "anonymen Christen" als Beitrag zur Religionstheologie*

Veröffentlicht unter der Überschrift: Die neuere Diskussion um die "anonymen Christen" als Beitrag zur Religionstheologie: ZMR 60 (1976) 161-180.

Kap.4: *Theologie der nichtchristlichen Religionen*

Veröffentlicht unter der Überschrift: Theologie der nichtchristlichen Religionen. Konsequenzen aus "Nostra aetate": *E.Klinger/K.Wittstadt* (Hg.), Glaube im Prozeß. Christsein nach dem II.Vatikanum. FS für K. Rahner. Freiburg u.a. 1984, 757-775.

Kap.5: *Theologie und Religionswissenschaft*

Veröffentlicht: *L.Hagemann/E.Pulsfort* (Hg.), "Ihr alle aber seid Brüder". FS für A.Th. Khoury (= Würzburger Forschungen zur Missions- und Religionswissenschaft: Abt.2, Religionswissenschaftliche Studien 14). Würzburg 1990, 40-50.

Kap.6: *Hinduismus/Hindu-Religionen*

6.A.: *Einführung*:

Veröffentlicht: *H.Waldenfels*, Religionen als Antwort auf die menschliche Sinnfrage. München 1980, 11-22.

6.B.: *Offenbarung und Offenbarungsüberlieferung im Hinblick auf den Hinduismus*

Veröffentlicht: *G.Oberhammer/H.Waldenfels*, Überlieferungsstruktur und Offenbarung (= Publications of the

De Nobili Research Library, Occasional Papers 1). Wien 1980, 37-55.

6.C.: *Zu den "Orten" der Transzendenz- und Heilserfahrung in Christentum und Hinduismus*

Als Vortrag gehalten beim 3.Symposium von Indologen und Theologen, veranstaltet vom 25.-28. Februar 1981 in Wien vom Indologischen Institut der Universität Wien.
Veröffentlicht: *G.Oberhammer* (Hg.), Epiphanie des Heils. Zur Heilsgegenwart in indischer und christlicher Religion. Arbeitsdokumentation eines Symposiums (= Publications of the De Nobili Research Library, Vol. IX). Wien 1982, 131- 147.

Kap.7: *Buddhismus*

7.A.: *Einführung*:

Veröffentlicht: Vgl. Kap.6: Einführung: 23-33.

7.B.: *Buddhismus und Christentum im Vergleich*

Veröffentlicht unter der Überschrift: Buddhismus und Christentum im Gespräch. Anmerkungen zu den geistigen Voraussetzungen: Internationale katholische Zeitschrift COMMUNIO 17 (1988) 317-326; in englischer Sprache: Buddhism and Christianity in dialogue: Notes on the intellectual presuppositions: COMMUNIO XV/4 (1988) 411-422.

7.C.: *Thesen zur Weisheit*

Als Vortrag gehalten beim 12.Kolloquium zur Gegenwartsphilosophie in der Werner-Reimers-Stiftung, Bad Homburg, in der Pfingstwoche 1988; als Gastvorlesung auf Englisch im Dharmaram College, Bangalore/Indien, im Juli 1988; auf Japanisch als Grundsatzreferat auf dem Symposium über Weisheit und Mitleiden, das anläßlich des 75.Bestehens der Sophia-Universität vom Institute of Oriental Religions vom 28.-31.Juli 1988 in Tokyo veranstaltet wurde.
Veröffentlicht: *W.Oelmüller* (Hg.), Philosophie und Weisheit (= Kolloquien zur Gegenwartsphilosophie Bd. 12 = Uni-Taschenbücher 1555). Paderborn u.a. 1989, 9-23; in englischer Sprache: Way of Wisdom. A Way of Spirituality: Journal of Dharma (Bangalore) XIII/3 (1988) 248-266.

Kap.8: *Religionen und Christentum und der Säkularisierungsprozeß in Asien*

Als Grundsatzreferat in englischer Sprache gehalten auf dem Kongreß der International Association for Mission Studies (IAMS) in Driebergen/Holland im August 1972.

Veröffentlicht: ZMR 58 (1974) 81-112; in englischer Sprache mit der Überschrift: Mission in the Context of Religions and Secularization. An Asian Viewpoint: The Japan Missionary Bulletin XXIX (1975) 42-50.190-198.254-261; Reprint: Oriens Studies (Tokyo) No.8 (June 1975) 1-26.

Kap 9: *Islam*

9.A.: *Einführung*:

Veröffentlicht: Vgl. Kap.6: Einführung: 35-46.

9.B.: *Religion der Nichterwählten und Unterprivilegierten?*

Als Beitrag gesendet im Jahr 1979 in einer Feature Reihe der Politischen Redaktion des Saarländischen Rundfunks.
Veröffentlicht unter der Überschrift: Der Islam - Religion der Nichterwählten und Unterprivilegierten: *A. Buchholz/M.Geiling* (Hg.), Im Namen Allahs. Der Islam - eine Religion im Aufbruch? Frankfurt/Berlin 1980, 48-58.

9.C.: *Maria zwischen Talmud und Koran*

Als Festvortrag im Rahmen der Festakademie anläßlich des Patroziniums des Leokonvikts am 8.Dezember 1987 in Paderborn gehalten.
Veröffentlicht: ZMR 73 (1989) 97-108.

Kap.10: *Neureligiöse Bewegungen*

Veröffentlicht: *H.Waldenfels*, Neue religiöse Bewegungen (= Kirche und Gesellschaft. Hg. von der Katholischen Sozialwissenschaftlichen Zentralstelle Mönchengladbach, Nr. 125). Köln 1985.

Kap.11: *Der Absolutheitsanspruch des Christentums und die Weltreligionen*

Als Vortrag gehalten im Rahmen der von der Hochschule St. Georgen, Frankfurt, veranstalteten Vortragsreihen "Theologische Akademie" im Herbst 1973 in Köln, Essen und anderen Großstädten.
Veröffentlicht unter der Überschrift: Der Absolutheitsanspruch des Christentums und die großen Weltreligionen: *J.Beutler/O.Semmelroth* (Hg.), Theologische Akademie 11. Frankfurt 1974, 38-64.

Kap.12: *Thesen zum Absolutheitsanspruch des Christentums*

Veröffentlicht unter der Überschrift: Der Absolutheitsanspruch des Christentums: Hochland 62 (1970) 202-217.

Kap.13: *Das Christentum im Streit der Religionen um die Wahrheit*

Veröffentlicht: *W.Kern/H.J.Pottmeyer/M.Seckler* (Hg.), Handbuch der Fundamentaltheologie. Bd.2. Freiburg u.a. 1985, 241-266.

Kap.14: *Ist der christliche Glaube der einzig wahre?*

Veröffentlicht: StdZ 205 (1987) 463-475.

Kap.15: *Das Christentum im Pluralismus heutiger Zeit*

Vortrag auf einem Priestertag in Fulda am 7.Juni 1988 und auf dem Diözesanakademikertag in Essen am 15. November 1988.
Veröffentlicht: StdZ 206 (1988) 579-590.

Epilog: Die Verantwortung der Religionen für den Frieden in der Welt

Vorgetragen bei der Vorstellung des: Lexikon der Religionen, am 16.11.1987 in Bonn und am 19.11.1987 in Wien.
Veröffentlicht: Diakonia 19 (1988) 102-109.